PLAUTUS · KOMÖDIEN

Universal Bibliothek

BELLETRISTIK

Titus Maccius Plautus

KOMÖDIEN

1987

Verlag Philipp Reclam jun. Leipzig

Aus dem Lateinischen
Übersetzung, Auswahl, Nachwort und Anmerkungen von Walter Hofmann

ISBN 3-379-00165-1

Reclams Universal-Bibliothek Band 1215
1. Auflage
Reihengestaltung: Lothar Reher
Lizenz Nr. 363. 340/97/87 · LSV 7386 · Vbg. 27,6
Printed in the German Democratic Republic
Grafischer Großbetrieb Völkerfreundschaft Dresden
Gesetzt aus Garamond-Antiqua
Bestellnummer: 661366 2
00350

Amphitruo

PERSONEN

MERCURIUS, *Sohn des Jupiter*
SOSIA, *Sklave des Amphitruo*
JUPITER
ALCUMĒNA, *Gattin des Amphitruo*
AMPHITRUO
BLEPHARO, *Steuermann*
BROMIA } *Sklavinnen der Alcumena*
THESSALA }

Theben. Vor dem Palast des Amphitruo

PROLOG

Mercurius.

Mercurius: So wie ihr wollt, daß ich bei eurem Handel, Kauf, Verkauf euch froh zur Seite steh und euch in allen Dingen helf – so wie ihr wollt, daß ich euch Hab und Gut und dann die Hauptabrechnung recht rentabel bilanziere, daß ich euch im Ausland und daheim mit schönem, reichem, ewiglichem Reingewinn erfreu, bei allem, was ihr auch getrieben habt und noch zu treiben denkt – und wie ihr wollt, daß ich nur frohe Botschaft euch und all den Euren bring und das nur melde, was am meisten euch in euren Streifen paßt – denn euch ist jedenfalls bekannt, daß ich im Auftrag aller andern Götter fest verbrieft die Weisung hab, dem Botenwesen und auch dem Geschäftsprofit voranzustehn –, so wie ihr also wollt, daß ich drauf hinarbeite, daß das ganze Jahr hindurch Moneten reich in eure Kasse fließen, ebenso sollt ihr dies Lustspiel ansehn ohne viel Radau und sollt uns grundgerechte Richter sein!
Und jetzt erzähl ich euch, wer mir befahl, hierherzukommen und warum; zugleich sollt ihr erfahren, wer ich bin: Auf Jupiters Befehl erscheine ich – ich bin sein Sohn – und heiße selbst Mercurius. Um euch zu bitten, schickte mich mein Vater her, obgleich er längst schon weiß, daß ihr ihm stets gehorsam seid. Er hatte ja begriffen, daß ihr ihn verehrt und fürchtet, wie es sich für Jupiter gebührt. Und dennoch gab er mir Befehl, als Unterhändler euch darum zu bitten, sanft, mit Freundlichkeit. Denn jener Jupiter, der mich hierherbefahl, der hat nicht weniger als jedermann von euch vor Prügeln Furcht; da er von einer Menschen-Mutter und von einem Menschen-Vater stammte, braucht man nicht zu staunen, wenn er ängstlich ist. Ich selbst sogar, der Sohn des höchsten Gottes, habe Angst vor Prügeln, angesteckt von meinem alten Herrn. Drum komme ich in Frieden, und ich bring euch

Frieden. Eine Sache, die gerecht und leicht zu bitten ist, die wünsch ich mir von euch. In einer grundgerechten Sache komme ich als grundgerechter Unterhändler, hergeschickt von grundgerechten Auftraggebern. Es gehört sich nicht, von grundgerechten Leuten etwas zu verlangen, was nicht grundgerecht ist. Umgekehrt von Ungerechten was Gerechtes zu verlangen, das ist dumm: Denn jene Ungerechten ignorieren ja in ihrer Ungehörigkeit das Recht und halten sich nicht dran.

Und nun mal aufgepaßt, ihr alle, Achtung, was ich sag. Ihr müßt euch schon nach unsrem Wunsch bequemen, denn wir haben es um euch und euren Staat verdient, sowohl mein Vater als auch ich. Was muß ich erst erinnern, daß der Götterchef, mein Vater, Schöpfer alles Guten ist? So wie ich in Tragödien sah, daß andre, Virtus, Mars, Neptun, Bellona und Victoria, sich selbst vor euch mit ihren guten Taten rühmten? Doch bei meinem Vater war es niemals üblich vorzurechnen, was er Guten Gutes tat. Er glaubt, daß ihr ihm dafür dankbar seid und daß er euch ganz nach Verdienst gefördert hat.

Als erstes nun erzähle ich, mit welcher Bitte ich hierhergekommen bin, sodann berichte ich den Inhalt unsres Trauerspiels. Was ist? Ihr zieht die Stirn in Falten, weil ich sagte Trauerspiel? Ein Gott bin ich und kann das ändern. Wenn ihr wollt, mach ich sogleich ein Lustspiel aus dem Trauerspiel, und trotzdem bleiben alle Verse gleich. Was ist nun, wollt ihr oder wollt ihr nicht? – O ja, was bin ich für ein Tor, als ob ich es nicht wüßte, daß ihr wollt: Ich bin ein Gott! Ich weiß schon, was ihr von der Sache denkt. Es soll geschehn. Ich mische die Begriffe, mache euch ein „Lustig-Trauerspiel". Denn gleich für alle Ewigkeit ein Lustspiel draus zu machen, paßt nicht recht: Es treten schließlich Könige und Götter auf! Was noch? Da auch ein Sklave seine Rolle hat, soll, wie ich sagte, dieses Trauerspiel recht lustig sein.

Nun hieß mich Jupiter, euch um das Folgende zu bitten: Kontrolleure sollen durch die Reihen des Theaterrundes gehn, um die Claqueure unterm Publikum zu suchen; diesen soll man gleich am Platz das Festgewand vom Leibe reißen. Wer für einen Künstler oder Schauspieler die Siegespalme zu erschleichen sucht, gleich ob persönlich oder schriftlich oder über einen Mittelsmann, vielleicht gar – schändlich – über unsre Polizei, den soll auf Jupiters Befehl das Staatsgesetz genauso treffen wie die Leute, die für sich persönlich oder andere ein Amt erschleichen. Sagte er mir doch, daß ihr als Siegesvolk stets redlich, nie durch Amtserschleichung oder treulos leben sollt. Gilt dies Gesetz für einen Schauspieler denn weniger als für den höchsten Mann? Durch seine Leistung soll man vorwärtskommen, nicht durch Schieberei! Wer rechtlich handelt, hat genügend Protektion, wenn die, in deren Hand die Sache liegt, nur zuverlässig sind. – Auch dieses trug mir noch mein Vater auf: Ihr sollt die Schauspieler gut kontrollieren. Hat sich einer gar zum Applaudieren Leute herbestellt, damit ein andrer desto weniger Gefallen fände, nun – dem sollt ihr gleich Kostüm und Fell verprügeln. Wundert euch nur nicht, weshalb sich Jupiter um Schauspieler besorgt. Das ist kein Wunder. Denn er spielt ja selbst in der Komödie mit. Was ist? Ihr staunt? Als ob es etwas Neues wär, daß Jupiter Theater spielt! Auch als man auf der Bühne hier, vor einem Jahr, den Jupiter gerufen hatte, kam er gleich und brachte Hilfe. Außerdem hat er ganz sicher in Tragödien immer mitgespielt. In diesem Stück, sag ich, tritt er heut selber auf und ich mit ihm. Und nun paßt auf, denn jetzt erzähle ich den Inhalt der Komödie.

Diese Stadt ist Theben. Dort in jenem Hause wohnt Amphitruo, geborn zu Argos, schon sein Vater stammt aus Argos. Seine Gattin, Alcumena, ist die Tochter des Elektryon. Amphitruo ist jetzt der Kommandeur des Heeres, denn das Volk von Theben liegt mit den Teleboern im Krieg. Bevor Amphitruo von hier zum Heere ging, hat Alcumena er, die Frau, geschwängert. – Gut, ich glaub, ihr wißt schon, wie mein Vater ist, wie frei er stets in vielen solchen Dingen ist, wie heiß er alles liebt, was ihm einmal gefallen hat. Der fing nun bei der Alcumena Feuer, wovon ihr Mann nichts merkte, hatte seinen Spaß an ihrem Leib und hat sie voller Lust geschwängert. Daß ihr, was die Alcumena anbetrifft, die Sache ganz genau begreift: Sie ist jetzt doppelt schwanger, einmal durch den Gatten, einmal durch den höchsten Gott. Mein Vater schläft jetzt drin bei ihr, und deshalb ist die Nacht verlängert worden, bis er sich mit seiner Liebsten ausgetummelt hat. Doch tut er so, als sei er selbst Amphitruo. Und daß ihr euch nicht über mein Kostüm verwundert, weil ich jetzt in Sklaventracht herausgekommen bin! Ich will euch eine alte Sache ganz aufs neue bieten, deshalb steig ich auch nach neuer Art herausgeputzt umher. Mein Vater Jupiter ist jedenfalls jetzt drin bei ihr, er hat sich in Amphitruo verwandelt; alle Sklaven, die ihn sehen, denken auch, er wär's. So wechselt er sein Aussehn ganz nach Wunsch. Ich nahm indessen die Gestalt des Sklaven Sosia an, der mit Amphitruo von hier zum Heere ging, damit ich den verliebten Vater unterstützen kann und auch, damit die Dienerschaft nicht stutzig wird, wer ich wohl sei, wenn sie mich hier im Haus des öftren sieht. Da man mich jetzt für einen Sklaven und für einen Leidensbruder hält, wird mich auch keiner fragen, wer ich bin und was ich will. Mein Vater lebt jetzt drin wie üblich seiner Lust und hält die Frau im Arm, nach der der Sinn ihm so sehr steht. Mein Vater legt jetzt Alcumena dar, was sich beim Heer ereignet hat. Sie glaubt, daß er ihr Gatte sei, obgleich sie einen Ehebrecher bei sich hat. Mein Vater schildert ihr jetzt grad, wie er das Heer der Feinde in die Flucht geschlagen hat und wie man ihn dort überreich beschenkte. Aber die Geschenke, die man dem Amphitruo, dem echten, gab, die haben wir geraubt. Ganz leicht vollbringt mein Vater alles, was er will. Hierher wird heut vom Heer Amphitruo mit seinem Sklaven kommen, dessen Äußeres ich angenommen habe. Und damit ihr uns recht einfach auseinanderhalten könnt, hab ich am Hute diese Flügelchen; mein Vater trägt dagegen eine goldene Schnur am Hut. Dies Zeichen hat Amphitruo nicht. Auch keiner von dem Hausgesinde kann die Zeichen sehn, nur ihr, das Publikum. Doch dort ist ja Amphitruos Sklave Sosia: Vom Hafen naht er dort, mit der Laterne in der Hand. Den jag ich wie er grade kommt vom Hause fort: Paßt auf! Für euch als Publikum wird es die Mühe lohnen, daß sich Jupiter und auch Mercurius hier auf der Bühne präsentieren.

ERSTER AKT

Erste Szene

Sosia, Mercurius.

SOSIA:
Wo ist der Mensch, der seine Frech- und Dreistigkeit
noch weiter als ich selber treibt,
da ich, obgleich ich unsrer Jugend Sitten kenne,
des Nachts und ganz allein hier durch die Gassen renne?
Was tu ich, wenn mich Polizisten greifen
und mit sich in das Kittchen schleifen,
von wo ich morgen wie aus einem Vorratsraum
herausgezogen werde zum Verhaun?
Ein Rechtsspruch kommt da kaum in Frage;
mein Herr, der pfeift auf meine Lage,
und niemand ist auf dieser Welt,
der mich des Elends nicht für würdig hält.
So schlagen schließlich auf mich armes Schwein
acht starke Männer wie auf einen Amboß ein.
Von ferne komm ich, bin kaum hier,
nimmt man mich schon in Staatsquartier.
Die Laune meines Herrn hat mich geplagt,
indem er mich vom Hafen nachts und grob verjagt.
Warum nur konnte er mich nicht
hierher bestelln bei Tageslicht?
Hart ist der Dienst bei einem hochgestellten Mann.
Doch bei den Reichen ist man schlimmer dran.
Denn Tag und Nacht ohn Unterlaß
gibt's Arbeiten im Übermaß
und unentwegt in Wort und Tat,
bloß, daß man keine Ruhe hat.
Der Reiche selber rührt kein Glied,
und denkt, daß uns ganz recht geschieht.
Er glaubt, daß das so richtig sei,

die Mühsal ist ihm einerlei.
Für ihn ergibt sich keine Frage,
ob er zu Unrecht oder Recht befohlen habe.
Die Sklaverei birgt doch gewaltig Kummernus,
die man mit Seufzen schlucken und ertragen muß.

MERCURIUS: Lieber sollte ich auf diese Weise über das Sklavendasein lamentieren, wo ich doch vor Sekunden noch ein Freier war. Jetzt hat mich mein Vater zum Sklaven gemacht. Und der Kerl, der als Sklave schon geboren ist, jammert.

SOSIA:
Ich muß doch aller Gauner Obergauner sein!
Denn fiel mir etwa nur mit einer Silbe ein,
daß man den Göttern für den Schutz
bei seiner Ankunft Dankgebete bringen muß?
Doch wenn die Götter es für gut befänden,
für meine Dienste mir noch Dank zu spenden,
dann wär es schöner,
sie mieten einen Tagelöhner,
der mir, sobald er mich erschaut,
eins kräftig in die Fresse haut.
Denn was sie mir an Gutem zollten,
hab ich mit Undank nur vergolten.

MERCURIUS: Der tut, was man allgemein nicht tut: Er weiß, was er verdient.

SOSIA:
Was niemals ich für möglich hielt
  und auch kein freier Bürgersmann,
das klappte: wohlbehalten nämlich
  kamen wir zu Hause an.
Wir siegten über unsern Feind,
  das Heer kam wieder gut zurück,
die Feldschlacht war gewaltig groß
  und brach den Feinden das Genick.
Denn durch des Heeres Kraft und Haltung
  ward die Feindesstadt kassiert:
Mein Herr Amphitruo hat selbst
  dabei das Feldherrnamt geführt.
Den Menschen dieser Stadt hier, Theben,
  das muß ich freilich offen sagen,

hat dieser Feldzug auch viel Tote,
und bittre Trauer eingetragen.
Nun: Beute, Ruhm und Landbesitz
war unsrer Männer reicher Lohn;
dem König Kreon, der Stadt Theben,
stärkte unser Sieg den Thron.
Amphitruo sandte mich voraus,
es seiner Gattin zu berichten,
wie er das Staatsgeschäft geführt
auf Grund der Oberfeldherrnpflichten.
Das geht mir grade durch den Kopf:
Was sag ich, wenn ich sie jetzt träf?
Nun – wenn ich lüge, handle ich
ganz meiner eignen Art gemäß.
Denn wo der Kampf am meisten tobte,
da riß ich selbst am meisten aus:
Ich tue so, als war ich dort,
doch richt ich nur Gehörtes aus.
Kurz – wie und was da nötig ist,
an Worten zu erdichten,
wird hier zuvor schön überlegt:
Ich werde so berichten:

Das Folgende großspurig wie ein Herold.

Sobald wir angekommen sind
und unser Heer gelandet war, bestimmt Amphitruo sofort
die Edelsten aus unsrer Schar.
Er schickt sie los, mit dem Befehl,
dem Feind zu künden, was er will.
Falls ohne Kampf und ohne Krieg
sie Raub und Räuber übergeben,
dann wolle er sein Heer sogleich
mit sich zurück nach Hause nehmen;
auch was sie sonst noch fortgeschleppt,
das müßten sie ihm wieder liefern,
dann läßt er ihnen Ruh und Frieden,
und ziehe ab mit den Argivern.
Doch falls sie andrer Meinung wären
und nicht auf seine Wünsche hören,
wird er mit Wucht und allen Leuten

die Stadt des Gegners sich erbeuten.
Als unsre Boten so dem Feind Bericht erstatten,
was von Amphitruo sie zu sagen hatten,
beginnen jene Großprotztugendkraftgeschwellten,
mit Arroganz auf unsre Boten loszuschelten:
Sie könnten sich mit ihren Waffen selbst beschirmen,
doch wir solln mit dem Heer aus ihrem Lande türmen.
Als so die Boten den Amphitruo informieren,
läßt er das Heer stracks vor dem Lager aufmarschieren.
Das Feindes-Heer ist drüben ausgerückt,
in Waffenrüstung, mehr als schön geschmückt.

Das Folgende sehr rhythmisch, langsam und betont theatralisch.

Al's man nun
ganz massiert
hier und dort
sich formiert,
ordnen wir nach unserm Brauch
unser Heer: Der Feind tut's auch.
Schön und gut:
Beiderseits
stellt sich der
Kommandeur
mitten hin
vor das Heer,
und in Front vor den Soldaten
wird nun noch einmal beraten,
und man kommt zu dem Beschluß:
Wer im Kampf verlieren muß,
hat die Heimat, Land und Leben,
Haus und Herd zu übergeben.

Nachdem das Ganze so geschah,
bläst man zum Angriff mit Trara.
Die Erde dröhnt,
und beiderseits
da lärmt's und schreit's.
Und beide Feldherrn,
der und der,
die flehn zu Gott,

beschwörn das Heer.
Ein jeder gibt jetzt,
Mann für Mann,
was er vermag
und was er kann.
Eisen stechen,
Lanzen brechen,
Himmel tönen,
Männer stöhnen,
Schweiß und Atem,
Nebelschwaden,
Wunden, Sterben,
Tod, Verderben.
Schließlich kommt, wie wir's gedacht:
Unsre haben Übermacht.
Viele Feinde stürzen nieder,
unsre stürmen einfach drüber.
Sieg! Geschafft!
Durch unsre Kraft!

Kein Mann von uns hat sich zur Flucht gewandt,
kein Mensch verließ den Ort, auf dem er stand;
ein jeder strebte, sofort zuzufassen,
kam lieber um, als seinen Platz zu lassen.
Ein jeder Tote liegt,
wo er einst stand, in Reih und Glied.
Als nun mein Herr Amphitruo dies erblickt,
hat er die Reiter noch von rechts nach vorn geschickt.
Und schnell gehorchend, stürmt die Reiterei,
im rechten Flügelangriff vor und mit Geschrei.
So metzeln sie der Feinde Scharen,
die – wirklich wahr – im Unrecht waren.

Mercurius: Auch nicht eine Silbe sprach er falsch, denn ich war selbst zugegen, als man kämpfte, und auch mein Vater.

Sosia:
Die Feinde reißen vor uns aus,
und unser Mut wächst hoch hinaus,
so daß wir der Teleboer Rücken
mit Pfeilen noch und noch bespicken.

Mein Herr Amphitruo hat mit eigner Kraft
den König Pterelas geschafft.
Man kämpfte dort vom Morgen bis zum Abendgrau.
– Ich weiß das deshalb so genau,
weil ich an diesem Tage ohne Frühstück blieb. –
Erst dann war Kampfschluß, als die Nacht die Kämpfer schied.
Am Tag darauf erschienen aus der Stadt vom Feind,
die Edelsten in unserm Lager, ganz verweint.
Sie flehn, die Hände eingehüllt in Binden,
und wir verzeihen ihre Sünden.
Sie wolln die Stadt, die Kinder, Hab und Gut uns übergeben,
in Rechts- und Allgewalt dem ganzen Volk von Theben.

So will ich meiner Herrin von der Schlacht berichten.
Und nun ans Werk, des Herrn Gebote zu verrichten!

Mercurius: Aha, gleich kommt er her. Ich will ihm doch entgegengehn. Auf keinen Fall lasse ich den heute das Haus betreten. Da ich sein Ebenbild bin, steht fest, daß ich den Kerl hereinlege. Und weil ich nun mal sein Aussehn und seine Statur habe, versteht sich, daß ich auch das gleiche Wesen und dieselben Sitten annehme. Also muß ich boshaft sein, gerissen und sehr schlau und ihn mit seiner eigenen Waffe, der Frechheit, von der Tür wegtreiben. Was ist denn da los? Er guckt den Himmel an. Ich will aufpassen, was er macht.

Sosia: Beim Pollux, wenn ich irgend etwas glaube oder wirklich weiß, dann glaube ich, daß die Nachtgöttin heut nacht besoffen eingeschlafen ist. Denn am Himmel rückt weder der Große Wagen weiter, noch rührt sich der Mond vom Fleck, seitdem er aufgegangen ist, weder Orion noch Abendstern oder Siebengestirn gehen unter. Die Sterne stehen still, die Nacht macht nicht dem Tage Platz.

Mercurius: Mach weiter, Nacht, so wie du angefangen hast, tu meinem Vater den Gefallen. Für den Besten tu dein Bestes, deine Mühe wird sich lohnen.

Sosia: Ich glaube, eine längere Nacht als diese habe ich nie gesehen – es sei denn, jene endlos lange, als ich geprügelt am Marterpfahl hing. Aber diese ist weiß Gott noch länger. Ich vermute tatsächlich, daß die Sonne schläft und noch dazu ganz schön beschwipst. Ich wette, sie hat sich feste rangehalten beim Bankett.

MERCURIUS: Was sagst du, Schuft? Denkst du, die Götter sind wie du? Beim Pollux, für diese Worte und für deine Schandtaten will ich dich hübsch empfangen, du Strolch! Komm nur her, du sollst ein Malheur erleben!

SOSIA: Wo sind denn bloß die Schürzenjäger, die so ungern alleine schlafen? Diese Nacht ist wie geschaffen, sich mit einem teuerbezahlten Flittchen tüchtig zu amüsieren.

MERCURIUS: Demnach handelt mein Vater also klug und richtig, wenn er Alcumena voll Liebe und nach Herzenslust umarmt.

SOSIA: Aber ich will gehen und Alcumena melden, was der Herr befahl. Nanu, wer ist denn der Mensch, den ich zu dieser Nachtzeit da vorm Hause sehe? Das gefällt mir nicht.

MERCURIUS: Niemand ist solch ein Hasenfuß wie der.

SOSIA: Mir scheint, der will mir heute noch das Fell gerben.

MERCURIUS: Der Kerl fürchtet sich. Mit dem mach ich mir einen Spaß.

SOSIA: O Gott, mir tun schon die Zähne weh! Der wird mich bei meiner Ankunft sicher mit der Faust begrüßen. Ich glaube, er hat Mitleid: weil mein Herr mich nicht schlafen läßt, sorgt der jetzt mit seinen Fäusten dafür, daß ich heute doch noch schlafe. *Geht näher.* Ich bin restlos erledigt! Mein Gott, wie groß und stark der ist!

MERCURIUS: Ich will laut und deutlich sprechen, damit er hört, was ich sage. Dann wird dem noch viel mehr angst und bange. *Laut*: Na los, Fäuste, schon lange habt ihr meinem Bauch nichts mehr zu fressen verschafft. Mir ist, als wär's schon ewig her, daß ihr gestern vier nackte Männer ins Jenseits befördert habt!

SOSIA: Ich fürchte sehr, daß ich hier meinen Namen ändern muß und aus Sosia zum Quintus (das ist der Fünfte) werde. Vier Männer behauptet der ins Jenseits befördert zu haben! Wenn ich bloß nicht die Zahl vergrößere!

MERCURIUS: Also, da wolln wir mal!

SOSIA: Er schnallt den Riemen fester, jetzt geht's sicher los.

MERCURIUS: Der kommt nicht ohne Dresche weg!

SOSIA: Wer denn?

MERCURIUS: Jeder, der hierherkommt, kriegt meine Faust zu schmecken.

SOSIA: Hau ab, jetzt in der Nacht mag ich nicht essen, ich habe schon gespeist. Drum setze diese Mahlzeit, wenn du schlau bist, solchen vor, die hungrig sind.

MERCURIUS: Die Faust hat kein schlechtes Gewicht.

SOSIA: Hilfe, er taxiert die Fäuste!

MERCURIUS: Wie wär's, wenn ich ihm ganz sachte eins überziehe, daß er schläft?

SOSIA: Du bist meine Rettung: Ich habe schon drei Nächte lang nicht mehr geschlafen.

MERCURIUS: Verflucht! Eine Backe ungenau zu treffen, lernt meine Hand nie und nimmermehr. *Zur Hand*: Wen du mit der Faust angetippt hast, der muß ein anderes Gesicht haben.

SOSIA: Der Kerl wird mich schon zurechtstutzen und mir eine neue Visage machen.

MERCURIUS: Die Knochen müssen raus sein, wenn du einem richtig in die Fresse gehaun hast.

SOSIA: Ein Wunder, wenn der mich nicht wie einen Hering entgrätet. Fort mit diesem Menschenentgräter! Wenn er mich sieht, bin ich erledigt.

MERCURIUS: Hier riecht's nach Mensch! Dem geht es schlecht!

SOSIA: O Schreck, ob ich etwa rieche?

MERCURIUS: Und er muß gar nicht weit weg sein, aber er war weit weg.

SOSIA: Der Kerl kann hellsehn.

MERCURIUS: Mir zuckt's schon in den Fäusten!

SOSIA: Falls du sie auf mich loslassen willst, mach sie doch bitte erst mal an der Mauer weich.

MERCURIUS: Mir flog ein Wort ans Ohr.

SOSIA: Ach, ich Unglückspinsel, daß ich ihm nicht die Federn ausrupfte; jetzt spreche ich schon geflügelte Worte.

MERCURIUS: Dieser Mensch holt sich sein Unglück mit eigenem Fuhrwerk bei mir ab.

SOSIA: Ich habe überhaupt kein Fuhrwerk.

MERCURIUS: Dem muß man mit den Fäusten feste was aufpacken.

SOSIA: O Gott, ich bin noch ganz kaputt von der Seefahrt hierher. Ist mir schlecht! Ich kann kaum ohne, geschweige denn mit Gepäck laufen!

MERCURIUS: Hier spricht doch irgendwer!

SOSIA: Ich bin gerettet: Er sieht mich nicht. Er meint, hier spricht „irgendwer"; ich heiße ja Sosia.

MERCURIUS: Wie es scheint, schlägt mir von rechts eine Stimme ans Ohr.

SOSIA: Ich fürchte bloß, daß statt der Stimme, die ihn schlägt, ich die Dresche heute kriege.

MERCURIUS: Sehr gut, er kommt auf mich zu.

SOSIA: Hab ich eine Angst! Ich bin ganz starr! Ich weiß wirklich nicht, wo ich in aller Welt jetzt bin, wenn mich einer fragt. Ich armer Hund kann mich vor Furcht nicht rühren. Erledigt! Aus ist es mit dem Auftrag meines Herrn und auch mit Sosia. *Nach einigem Grübeln:* Aber klar: Ich rede den Kerl frech an; dann sieht es vielleicht so aus, als wäre ich kühn, und er läßt die Finger von mir.

MERCURIUS *pathetisch*: Wohin wandelst du, der du die Flamme des Vulkan in der Laterne trägst?

SOSIA: Warum fragst du mich, der du den Leuten die Gräten aus der Schnauze schlägst?

MERCURIUS: Bist du ein Sklave oder freier Mann?

SOSIA: Wie mir's grade paßt.

MERCURIUS: Was sagst du?

SOSIA: Das sag ich.

MERCURIUS: Du Prügelsack.

SOSIA: Gar nicht wahr.

MERCURIUS: Ich werd's schon dahin bringen, daß es wahr wird.

SOSIA: Muß das sein?

MERCURIUS: Kann man nun wissen, wohin du willst, warum du kommst, wem du gehörst?

SOSIA: Ich komme hierher und bin der Sklave meines Herrn. Bist du nun klüger?

MERCURIUS: Dieser Zunge tu ich heute noch was an, du Schuft!

SOSIA: Das kannst du nicht: sie wird sehr gut und streng bewacht.

MERCURIUS: Immer noch Widerworte? Was willst du hier bei diesem Haus?

SOSIA: Im Gegenteil: Was willst du denn hier?

MERCURIUS: König Kreon stellt hier nachts immer Wachen auf.

SOSIA: Das macht er recht: Weil wir fort waren, hat er daheim schön aufgepaßt. Aber nun geh und melde, die hierher Gehörigen wären wieder da.

MERCURIUS: Ich weiß nicht, wem du gehörst, aber wenn du nicht sofort hier abziehst, du Hierher-Gehöriger, dann sorge ich dafür, daß du nicht gehörig empfangen wirst.

SOSIA: Ich wohne doch hier, bin Sklave in diesem Haus.

MERCURIUS: Was? Ich mache dich heute noch zu einem feinen Herrn, wenn du nicht gehst.

SOSIA: Wie denn?

MERCURIUS: Du wirst weggetragen, brauchst nicht laufen – wenn ich den Knüppel nehme.

SOSIA: Aber ich sage dir: Ich gehöre zum Personal dieses Hauses.

MERCURIUS: Paß auf, gleich heulst du, wenn du nicht schnellstens abziehst.

SOSIA: Du willst mir bei meiner Heimkehr aus dem Ausland das Haus verbieten?

MERCURIUS: Ist das dein Haus?

SOSIA: Ja doch!

MERCURIUS: Und wer ist dein Herr?

SOSIA: Amphitruo, zur Zeit Befehlshaber des thebanischen Heeres, verheiratet mit Alcumena.

MERCURIUS: Was sagst du? Wie ist denn dein Name?

SOSIA: Die Thebaner nennen mich Sosia, Sohn des Davus.

MERCURIUS: Ha, zu deinem Unglück kommst du heute daher mit schön eingefädeltem Schwindel, du Gipfel der Frechheit, mit den zusammengeflickten Lügengespinsten.

SOSIA: Ich komme höchstens mit zusammengeflicktem Hemd hierher, nicht mit Lügengespinsten.

MERCURIUS: Du lügst schon wieder: Bestimmt bist du mit Füßen und nicht mit Hemden gekommen.

SOSIA: Tatsächlich.

MERCURIUS: Und tatsächlich kriegst du welche wegen der Lüge.

SOSIA: Beim Pollux, das will ich nicht, tatsächlich!

MERCURIUS: Dann eben tatsächlich gegen deinen Willen. Dies „Tatsächlich" jedenfalls gibt's sicher, nicht nur auf Wunsch. *Prügelt ihn.*

SOSIA: Gnade, ich flehe dich an!

MERCURIUS: Du wagst zu sagen, du wärst Sosia, der ich doch bin?

SOSIA: Ich bin hin!

MERCURIUS: Das kannst du sagen, wenn's erst weitergeht. Wessen Sklave bist du nun?

SOSIA: Deiner. Du hast mich rechtmäßig erworben – mit deinen Fäusten. Hilfe, Leute von Theben!

MERCURIUS: Du schreist auch noch, du Aas? Also sprich: Wozu kamst du her?

SOSIA: Damit einer da ist, den du verprügeln kannst.

MERCURIUS: Wessen Sklave bist du?

SOSIA: Wie gesagt, der Sosia des Amphitruo.

MERCURIUS: Also mußt du mehr Hiebe kriegen, weil du dummes Zeug redest. Ich bin Sosia, nicht du!

SOSIA: Geb's Gott, daß du es wärst und ich dich verprügelte.

MERCURIUS: Du muckst noch? *Haut ihn.*

SOSIA: Bin ja schon ruhig.

MERCURIUS: Wer ist dein Herr?

SOSIA: Wie dir beliebt.

MERCURIUS: Also, wie heißt du nun?

SOSIA: Wie du befiehlst.

MERCURIUS: Du sagtest doch, du wärst der Sosia des Amphitruo.

SOSIA: Hab mich versprochen: „Der Sozius des Amphitruo" wollte ich sagen.

MERCURIUS: Ich wußte doch, daß wir keinen Sklaven Sosia haben außer mir. Dich hat wohl der Verstand verlassen.

SOSIA: Hätten mich lieber deine Fäuste verlassen!

Mercurius: Der Sosia, für den du dich da eben ausgegeben hast, bin ich.

Sosia: Bitte, kann man in Frieden mit dir sprechen, ohne verprügelt zu werden?

Mercurius: Na gut, mag ein Weilchen Waffenstillstand sein, wenn du was zu sagen hast.

Sosia: Ich sage nichts, wenn nicht Frieden geschlossen ist, denn du hast stärkere Fäuste.

Mercurius: Sag, was du willst, ich tu dir nichts.

Sosia: Kann ich dir glauben?

Mercurius: Ja.

Sosia: Und wenn du nicht Wort hältst?

Mercurius *feierlich*: Dann soll Mercurius dem Sosia zürnen!

Sosia: Also paß auf! Nun kann ich alles offen sagen: Ich bin Amphitruos Sklave Sosia.

Mercurius: Schon wieder?

Sosia: Wir haben Frieden gemacht und einen Vertrag geschlossen. Ich sage die Wahrheit!

Mercurius: Da hast du eine! *Schlägt ihn.*

Sosia: Mach, was du willst und wie du willst, da du ja doch die stärkeren Fäuste hast. Aber was du auch tust, ich schweige trotzdem nicht.

Mercurius: Bei lebendigem Leibe bringst du mich heute niemals dazu, daß ich nicht Sosia bin.

Sosia: Und du, zum Kuckuck, bringst mich niemals dazu, daß ich nicht zu unserm Haus gehöre. Es gibt bei uns außer mir keinen Sklaven Sosia, und der war mit Amphitruo zum Heer gegangen.

Mercurius: Der Kerl ist nicht normal.

Sosia: Was du mir da anhängst, gilt für dich. Was, du Schandkerl, ich wäre nicht Amphitruos Sklave Sosia? Ist etwa unser Schiff, mit dem ich fuhr, nicht heute nacht aus dem Persischen Hafen hier angekommen? Hat mich nicht mein Herr hierher geschickt? Steh ich jetzt nicht vor unserm Haus? Hab ich vielleicht nicht die Laterne in der Hand? Spreche ich nicht? Bin ich nicht wach? Hat mich nicht dieser Kerl gerade mit der Faust verbleut? Bei Gott, das hat er, denn mir Ärmsten tun ja noch die Backen weh! Was zögere ich also noch, und warum gehe ich nicht rein in unser Haus?

MERCURIUS: Was, euer Haus?

SOSIA: Jawohl.

MERCURIUS: Daß nur nicht alles, was du sagst, gelogen ist. Ich bin der Sosia vom Amphitruo. Denn heute nacht ist unser Schiff im Perserhafen abgesegelt, wir haben die Stadt erobert, wo Pterelas regierte. Wir haben die Legionen der Teloboer im Kampf besiegt, und Amphitruo selbst erschlug den König Pterelas in der Schlacht.

SOSIA: Ich glaube mir selbst nicht mehr, wenn ich den so reden höre. Jedenfalls weiß er ganz genau, was dort los war. Aber sag mal: Was wurde denn dem Amphitruo von den Teloboern überreicht?

MERCURIUS: Ein Goldpokal, aus dem König Pterelas zu trinken pflegte.

SOSIA: Er sagt es. Und wo ist der Pokal jetzt?

MERCURIUS: In einem Kästchen. Es ist versiegelt mit Amphitruos Zeichen.

SOSIA: Was ist das für ein Zeichen, he?

MERCURIUS: Der Sonnengott, aufsteigend mit dem Viergespann. Willst mich wohl fangen, du Strolch?

SOSIA: Mit seinen Beweisen hat er mich geschlagen, ich muß mir einen andern Namen suchen. Wie er das alles gesehen hat, ist mir schleierhaft. Aber jetzt krieg ich ihn; denn was ich ganz allein im Zelt tat, als kein Mensch sonst da war, das kann er mir doch nun ganz bestimmt nicht sagen. *Laut:* Wenn du Sosia bist, was hast du dann im Zelt gemacht, als die Legionen am erbittertsten kämpften? Wenn du das weißt, bin ich geschlagen.

MERCURIUS: Da war ein Weinfaß, aus dem ich einen Krug vollgoß.

SOSIA: Er ist auf der richtigen Spur.

MERCURIUS: Den hab ich unverdünnt, so wie er aus der Rebe quillt, geleert.

SOSIA: So war's. Ich trank dort den Krug Unverdünnten aus. Sollte mich nicht wundern, wenn der in dem Krug versteckt war.

MERCURIUS: Na also, hab ich dir bewiesen, daß du nicht Sosia bist?

SOSIA: Du sagst, ich wär es nicht?

MERCURIUS: Wie sollte ich das nicht sagen, da ich es bin?

SOSIA: Ich schwöre bei Jupiter, daß ich es bin und daß ich die Wahrheit sage.

MERCURIUS: Und ich schwöre bei Merkur, daß Jupiter dir nicht glaubt. Denn ich weiß, daß er mir ohne Schwur mehr glaubt als dir mit.

SOSIA: Aber wer bin ich dann, wenn ich nicht Sosia bin, frage ich dich?

MERCURIUS: Wenn ich es mal nicht sein will, sollst du ruhig Sosia sein. Aber jetzt, wo ich es bin, gibt es Prügel, wenn du nicht abhaust – ohne Namen.

SOSIA: Wirklich, wenn ich den betrachte und mein Aussehn bedenke, wie ich beschaffen bin – ich habe oft in den Spiegel gesehn: Er ist mir schrecklich ähnlich. Hut und Anzug genau wie ich. Waden, Füße, Statur, Frisur, Augen, Nase, Mund, Wangen, Kinn, Bart, Hals – der ganze Kerl. Kurz: Wenn auch sein Rücken voller Narben ist, dann ist nichts ähnlicher als diese Ähnlichkeit. Aber wenn ich es recht bedenke: bin ich doch wirklich noch derselbe, der ich immer war. Ich kenne meinen Herrn und unser Haus, bin völlig bei Verstand. Was der sagt, geht doch mich nichts an! Ich klopfe an die Tür.

MERCURIUS: Wo willst du hin?

SOSIA: Ins Haus.

MERCURIUS: Und wenn du jetzt in Jupiters Vierspänner sprängst und davonrastest, du kämst doch kaum mit heiler Haut davon.

SOSIA: Darf ich nicht meiner Herrin melden, was mir der Herr befohlen hat?

MERCURIUS: Deiner kannst du melden, was du willst, bloß zu unserer laß ich dich nicht rein. Und wenn du mich in Wut bringst, gehst du heute mit gebrochenen Knochen fort.

SOSIA: Da geh ich lieber. Ihr unsterblichen Götter, ich flehe um eure Gnade: Wo bin ich bloß verlorengegangen, wo verwandelt worden, wo hab ich das Gesicht verloren? Ob ich mich etwa dort gelassen habe aus Vergeßlichkeit? Denn der ist ganz das Bild, das ich früher hatte. Zu Lebzeiten geschieht mir schon, was mir nie einer beim Begräbnis erweisen wird. Ich will zum Hafen gehn und meinem Herrn erzählen, was hier passiert ist. Wenn der mich nun auch nicht kennt! Gott geb's! Dann setze ich noch heute aufs geschorne Haupt den Freiheitshut!

Zweite Szene

Mercurius.

MERCURIUS:
Recht fein gelang mein Werk an diesem Tage!
Von unsrer Tür vertrieb ich eine Riesenplage,
um meinem Vater die Gelegenheit zu geben,
sein Liebchen sicher in den Arm zu nehmen.
Wenn Sosia bei Amphitruo ankommt, da
wird er erzählen, daß der Sklave Sosia
ihn, Sosia, selbst von dieser Haustür trieb.
Amphitruo glaubt sofort, daß jener lügt,
und denkt, daß Sosia – anders, als man ihm
befohlen hatte – gar nicht hier erschien.
Die beiden packe ich heut voll,
ich mach sie irre, mach sie toll,
dazu Amphitruos ganzen Hausstand haargenau,
so lange, bis mein Vater von der Frau,
die er jetzt küßt,
befriedigt ist.
Doch alle solln am Schluß erfahren,
von welcher Art die Sachverhalte waren.
Und Jupiter stellt der Alkmene dann
die alte Eintracht her mit ihrem Ehcmann.
Gleich wird Amphitruo seiner Frau
hier eine Szene machen mit Radau,
wird ihr den Vorwurf unterschieben,
sie hätte Hurerei getrieben.
Doch meinem Vater wird's gelingen,
den Krach recht bald zur Ruh zu bringen.
Zu Alcumena jetzt ein paar
Bemerkungen, was längst schon fällig war:
Die Frau wird heute noch zwei Zwillingsknaben,
ein Zehn- sowie ein Siebenmonatskind geboren haben.

Nun, von Amphitruo stammt der eine,
vom Götterchef der andre Kleine.
Vom größren Vater stammt das jüngre Kind
und umgekehrt. Kapiert, wie hier die Dinge sind?
Mein Vater hat, um Alcumena recht zu ehren,
dafür gesorgt, sie solle einmal nur gebären.
So wird mit einer einzgen Arbeit
von beiden Leiden sie befreit.
Damit ihr niemand vorwirft, eine Hur zu sein,
blieb auf Befehl des Gottes der Verkehr geheim.
Indessen, wie ich euch schon längst verraten,
erfährt Amphitruo haarklein alle Taten.
Was noch? Kein Mensch wird sich erfrechen,
dies Alcumena gar als Schande anzurechnen.
Für eine Gottheit wär es wirklich schlecht,
den Fehltritt abzuwälzen auf das menschliche Geschlecht.
Nun aber Maul gehalten, denn es knarrt das Tor.
Es tritt Amphitruo, der verkappte Gott, hervor,
aus jener Türe, schau,
mit Alcumena, der geborgten Frau.

Dritte Szene

Jupiter, Alcumena, Mercurius.

JUPITER: Leb wohl, Alcumena! Kümmre dich um unser Haus, bei allem, was du túst. Und schone dich, bitte; du siehst, deine Monate sind herum. Ich muß jetzt weg. Und was du zur Welt bringst, nimm auf!

ALCUMENA: Mann, was ist denn nur, daß du so plötzlich von zu Hause weggehst?

JUPITER: Bestimmt nichts, was mich an dir oder daheim verdrießt. Aber wenn der Oberbefehlshaber nicht beim Heer ist, wird mehr Unfug angestellt als Nützliches.

MERCURIUS: Ein ganz geriebener Süßholzraspler, mein Vater. Seht bloß, wie er dem Weibchen ums Maul geht!

ALCUMENA: Jaja, ich merke schon, wieviel du dir aus deiner Gattin machst.

JUPITER: Bist du zufrieden, wenn ich keine Frau so liebe wie dich?

MERCURIUS: Beim Pollux, wenn Iuno wüßte, was du hier für Sachen treibst, ich garantiere, du möchtest lieber Amphitruo als Jupiter sein.

ALCUMENA: Mir wäre lieber, ich könnte das durch Taten als durch Worte erfahren. Du gehst, bevor der Platz in deinem Bett, auf dem du lagst, warm wurde. Gestern kamst du mitten in der Nacht, jetzt gehst du. Ist das etwa schön?

MERCURIUS: Ich gehe hin, rede sie an und helfe dem Papa, ihr schönzutun. *Zu Alcumena:* Tatsache, niemals hat ein Mensch, glaube ich, seine Frau so wahnsinnig geliebt, wie der wahnsinnig in dich verknallt ist.

JUPITER: Schuft, kenn ich dich nicht? Mir aus den Augen! Was hast du hier zu suchen, Strolch, und zu mucksen? Na, dir will ich mit dem Knüppel ...!

ALCUMENA: Ach nein!

JUPITER: Ein Ton noch!

MERCURIUS: Dies „Schöntun" wäre mir fast schlecht bekommen.

JUPITER *zu Alcumena*: Aber was du da sagst, liebe Frau: du darfst mir nicht böse sein. Heimlich bin ich vom Heer weggegangen, dir zuliebe stahl ich mich fort, damit du als erste von mir erfährst, was ich für den Staat geleistet habe. Alles habe ich dir erzählt. Wenn ich dich nicht so liebte, hätte ich das nicht getan.

MERCURIUS: Hab ich's nicht gesagt? Er beruhigt das bekümmerte Frauchen.

JUPITER: Jetzt muß ich aber heimlich zurück, damit das Heer nichts merkt, daß sie nicht sagen, ich ziehe die Gattin den Staatsgeschäften vor.

ALCUMENA: Du bringst deine Gattin noch zum Weinen, wenn du fortgehst.

JUPITER: Sei still, verdirb dir deine Augen nicht, ich komme bald zurück.

ALCUMENA: Dies „Bald" ist so lange.

JUPITER: Sehr ungern lasse ich dich allein und gehe nicht gern fort von dir.

ALCUMENA: Das merke ich, denn in derselben Nacht, in der du kamst, gehst du schon wieder.

JUPITER: Was hältst du mich? Es ist Zeit: Ich will aus der

Stadt sein, ehe es Tag wird. Ich schenke dir nun diesen Pokal, den ich für meine Tapferkeit dort bekommen habe. Pterelas, den ich mit eigener Hand umbrachte, trank daraus. Dir, Alcumena, übergebe ich ihn.

ALCUMENA: Da benimmst du dich wie immer. *Betrachtet den Pokal.* Beim Kastor, ein Geschenk, so wertvoll wie der Spender.

MERCURIUS: O nein, so wertvoll wie die, die es bekommt.

JUPITER: Muckst du schon wieder? Kann ich dir nicht die Luft abdrehn, du Strolch?

ALCUMENA: Nein, Amphitruo, bitte, mir zuliebe sollst du dem Sosia nicht böse sein.

JUPITER: Na, gut, wie du willst.

MERCURIUS: Der ist vor Liebe rein verrückt.

JUPITER: Noch etwas?

ALCUMENA: Daß du mich liebst, auch wenn ich nicht bei dir bin, denn ich bin dein, auch wenn du fern bist.

MERCURIUS: Wir müssen gehn, Amphitruo, es wird schon Tag.

JUPITER: Geh voraus, Sosia, ich komme gleich. *Zu Alcumena:* Willst du noch was?

ALCUMENA: Ja, daß du schnell zurückkommst.

JUPITER: Bestimmt. Eher als du glaubst, bin ich wieder hier. Sei nur getrost. *Alcumena ab.* Nun entlasse ich dich, Nacht, die du für mich so lange bliebst. Weiche dem Tag, daß er den Sterblichen mit hellem, strahlendem Licht leuchtet. Und um wieviel du, Nacht, länger warst, um so viel kürzer mache ich den Tag, daß sich alles wieder ausgleicht und der Tag hervorgeht aus der Nacht. Und nun fort, ich folge dem Merkur. *Ab.*

ZWEITER AKT

Erste Szene

Amphitruo, Sosia.

AMPHITRUO: Nun komm doch her!

SOSIA: Ich komm ja schon.

AMPHITRUO: Ich glaub, du bist der allerschlimmste Schuft.

SOSIA: Mag sein, doch frag ich mich, warum?

AMPHITRUO: Weil dein Geschwätz besagt, was weder war, noch ist, noch werden wird.

SOSIA: Herrje, da bist du wieder, wie du bist: Daß du zu deinen Leuten niemals Zutraun hast.

AMPHITRUO: Was ist? Wieso? Verdammt, ich laß dir diese ganz verfluchte Lügenzunge, Schandkerl, aus dem Halse reißen.

SOSIA: Bin euer ganz ergebner Knecht, und wie es euch gefällt und wie's beliebt, so tut ihr recht. Doch niemals laß ich irgendwie mich irritiern zu sagen, wie die Dinge wirklich sind.

AMPHITRUO: Du ganz verflixter Bursche wagst mir einzureden, daß du jetzt zu Hause wärst, und stehst noch da?

SOSIA: Ganz recht, das stimmt.

AMPHITRUO: Das Unglück, das die Götter über dich verhängen, kriegst du heut von mir.

SOSIA: Schön, schön, mag sein, denn ich bin ja dein Eigentum.

AMPHITRUO: Du wagst es, Schurke, mich noch zu verhöhnen, he? Du wagst zu sagen, was seit eh und je kein Mensch gesehn hat, was auch nie geschehen kann, daß einer ganz allein zu gleicher Zeit an zwei verschiedenen Orten sich befindet?

SOSIA: Gewiß, die Sache ist genauso, wie ich sage.

AMPHITRUO: Jupiter vernichte dich!

SOSIA: O Herr, was hab ich so viel Unglück deinetwegen denn verdient?

AMPHITRUO: Das fragst du noch, du Lump? Dein Späßchen treibst du wohl mit mir?

SOSIA: Mit Recht magst du auf mich schimpfen, wenn es so ist. Ich lüge aber wirklich nicht und sag die Wahrheit.

AMPHITRUO: Ich glaub, der Mensch da ist besoffen.

SOSIA: Ja, wär ich nur!

AMPHITRUO: Du wünschst dir, was schon ist.

SOSIA: Was? Ich?

AMPHITRUO: Ja, du! Wo hast du denn gesoffen?

SOSIA: Nirgends habe ich gesoffen.

AMPHITRUO: Welches ist denn dieses Ich?

SOSIA: Ich hab es schon zehnmal gesagt: Ich selber bin daheim, sag ich. Kapiert? Ich, Sosia, selbst bin auch bei dir. Ist das nun endlich laut und deutlich klargemacht?

AMPHITRUO: Nun scher dich aber fort!

SOSIA: Was steht zu Diensten, Herr?

AMPHITRUO: Du hast die Pest!

SOSIA: Warum denn das? Mir geht's recht gut, ich fühle mich auch ganz mobil, Amphitruo.

AMPHITRUO: Ich pack dich heute noch, wie du's verdienst, damit dir's n i c h t mehr gut geht, daß du dich recht elend fühlst, wenn ich erst heil zu Hause bin. Und nun komm mit; du Schwätzer treibst mit deinem Herrn nur Possen. Deines Herrn Befehl hast du mißachtet, kommst hierher und hast ihn obendrein zum besten. Trägst hier Dinge vor, die praktisch und auch theoretisch ganz unmöglich sind, du Strolch. Na warte, heute sollen diese Lügen noch auf deinen Rücken prasseln.

SOSIA: Amphitruo, es ist das größte Pech für einen guten Sklaven, wenn er dem Herrn die Wahrheit sagt und der glaubt nichts.

AMPHITRUO: Halunke, wie kann denn das passieren – he, beweis mir's doch –, daß du jetzt hier und auch zu Hause bist? Das sag mir bitte mal!

SOSIA: Ich bin tatsächlich hier und dort. Da kann sich jeder drüber wundern, und für dich ist das nicht wunderbarer als für mich.

AMPHITRUO: Was?!

SOSIA: Ich sage: Für dich ist das nicht wunderbarer als für mich. Weiß Gott, zuerst hab ich es mir, dem Sosia, selber nicht geglaubt, bis der andere Sosia – ich meine: ich – bewirkte, daß ich's glaube. Alles, was wir in der Schlacht erlebten, hat er mir der Reihe nach erzählt. Mein Äußeres hat er mir weggemaust samt meinem Namen. Er sieht mir ähnlich wie ein Ei dem andern. Denn als du mich vor Tagesanbruch vom Hafen nach Hause vorausschicktest ...

AMPHITRUO: Na da –?

SOSIA: ... da stand ich schon vor dem Haus, bevor ich dort ankam.

AMPHITRUO: Was für ein Blödsinn, Strolch! Bist du verrückt?

SOSIA: Ich bin, wie du mich siehst.

AMPHITRUO: Dem Kerl muß jemand mit böser Hand was Böses getan haben, nachdem er von mir wegging.

SOSIA: Das stimmt, denn ich bin fürchterlich verdroschen worden mit der Faust.

AMPHITRUO: Wer hat dich denn verhaun?

SOSIA: I c h m i c h, der ich nun zu Hause bin.

AMPHITRUO: Paß auf! Du sollst nur sagen, was ich frage. Erst mal will ich wissen, was das für ein Sosia ist.

SOSIA: Er ist dein Sklave.

AMPHITRUO: Ich hab an dir mehr als genug! Und seit meiner Geburt besaß ich nie einen Sklaven Sosia außer dir.

SOSIA: Aber ich sage dir, Amphitruo: Du wirst außer mir, sage ich, noch einen Sklaven Sosia antreffen, wenn du nach Hause kommst, einen Sohn des Davus, genau wie ich, an Aussehn und Alter genau wie ich, kurz und gut: Dein Sosia hat sich verdoppelt.

AMPHITRUO: Zu seltsam, was du da erzählst. Aber hast du denn meine Frau gesehn?

SOSIA: Man hat mich nicht ins Haus hineingelassen.

AMPHITRUO: Wer hat dich denn gehindert?

SOSIA: Der Sosia, von dem ich eben sprach, der mich verprügelt hat.

AMPHITRUO: Wer ist denn dieser Sosia?

SOSIA: I c h, wie gesagt. Wie oft muß man dir das noch erzählen?

AMPHITRUO: Sag mal, hast du vielleicht vor kurzem geschlafen?

SOSIA: Nicht die Spur.

AMPHITRUO: Vielleicht hast du den Sosia dort im Traum gesehn?

SOSIA: Ich pflege nicht die Befehle meines Herrn im Schlaf auszuführen. Ich war ganz wach, als ich ihn sah, wie ich ganz wach dich sehe und erzähle, und der war auch wach, als er mich, den Wachen, mit der Faust verdrosch.

AMPHITRUO: Wer denn?

SOSIA: Ich sage doch: Sosia, ich, dieser! Kapierst du denn das nicht?

AMPHITRUO: Verdammt, wer soll denn das kapieren! Du redest lauter dummes Zeug.

SOSIA: Du wirst das bald verstehn, wenn du den Sosia siehst.

AMPHITRUO: Also komm mit! Das muß sofort untersucht werden! Aber paß auf, daß alles, was ich vorhin angeordnet habe, aus dem Schiff geholt wird.

SOSIA: Ich merke mir's. Was du befiehlst, wird bestens ausgeführt. Ich habe deinen Befehl nicht mit Wein zusammen runtergeschluckt.

AMPHITRUO: Mögen es die Götter geben, daß an deinem Gefasel nichts dran ist!

Zweite Szene

Alcumena, Amphitruo, Sosia.

ALCUMENA:

Recht klein ist doch in unsrem Leben,
in unsrem Dasein die Vergnüglichkeit,
verglichen mit dem vielen Leid.
So ist's auf Erden jedem vorgegeben.

Die Götter wollen es so haben,
daß Freud und Leiden beieinanderstehn;
doch mehr soll der von Not und Elend sehn,
dem einmal etwas gut geraten.

Das hab ich jetzt zu Hause selbst erfahren:
Kaum sah ich meinen Gatten hier.
Wie minimale Freuden gab er mir,
da wir nur eine Nacht beisammen waren!

Jetzt grade ging er von mir fort,
noch vor dem ersten Tagesgrau.
Ich komm mir vor wie eine ganz verlaßne Frau,
denn er ist fern von diesem Ort,

er, den ich doch vor allen so gern leide.
Mir brachte ja die Trennung
vom Manne mehr Beklemmung
als seine Ankunft Freude!

Doch dieser Trost mag mich beseligt haben:
Als Sieger kehrte er zurück und lobbeladen!
Da mag er ruhig ferne sein:
kommt er mit Ruhm bedeckt nur wieder heim.

Ich will mit starkem Herz und festem Sinn
sein Fortgehn ganz und gar erdulden,
wird mir dabei nur der Gewinn,
daß alle ihm den Dank des Siegers schulden.

Als höchsten Lohn kann es nur Tugend geben,
von Tugend wird das andre alles überragt.
Die Tugend schützt, befestigt und bewahrt
uns Freiheit, Wohlergehn und Leben,

sie schützt das Hab und Gut, die Kinder, Brüder,
sie schützt die Eltern und das Vaterland;
denn alles ruhet in der Tugend Hand:
Der tugendhafte Mensch hat alle Güter.

Amphitruo: Beim Pollux, ich glaub schon, daß meine Frau sich freut, wenn ich nach Hause komme, sie, die mich liebt, wie ich sie liebe: besonders, da alles gut ging und der Feind geschlagen ist: Niemand glaubte, daß er zu überwinden sei. Den haben wir nun unter meiner Führung und meinem Befehl beim ersten Zusammentreffen besiegt. – Ich weiß bestimmt, daß sie sich schon nach meiner Rückkehr sehnt.

Sosia: Was? Denkst du, meine Kleine sehnt sich nicht nach meiner Rückkehr?

Alcumena: Da ist ja mein Mann!

Amphitruo *zu Sosia*: Komm mit!

Alcumena: Warum er nur zurückkommt? Eben sagte er, er müßte eilig weg. Hat er etwa die Absicht, mich zu prüfen? Will er sehen, ob ich auf seinen Weggang warte? O ja, ich bin nicht böse, daß er wieder nach Hause kommt.

Sosia: Amphitruo, es ist besser, wir gehen zurück zum Schiff.

Amphitruo: Wieso?

Sosia: Niemand wird uns Heimkehrern zu Hause ein Frühstück geben.

Amphitruo: Wie kommst du denn darauf?

Sosia: Weil wir zu spät heimgekommen sind.

Amphitruo: Wie?

Sosia: Ich seh Alcumena dick und satt vorm Hause stehn.

Amphitruo: Ich ließ sie doch schwanger zurück, als ich ging.

Sosia: Ach, ich Ärmster!

Amphitruo: Was hast du denn?

Sosia: Da komme ich grade im rechten Moment zum Wasserschleppen heim, im zehnten Monat, wie du rechnest, sehe ich.

Amphitruo: Laß nur gut sein.

Sosia: Weißt du, wie gut mir sein wird, wenn ich den Eimer erst mal in der Hand hab? Von dem Moment an sollst du mir, beim Kuckuck, nicht ein Wort mehr glauben, wenn ich dem Brunnen nicht – hab ich erst angefangen – die Seele aus dem Leibe ziehe.

Amphitruo: Komm nur mit. Das werde ich einem andern auftragen, keine Bange!

Alcumena: Ich denke, es ist wichtiger zu tun, was sich gehört: Ich gehe zu ihm hin.

Amphitruo: Amphitruo freut sich, seine liebste Frau zu begrüßen, die er als die beste von allen hier in Theben schätzt und die die Bürger Thebens als sehr sittsam rühmen. Ist es dir immer gut gegangen? Freust du dich, daß ich komme?

Sosia: Ja, sehr, wie ich sehe. Sie grüßt ihn nicht erfreuter als einen hergelaufnen Hund.

Amphitruo: Und ich freue mich, dich schwanger und schön rund zu sehn.

Alcumena: Beim Kastor, ich bitte dich, was begrüßt du mich denn so zum Gespött und sprichst mich an, als wenn du mich lange nicht gesehen hättest, als wenn du im Moment vom Feind nach Hause kämst und mich lange nicht sahst.

Amphitruo: Im Gegenteil, ich habe dich doch außer eben jetzt heute überhaupt noch nicht gesehn.

Alcumena: Warum schwindelst du?

Amphitruo: Weil ich gelernt habe, die Wahrheit zu sagen.

Alcumena: Schlecht ist, wenn man Gelerntes verlernt. Wollt ihr ausspionieren, was ich vorhabe? Warum kommt ihr so schnell zurück? Hat dich ein Orakel aufgehalten oder ein Unwetter, daß du nicht zu deinen Legionen zurückgekehrt bist, wie du vorhin sagtest?

Amphitruo: Vorhin? Wann war denn dieses „Vorhin“?

Alcumena: Du ärgerst mich: Vorhin gerade, eben erst.

Amphitruo: Ich bitte dich! Wie ist das möglich, daß du sagst: „Vorhin gerade, eben erst“?

Alcumena: Warum denkst du, ich verspotte dich wie du mich? Du aber behauptest, eben erst gekommen zu sein, wo du doch gerade erst weggingst?

Amphitruo: Sie redet lauter Unsinn.

Sosia: Warte ein bißchen, bis sie den Traum ausgeträumt hat.

Amphitruo: Was, mit offenen Augen träumt sie?

Alcumena: Allerdings habe ich die Augen offen, bin hell wach und sage euch, was los war: vorhin nämlich, vor Tagesanbruch, habe ich den und dich gesehn.

Amphitruo: Wo denn?

Alcumena: Hier im Haus, wo du wohnst.

Amphitruo: Niemals!

Sosia: Sei doch still! Wenn uns nun doch das Schiff im Schlaf vom Hafen hierhergetragen hat?

Amphitruo: Du bläst wohl auch noch in ihr Horn?

Sosia: Was soll man machen? Weißt du das nicht? Wenn

man sich einer tobenden Bacchantin widersetzen will, macht man die Rasende noch rasender, sie haut noch mehr drauflos; gibt man ihr nach, beruhigt man sie mit einem Schlag.

AMPHITRUO: Aber daß ich ihr Vorwürfe mache, weil sie mich bei meiner Ankunft heute nicht begrüßen wollte, das steht fest.

SOSIA: Da stichst du in ein Wespennest.

AMPHITRUO: Ruhe! – Alcumena, eins möchte ich dich fragen.

ALCUMENA: Frag, was du willst.

AMPHITRUO: Hat dich etwa Dummheit befallen oder Stolz erfaßt?

ALCUMENA: Was fällt dir bloß ein, lieber Mann, mich so etwas zu fragen?

AMPHITRUO: Weil du mich sonst bei meiner Rückkehr zu begrüßen und anzureden pflegtest, wie es gute Ehefraun mit ihren Männern tun. Leider hab ich dich heute frei von dieser Sitte zu Hause angetroffen.

ALCUMENA: Mein Gott, ich habe dich doch wirklich gestern, als du ankamst, sofort begrüßt, dich gefragt, ob es dir gut gegangen ist, mein Mann, deine Hand gedrückt und dich geküßt.

SOSIA: Du hättest ihn gestern begrüßt?

ALCUMENA: Und dich doch auch, Sosia.

SOSIA: Amphitruo, ich dachte, sie wird dir einen Sohn schenken, aber sie hat gar kein Kind im Bauch.

AMPHITRUO: Sondern?

SOSIA: Wahnsinn.

ALCUMENA: Völlig gesund bin ich und bitte die Götter, daß ich einen gesunden Sohn bekomme. Aber dir wird's schlecht gehn, wenn er – *auf Amphitruo zeigend* – seine Pflicht tut: für diese Prophezeiung sollst du kriegen, was dir zusteht, Unglücksrabe.

SOSIA: Einer Schwangeren muß man mal einen Apfel, mal die Peitsche geben, damit sie was zu knabbern hat, wenn sie komisch wird.

AMPHITRUO *zu Alcumena*: Du hast mich gestern hier gesehn?

ALCUMENA: Ja doch, ich sage es zehnmal, wenn du willst.

AMPHITRUO: Vielleicht im Traum?

ALCUMENA: Nein, ich war wach und du ja auch.

AMPHITRUO: Ach, ich armer Mann!

SOSIA: Was hast du denn?

AMPHITRUO: Meine Frau ist verrückt.

SOSIA: Ihr ist die schwarze Galle hochgestiegen, das bringt die Leute sofort um den Verstand.

AMPHITRUO: Wann hast du es zuerst gemerkt, daß sich dein Geist verwirrt, Frau?

ALCUMENA: Ich bin doch wirklich heil und gesund.

AMPHITRUO: Warum behauptest du dann, mich gestern gesehen zu haben, wo wir erst diese Nacht im Hafen angekommen sind? Dort habe ich gegessen und die ganze Nacht im Schiff geschlafen. Keinen Fuß hab ich hier ins Haus gesetzt, seitdem ich mit dem Heer zu den teloboischen Feinden ging und wir sie geschlagen haben.

ALCUMENA: Im Gegenteil: bei mir hast du gegessen und geschlafen.

AMPHITRUO: Was?

ALCUMENA: Ich sage die Wahrheit.

AMPHITRUO: In dieser Sache nicht; wie's sonst ist, weiß ich nicht.

ALCUMENA: Im Morgengrauen gingst du weg zu deinem Heer.

AMPHITRUO: Wie?

SOSIA: Sie redet eben, wie sie's weiß: sie erzählt dir ihren Traum. Aber Frau, nachdem du aufgestanden warst, hättest du dem Jupiter, der vor Unheil schützt, Mehl, Salz und Weihrauch opfern sollen.

ALCUMENA: Nimm dich in acht, du!

SOSIA: Du selbst – natürlich beim Opfern!

ALCUMENA: Schon wieder ist er frech zu mir – und ohne Strafe.

AMPHITRUO *zu Sosia*: Schweig! *Zu Alcumena*: Und du, sage: Ich ging im Morgengrauen heute weg von dir?

ALCUMENA: Wer hätte mir denn sonst erzählt, wie dort die Schlacht verlief?

AMPHITRUO: Du weißt es?

ALCUMENA: Natürlich, ich hab es ja von dir gehört, daß du

die größte Stadt erobert und König Pterelas selbst getötet hast.

AMPHITRUO: Ich hätte das erzählt?

ALCUMENA: Ja du, und Sosia stand dabei.

AMPHITRUO *zu Sosia*: Hast du gehört, daß ich das heute erzählt habe?

SOSIA: Wo soll ich das gehört haben?

AMPHITRUO: Frag sie!

SOSIA: In meiner Gegenwart ist das nicht geschehn, soviel ich weiß.

ALCUMENA: Wäre ja ein Wunder, wenn er dir widerspräche.

AMPHITRUO: Sosia, sieh mich mal an!

SOSIA: Zu Befehl!

AMPHITRUO: Ich will, daß du die Wahrheit sagst, mir nicht nach dem Munde redest: Hast du gehört, daß ich ihr heute erzählt habe, was sie behauptet?

SOSIA: Zum Kuckuck, ich bitte dich, bist du etwa auch noch verrückt geworden, daß du mich so was fragst? Ich sehe sie doch selbst jetzt zum erstenmal, genau wie du.

AMPHITRUO: Na also, Frau, hörst du?

ALCUMENA: Ja, daß er lügt.

AMPHITRUO: Du glaubst weder ihm noch mir, deinem Mann?

ALCUMENA: Das kommt, weil ich mir selbst am meisten glaube und weiß, daß es genauso war, wie ich sage.

AMPHITRUO: Du sagst, ich sei gestern hier gewesen?

ALCUMENA: Du bestreitest, heute hier weggegangen zu sein?

AMPHITRUO: Allerdings bestreite ich das: Ich sage dir, daß ich jetzt erst zu dir nach Hause komme.

ALCUMENA: Ich bitte dich: Bestreitest du auch, mir heute den goldenen Pokal geschenkt zu haben, den man dir dort verehrte, wie du erzählt hast?

AMPHITRUO: Beim Pollux, ich habe nichts geschenkt und auch nichts erzählt. Ich hatte allerdings vor und habe es noch, dir den Pokal zu schenken. Aber wer hat dir das gesagt?

ALCUMENA: Von dir habe ich es gehört aus deiner Hand den Pokal bekommen. *Will gehen.*

AMPHITRUO: Halt, bleib, ich bitte dich. – Ich wundre mich

doch sehr, Sosia, wie sie weiß, daß ich dort mit dem Pokal beschenkt wurde. Wenn du nur vorhin nicht zu ihr hingegangen bist und alles erzählt hast.

Sosia: Ich hab ihr nichts erzählt, ich hab sie überhaupt nicht gesehn außer jetzt mit dir.

Amphitruo *zu Sosia, mit Hinweis auf Alcumena*: Was ist das bloß für ein Mensch?!

Alcumena: Soll ich den Pokal holen lassen?

Amphitruo: Ja, laß ihn holen.

Alcumena: Bitte. – Thessala, geh rein und bring den Pokal heraus, den mir mein Gatte heute schenkte.

Amphitruo: Sosia, komm mal her! *Winkt ihn beiseite.* Ich würde mich, abgesehen von all dem andren, sehr wundern, wenn sie den Pokal hätte.

Sosia: Glaubst du denn das? Er liegt doch hier in diesem Kästchen, das mit deinem Siegel verschlossen ist.

Amphitruo: Ist das Siegel unversehrt?

Sosia: Sieh nach!

Amphitruo: In Ordnung. Genau, wie ich es versiegelt habe.

Sosia: Sag mal, warum läßt du sie nicht wegen ihrer Verrücktheit entsühnen?

Amphitruo: Beim Pollux, das ist wirklich nötig; sie ist ja von Geistern besessen.

Alcumena: Wozu die vielen Worte: bitte, da ist der Pokal.

Amphitruo: Gib mal her!

Alcumena: Nun sieh ihn dir nur richtig an: Und du bestreitest das Geschehene! Vor aller Augen überführe ich dich jetzt: Ist das der Becher, den du dort bekamst?

Amphitruo: Großer Jupiter, was sehe ich? Das ist wirklich der Pokal. Sosia, ich bin erledigt.

Sosia: Verdammt, entweder ist das Weib eine tolle Hexe, oder der Becher muß hier drin sein.

Amphitruo: Los, mach das Kästchen auf!

Sosia: Wozu denn aufmachen? Es ist doch ordnungsgemäß versiegelt. Die Sache ist schon richtig: Du hast einen zweiten Amphitruo hervorgebracht, ich einen zweiten Sosia. Wenn nun der Pokal noch einen zweiten Pokal hervorbrachte, haben wir uns alle gerade verdoppelt.

AMPHITRUO: Auf alle Fälle muß man aufmachen und nachsehn.

SOSIA: Da sieh dir bitte erst das Siegel an, damit du nachher nicht die Schuld auf mich schiebst.

AMPHITRUO: Öffne nur, denn die macht uns mit ihrem Gerede sonst noch verrückt.

ALCUMENA: Woher soll ich denn den Kelch haben, wenn nicht von dir!

AMPHITRUO: Das muß ich noch ergründen.

SOSIA: Jupiter, o Jupiter!

AMPHITRUO: Was hast du denn?

SOSIA: Hier ist kein Pokal im Kasten.

AMPHITRUO: Was höre ich?

SOSIA: Wirklich.

AMPHITRUO: Du kommst ans Kreuz, wenn er nicht herzukommt.

ALCUMENA: Hier ist er ja.

AMPHITRUO: Wer also hat ihn dir gegeben?

ALCUMENA: Der mich fragt.

SOSIA: Du verspottest mich, weil du doch sicherlich heimlich vom Schiff auf einem andern Weg vorausgelaufen bist, den Pokal rausgenommen, ihr gegeben und dann das Kästchen heimlich wieder versiegelt hast.

AMPHITRUO: Mein Gott, nun unterstützt du sogar ihren Unsinn? *Zu Alcumena:* Sagtest du nicht, daß wir gestern hier angekommen wären?

ALCUMENA: Ja, und gleich bei der Ankunft hast du mich begrüßt und ich dich. Auch einen Kuß hab ich dir gegeben.

AMPHITRUO: Schon der Anfang mit dem Kuß behagt mir nicht. Und dann?

ALCUMENA: Hast du gebadet.

AMPHITRUO: Und nach dem Baden?

ALCUMENA: Hast du dich hingelegt zum Essen.

SOSIA: Wunderbar! Nun frag nur weiter!

AMPHITRUO: Red nicht dazwischen! *Zu Alcumena*: Sprich weiter!

ALCUMENA: Das Essen wurde aufgetragen, du hast mit mir gespeist, ich legte mich zu dir.

AMPHITRUO: Auf das gleiche Ruhebett?

ALCUMENA: Natürlich.

SOSIA: O weh, das Gastmahl gefällt mir nicht.

AMPHITRUO: Laß sie doch ausreden! – Was war nach dem Essen?

ALCUMENA: Du sagtest, du wärst schläfrig. Der Tisch wurde abgeräumt, wir gingen zu Bett.

AMPHITRUO: Und wo hast du dich hingelegt?

ALCUMENA: Im gleichen Schlafzimmer zu dir ins Bett.

AMPHITRUO: Verflucht!

SOSIA: Was hast du denn?

AMPHITRUO: Die bringt mich um.

ALCUMENA: Wieso denn, ich bitte dich!

AMPHITRUO: Laß mich in Ruhe!

SOSIA: Was hast du bloß?

AMPHITRUO: Ich bin erledigt: Ihre Ehre ist geraubt worden, während ich weg war.

ALCUMENA: Beim Kastor, ich bitte dich, was höre ich da von dir, mein Mann?

AMPHITRUO: Ich wäre dein Mann? Nenne mich nicht mit dem falschen Namen, falsche Person.

SOSIA: So ist das also: Der ist aus einem Mann zum Weib geworden.

ALCUMENA: Was habe ich getan, daß man mir solche Worte sagen darf?

AMPHITRUO: Du selbst kramst deine Taten aus und fragst mich noch, was du verbrochen hast?

ALCUMENA: Was habe ich denn verbrochen, wenn ich mit dir, meinem Ehemann, zusammen war?

AMPHITRUO: Mit mir zusammen warst du? Gibt es was Frecheres, was Unverschämteres als dich? Hast du schon kein Schamgefühl, so tu doch wenigstens so.

ALCUMENA: Was du mir da vorwirfst, ist meinem Wesen völlig fremd. Wenn du mich auch beim Ehebruch ertappen willst: du kannst es nicht.

AMPHITRUO: Unsterbliche Götter! Kennst wenigstens du mich, Sosia?

SOSIA: So ziemlich.

AMPHITRUO: Habe ich nicht gestern auf dem Schiff im Perserhafen gespeist?

ALCUMENA: Ich hab auch Zeugen, die bestätigen können, was ich sage.

SOSIA: Ich kann mir die Sache nicht anders erklären, als daß da ein zweiter Amphitruo ist, der, wenn du weg bist, deine Interessen wahrnimmt, deine Pflichten erfüllt. Seltsam ist das schon mit dem unechten Sosia, bestimmt noch seltsamer aber mit dem andern Amphitruo.

AMPHITRUO: Ich möchte wissen, welcher Hexenmeister das Weib verdreht macht.

ALCUMENA: Ich schwöre beim Regiment des höchsten Jupiter und bei der Göttermutter Iuno, die ich gerade jetzt am meisten fürchten und verehren muß, daß kein Mensch außer dir allein mir nahe gekommen ist und meine Ehre verletzt hat.

AMPHITRUO: Ich wollte, es wäre die Wahrheit.

ALCUMENA: Ich sage die Wahrheit, aber umsonst: du willst ja nicht glauben.

AMPHITRUO: Du bist ein Weib, und Weiber schwören dreist.

ALCUMENA: Wer keine Schuld hat, soll dreist sein, soll voller Selbstvertrauen und ohne Scheu reden.

AMPHITRUO: Dreist genug.

ALCUMENA: Wie es sich für eine anständige Frau gehört.

AMPHITRUO: Alles Worte.

ALCUMENA: Ich zähle nicht als meine Mitgift, was man sonst so nennt, sondern Anstand und gute Sitten, maßvolle Leidenschaft, Ehrfurcht vor Göttern, Liebe zu den Eltern, Eintracht mit der Verwandtschaft, bin dir gehorsam, großzügig zu Guten und helfe anständigen Menschen gern.

SOSIA: Donnerwetter, falls sie die Wahrheit sagt, ist das ein Musterbild von einem Weib.

AMPHITRUO: Weiß Gott, ich bin so außer mir, daß ich kaum weiß, wer ich bin.

SOSIA: Weiß Gott, du bist Amphitruo, aber paß auf, daß du dir nicht verlorengehst. Die Menschen ändern sich so, seit wir wieder da sind.

AMPHITRUO: Frau, ich werde diese Angelegenheit keinesfalls ununtersucht lassen.

ALCUMENA: Ist mir nur recht.

AMPHITRUO: Was sagst du? Antworte mir: Wenn ich Naucrates herbringe, deinen Verwandten, der mit mir zusammen auf demselben Schiff gekommen ist, und er das widerlegt, was du behauptest, was soll dann werden? Hast du etwas dagegen, wenn ich mich dann scheiden lasse?

ALCUMENA: Wenn ich schuld habe – nein.

AMPHITRUO: Recht so. – Du, Sosia, bringe die – *auf Gepäckträgersklaven zeigend* – hinein. Ich werde den Naucrates vom Schiff hierherholen. *Ab.*

SOSIA: Jetzt sind wir unter uns: Sag mir die Wahrheit, ernsthaft: Ist drinnen noch ein andrer Sosia, der so aussieht wie ich?

ALCUMENA: Scher dich fort, du bist genausoeiner wie dein Herr.

SOSIA: Ich gehe, wenn du es befiehlst. *Ab.*

ALCUMENA: Es ist mir wirklich unbegreiflich, was meinem Mann einfiel, mich so zu Unrecht einer so schlimmen Tat zu verdächtigen. Na, wie's auch sei, ich werde es von Naucrates, meinem Verwandten, schon erfahren.

DRITTER AKT

Erste Szene

Jupiter.

JUPITER:
Ich bin Amphitruo, jener, dessen Sklave Sosia
Mercurius wird, sobald die Stunde da,
der, wenn man droben Tafel hält,
zum Götterkönig wird, wie mir's gefällt.
Doch wenn ich meinen Weg zur Erde fand,
werd ich Amphitruo, ändre mein Gewand.
Jetzt komm ich euch zu Ehren, um vor allen Dingen
dies angefangne Stück zum Schluß zu bringen.
Amphitruo klagt die Alcumena wegen Unzucht an,
da helf ich ihr, so gut ich kann.
An mir liegt's, wenn jetzt diese Sachen
der keuschen Alcumena arg zu schaffen machen.
Amphitruo spiel ich jetzt, wie ich begann,
und führe hier den Hausstand ganz erbärmlich an.
Am Ende geb ich alles öffentlich bekannt.
Der Alcumena gehe ich zur rechten Zeit zur Hand
und helfe, daß sie schmerzlos und mit einemmal
zwei Kinder – eins von mir, eins vom Gemahl –
zur Welt bringt. Dem Mercurius befahl ich eben,
sich unverzüglich jetzt zu mir her zu begeben,
damit ich ihm, falls ich was will, es gleich befehlen kann.
Die Alcumena spreche ich jetzt an.

Zweite Szene

Alcumena, Jupiter.

ALCUMENA:
Ich halt's im Haus nicht länger aus.
Von meinem eignen Mann hör ich mir an,

ich triebe Unzucht, Hurerei
und sonst noch Schande mancherlei.
Er schreit, er wolle diese Sachen
nun endlich ungeschehen machen.
Was nie geschah, wirft er mir vor,
was ich nie duldete. Der Tor!
Und denkt, daß ich mir was draus mache.
Daß ich nicht lache!
Mir solche Schande fälschlich nachzusagen,
das kann ich keinesfalls ertragen.
Ich laß den Mann im Stich,
es sei denn, er entschuldigt sich
und schwört mir Unschuldsengel obendrein,
was er mir vorwarf, solle null und nichtig sein.

Jupiter *beiseite*: Da muß ich eingreifen und erfüllen, was sie verlangt, wenn ich Chancen haben will, daß sie den Liebhaber wieder erhört. Denn was ich angestellt habe, ist für Amphitruo schlimm. Dem armen Kerl hat meine Liebschaft schon allerhand zu schaffen gemacht. Jetzt aber treffen Zorn und Donnerwetter, die Amphitruo gegen Alcumena losgelassen hat, auf mich armen Kerl zurück.

Alcumena: Ach, da sehe ich ihn ja: Er wirft mir armem Weibe Schmach und Schande vor.

Jupiter: Frau, ich möchte dich sprechen. Warum wendest du dich ab?

Alcumena: Das ist so meine Art. Ich hasse es stets, meine Feinde anzusehen.

Jupiter: Herrje, die Feinde?

Alcumena: Gewiß, die reine Wahrheit. Wenn du mir nicht auch darin Lügenhaftigkeit vorwerfen willst.

Jupiter: Du bist auch gar zu aufgebracht. *Will sie umarmen.*

Alcumena: Kannst du vielleicht die Hand da wegnehmen? – Mensch, wenn du noch einigermaßen bei Sinnen bist, kannst du doch mit einer Frau, die du lauthals für schamlos erklärst, weder im Spaß noch Ernst ein Wörtchen reden, falls du nicht der größte aller Toren bist.

Jupiter: Wenn ich es auch sagte, so bist du es doch ganz und gar nicht. Da bin ich sicher. Und ich bin nur gekommen, um mich zu entschuldigen. Denn nichts hat mich je mehr betrübt, als zu hören, daß du mir zürnst. „Warum hast du erst angefangen?" wirst du fragen. Ich erkläre es dir. Beim Jupiter, nicht, daß ich dich für untreu gehalten hätte! Ich habe nur deine Einstellung erprobt, was du wohl tun und wie du es aufnehmen würdest. Ich hatte es von Anfang an im Scherz gesagt, nicht ernst gemeint. Frag nur den Sosia.

ALCUMENA: Warum holst du dann meinen Verwandten, den Naucrates, um zu bezeugen, daß du noch nicht hier warst? – Du sagtest doch, daß du ihn holen willst!

JUPITER: Wenn man etwas im Scherz gesagt hat, darfst du es nicht gleich ernst nehmen.

ALCUMENA: Ich weiß, wie weh das meinem Herzen tat.

JUPITER: Bei deiner rechten Hand, Alcumena, ich bitte und beschwöre dich, gewähre mir die Gunst, verzeihe und sei nicht mehr böse.

ALCUMENA: Ich sprach, da meine Ehre verletzt ist: Ich habe mich vor allen schandbaren Dingen bewahrt: Darum will ich jetzt auch allen schandbaren Worten aus dem Wege gehen. Leb wohl! Nimm dein Hab und Gut und gib mir meines. Läßt du mich Begleiter mitnehmen?

JUPITER: Bist du bei Sinnen?

ALCUMENA: Wenn nicht, gehe ich allein. Als Begleiter nehme ich meine Keuschheit mit.

JUPITER: Bleib da! Ich schwöre dir, ganz wie du es verlangst, daß ich an deine Keuschheit glaube. Und wenn ich dich täusche, dann sollst du, höchster Jupiter, ich bitte dich, dem Amphitruo ewig zürnen.

ALCUMENA: Oh, er soll ihm lieber gnädig sein.

JUPITER: Er wird es gewiß. Denn mein Eid war voller Aufrichtigkeit. Bist du nun nicht mehr böse?

ALCUMENA: Nein.

JUPITER: Das ist schön. Im Leben der Menschen kommt dergleichen ja öfter vor. Einmal erfüllt sie Freude, dann wieder Jammer; Zorn packt sie, und man verträgt sich wieder. Wenn es aber unter ihnen vielleicht einmal Zank gibt, von der Art wie hier, dann ist man sich nach der Versöhnung doppelt so gut wie zuvor.

ALCUMENA: Am Anfang hättest du überlegen sollen, was

du sagst. Aber da du dich so entschuldigst, muß ich es wohl hinnehmen.

JUPITER: Nun laß mir aber reinliches Opfergerät bereitstellen, damit ich die Gelübde, die ich beim Heer für meine wohlbehaltene Heimkehr ablegte, jetzt alle einlösen kann.

ALCUMENA: Ich kümmre mich darum.

JUPITER: Ruft mir den Sosia hierher! Er soll meinen Schiffssteuermann, den Blepharo, herbeiholen, daß er mit uns frühstückt. *Beiseite*: Der soll freilich noch ungefrühstückt sein blaues Wunder erleben, wenn ich Amphitruo an der Gurgel packe und von hier fortschleppe.

ALCUMENA: Seltsam, was der so heimlich mit sich allein zu schaffen hat. Doch die Tür geht auf. Da kommt ja Sosia.

Dritte Szene

Sosia, Jupiter, Alcumena.

SOSIA: Amphitruo, da bin ich. Befiehl, wenn etwas nötig ist, ich führe es aus.

JUPITER: Ah, Sosia, du kommst mir gerade recht.

SOSIA: Herrscht Eintracht zwischen euch beiden? Denn, daß ich euch friedlich sehe, freut mich wirklich sehr. Es gehört sich für einen guten Sklaven, nützlich zu sein: Er muß sich genauso wie seine Herrschaft betragen. Sind sie traurig, muß er auch traurig sein; wenn sie sich freuen, muß er es auch. Aber nun sag doch: Seid ihr wirklich versöhnt?

JUPITER: Du spottest, denn du weißt doch, daß das vorhin nur Spaß war.

SOSIA: Spaß? Mir kam es vor wie vollster Ernst.

JUPITER: Mir ist verziehen, es ist Frieden geschlossen.

SOSIA: Sehr gut.

JUPITER: Ich will nun drinnen opfern, wie ich es gelobte.

SOSIA: Das ist recht.

JUPITER: Und du rufst, wie ich befahl, den Steuermann Blepharo vom Schiff hierher. Er soll nach dem Opfer mit mir frühstücken.

SOSIA: Ich bin schon wieder hier, wenn du denkst, ich sei noch dort. *Ab.*

JUPITER *nachrufend*: Ja, komm sofort zurück.

ALCUMENA: Soll ich hineingehn und alles vorbereiten, was nötig ist?

JUPITER: Geh ruhig und sieh zu, daß alles möglichst schnell fertig ist.

ALCUMENA: Komm nur, wann du willst. Ich sorge schon, daß es keinen Verzug gibt.

JUPITER: Du sprichst recht, wie es sich für ein braves Weib gehört. *Alcumena ab.*

Die Herrin und den Sklaven hab ich irritiert.
Ich sei Amphitruo, denken sie. Die hab ich angeschmiert.
Nun komm zur Stelle,
du, Sosia, mit der Götterseele:
Du hörst mein Wort,
bist du auch nicht am Ort:
Amphitruo wird sich gleich hier zeigen,
und du sollst ihn von diesem Haus vertreiben.
Ersinne eine List, durch die das möglich ist.
Man soll ihn noch etwas verkohlen!
Derweil will ich mit jener Leihfrau mich erholen.
Erledige dies alles prompt,
so wie es meinem Willen frommt,
und hilf mir dann vor allen Dingen,
wenn wir uns selber Opfer bringen!

Vierte Szene

Mercurius.

MERCURIUS:
Macht euch fort, ihr Leute, heda,
  weg, verschwindet, abgehaut!
Keiner sei so frech, verwegen,
  daß er mir den Weg verbaut!

Zum Publikum:

Ob es mir, dem Gott, geringer
als Komödiensklaven ansteht,
diesem Volke da zu drohen,
wenn es nicht zur Seite geht?
Sklaven künden für gewöhnlich
eines Schiffes Landung an
oder daß ein greiser Alter
voller Zorn nach Hause kam.
Ich bin Jupiters Lakai:
Sein Befehl führt mich herbei!
Deshalb steht es mir noch mehr zu,
mir die Straße frei zu brüllen:
Denn der Götterfürst gebietet!
Dem Befehl bin ich zu Willen.
Wie ein guter Sohn dem Vater
folg ich meinem alten Herrn,
wenn er techtelt, helf ich, rate,
steh ihm bei und seh es gern.
Hat mein Vater ein Verlangen,
macht mir's gleich den größten Spaß.
Momentan ist er verliebt:
Schlau und richtig macht er das,
wenn er nur Vergnügen findet
auf den Spuren seiner Lust,

vertraulich zum Publikum

der auf Erden jeder Mensch,
wirklich immer folgen muß.
Nun befahl mein Vater mir,
den Amphitruo anzuschmieren.
Ist gemacht! Er wird verkohlt,
das Publikum zu amüsieren.
Einen Kranz setz ich aufs Haupt,
tu, als wäre ich besoffen,
steig aufs Dach und seh von dort
den Mann, sobald er eingetroffen.
Ohne Alkoholika
mach ich ihn sternhagelvoll,

und dafür bezieht der Sklave
    Sosia sein Prügel-Soll.
Man schiebt alles, was ich tue,
    heut dem Sklaven in die Schuhe.
Was stört's mich? Ich muß dem Vater,
    wie es billig ist, parieren,
muß ihm dienen. Ei da seht doch
    den Amphitruo anmarschieren.
Heute legt man ihn gewaltig –
    falls ihr wollt so gütig sein,
uns das Augenmerk zu schenken –
    im Verwechslungsspiel herein.
Ich verschwinde, zieh mich an,
    wie sich Zecher meistens kleiden,
steige dann aufs Dach hinauf,
    den vom Hause zu vertreiben.

Ab, um nach kurzer Zeit oben auf dem Dachfirst zu erscheinen, sich stark betrunken stellend.

VIERTER AKT

Erste Szene

Amphitruo.

AMPHITRUO *indem er schwerfällig denkt, was er sagt:*
Wo ist der Naucrates heut nur?
Bei ihm zu Hause keine Spur.
Im Schiffe war er auch nicht da.
Ich traf heut keinen, der ihn sah.
Denn ich durchsuchte alle Gassen,
die Salbenbuden, Sportterrassen,
die Fleischer und die Spediteure
und die Palaestra, Markt, Friseure,
dann Apotheke, Tempelhalle.
Ich bin vom Suchen schon ganz alle.
Find Naucrates in keinem Falle.
Ich gehe jetzt in unser Haus
und frag die Gattin weiter aus,
mit wem sie sich des Körpers wegen
dem Ehebruch hat hingegeben.
Ich will heut eh zugrunde gehn,
als hierin nicht ganz klarzusehn.
Doch ist die Türe dicht. Nanu!
Verdammt noch mal, das paßt dazu,
zu all den andern Schweinerein.
Ich schlage jetzt die Türe ein!
He, aufgemacht, ist jemand hier?
Wer öffnet mir denn hier die Tür?

Zweite Szene

Mercurius, Amphitruo.

MERCURIUS: Wer ist da an der Tür?
AMPHITRUO: Ich bin's.

MERCURIUS: Was heißt hier „ich"?
AMPHITRUO: Ich sage doch: ich bin's.
MERCURIUS: Jupiter und sämtliche Götter sollen dich strafen, wenn du so an unsre Tür donnerst.
AMPHITRUO: Wie bitte?
MERCURIUS: So bitte, daß dir's dein Leben lang dreckig geht.
AMPHITRUO: Sosia!
MERCURIUS: Natürlich bin ich Sosia. Dachtest du, ich hätte das vergessen? Was willst du nun?
AMPHITRUO: Schuft, du fragst mich, was ich will?
MERCURIUS: Allerdings. Du Dussel hast uns fast die Tür aus den Angeln gerissen. Glaubst du vielleicht, daß der Staat uns die Türen bezahlt? Was glotzt du mich so dämlich an? Also, was willst du? Was bist du denn für ein Kerl?
AMPHITRUO: Lümmel, wer ich bin, fragst du sogar? Du Prügelsack! Für diese Worte lasse ich dich heute noch bis zur Weißglut prügeln.
MERCURIUS: In deiner Jugend mußt du sehr verschwenderisch gelebt haben.
AMPHITRUO: Wieso?
MERCURIUS: Weil du mich jetzt im Alter anbettelst – um Ohrfeigen.
AMPHITRUO: Am Kreuz verreckst du heute noch für deine Frechheiten, Sklavenlümmel.
MERCURIUS: Aber ich bringe dir ein Opfer.
AMPHITRUO: Wie?
MERCURIUS: Ich opfre dir Prügel noch und noch.

Der überlieferte Text hat an dieser Stelle eine große Lücke. Es fehlen: 1. Der Schluß dieser Szene. 2. Die folgende Szene, in der Amphitruo die Auseinandersetzung mit seiner Gattin fortsetzt. 3. Eine weitere Szene, in der sich Jupiter und Amphitruo gegenüberstehn. 4. Jene Szene, in der Blepharo den echten Amphitruo herausfinden soll, wovon der Schluß wieder erhalten ist. 19 Fragmente, die einige Motive der Dialoge erkennen lassen, sind uns großenteils auf dem Umweg über Nonius, einen Grammatiker des 4. Jahrhunderts, bekannt: Ein Ergänzungsvorschlag s. Anm. zu Amphitruo 1034.

Fragment 1:

Amphitruo: Ich werde dich am Kreuz abschlachten, verflixter Strolch.

Fragment 2:

Mercurius: Mein Herr Amphitruo hat grad zu tun.

Fragment 3:

Mercurius: Du kannst ja auch gehn.

Fragment 4:

Mercurius: Es wäre das richtigste, dir einen Topf voll Asche an den Schädel zu haun.

Fragment 5:

Mercurius: Du solltest wirklich verlangen, daß man dir einen Topf Wasser über den Kopf gießt.

Fragment 6:

Mercurius: Du hast ein Gespenst im Leib. O Gott, du armer Mensch. Geh gleich zum Arzt!

Fragment 7:

Alcumena: Du hast mir fest geschworen, daß du nur scherztest.

Fragment 8:

Alcumena: Ich bitte dich, laß gleich den Arzt holen, wenn der Anfall kommt. Du bist gewiß behext oder verrückt.

Fragment 9:

Alcumena: Wenn es sich *nicht* so verhielt, wie ich sage, dann führe ich die Verhandlung nicht, …

Fragment 10:

Amphitruo: Wessen? Du selber gabst dich, als ich fort war, aller Welt ja preis.

Fragment 11:

Amphitruo: Was drohtest du zu tun, wenn ich diese vor die Tür gesetzt hätte?

Fragment 12:

Amphitruo: Dort hebe Gruben aus, mehr als sechshundert pro Tag.

Fragment 13:

Amphitruo: Bitte diese(n) Teufel(in) ja nicht.

Fragment 14:
BLEPHARO: Nimm dich zusammen!

Fragment 15:
JUPITER: Auf frischer Tat hab ich den verstohlenen Ehebrecher ertappt und habe ihn am Kragen.

Fragment 16:
AMPHITRUO: Im Gegenteil, ihr Bürger Thebens, ich habe ihn, diese Schatzkammer des Lasters, der mir daheim die Gattin zum Ehebruch verführte.

Fragment 17:
AMPHITRUO: Schämst du dich nicht, du Frechling, vor das Volk hinzutreten?

Fragment 18:
AMPHITRUO: Ganz heimlich.

Fragment 19:
AMPHITRUO oder JUPITER: ..., da du nicht entscheiden kannst, wer von uns Amphitruo ist.

Dritte Szene

Blepharo, Amphitruo, Jupiter.

BLEPHARO: Vertragt euch miteinander! Ich gehe, ich habe zu tun. So etwas Komisches hab ich noch nie gesehen, glaube ich.

AMPHITRUO: Blepharo, bitte, geh nicht weg, verteidige mich doch!

BLEPHARO: Auf Wiedersehn. Wozu denn verteidigen? Ich weiß ja gar nicht, welchen von euch beiden ich verteidigen soll.

JUPITER: Ich gehe rein; bei Alcumena beginnt die Geburt.

AMPHITRUO: Ich Armer bin erledigt. Was mach ich bloß? Verteidiger und Freunde verlassen mich. Der soll mich nicht ungestraft an der Nase herumführen, wer es auch ist. Ich gehe sofort zum König und erzähle ihm die Sache, wie sie ist. Ich räche mich noch heute an dem thessalischen Zauberer, der mein ganzes Haus verrückt gemacht hat. Aber wo ist er denn? Zum Kuckuck – weg. Ich glaube gar, zu meiner Frau. Ach, niemand in ganz Theben ist so unglücklich wie ich! Was soll ich tun? Kein Mensch will mich kennen, alle verspotten mich, wie's ihnen grade gefällt. Auf alle Fälle will ich ins Haus eindringen. Und wen ich erwische: Magd oder Sklave, meine Frau oder den Ehebrecher, meinen Vater oder Großvater: Ich bringe ihn um! Kein Jupiter und nicht die Götter können das verhindern, selbst wenn sie es wollten. Ich tue, was ich mir in den Kopf gesetzt habe. Aber nun ins Haus hinein!

Er will fort. Da setzt nach hellem Blitzschlag lang anhaltender Donner ein. Amphitruo wird zu Boden geschmettert.

FÜNFTER AKT

Erste Szene

Bromia, Amphitruo.

BROMIA *in heller Verzweiflung herbeistürzend*:
Die Hoffnung, Lebenskraft und Lust.–
sie sind im Herzen mir begraben.
Mein Selbstvertraun ist fort aus meiner Brust.
Ich muß es wohl verloren haben.
Es scheint mir grad, als ob die ganze Welt,
das Meer, der Himmel und die Erde,
mich Arme derart niederhält,
daß ich vernichtet werde.
O weh, was soll ich da bloß machen?
In unserem Haus geschahn so sonderbare Sachen.
Ich arme Frau, mein Herz ist schwer.
Wo krieg ich bloß ein Schlückchen Wasser her?
Ich bin vernichtet, fühl mich wie geschlachtet,
der Schädel brummt, ich hör nicht, blick umnachtet.
Kein Weib vor mir war übler dran.
Kein Weib, das übler scheinen kann.
Mit meiner Herrin war das heute so:
Sobald sie in die Wehen kam,
rief sie der Götter Hilfe an.
Und da – ein Donnern, Bersten, Krachen, Brausen:
Wie plötzlich, schnell und welch gewaltig Sausen!
Und wo ein jeder grade stand,
stürzt er vom Donner in den Sand!
Und irgendwer,
ich weiß nicht mehr,
schreit riesig laut da: „Alcumena,
sei furchtlos, schon ist Hilfe da!
Des Himmels Hüter ist erschienen,
um dir und all den Deinen gnadenvoll zu dienen.
Steht auf, ihr Leute, die aus Schreck und Bangen

vor mir seid in die Knie gegangen."
Und lag ich grad horizontal,
stand ich nun auf, mit einemmal.
Mir schien das Haus in Brand zu stehn,
so konnte man es ringsum glänzen sehn.
Da rief mich Alcumena: Noch vor Schrecken stumm,
stimmt mich die Furcht vor meiner Herrin um.
Ich gehe hin, von ihr zu hören,
was jetzt wohl ihre Wünsche wären.
Da seh ich, daß sie, in der Tat,
ein Knabenpaar geboren hat.
Kein Mensch von uns hat wahrgenommen,
wie sie die Knaben hat bekommen. –
Doch was ist das? Wer ist der Alte hier?
Wer liegt denn so vor unserer Tür?
Hat etwa Jupiter den Mann erschlagen?
Ich glaub, der ist wie tot und schon begraben.
Da muß ich hin und wissen, wer das sei.
Das ist mein Herr Amphitruo! Ei, ei!

Sie ruft ihn an.

Amphitruo!

AMPHITRUO: Oh!

BROMIA: Steh auf!

AMPHITRUO: Aaach!

BROMIA: Gib mir die Hand!

AMPHITRUO: Wer faßt mich an?

BROMIA: Bromia, deine Magd.

AMPHITRUO: Ich zittere am ganzen Leibe, so hat mich Jupiter angedonnert. Mir ist, als würde ich aus der Unterwelt kommen. Aber warum bist du hier draußen?

BROMIA: Wir haben genauso Angst und Schrecken ausgestanden im Hause drinnen. Ein großes Wunder habe ich erlebt. Ach Gott, Amphitruo, ich bin noch völlig kopflos.

AMPHITRUO: Sag mal: Weißt du, daß ich Amphitruo bin, dein Herr?

BROMIA: Natürlich.

AMPHITRUO: Sieh mich nur noch mal an!

BROMIA: Ich bin ganz sicher.

AMPHITRUO: Das ist die einzige aus meinem Haus, die bei Verstand ist.

Bromia: Ach wo, alle sind völlig normal.

Amphitruo: Nur mich macht meine Frau ganz krank mit ihrem Schandleben.

Bromia: Ich werde schon erreichen, daß du anders sprichst, Amphitruo. Wirst schon einsehen, daß deine Frau fromm und anständig ist. Dafür werde ich dir mit wenigen Worten deutliche Beweise liefern. Erstens: Alcumena hat Zwillingsknaben geboren.

Amphitruo: Zwillinge, sagst du?

Bromia: Jawohl.

Amphitruo: Du lieber Gott!

Bromia: Laß mich nur erzählen, damit du weißt, wie gnädig dir und deiner Frau die Götter sind.

Amphitruo: Rede!

Bromia: Als heute bei deiner Frau die Geburt begann, die Wehen einsetzten, wie das so üblich ist, rief sie mit reinen Händen und bedecktem Haupt die unsterblichen Götter an, ihr doch zu helfen. Da dröhnt ein Donner los mit riesigem Getöse. Erst glaubten wir, dein Haus stürzt ein. Alle Wände strahlten, als wären sie aus Gold.

Amphitruo: Wenn du mich genug genarrt hast, laß mich bitte augenblicklich fort. Und wie ging es weiter?

Bromia: Während das geschah, hörten wir deine Gattin weder stöhnen noch jammern, so schnell und schmerzlos wurde sie entbunden.

Amphitruo *ironisch*: Das freut mich, ganz wie sie's um mich verdient hat.

Bromia: Nun laß das doch und höre, was ich erzähle. Als sie geboren hatte, befahl sie uns, die Kindlein zu baden. Wir taten es. Aber wie groß und stark war der Knabe, den ich wusch! Niemand konnte ihn in Windeln wickeln.

Amphitruo: Du erzählst ja wirklich Wunderdinge. Wenn das stimmt, zweifle ich nicht mehr, daß meiner Frau ein Gott geholfen hat.

Bromia: Du wirst dich noch mehr wundern. Als wir ihn in die Wiege gelegt hatten, krochen plötzlich zwei riesige, bemähnte Schlangen vom Dach oben herab, sie reckten immerfort die Köpfe.

Amphitruo: O weh!

Bromia: Hab keine Angst! Die Schlangen suchten mit den

Augen überall umher. Als sie die Knaben erblickt hatten, krochen sie schnell auf die Wiege zu. Ich zog und zerrte die Wiege immer weiter rückwärts in meiner Angst um die Knaben und aus Furcht um mich. Doch um so schneller kamen die Schlangen nach. Wie nun der eine Knabe die Schlangen sah, sprang er flink aus der Wiege und griff schnurstracks die Schlangen an: mit jeder Hand packte er blitzschnell eine.

AMPHITRUO: Unglaublich, was du da für schaurige Dinge erzählst. Mir sitzt der Schreck in allen Gliedern nach deinen Worten. Und dann? Erzähle weiter!

BROMIA: Beide Schlangen hat der Junge erwürgt. Während das passierte, wurde deine Frau mit lauter Stimme angerufen ...

AMPHITRUO: Von wem?

BROMIA: ... vom höchsten Herrn der Götter und der Menschen – Jupiter. Er sagte, er habe heimlich mit Alcumena ein Verhältnis gehabt, und der Knabe, der die Schlangen umbrachte, sei sein, der andere *dein* Sohn, sagte er.

AMPHITRUO: Beim Pollux, da hab ich nichts dagegen, wenn ich mit Jupiter Halbe-Halbe machen darf. Geh ins Haus und laß sofort saubere Gefäße für mich bereitstellen, daß ich mit vielen Opfern die Gnade des höchsten Jupiter erflehen kann. Ich will den Zeichendeuter Teiresias rufen und ihn fragen, was nach seiner Meinung da zu tun ist. Gleichzeitig will ich ihm erzählen, was hier geschah. – Aber was ist das? Wie laut es donnert! Götter, Gnade! Gnade!

Zweite Szene

Jupiter.

JUPITER *von einer Erhöhung aus sprechend*:
Sei froh, Amphitruo!
Nicht, daß ich wüßte, daß man fürchten müßte!
Ich helfe dir und deinen Leuten.
Entlaß die Opferschauer, die die Zeichen deuten!
Was du in Zukunft tun sollst, sag ich dir,

da ich der höchste Gott bin, besser als die Kerle hier.
Von Alcumena habe ich den Leib
zunächst benützt zum Zeitvertreib:
ich lag ihr bei und zeugte einen Jungen,
der andre war dir selbst gelungen,
bevor du bist zum Heer gegangen.
Mit einer Wehe hat sie alle zwei empfangen.
Der eine, der von meinem Samen stammt,
macht dich durch seine Taten ewig weltbekannt.
Vertrag dich mit Alcumena, wie in alten Tagen.
Sie hat es nicht verdient, ihr Sünden nachzusagen;
denn meiner Stärke ist sie unterlegen.
Jetzt muß ich mich hinauf auf den Olymp begeben. *Ab.*

Dritte Szene

Amphitruo.

AMPHITRUO *mit erhobenen Händen nach oben gewandt*:
Ich werde mich nach dem Befehle richten.
Doch bitt ich, denke auch an deine Pflichten!
Ich gehe jetzt zu meiner Frau hinein.
und schick Teiresias, den Alten, heim.

Das Folgende zum Publikum:

Und nun, mein Publikum, klatscht laut zur Ehr
des höchsten Gottes Jupiter.

Asinaria

PERSONEN

Demaenetus, *ein alter Athener*
Libanus, *Sklave des Demaenetus*
Leonida, *ein weiterer Sklave des Demaenetus*
Argyrippus, *Sohn des Demaenetus*
Diabolus, *ein Jüngling*
Cleareta, *eine Kupplerin*
Philaenium, *Geliebte des Argyrippus*
Ein Bote
Ein Parasit
Artemona, *Frau des Demaenetus*

Athen. Ein Platz, an dem die Häuser des Demaenetus und der Kupplerin stehen

PROLOG

(von einem Prologsprecher vorgetragen)

Verehrtes Publikum, paßt bitte auf, daß unser Schauspiel mir und euch, dem Schauspieltrupp, den Leitern und Aedilen wunschgemäß verläuft. Du, Herold, sorg dafür, jetzt gleich, daß man die Ohren spitzt. – Nun gut, nimm Platz! Tu ja nichts ohne Lohn! Und nun erzähle ich, warum ich hier erschien und was ich will: Ihr sollt den Namen dieses Stückes kennenlernen. Denn was den Inhalt anbelangt, da gibt's nicht viel. Zur Sache: Griechisch hieß die Fabel Onagos, stammt von Demophilus, und Maccus hat es übersetzt; er nennt es Asinaria, sofern ihr nichts dagegen habt. Voll Scherz und Spiel und Heiterkeit ist dieses Stück. Seid nett zu mir, damit euch Mars, jetzt wie auch sonst, zur Seite steht.

ERSTER AKT

Erste Szene

Libanus, Demaenetus.

LIBANUS: So dringend du für deinen Sohn, den einzigen, ein gutes, ewiglanges Leben wünschst, so dringend fleh ich dich bei deinem Alter an, und auch bei der, die du so fürchtest, deiner Frau: Wenn du mir heute nur ein falsches Wörtchen sagst, dann soll dich deine Gattin überleben, und solang du lebst, sollst du von ihr gepeinigt sein.

DEMAENETUS: Ihr großen Götter, oh, du nimmst mich ins Gebet. Ich sehe schon, ich muß auf jede Frage eidesstattlich Antwort geben. Derart streng nimmst du mich ran, daß ich nicht im geringsten wage, irgendeine Antwort zu verweigern. Sag mir darum gleich, was du jetzt wissen willst: Soweit ich's weiß, erfährst du von mir alles.

LIBANUS: Gib mir allen Ernstes Antwort. Bind mir keine Lügen auf!

DEMAENETUS: Was willst du nun?

LIBANUS: Du führst mich doch nicht dorthin, wo ein Stein den andern reibt?

DEMAENETUS: Was meinst du? Wo in aller Welt ist dieser Ort?

LIBANUS: Wo die Halunken heulen, die die Gerstengraupen stampfen, in den Knüppelhäusern, wo die Ketten klirren, wo der tote Ochsenziemer auf belebte Menschen springt?

DEMAENETUS: Beim Pollux, jetzt hab ich's kapiert, daß du vielleicht den Ort meinst, wo man Gerstengraupen fabriziert.

LIBANUS: O Herkules, das sag ich nicht und will auch nicht, daß man es sagt. Ich kann dir nur ganz dringend raten: Spuck das, was du eben sagtest, aus!

DEMAENETUS: Ja, ja, ich folge deinem Brauch. *Spuckt aus.*

LIBANUS: Noch mehr, noch mehr, nur immer weiter!

DEMAENETUS: Immer noch?

LIBANUS: Ja freilich, ganz aus allertiefstem Schlund. Und immer noch.

DEMAENETUS: Wie lange denn?

LIBANUS: Bis zum Verrecken …

DEMAENETUS: Mensch, paß auf!

LIBANUS: … ich meine deine Frau damit, nicht dich.

DEMAENETUS: Ja dann verzeih ich dir, sei unbesorgt.

LIBANUS: Die Götter mögen dir bescheren, was du wünschst.

DEMAENETUS: Nun aber höre du einmal auf mich! Warum wohl frag ich dich? Warum wohl droh ich dir, daß du mich hintergingst? Warum wohl zürn' ich meinem Sohn wie alle andern Väter auch?

LIBANUS: Was ist da Neues dran? *Beiseite*: Nanu, was ist hier los? Wo zielt das hin? Das ist mir nicht geheuer.

DEMAENETUS: Ich weiß schon lange, daß mein Sohn Philaenium liebt, das Mädchen aus dem Hurenhaus von nebenan. Hab ich nicht recht, Herr Libanus?

LIBANUS: Gewiß, da bist du auf dem rechten Weg. Jedoch ihn plagt ein schweres Leid.

DEMAENETUS: Ein Leid?

LIBANUS: Daß er nicht zahlen kann, was er versprach.

DEMAENETUS: Du stehst wohl dem verliebten Bengel gar noch bei?

LIBANUS: Ich bin der eine Assistent, der andre ist Leonida.

DEMAENETUS: Ganz recht so, nehmt von mir den schönsten Dank. Jedoch was meine Frau betrifft, o Libanus, du kennst ja ihre Art!

LIBANUS: Zuerst spürst du's, doch dann auch wir.

DEMAENETUS: Ich muß schon sagen, sie ist widerlich und unbequem.

LIBANUS: Das war schon meine Meinung, eh du's ausgesprochen hast.

DEMAENETUS: Alle Eltern, die auf meine Worte hören, Libanus, die werden zu den Kindern voller Nachsicht sein; dann hätten sie in ihren Söhnen einen lieben Freund. Ich geb mir Mühe, so zu handeln, möchte, daß mich meine Kinder lieben, möchte wie mein Vater sein, der meinetwegen, wie ein Seemann ausgerüstet, meine Liebste einem Kuppler listig wegstibitzte. Nein, er scheute sich nicht im geringsten, noch in seinem Alter solche Gaunereien auszuführen, um durch dies Entgegenkommen mich, den Sohn, an sich zu fesseln. Ja, ja, ja, so wie mein Vater will ich handeln.

Heut nun hat mich Argyripp, mein Sohn, gebeten, daß ich ihm mit Geld bei einem Liebeshandel weiterhelfe. Den Gefallen will ich meinem Jungen gerne tun; und mich, den Vater, soll er dafür lieben. Seine Mutter hält ihn freilich kurz und streng, wie sonst die Väter: Pfeif! Was kümmert's mich. Vor allem weil er mich für würdig hielt, mir zu vertraun, gehört es sich von meiner Seite, ihm die gleiche Ehre zu erweisen. Da er mich, wie sich's für einen braven Sohn dem Vater gegenüber ziemt, um Geld anpumpte, soll er die Moneten für das Mädchen kriegen.

LIBANUS: Ha, da wünschst du etwas, was du, wie ich sehe, gar nicht wünschen kannst. Den Sklaven Saurea hat deine Gattin mit der Mitgift in das Haus gebracht, und der hat mehr Geld in der Hand als du.

DEMAENETUS: Ich nahm das Geld, und für die Mitgift ging mein Hausrecht drauf. Doch will ich kurz und bündig sagen, was ich will: Mein Sohn braucht zwanzig Silberminen. Schaff das Geld herbei!

LIBANUS: Woher in aller Welt?

DEMAENETUS: Betrüge mich!

LIBANUS: Du machst ja tolle Späße. Gibst Befehl, dem Nackten seine Kleider auszuziehn. Ich dich betrügen? Flieg doch einmal ohne Federn los! Ich dich betrügen? Ha, du selbst besitzt ja nur, worum du deine Frau betrogen hast!

DEMAENETUS: Ob mich, ob Frau, ob Sklave Saurea: beschummle, stehle, was du kannst. Verlaß dich drauf, ich bin dir nicht im Weg, wenn dir das heut gelingt.

LIBANUS: So soll ich also Fische fangen in der Luft und justament zur gleichen Zeit auf hoher See mit Fallen jagen.

DEMAENETUS: Nimm Leonida zum Helfershelfer; mache, was du willst, und stifte an, auch was du willst: Verschaffe meinem Sohn das Geld für die Geliebte.

LIBANUS: Eine Frage noch, Demaenetus.

DEMAENETUS: Was ist?

LIBANUS: Wenn ich vielleicht in eine Falle geh, sag, holst du mich dann wieder raus, wenn mich die Feinde fangen?

DEMAENETUS: Ei gewiß.

LIBANUS: Dann kannst du deiner Wege gehn, wie dir beliebt. Ich selbst geh jetzt zum Markt, wenn du nichts andres willst.

DEMAENETUS: Ja, ja, viel Glück. Doch warte, hörst du noch?

LIBANUS: Was ist?

DEMAENETUS: Wo bist du, wenn ich etwas von dir will?

LIBANUS: Wo mich die Nase hinführt. Niemand gibt es mehr, vor dem ich Bange haben müßte, daß er mir eins auswischt; du mit deiner Rede hast mir deine Meinung klar gesagt. Auch aus dir selber mach ich mir ’nen Quark, wenn mir der Streich gelingt. Nun los, wie ich begann, und auf dem Forum wird ein Einfall ausgeheckt.

DEMAENETUS: He, hörst du noch? Mich findest du im Bankhaus des Archibulos.

LIBANUS: Am Forum also?

DEMAENETUS: Ja, bloß falls du etwas brauchst.

LIBANUS: Ja gut, ich denke dran.

DEMAENETUS: Kein Sklave könnte schlimmer sein als der, gerißner, daß man sich vor ihm mehr hüten müßte. Aber was man gut erledigt haben will, das übergeb man ihm. Viel lieber geht er elend drauf, als daß er eine Sache, die er machen wollte, platzen ließe. Ja, ich weiß, mein Sohn erhält das Silber so gewiß, wie ich den Stecken hier vor meinen Augen seh. – Was zögre ich, zum Markt zu gehn, wie ich mich angeschickt? Dort wart ich bei den Geldmagnaten.

Zweite Szene

Argyrippus, Cleareta.

Argyrippus:

Also so sieht das hier aus?
Schmeißt mich einfach aus dem Haus?

Müßt' ich nicht der Beste sein?
Solcherart zahlt ihr mir heim?
Zu den Schlechten seid ihr recht,
zu den Rechten seid ihr schlecht.
Aber wart, ich komm dir bei,
geh sofort zur Polizei,
ha, dann seid ihr beide hin,
elende Verführerin,
und das Mädchen mit dazu,
du Ruin der Jugend, du!
Ach, die See ist still und glatt
gegen euch, ihr schlimmstes Pack.
Was durch Seefahrt ich erworben,
habe ich durch euch verdorben!
Längst ist mir die Sache klar,
ihr seid beide undankbar.
Ihr verspottet, was ich gab,
was ich euch an Gutem tat;
doch von dieser Stunde an
schade ich dir, wo ich kann.
Ha, ich will dich niederzwingen,
an den Bettelstecken bringen,
wo du herkamst, an das Ende
des Verderbens. Daß man fände,
wer du bist und wer du warst.
Ha, bevor ich zu ihr kam
 und dem Kind mein Herz anbot,
lebtest du von trocknem Brot,
 lumpig und in großer Not.
Als du nur die Lumpen hattest,
 sagtest du den Göttern Dank.
Jetzt im Wohlstand blickst du bös mich
 an, von dem der Wohlstand stammt.
Wilder Hunger soll dich zähmen,
 warte nur, das wird gesühnt,
doch dem Mädchen zürn ich nicht,
 nein, sie hat es nicht verdient.
Du befiehlst – sie muß parieren,
 du bist Mutter, du bist Chef;
ich nehm Rache, dich vernicht ich,

wie du es verdienst, du Reff.
Die verfluchte Alte hält mich
nicht mal wert herauszutreten,
um mir meinen Zorn zu lindern
und mit mir sich zu bereden.
Doch da kommt die Kuppelhexe
endlich, glaub ich, vor die Tür.
Da ich drin nicht darf, so red ich
vor der Tür Fraktur mit ihr.

CLEARETA: Kein einziges Wort von deinem Sermon verkaufe ich für bares Gold, wenn ein Käufer käme, und was du an Ungerechtigkeiten über uns sagst, ist mir wertvoll wie bares Gold und Silber. Dein Herz ist hier bei uns fest angenagelt mit Cupidos Pfeil. Je mehr du dich anstrengst, mit Ruder und Segel kraftvoll auf die hohe See hinaus zu entkommen, desto stärker treibt dich die Brandung immer wieder zurück in den Hafen.

ARGYRIPPUS: Ha, diesen Fährmann werde ich schon um seinen Fährlohn prellen. *Laut:* Ich behandle dich, wie du's verdienst, wenn du mich nicht behandelst, wie ich es verdiene, und mich hinauswirfst.

CLEARETA: Das wird wohl mehr mit Worten als mit Taten geschehen.

ARGYRIPPUS: Ich allein hab dich der Einsamkeit und Armut entrissen; selbst wenn ich das Mädchen dafür ganz allein besäße, wäre es zu wenig Dank.

CLEARETA: Du sollst sie ganz allein besitzen, wenn du ganz allein bezahlst, was ich verlange. Immer sollst du das Versprechen haben, solange du mehr gibst als die andern.

ARGYRIPPUS: Wo soll das Geben enden? Du kriegst ja nie genug. Kaum hast du was genommen, hast du die nächste Forderung schon wieder parat.

CLEARETA: Wo soll das Lieben enden? Du kriegst wohl nie genug? Kaum hast du sie zurückgeschickt, willst du sie schon wieder zugeschickt haben.

ARGYRIPPUS: Ich habe jedenfalls gezahlt, was gefordert war.

CLEARETA: Und ich hab dir das Mädchen geschickt. Wir sind völlig quitt: Liebe gegen Geld.

ARGYRIPPUS: Die pure Schlechtigkeit gegen mich!

CLEARETA: Was wirfst du mir vor, daß ich mein Geschäft im Auge habe? Es gibt wirklich keine einzige Geschichte, kein Gemälde und kein Gedicht über eine Kupplerin, die ihren Vorteil betreibt und es gut mit ihren Kunden meint.

ARGYRIPPUS: Aber für dich gehört es sich, mich zu schonen, damit ich dir als Stammgast erhalten bleibe.

CLEARETA: Verstehst du nicht? Eine Kupplerin, die den Liebhaber schont, schont sich selbst nicht. Ein Liebhaber ist für die Kupplerin wie ein Fisch: Er taugt nur, wenn er frisch ist. Dann hat er Saft und ist lecker; bereite ihn zu, wie du willst, in Soße oder gebraten, du kannst ihn drehn und wenden, wie du willst: Der Liebhaber will spendieren, will, daß man von ihm was fordert, denn er schöpft ja aus dem vollen; ihn interessiert nicht, was er zahlt, wie er sich schadet. Nur für das eine setzt er sich ein: Gefallen will er der Geliebten, will er mir, der Zofe, den Sklaven und Sklavinnen; und gar meinem Hündchen geht ein neuer Liebhaber noch ums Maul, damit es vor Freude winselt, wenn es ihn sieht. Ich spreche die Wahrheit: Es ist nun einmal so, daß jeder gerissene Mensch seinen Vorteil sieht.

ARGYRIPPUS: Daß das stimmt, habe ich zu meinem eigenen großen Schaden bereits von Grund aus studiert.

CLEARETA: Beim Kastor, wenn du noch bei Kasse wärst, würdest du anders reden; weil du jetzt aber nichts mehr hast, beschimpfst du mich und willst sie einfach haben.

ARGYRIPPUS: Das ist nicht meine Art.

CLEARETA: Und meine nicht, dir das Mädchen umsonst zu lassen. Aber deines Alters und deines Ansehens wegen machen wir es so: Weil du stets mehr auf unseren Gewinn als auf deinen Untergang bedacht warst: Gib mir zwei Talente Silbergeld bar auf die Hand, und ich schicke dir dafür diese Nacht das Mädchen ehrenhalber ganz umsonst.

ARGYRIPPUS: Wenn ich aber keins habe?

CLEARETA: Dann wird sie nicht bei dir sein, glaub ich, sondern zu einem anderen gehn.

ARGYRIPPUS: Und wohin ist das, was ich früher gab?

CLEARETA: Vertan. Denn wenn es mir geblieben wäre, würde

das Mädchen jetzt zu dir geschickt, und ich würde niemals mehr etwas verlangen. Tag, Wasser, Sonne, Mond und Nacht kaufe ich ohne Silbergeld ein. Alles andre, was wir brauchen, kaufen wir mit barem Geld. Wenn wir vom Bäkker Brot holen, Wein vom Wirtshaus, immer gibt es die Ware erst gegen unser Geld. Nach derselben Methode geht's bei uns. Immer haben unsre Hände Augen, sie glauben nur, was sie sehen. Eine alte Regel sagt: Umsonst ist der ..., du weißt schon was. Mehr sag ich nicht.

Argyrippus: Nachdem du mich jetzt gerupft hast, redest du ganz anders mit mir, bei weitem anders als einst, als ich noch zahlte, auch anders als damals, als du mich mit Schmeicheln und lieblichen Worten anlocktest. Damals lachte mich gleich dein ganzes Hauswesen an, wenn ich zu dir kam. Mich einzig schätztet ihr von allen, du und das Mädchen, sagtest du. Hatte ich etwas gegeben, da gingt ihr mir beide wie die jungen Täubchen um den Schnabel, und all euer Sinnen und Trachten drehte sich um mein Sinnen und Trachten, ihr hingt wie die Kletten an mir. Was ich befahl, gewollt hatte, wurde von euch gemacht, was ich nicht wollte und verboten hatte, das ließt ihr sofort bleiben; nicht einmal einen Versuch, es zu tun, wagtet ihr früher. Und jetzt kümmert ihr euch nicht drum, was ich will oder nicht will, verdammte Weiber!

Cleareta: Verstehst du denn nicht? Unser Beruf ist der Vogelfängerei sehr ähnlich. Wenn der Vogelsteller seinen Fangplatz zurechtmacht, streut er Futter aus, die Vögel gewöhnen sich herbei. Man muß erst etwas springen lassen, wenn man profitieren will. Oft fressen sie, aber wenn sie erst gefangen sind, macht es sich für den Vogelfänger bezahlt. Genauso ist es hier bei uns. Unser Haus ist der Fangplatz, der Vogelfänger bin ich, das Futter ist das Mädchen, der Lockvogel ist das Bett, und die Liebhaber sind die Vögel. Durch unser freundliches Grüßen, Kokettieren, durch das Küssen, liebevolle und anmutige Redensarten gewöhnen sie sich an uns. Betastet er ihren Busen, ist es dem Vogelsteller recht; holt er sich ein Küßchen, dann kriegt man ihn ohne Netz zu packen. Hast du das schon vergessen, der du das Spiel so lange mitgespielt hast?

Argyrippus: Deine Schuld ist es, daß du einen halb ausgebildeten Lehrling wegschickst.

Cleareta: Komm kühnen Schrittes zurück, wenn du wieder was in der Kasse hast. Jetzt aber fort!

Argyrippus: Halt, halt, hör doch. Sag, welchen Preis müßte ich für sie zahlen, damit sie ein Jahr lang keinem anderen gehört?

Cleareta: Du? Zwanzig Minen. Freilich mit einer Bedingung: Wenn ein anderer eher zahlt, dann bekommst du den Laufpaß.

Argyrippus: Halt, ich hab noch was, bevor du gehst, was ich dir sagen will.

Cleareta: Sprich nur ruhig.

Argyrippus: Ich bin nicht gänzlich bankrott; einen Rest besitze ich noch, mit dem ich mich gründlicher ruinieren kann. Ich besitze noch so viel, um deine Forderung zu erfüllen; aber ich zahle nur unter der Bedingung, wie du weißt, daß sie mir ein Jahr lang ohne Unterbrechung zur Verfügung steht und, kurz und gut, unterdessen keinen anderen Mann zu sich läßt.

Cleareta: Ja, wenn du willst, kann ich daheim meine männlichen Sklaven kastrieren lassen. Am besten, du läßt eine Niederschrift machen und bringst sie uns, wie du uns haben willst. Wie du willst, wie es dir gefällt, lege uns deine Gesetze auf. Nur – bring auch gleich das Geld mit, das andere ertrage ich gern. Die Kupplertüren sind wie die der Zöllnerbuden: Wenn du was bringst, gehn sie auf, wenn nicht, bleibt der Laden zu. *Ab.*

Argyrippus: Ich bin erledigt, wenn ich die zwanzig Minen nicht auftreibe, und feststeht, wenn ich das Geld nicht draufgehn lasse, geh ich selber drauf. Nun fort zum Forum, ich versuch's mit aller Macht, auf jede Weise; ich flehe und beschwöre jeden Freund, den ich treffe, die Würdigen und die Unwürdigen geh ich an und versuche es bei ihnen, das steht fest. Wenn ich es nicht gepumpt kriege, hole ich es beim Wucherer. *Ab.*

ZWEITER AKT

Erste Szene

Libanus, Leonida.

LIBANUS: Beim Herkules, Libanus, jetzt heißt es, helle sein und das Geld mit irgendwelchen Kniffen beschaffen. Es ist schon eine ganze Weile her, daß du von deinem Herrn weg zum Markt gingst, um durch einen Trick das Geld zu kriegen. Dort hast du bis jetzt den Tag vertrödelt. Aber nun schüttle alle Trägheit ab, raffe dich auf und sei wieder der alte schlaue Kopf! Rette den Herrn und hüte dich, es zu machen wie die andern Sklaven, die einen gescheiten Einfall nur benutzen, um ihren Herrn zu betrügen. Aber woher nehmen? Wen betrügen? Wohin das Schiffchen steuern? Ab, es ist so gut wie erledigt, die Auguren sind angestellt, von allen Seiten kommen Vögel. Specht und Krähe von links, Rabe und Eule von rechts, die raten mir zu. Ha, ganz klar, daß ich eurer Ansicht folge. Aber was ist das? Was hackt der Specht an der Ulme? Das ist kein Zufall. Todsicher sind, soweit ich die Weissagung dieses Spechts richtig verstehe, entweder für mich oder für den Hausmeister Saurea irgendwo in der Welt Ruten vorbereitet. Aber was ist dort los? Warum kommt Leonida so atemlos angelaufen? Ich fürchte, daß er schlechte Nachricht bringt für meine Ränke.

LEONIDA: Wo finde ich auf der Stelle den Libanus oder den Sohn des Hauses, daß ich sie lustiger mache als die Lustigkeit selbst? Ich bringe ihnen eine riesengroße Beute, einen Triumph mit meiner Ankunft. Wenn ich mit ihnen trinken darf und sie mich mit zu ihren Mädchen lassen, will ich diese Beute, die ich erwischte, redlich mit ihnen teilen.

LIBANUS: Der Mensch hat ein Haus ausgeraubt, wenn er seiner Art nach gehandelt hat. Wehe dem, der seine Tür so schlecht verschlossen hielt!

LEONIDA: Mein Leben lang will ich Sklave sein, wenn ich bloß den Libanus treffe.

LIBANUS: Wenn's auf mich ankommt, so wirst du keine Sekunde früher frei.

LEONIDA: Und von meinem Rücken gebe ich zweihundert schöne dicke Schwielen ab.

LIBANUS: Der verschenkt sein Vermögen, denn alles, was er hat, trägt er auf dem Rücken.

LEONIDA: Wenn man sich eine Gelegenheit einmal entgehen läßt, holt man sie niemals, auch nicht mit vier Schimmeln und Wagen, wieder ein. Da läßt man seinen Herrn in der Klemme und macht dem Feind Mut. Aber wenn einer mit mir zusammen die Gelegenheit, die sich bietet, beim Schopfe packt, so wird er seinem Herrn, dem Vater wie dem Sohn, die höchste Seligkeit und überschwengliche Freude bereiten, so daß sie uns beide für das ganze Leben verpflichtet sind, besiegt von unsrer Wohltat.

LIBANUS: Ich weiß nicht, wen er da „besiegt" nennt. Das gefällt mir nicht; ich fürchte, daß er eine gemeinschaftliche Gaunerei ausgeheckt hat.

LEONIDA: Ich bin total erledigt, wenn ich den Libanus nicht sofort finde, wo er auch steckt.

LIBANUS: Dieser Kerl sucht einen Spießgesellen für einen schlimmen Streich. Das gefällt mir nicht: Es ist ein sehr sehr schlechtes Zeichen, wenn einer schwitzt und zittert.

LEONIDA: Aber was halte ich mich hier in meiner Eile auf und rede viel? Meine Zunge soll gefälligst still sein, statt mit Gerede den Tag zu verplempern.

LIBANUS: O dieser unglückliche Mensch beschimpft seinen Schutzengel! Denn wenn er was Verbotenes getan hat, schwört er es mit der Zunge ab.

LEONIDA: Ich will mich sputen, damit ich meiner Beute nicht Schützenhilfe leiste.

LIBANUS: Welche Beute? Ich muß hin und herauskriegen, was los ist. Ich heiße dich willkommen, lauthals und sosehr ich kann.

LEONIDA: Sei mir gegrüßt, du Tummelplatz der Peitsche.

LIBANUS: Na, wie geht's, Gefängniswächter?

LEONIDA: Du Kettenkolonist.

LIBANUS: Du Rutentanzplatz!

LEONIDA: Was schätzt du, wieviel du nackt wiegst?

LIBANUS: Weiß ich wirklich nicht.

LEONIDA: Ich wußte, daß du es nicht weißt. Aber ich weiß es, denn ich habe dich gewogen, nackt, gefesselt und an den Füßen aufgehängt wiegst du grade hundert Pfund.

LIBANUS: Wie kannst du das beweisen?

LEONIDA: Ich beweis dir schon, wieso und warum: Wenn du an den Füßen angebunden bist, sind es genau hundert Pfund; sind die Hände gefesselt und an den Pfahl gebunden, dann wiegst du nicht mehr und nicht weniger als – ein jämmerlicher Lump.

LIBANUS: Na warte, du!

LEONIDA: Das hast du von deinem – Sklaventum geerbt.

LIBANUS: Komm, wir wollen aufhören mit dem Wortgefecht. Was ist also los?

LEONIDA: Man muß Zutraun haben, das steht fest.

LIBANUS: Aber wie!

LEONIDA: Sei so gut und hilf dem verliebten jungen Herrn; großes Glück gibt es für ihn, ganz unerwartet, allerdings vermischt mit Pech: es könnten auf unsre Kosten Henkersfeste daraus werden. Libanus, wir müssen Mut fassen und schlau sein. Ich hab da grade eine Sache aufgestochen, daß man sagen wird, wir beide seien die würdigsten Menschen – für den Marterpfahl.

LIBANUS: Und ich wunderte mich längst, daß mir der Rükken juckte; er weissagte, daß ihn irgendwo in der Welt ein Unglück erwartet. Kurz und gut: Erzähle, was es gibt!

LEONIDA: Groß ist die Beute und groß das Risiko.

LIBANUS: Und wenn auch alle Welt sich verschworen hätte, mich zu foltern: ich habe ja einen Sklavenrücken, denk ich, und brauch mir nicht erst einen anzuschaffen.

LEONIDA: Wenn du so fest entschlossen bleibst, sind wir gerettet.

LIBANUS: Wenn sich die Sache mit dem Rücken abbüßen läßt, möchte ich die Staatskasse rauben: ich leugne erst, bleibe standhaft dabei und schwöre es schließlich ab.

LEONIDA: Das nenne ich tapfer: wenn einer das Unglück mannhaft trägt, wenn es nötig ist. Wer das Unglück tapfer trägt, wird später auch das Glück erjagen.

Libanus: Berichtest du nun endlich, welches Ding wir drehen wollen? Ich bin ganz begierig nach dem Unglück.

Leonida: Frage mich ja sachte, damit ich ruhig werde; du siehst doch, daß ich vom Laufen ganz außer Atem bin.

Libanus: Na, nun los! Soll ich warten, bis es dir paßt oder bis du ins Gras beißt?

Leonida: Wo ist der Herr?

Libanus: Der Senior auf dem Markt, der Junior hier drinnen.

Leonida: Ja gut.

Libanus: Du bist also ein reicher Mann geworden?

Leonida: Laß die Witze!

Libanus: Schön. Also rede, ich bin ganz Ohr.

Leonida: Paß auf, damit du es richtig mitkriegst.

Libanus: Ich bin ganz ruhig.

Leonida: Freut mich. Erinnerst du dich, daß unser Verwalter einem Kaufmann aus Pella arkadische Esel verkauft hat?

Libanus: Ja, ich weiß; und weiter!

Leonida: Na, der Kaufmann hat das Geld, das Saurea für die Esel zu kriegen hat, hergeschickt. Ein junger Mann ist gerade angekommen, der das Geld brachte.

Libanus: Wo ist der Kerl?

Leonida: Den möchtest du wohl schlucken, sobald du ihn siehst?

Libanus: Ja, am liebsten. Aber nicht wahr, du meinst doch die alten, lahmen Esel, die die Hufe schon bis zum Schenkelhals abgetreten hatten?

Leonida: Genau die, und die für dich die Ulmenruten vom Land geholt hatten.

Libanus: Ich weiß, und ebenso dich mal gefesselt aufs Land brachten.

Leonida: Dein Gedächtnis ist gut. Also, wie ich drinnen beim Barbier sitze, fängt der an, mich auszufragen, ob ich den Demaenetus kenne, den Sohn des Strato. Ich sage sofort, daß ich ihn kenne und sein Sklave sei, und zeige ihm unser Haus.

Libanus: Was dann?

Leonida: Er sagt, daß er dem Verwalter Saurea das Geld für die Esel bringe, zwanzig Minen, daß er den aber gar nicht kenne, den Demaenetus aber sehr gut. Wie er das so sagt –

LIBANUS: Was denn?

LEONIDA: Hör doch zu, dann wirst du es erfahren. – Sofort tue ich vornehm und großartig und sage, ich sei der Verwalter selbst. Der antwortet mir folgendermaßen: „Ich kenne den Saurea nicht und weiß nicht, wie er aussieht. Nimm mir's nicht übel, aber sei so gut und bringe mir deinen Herrn Demaenetus her, den kenn ich; dann zögre ich nicht, dir das Geld zu geben.“ Ich sagte ihm, daß ich den Herrn holen und zu Hause warten wolle. Er geht unterdessen ins Bad und kommt nachher wieder her. Nun sage mir, was wir tun sollen?

LIBANUS: Hm, ich mache was, daß der Bote und auch Saurea um das Geld geprellt werden. Jedenfalls muß das Ding gut ausgeklügelt werden. Denn wenn der Bote das Geld eher hierherbringt, sind wir beide kaltgestellt, und zwar augenblicklich. Übrigens nahm mich der alte Herr heute beiseite und drohte mir und auch dir, uns tüchtig zu verulmen, wenn wir dem Argyrippus nicht heute noch zwanzig Minen verschaffen. Wir sollen es dem Verwalter oder seiner eignen Frau abgaunern, befahl er, und er will gemeinsame Sache mit uns machen. Nun gehe du auf den Markt zum Herrn und erzähle, was wir vorhaben: daß du dich, wenn der Kaufmann das Geld für die Esel bringt, aus dem Leonida in den Verwalter Saurea verwandelst.

LEONIDA: Ich mach es ganz so, wie du sagst.

LIBANUS: Ich werde ihn inzwischen unterhalten, falls er eher kommt.

LEONIDA: Du, hör mal!

LIBANUS: Was willst du denn?

LEONIDA: Falls ich dir eins mit der Faust an die Backen haue, wenn ich dann den Saurea spiele, sei ja nicht beleidigt.

LIBANUS: Mein Lieber, wenn du schlau bist, rühr mich ja nicht an, damit dir der Namenswechsel nicht schlecht bekommt.

LEONIDA: Ich bitte dich, ertrage es doch mit Gleichmut.

LIBANUS: Ertrage du es auch so, wenn ich es dir zurückgebe!

LEONIDA: Ich sag ja bloß, was üblich ist.

LIBANUS: Und ich sage, wie ich's machen werde.

LEONIDA: Sag doch ja!

LIBANUS: Im Gegenteil, ich verspreche dir, es mit gleicher Münze heimzuzahlen.

LEONIDA: Ich gehe. Du wirst es schon aushalten. Aber wer kommt denn da? Er ist es selber! Ich bin gleich wieder hier. Halte ihn inzwischen hier auf. Ich will es dem Alten erzählen.

LIBANUS: Wieso tust du deine Pflicht, indem du fliehst?

Leonida ab.

Zweite Szene

Bote, Libanus.

BOTE: Wie man mir erklärte, muß es dieses Haus sein, wo Demaenetus wohnt. Geh mal hin, Junge, klopfe an und rufe den Verwalter Saurea heraus, falls er da ist.

LIBANUS *der sich hinter der Tür versteckt hatte, hervortretend*: Wer kracht denn so an unsre Tür? He du, hör mal!

BOTE: Es hat sie ja noch gar niemand berührt. Bist du bei Troste?

LIBANUS: Ich dachte, du hättest geklopft, weil du auf die Tür zugingst. Du darfst die Tür, meine Sklavenschwester, nicht schlagen, denn hier im Haus ist mir alles lieb.

BOTE: Es ist ja weiß Gott keine Gefahr, daß eure Türe aus den Angeln gerissen wird, wenn du mit allen, die vorsprechen, gleich soviel Worte machst.

LIBANUS: Diese Tür ist nämlich so beschaffen: sie schreit sofort nach dem Türhüter, wenn sie von fern einen kommen sieht, der anklopfen will. Aber warum kommst du denn, was suchst du?

BOTE: Ich will zu Demaenetus.

LIBANUS: Wenn er zu Hause wäre, würde ich's dir sagen.

BOTE: Und sein Verwalter?

LIBANUS: Der ist gleich gar nicht zu Hause.

BOTE: Wo ist er denn?

LIBANUS: Er sagte, er wolle zum Haarschneider.

BOTE: Dort habe ich ihn getroffen, aber ist er denn noch nicht zurück?

LIBANUS: Wirklich nicht. Was willst du denn?

BOTE: Er hätte zwanzig Minen Silbergeld bekommen, wenn er da wäre.

LIBANUS: Wofür denn?

BOTE: Er hat einem Kaufmann aus Pella Esel verkauft.

LIBANUS: Ich weiß. Und du bringst nun das Geld? Er wird gleich dasein, denke ich.

BOTE: Wie sieht denn euer Saurea aus? Wenn er der ist, den ich meine, so werde ich ihn schon erkennen.

LIBANUS: Er hat ein hageres Gesicht, ziemlich rotes Haar, ein Bäuchlein, einen unfreundlichen Blick, ist mittelgroß und sieht mürrisch aus.

BOTE: Ein Maler hätte sein Aussehn nicht besser darstellen können.

LIBANUS: Ach, tatsächlich, da sehe ich ihn ja selbst, kopfschüttelnd kommt er daher. Er hat Zorn, und wer ihm da in die Quere kommt, kriegt Hiebe.

BOTE: Und wenn er auch mit so finsterer Miene wie Aiax einhergestiegen käme: Falls er mich im Zorn auch nur anfaßt, wird er samt seinem Zorn verprügelt.

Dritte Szene

Leonida, Libanus, Bote.

LEONIDA: Was soll das heißen, daß niemand meine Anordnungen ernst nimmt? Hatte ich doch dem Libanus befohlen, zum Haarscherer zu kommen, aber keiner kam. Ha, verdammt, um seinen Rücken und um seine Beine ist der nicht besonders besorgt!

BOTE: Der ist ja mächtig herrschsüchtig.

LIBANUS: Ach ich Ärmster, mir geht's heute schlecht.

LEONIDA *ironisch*: Darf ich den Herrn Libanus begrüßen? Ist er schon freigelassen?

LIBANUS: Erbarmen, bitte!

LEONIDA: Ha, zu deinem größten Unglück bist du mir in den Weg geraten. Warum bist du nicht zum Haarscherer gekommen, wie ich befohlen hatte?

LIBANUS: Der hier hat mich aufgehalten.

LEONIDA: Und wenn du sagen würdest, der allerhöchste Jupiter habe dich aufgehalten, und wenn er sich hier am Ort mit Bitten für dich verwenden würde: um deine Strafe kommst du nicht herum. Du Schurke hast meinen Befehl mißachtet? *Schlägt ihn.*

LIBANUS: Au weh, zu Hilfe, Fremdling.

BOTE: Ach bitte, Saurea, schlag ihn doch nicht meinetwegen.

LEONIDA: Hätte ich doch nur einen Stecken bei der Hand –

BOTE: Gib doch endlich, bitte, Ruhe!

LEONIDA: – mit dem ich dir den Hintern verbleuen könnte, auf dem du schon Hornhaut hast. *Zum Boten:* Geh weg und laß mich den fertigmachen, weil er mich ständig in Wut bringt. Nie genügt es, diesem Verbrecher etwas einmal zu sagen. Nein, hundertmal muß ich dasselbe reden und vorschwätzen. So bin ich, verdammt noch mal, vor lauter Geschrei und Ärger zu keiner vernünftigen Arbeit mehr fähig. Habe ich nicht befohlen, du Schuft, daß der Mist von der Türe hier weggebracht wird? Habe ich nicht befohlen, daß die Spinngewebe von den Säulen abgekehrt werden? Habe ich nicht befohlen, daß diese Knöpfe hier an unsrer Tür poliert werden? Nichts von alledem! Dauernd muß ich mit dem Knüppel herumlaufen, als ob ich lahm sei. Drei Tage lang schinde ich mich auf dem Markt nur dafür ab, einen zu finden, der Geld auf Zins haben will, und ihr schlaft hier währenddessen daheim, und der Herr wohnt in einem Stall, nicht in einem Hause. Das hast du dafür! *Schlägt ihn.*

LIBANUS: Fremdling, ach bitte, hilf mir!

BOTE: Saurea, ich bitte dich, hör mir zuliebe auf.

LEONIDA: He du, hat einer die Fuhre Öl bezahlt?

LIBANUS: Ja, ja.

LEONIDA: An wen?

LIBANUS: An Stichus, deinen Stellvertreter.

LEONIDA: Ha, du willst mir bloß schmeicheln. Ich weiß allein, daß ich einen Stellvertreter habe und daß kein Sklave im ganzen Haus besser beim Herrn angeschrieben ist als er. Aber was ist mit dem Wein, den ich gestern dem Weinhändler Exaerambus verkaufte, hat der den schon dem Stichus bezahlt?

LIBANUS: Ich glaube, ja, denn ich sah, wie Exaerambus selbst den Geldverleiher herbrachte.

LEONIDA: So hab ich's dem gesteckt! Früher kriegte ich das Geld kaum nach einem Jahr, wenn ich was gestundet hatte; jetzt geht's auf einmal: er bringt den Geldverleiher gar bis ins Haus und schreibt Wechsel. – Hat Dromo bezahlt?

LIBANUS: Die knappe Hälfte, glaub ich.

LEONIDA: Na, und der Rest?

LIBANUS: Er sagte, daß er bezahlt, sobald er was einnimmt. Er sei nicht dazugekommen, das zu bewerkstelligen, was ihm übertragen worden sei.

LEONIDA: Hat Philodamus die Becher zurückgebracht, die ich ihm geliehen hatte?

LIBANUS: Noch nicht.

LEONIDA: Was, nicht? Wenn man schon was an einen guten Freund verborgt!

BOTE: Zum Teufel auch, der bringt mich um mit seinem Wüten!

LIBANUS: He, jetzt ist's genug. Hörst du nicht, was er sagt?

LEONIDA: Ja, ich hör's und bin schon ruhig.

BOTE: Na endlich ist er stille, glaub ich. Es ist das beste, ich gehe hin, bevor er wieder anfängt herumzuschrein. *Zu Leonida:* Hast du bald mal Zeit für mich?

LEONIDA: Ah, ganz vortrefflich, wann bist du denn gekommen? Entschuldige bitte, ich hatte dich wirklich nicht gesehn; so blind macht einen der Zorn.

BOTE: Kein Wunder. Aber ich möchte gern den Demaenetus sprechen, falls er zu Hause ist.

LEONIDA *auf Libanus zeigend*: Der sagt, er sei nicht da. Aber wenn du das Geld an mich bezahlen willst, werde ich mit meinem Namen quittieren, daß die Rechnung beglichen ist.

BOTE: Ich werde es doch lieber an dich bezahlen, wenn Demaenetus zugegen ist.

LIBANUS: Ach, den kennt der Herr und er den Herrn.

BOTE: Wenn der Herr dabei ist, bezahle ich.

LIBANUS: Gib's ihm nur auf meine Gefahr hin, ich übernehme die Verantwortung. Denn wenn unser alter Herr erfährt, daß jemand zu dem kein Vertrauen hat, dann wird er böse, weil er ihm in allen Stücken und stets vertraut.

LEONIDA: Mir ist das doch egal. Wenn er nicht will, soll er's lassen. Soll er eben hier stehenbleiben.

LIBANUS: Gib's ihm, sage ich. Oh, ich habe die größte Angst, er könnte glauben, ich hätte dir geraten, ihm nicht zu trauen. Ich bitte dich, gib's ihm und sei ohne Sorge, es ist wirklich bei ihm in guten Händen.

BOTE: Das glaube ich, solange ich es in meiner Hand habe. Ich bin von außerhalb und kenne den Saurea nicht.

LIBANUS: Dann lernst du ihn eben jetzt kennen.

BOTE: Ob er es ist oder nicht – ich weiß es wirklich nicht. Wenn er's ist, dann muß er's ja wohl sein. Ich weiß nur das eine, daß keiner, den ich nicht genau kenne, das Geld von mir kriegt.

LEONIDA *leise*: Wenn ihn doch der Teufel holte! *Laut:* Hör bloß auf, ihn zu bitten. Der ist so wild, weil es sich um meine zwanzig Minen handelt. *Zum Boten:* Niemand nimmt dir was ab, scher dich nach Hause, hau ab, damit du uns nicht auf die Nerven fällst.

BOTE: Bist du jähzornig! Für einen Sklaven gehört es sich nicht, so hochnäsig zu sein.

LEONIDA *zu Libanus*: Dir geht's verdammt schlecht, wenn du es dem nicht ganz gehörig sagst.

LIBANUS *zum Boten*: Du Taugenichts, elender, siehst du nicht, daß er wütend wird?

LEONIDA: Immer weiter!

LIBANUS: Du Schande der Menschheit! Gib ihm das Geld, sage ich dir, damit er nicht schimpft.

BOTE: Das werdet ihr bereuen.

LEONIDA *zu Libanus*: Die Knochen breche ich dir, wenn du ihn nicht einen unverschämten Kerl nennst.

LIBANUS: Zum Teufel! Los, du unverschämter Kerl, du Verbrecher, wagst du es nicht, mir armen Schlucker zu helfen?

LEONIDA: Was, du bittest den Strolch immer noch?

BOTE: Was ist das? Du, ein Sklave, beschimpfst einen freien Mann?

LEONIDA: Prügel kriegst du!

BOTE: Wahrhaftig, das wird dir passieren, daß du Prügel kriegst, und zwar sobald ich heute den Demaenetus sehe. Ich ziehe dich zur Rechenschaft.

LEONIDA: Da komme ich nicht.

BOTE: Du kommst nicht? Das überlege dir nur!

LEONIDA: Ich überlege es mir.

BOTE: Beim Pollux, ich werde mir Genugtuung verschaffen, und zwar an eurem Rücken.

LEONIDA: O weh dir! An unsrem Rücken willst du dir Genugtuung verschaffen, du Schinder?

BOTE: Jawohl, und auch für eure frechen Reden werdet ihr mir heute noch bestraft.

LEONIDA: Was, du Schurke! Was sagst du, Strolch? Glaubst du, daß wir Angst haben vor unserem Herrn? Nun geh doch zum Herrn, nach dem du suchst, zu dem du schon längst wolltest!

BOTE: Nun auf einmal? Trotzdem kriegst du von mir keinen Heller, wenn es Demaenetus nicht befiehlt.

LEONIDA: Mach's halt so! Aber nun geh los! Du willst einfach einen andern beschimpfen, du selbst möchtest aber unbehelligt bleiben. Ich bin ebensogut ein Mensch wie du.

BOTE: Freilich, das stimmt schon.

LEONIDA: Komm also mit. Und toi, toi, toi! Ich kann dir sagen: Noch niemand hat wegen eines Verschuldens Klage gegen mich erhoben, und es gibt heute keinen zweiten Menschen in Athen, den man in gleicher Weise für vertrauenswürdig hält.

BOTE: Kann schon sein. Trotzdem wirst du mich heute nicht dazu bringen, daß ich dir als Fremdem das Geld anvertraue. Wie ein Wolf und nicht wie ein Mensch ist einer zum andern, wenn man nicht weiß, mit wem man es zu tun hat.

LEONIDA: Nun zeigst du dich endlich gefügiger. Ich wußte doch, daß du mir Persönchen für das angetane Unrecht heute noch klein beigeben würdest. Wenn ich auch etwas schmutzig bin, so bin ich doch was wert, und Geld habe ich – man kann es kaum zählen.

Bote: Kann sein.

Leonida: Und ich sage dir, der reiche Kaufmann Periphanes aus Rhodos hat, als der Herr nicht da war, mir ganz allein ein Talent Silber ausgezahlt und mir anvertraut und ist nicht betrogen worden.

Bote: Kann sein.

Leonida: Und ich weiß, daß du auch selbst, wenn du dich bei andern nach mir erkundigt hättest, mir das Geld bestimmt anvertraut hättest, was du bei dir hast.

Bote: Das bestreite ich nicht.

DRITTER AKT

Erste Szene

Cleareta, Philaenium.

CLEARETA: Kann ich dir nicht beibringen, meinen Verboten zu gehorchen? Oder hast du dir etwa in den Kopf gesetzt, dir aus dem Befehl der Mutter nichts zu machen?

PHILAENIUM: Wie könnte ich dich achten und ehren, Mutter, wenn ich dir so gefällig sein wollte, wie du es mir vorschreibst?

CLEARETA: Gehört es sich etwa, dich allen meinen Vorschriften zu widersetzen?

PHILAENIUM: Wieso?

CLEARETA: Heißt es Ehrerbietung bezeugen, wenn du den Befehl der Mutter verachtest?

PHILAENIUM: Ich tadle keine, die richtig handelt, und mag keine, die schlecht handelt.

CLEARETA: Ein freches Mundwerk hast du, verliebtes Ding!

PHILAENIUM: Ja, Mutter, das erfordert mein Beruf: Die Zunge fordert auf, der Körper lockt, mein Sinn begehrt – und unsere finanzielle Lage mahnt.

CLEARETA: Ich wollte dich ausschimpfen, und du machst mir noch Vorwürfe?

PHILAENIUM: Ich mache dir keine Vorwürfe und weiß auch, daß ich kein Recht dazu habe. Ich beklage nur mein Schicksal, da man mich von dem Geliebten trennt.

CLEARETA: Darf ich vielleicht heute auch mal ein Wort sagen?

PHILAENIUM: Ich überlasse dir mein und auch dein Wort. Du gibst ja doch den Takt zum Reden und zum Schweigen an wie ein Rudermeister. Wenn ich nur mal das Ruder aus der Hand legen würde, um allein in der Kammer zu bleiben und auszuruhn, sofort wäre deine ganze Einnahmequelle versiegt.

CLEARETA: Was sagst du? Du bist das frechste Frauenzimmer, das ich je gesehen habe. Wie oft habe ich dir verboten, den Argyrippus, den Sohn des Demaenetus, anzusprechen, dich an ihn anzuschmiegen, dich zu unterhalten oder ihn nur anzusehen! Was hat der schon bezahlt, was ließ der uns ins Haus schicken? Oder hältst du süße Worte für Gold, schöne Reden für Geschenke? Aber du liebst ihn, läufst ihm nach und läßt ihn holen. Die was spendieren, lachst du aus und schmachtest nach solchen, die sich über uns lustig machen. Willst du darauf warten, daß er dir verspricht, dich reich zu machen, wenn einst seine Mutter stirbt? Beim Kastor, das würde für uns und unser Haus eine große Gefahr bedeuten, denn während wir auf ihren Tod warten, sterben wir selbst vor Hunger. Also, wenn er mir nicht zwanzig Minen Silber bringt, wird er todsicher rausgeworfen, wenn er auch in Tränen zerfließt. Es ist heute das letzte Mal, daß ich mir seine Ausreden angehört habe.

PHILAENIUM: Wenn du mich hungern ließest, Mutter, das würde ich ertragen.

CLEARETA: Ich verbiete dir nicht, solche zu lieben, die für die Liebe bezahlen.

PHILAENIUM: Aber wenn doch mein Herz besetzt ist, Mutter, was soll ich tun? Gib mir einen Rat.

CLEARETA: Halte dich nur an mich, wenn du in deiner Sache einen Rat brauchst.

PHILAENIUM: Mutter, sogar der Schäfer, der fremde Schafe weidet, hat doch ein eigenes, das sein Trost und seine Hoffnung ist. So laß mich doch den einzigen Argyrippus lieben, nach dem ich mich so sehne.

CLEARETA: Marsch ab ins Haus! Nichts ist doch, weiß Gott, unverschämter als du.

PHILAENIUM: Ja, Mutter, eine gehorsame Tochter hast du erzogen. *Beide ab.*

Zweite Szene

Libanus, Leonida.

LIBANUS: Wir sagen Lob und reichen Dank der Gaunerei, da wir mit unsren Streichen, Listen, Tücken, im Vertraun auf unser breites Kreuz, vertrauend auf der Ulmenruten Redlichkeit, als ausgemachte Gegner auch von Stock und Block, von Kreuz und Eisen für die Füße, Riemen, Ketten, Kittchen, Fuß- und Nackengabeln, dann von Eisen für den Hals, von harten Steckenschwingern – unsren Rücken wohlbekannt, die oft schon unsren breiten Bukkeln manchen Schmarren zugefügt – nun, diese Legionen, diese Massen, dieses Heer ergriff die Flucht, indem wir kraftvoll sie mit unsren falschen Eiden niederkämpften. Das geschah durch des Gefährten Tüchtigkeit und mein Komplizentum. Wer hat mehr Mumm als ich, um Prügel einzustecken?

LEONIDA: Haha, du wüßtest deine Leistungen, die du in Krieg und Friedenszeiten boshaft angestellt hast, nicht so gut zu preisen, wie wohl ich das kann. Jaja, zu deinem Ruhme kann ich da gar vieles nennen: Wie du jenen Braven täuschtest; wie du deinem Herrn die Treue brachst; und wie du wissentlich aus freien Stücken formvollendet einen Meineid schwurst; wie du die Wände durchbrachst; wie man dich bei einer Dieberei ertappte; wie du hängend gegen acht, an Gliedern starke, dreiste Prügelmeister den Prozeß geführt.

LIBANUS: Ich gebe zu, es ist genauso, wie du sagst, Leonida; jedoch auch deine vielen Streiche können wirklich hergebetet werden: Wie du wissentlich dem Gutgesinnten treulos warst; und wie man dich auf frischer Tat beim Stehlen faßte und verdrosch; wie du den Meineid schwurst; dann wie du dich am Heiligtum vergriffst; und wie du deine Herrn zu Schaden, Elend, Schande oftmals brachtest; wie du Gut, das man dir anvertraute, dann verleugnet hast; wie du der Freundin mehr als deinem Freund ergeben warst; wie du mit deinem dicken Fell acht starke Büttel, die mit zarten Ulmenruten wohl versehen waren, bis zum Schwächeanfall brachtest. – Habe ich mein Kompliment nun schlecht zurückerstattet, wie ich meinen Kompagnon verherrlichte?

LEONIDA: Grad wie es ganz besonders sich für mich und dich und unser beider Genialität gehört.

LIBANUS: Aber nun hör auf damit und beantworte meine Frage.

LEONIDA: Frag nur zu.

LIBANUS: Hast du die zwanzig Minen Silber?

LEONIDA: Du kannst wohl hellsehn? Wirklich, unser alter Demaenetus war reizend! Wie geschickt er simulierte, ich sei Saurea. Ich konnte mir kaum das Lachen verkneifen, als er den Fremden anschnauzte, weil der mir in seiner Abwesenheit nicht vertraut hatte. Und wie er mich immer „Verwalter Saurea" nannte!

LIBANUS: Halt, wart doch mal!

LEONIDA: Was ist?

LIBANUS: Ist das nicht Philaenium, die dort mit Argyrippus rauskommt?

LEONIDA: Halt 's Maul! Ja. Wir wollen horchen.

LIBANUS: Sie heulen beide, und sie hält ihn am Rockzipfel fest. Was soll das sein? Wir wollen still lauschen.

LEONIDA: Ach, du liebe Zeit, da fällt mir ein: hätte ich doch bloß einen Stock bei mir!

LIBANUS: Wozu?

LEONIDA: Daß ich den Eseln eins versetzen könnte, falls sie in dem Beutel etwa schrein.

Dritte Szene

Argyrippus, Philaenium, Libanus, Leonida.

ARGYRIPPUS: Warum hältst du mich zurück?

PHILAENIUM: Weil ich dich liebe und mich nach dir sehne, wenn du gehst.

ARGYRIPPUS: Leb wohl.

PHILAENIUM: Wohler wäre mir, wenn du bliebest.

ARGYRIPPUS: Bleib gesund!

PHILAENIUM: Gesund soll ich bleiben, und du machst mich durch dein Weggehn krank.

ARGYRIPPUS: Deine Mutter hat ihr letztes Wort gesprochen und mich fortgeschickt.

PHILAENIUM: Da wird sie ihre Tochter bald begraben können, wenn ich von dir lassen soll.

LIBANUS *leise*: Der ist scheinbar rausgeworfen worden.

LEONIDA: So ist es.

ARGYRIPPUS: Bitte, laß mich!

PHILAENIUM: Wohin gehst du? Warum bleibst du nicht?

ARGYRIPPUS: Ja, wenn du willst, bleibe ich die Nacht da.

LIBANUS *leise*: Hörst du, wie er zur Nachtarbeit bereit ist? Der weise Solon war freilich am Tage fleißig und schrieb Gesetze, nach denen sich das Volk richtete. Blödsinn! Doch alle die, die sich nach den Gesetzen richten, die der – *auf Argyrippus zeigend* – macht, die können wirklich zu gar nichts nützen, denn sie sind zum Suff verpflichtet Tag und Nacht.

LEONIDA: Ich sage dir: Nicht einen Schritt dürfte der von ihr fortgehn, auch wenn sie es zuließe, obgleich er jetzt so tut, als ob er schleunigst von ihr weg wollte.

LIBANUS: Nun höre schon mit deinem Geschwafel auf, ich will hören, was die sagen.

ARGYRIPPUS: Leb wohl!

PHILAENIUM: Wohin willst du so schnell?

ARGYRIPPUS: Leb tausendmal wohl. Im Reich der Toten sehe ich dich wieder. Denn ich werde mich, so rasch ich kann, vom Leben lossagen.

PHILAENIUM: Ich bitte dich, warum willst du mich Unschuldige in den Tod treiben?

ARGYRIPPUS: Ich dich? Oh, wenn ich wüßte, daß du tot bist, würde ich mein Leben für dich weggeben und deinem anfügen.

PHILAENIUM: Warum drohst du mir dann, dein Leben aufzugeben? Was glaubst du denn, was ich tue, wenn du deine Worte wahr machst? Ich bin fest entschlossen, dasselbe zu tun wie du.

ARGYRIPPUS: O du Süße, süßer als Honig bist du!

PHILAENIUM: Du nur bist mein Leben. Umarme mich!

ARGYRIPPUS: Wie gern! *Sie umarmen sich.*

PHILAENIUM: Ach, trüge man uns doch so zu Grabe!

LEONIDA: Libanus, wie unglücklich ist doch ein Mensch, der liebt!

LIBANUS: Ach nein, wer baumelt, ist viel unglücklicher.

LEONIDA: Ja, ich weiß, ich hab's erlebt. – Wir wollen uns um sie herumstellen, und einer soll sie von hier und der andre von da anreden. *Laut:* Guten Tag, Herr! Ist das Mädchen, das du da umarmst, aus Rauch?

ARGYRIPPUS: Wieso?

LEONIDA: Weil dir die Augen tränen, mein ich nur.

ARGYRIPPUS: Mich, der ich in Zukunft euer Patronus sein wollte, habt ihr nun verloren.

LEONIDA: O nein, wirklich, ich habe keinen verloren, weil ich niemals einen hatte.

LIBANUS: Guten Tag, Philaenium.

PHILAENIUM: Die Götter werden euch alles schenken, was ihr wünscht.

LIBANUS: Ich wünsche eine Nacht mit dir und einen Krug Wein, wenn's recht ist.

ARGYRIPPUS: Paß auf, was du redest, Schlingel!

LIBANUS: Dir wünsche ich das natürlich, nicht mir.

ARGYRIPPUS: Dann rede, was du willst.

LIBANUS *auf Leonida zeigend*: Den zu verprügeln.

LEONIDA: Ha, wer soll denn dir das glauben, du dauergewellter Achtgroschenjunge, du mich verprügeln? Wo dein täglich Brot die Prügel sind?

ARGYRIPPUS: Wie seid ihr doch so viel, viel besser dran als ich, Libanus, der heute abend nicht mehr lebt.

LIBANUS: Warum denn, bitte?

ARGYRIPPUS: Weil ich diese liebe und sie mich, und ich nichts habe, was ich ihr geben könnte, und ihre Mutter mich aus dem Haus geworfen hat. Zwanzig Minen Silber treiben mich in den Tod. Die will nämlich der junge Diabolus heute an sie zahlen, wie er sagt, damit ihre Mutter sie – *auf Philaenium zeigend* – ein ganzes Jahr lang nur zu ihm schickt. Seht ihr nun, was zwanzig Minen anrichten können? Wer die verlieren kann, dem geht es gut; ich verliere nichts und bin erledigt.

LIBANUS: Hat er das Geld schon bezahlt?

ARGYRIPPUS: Nein.

LIBANUS: Dann sei getrost, hab keine Angst.

LEONIDA *zu Libanus*: Komm mal her, Libanus, ich muß dir was sagen.

LIBANUS: Was denn? *Sie unterhalten sich leise.*

ARGYRIPPUS: Na, hört mal, unter Umarmungen könnt ihr euch wohl lustiger unterhalten?

LIBANUS: Nicht allen macht die gleiche Sache Spaß, mußt du wissen, Herr. Euch Verliebten bereitet es Lust, sich in den Armen zu liegen, wenn ihr plaudert. Aber ich mache mir nichts aus seiner Umarmung, und er mag meine auch nicht. Tu das nur selber, was du da rätst.

ARGYRIPPUS: Mach ich, wirklich gern. Inzwischen geht ein bißchen dorthin.

LEONIDA *leise*: Wollen wir den Herrn an der Nase herumführen?

LIBANUS: Ja das steht ihm.

LEONIDA: Willst du, daß dich Philaenium in seiner Gegenwart umarmt?

LIBANUS: Das möchte ich freilich.

LEONIDA: Dann komm mal her.

ARGYRIPPUS: Seid ihr noch zu retten? Ihr habt genug geschwatzt.

LEONIDA: Hört zu, paßt auf und verrschlingt meine Worte: Vor allen Dingen: Wir leugnen nicht, daß wir deine Sklaven sind, aber wenn wir dir die zwanzig Minen Silber bringen, mit welchem Titel wirst du uns dann anreden?

ARGYRIPPUS: Freigelassene.

LEONIDA: Nicht Patron?

ARGYRIPPUS: Ja, vielmehr so.

LEONIDA: Die zwanzig Minen sind hier in dem Beutel. Ich werde sie dir geben, wenn du willst.

ARGYRIPPUS: Die Götter mögen dich immer bewahren, o Beschützer deines Herrn, Zierde des Volkes, Schatz der Schätze, Rettung meiner Seele, Gebieter meiner Liebe! Leg den Beutel hierhin, deponiere ihn hier an meinem Hals.

LEONIDA: Ich möchte nicht, daß du, der Herr, dich mit der Last abmühst.

ARGYRIPPUS: Warum willst du dich nicht von der Last befreien und sie mir aufbürden?

LEONIDA: Ich werde der Gepäckträger sein, geh du nur, wie sich's für den feinen Mann gehört, ohne Gepäck vorneweg.

ARGYRIPPUS: Na also, was ist nun? Warum gibst du mir den Beutel nicht, damit er meine Schulter drückt?

LEONIDA: Die, der du ihn geben willst, soll mich darum bitten. Dein Hals, wo ich ihn deponieren soll, ist zu abschüssig.

PHILAENIUM: Gib doch, mein Äuglein, meine Rose, du meine Sehnsucht, Leonida, gib mir das Silber, reiße uns Liebende nicht auseinander.

LEONIDA: Nenne mich auch noch dein Spätzchen, Hündchen, Täubchen, Lämmchen, dein Böcklein, nenne mich Kälbchen, fasse mich bei den Ohren, drücke deine Lippen auf meine.

ARGYRIPPUS: Dich soll sie küssen, Schurke?

LEONIDA: Scheint dir das so unpassend? Beim Pollux, nicht einen Heller kriegst du heute, wenn du nicht meine Knie wundküßt.

ARGYRIPPUS: Die Not zwingt mich, alles zu tun, was du willst: Ich küsse deine Knie. Gibst du's nun her?

PHILAENIUM: Mein Leonida, ich flehe dich an, rette den verliebten Herrn, kaufe dich frei von ihm durch diese gute Tat, und kaufe ihn dir durch dieses Silber.

LEONIDA: Du bist zu schön und liebenswert, und wenn dies mein wäre, brauchtest du mich nicht mehr bitten, es dir zu geben. Aber bitte nur lieber d e n, der gab mir den Beutel zum Aufbewahren. Geh schön hin zu ihm, meine Schöne. Fang doch bitte, Libanus! *Wirft ihm den Beutel zu.*

ARGYRIPPUS: Lümmel, du hast mich angeführt?

LEONIDA: Beim Herkules, das hätte ich nie getan – hättest du nicht meine Knie gar so schlecht geküßt. *Zu Libanus:* Na los, nun führe d u für deinen Teil d e n an der Nase herum und d i e umarme.

LIBANUS: Keine Sorge. Sieh mich an!

ARGYRIPPUS: Wollen wir nicht zu ihm gehn, Philaenium? Er ist wirklich ein guter Mensch, nicht so ein Schuft wie der dort.

LIBANUS: Ich will auf und ab spazieren; abwechselnd werden sie mich jetzt anflehn.

ARGYRIPPUS: Ich bitte dich beim Herkules, Libanus, wenn du mich, den Herrn, erretten willst, dann gib mir die zwanzig Minen. Du siehst, ich brauche sie für meine Liebe.

LIBANUS: So scheint es. Ich will es tun. Komm nur in der Nacht wieder, wenn alles schweigt. Und nun befiehl ihr, daß sie mich unterdessen bitten und betteln soll.

PHILAENIUM: Willst du mit Schmeicheln oder mit Küssen gebeten sein?

LIBANUS: Mit beidem, auf jeden Fall.

PHILAENIUM: Nun, so rette du uns beide, ich bitte dich.

ARGYRIPPUS: O Libanus, mein Patronus, gib mir das Geld. Es paßt viel besser, wenn auf der Straße ein Freigelassener das Gepäck trägt und nicht der Patron.

PHILAENIUM: Mein Libanus, Goldäuglein, du Zierat der Liebe, ach bitte, ich will alles tun, was du willst: Gib uns das Geld!

LIBANUS: Nenne mich auch noch dein Entchen, Täubchen, Hündchen, Schwälbchen, Räbchen, kleines Spätzchen, mach mich zur Schlange mit zwei Zungen, umschlinge meinen Nacken mit den Armen, häng dich an meinen Hals.

ARGYRIPPUS: Dich umarmen, Gauner?

LIBANUS: Scheint dir, daß ich das nicht wert bin? Die Frechheit hast du nicht umsonst zu mir gesagt. Beim Pollux, du wirst mich heute auf dir reiten lassen, wenn du nur hoffst, das Geld zu kriegen.

ARGYRIPPUS: Auf mir reiten?

LIBANUS: Meinst du, daß du anderswie dies Geld von mir kriegst?

ARGYRIPPUS: Ich bin erledigt! Wenn du es für richtig und für passend hältst, daß der Herr den Sklaven trägt, dann steige auf.

LIBANUS: So pflegt man Hochmütige zu zähmen. Stell dich hin, wie du es einst als Knabe tatst. Soll ich es dir erklären? Ja, so. Nun geh! Sehr schön! Es gibt kein gescheiteres Pferd als dich.

ARGYRIPPUS: Nun steig schon auf!

LIBANUS: Jawohl, das mach ich. Was ist denn das? Wie schleichst du denn dahin? Gleich nehme ich dir die Futterkrippe weg, wenn du nicht Trab läufst!

ARGYRIPPUS: Bitte, Libanus, nun ist's genug.

LIBANUS: Mit Bitten erreichst du heute nichts. Erst werde ich dir mal die Sporen geben und dich auf allen vieren zu dem Hügel treiben, dann gebe ich dich an die Bäcker ab, das wird dir Beine machen. Halt! Hier auf dem Hügel will ich absteigen, obwohl du nichts taugst.

ARGYRIPPUS: Was nun, bitte? Nachdem ihr uns nach Belieben an der Nase herumgeführt habt, gebt ihr doch das Geld raus?

LIBANUS: Wenn du mir ein Standbild und einen Altar errichten läßt und mir wie einem Gott einen Ochsen opferst, denn ich bin für dich der Rettungsgott.

LEONIDA: Herr, schicke den Kerl weg und halte dich an mich und das, was er für sich verlangt hat, baue und opfere für mich, ja?

ARGYRIPPUS: Welchen Götternamen hast du denn?

LEONIDA: Göttin des Schicksals, und zwar des gnädigen.

ARGYRIPPUS: Das ist schon besser.

LIBANUS: Was ist denn besser für den Menschen als ein Rettungsgott?

ARGYRIPPUS: Ich sollte die Schicksalsgöttin loben, ohne den Rettungsgott zu tadeln?

PHILAENIUM: Wirklich, sie sind beide gut.

ARGYRIPPUS: Das werde ich wissen, wenn sie mir etwas Gutes gegeben haben.

LEONIDA: Wünsch dir, was du gern haben möchtest.

ARGYRIPPUS: Und wenn ich wünsche?

LEONIDA: Geht es in Erfüllung.

ARGYRIPPUS: Ich wünsche ein Jahr lang nur für mich ihre Liebesdienste.

LEONIDA: Ist erfüllt.

ARGYRIPPUS: Wirklich?

LEONIDA: Ganz sicher.

LIBANUS: Komm zur Abwechslung mal wieder zu mir und probier es hier. Wünsch dir, was du am liebsten möchtest, und es geschieht.

ARGYRIPPUS: Was sollte ich mir anderes wünschen als was mir fehlt: Gib mir die zwanzig Minen Silber, damit ich sie ihrer Mutter geben kann.

LEONIDA: Kriegst du, Kopf hoch! Dein Wunsch geht in Erfüllung.

ARGYRIPPUS: Gewöhnlich lassen Rettungsgott und Schicksalsgöttin die Menschen im Stich.

LEONIDA: Ich war der Kopf bei der Silberbeschaffung.

LIBANUS: Und ich der Fuß.

ARGYRIPPUS: Eure Rede hat weder Kopf noch Fuß. Ich verstehe weder den Sinn eurer Rede, noch warum ihr diesen Schabernack mit mir treibt.

LIBANUS: Ich glaube, es ist jetzt genug mit den Späßen. Jetzt zur Sache. Paß mal auf, Argyrippus. Dein Vater hieß uns, dir das Geld zu geben.

ARGYRIPPUS: Das bringt ihr grad zur rechten Zeit.

LIBANUS: Hier drin sind zwanzig Minen gutes Geld, auf schlechtem Weg erworben. Die sollen wir dir geben, unter einer Bedingung.

ARGYRIPPUS: Welcher, sag?

LIBANUS: Daß du ihm eine Nacht bei deinem Mädchen und ein Diner abläßt.

ARGYRIPPUS: Los, heiß ihn kommen. Mit besonderer Dankbarkeit wollen wir seinem Willen entgegenkommen; schließlich hat er unsre zerrissene Liebe wieder zusammengebracht.

LEONIDA: Du willst hinnehmen, Argyrippus, daß dein Vater dein Mädchen umarmt?

ARGYRIPPUS *auf den Geldbeutel zeigend*: Der macht mir's erträglich, Leonida; lauf mal schleunigst hin und bitte den Vater herzukommen.

LEONIDA: Er ist längst drin.

ARGYRIPPUS: Er ist doch gar nicht vorbeigekommen.

LEONIDA: Er schlich heimlich durch Hintertür und Garten auf einem Umweg hierher, damit kein Bediensteter ihn hierhergehen sieht. Er hatte Angst, daß seine Frau was merkt. Wenn deine Mutter wüßte, was mit dem Geld passiert ist – –

ARGYRIPPUS: Brrrr, malt den Teufel nicht an die Wand.

LIBANUS: Nun schnell hinein.

ARGYRIPPUS: Auf Wiedersehen.

LEONIDA: Und liebt euch tüchtig. *Ab.*

VIERTER AKT

Erste Szene

Diabolus, Parasit.

DIABOLUS: Los nun, zeig den Vertrag, den du für mich, das Mädchen und die Kupplerin aufgesetzt hast. Lies die Paragraphen vor, denn du bist der einzige geeignete Autor für diese Sache.

PARASIT: Die Kupplerin wird das Grausen kriegen, wenn sie die Paragraphen hört.

DIABOLUS: Fang endlich an, Mensch, und lies vor!

PARASIT: Hörst du zu?

DIABOLUS: Natürlich.

PARASIT:

„Diabolus, des Glaucus Sohn,
zahlt an Cleareta, die Kuppelmutter, zwanzig Minen,
damit Philaenium, als Gegenlohn,
ihm Nacht und Tag ein Jahr als Hürchen solle dienen."

DIABOLUS: – und abolut keinem anderen!

PARASIT: Soll ich das hinzufügen?

DIABOLUS: Ja, und achte darauf, schreib es recht deutlich!

PARASIT:

„Und keinen Fremden laß sie ein,
nicht Freund, Patron zu sich ins Kämmerlein.
Wer sagt, er sei der Freundin Schatz,
bleibt draußen! Nur für dich ist Platz.
Und an das Pförtchen wird ein Schild gesetzt,
sie sei besetzt.
Und weil sie könnte sagen,
man habe ihr ein Brieflein zugetragen,
so räume man aus ihrem Haus
an Briefen, Wachsmatrizen alles aus.
Gibt's etwa ein Gemälde dort,
das nutzlos ist, so muß es fort!
Und hat sie innerhalb vier Tagen

nach deiner Zahlung es nicht losgeschlagen,
entscheide nach Belieben, brenn es an,
das Wachs muß weg, das man zum Schreiben nehmen kann.
Auch keinen Gastfreund rufe sie herzu.
Das darfst nur du.
Auf keinen dieser Laffen
darf das Weib mit Augen gaffen,
und solltest du sie trotzdem dabei finden,
dann soll sie momentan erblinden.
Mit dir allein sei sie betrunken
und von der gleichen Menge Humpen.
Den Becher nehme sie von dir,
sie trinkt zuerst, und du nach ihr.
Mit der Methode wird bezweckt,
daß sie das gleiche Quantum schmeckt."

DIABOLUS: Gefällt mir vollkommen.

PARASIT:
„Von jederlei Verdachtsmomenten
hat sie sich strengstens abzuwenden.
Verboten wird ihr auch sodann,
zu füßeln mit 'nem andern Mann,
und sollte sie sich mal erheben,
darf sie sich nicht zum Nachbarn legen.
Und geht sie fort, dann gilt desgleichen:
Ja keinem Mann die Hand zu reichen!
Man achte drauf, daß Fingerringe
sie weder wegschenkt
noch empfinge.
Die Würfel aber werf sie hier
zu keinem andren Mann als dir.
Beim Würfeln muß sie sich bequemen,
die volle Namensnennung vorzunehmen,
nicht nur „für dich" zu sagen. Wenn sie schwört,
darf sie's bei Göttinnen, wie sie begehrt.
Bei Göttern nicht!
Doch scheint ihr das mal religiöse Pflicht,
so wird befohlen, dir es vorzutragen:
du kannst es dann für sie den Göttern sagen.
Verboten ist es, Männern zuzublinken,

zu nicken oder auch zu winken.
Und ist das Licht verloschen, heißt es strikt:
Im Finstern wird kein Glied gerückt!"

DIABOLUS: Bravo! Jawohl, so soll sie's machen. – Jedoch im Kämmerlein? – Nimm den Satz wieder weg. Da möcht ich doch gern, daß sie sich bewegt. Ich wünsche nicht, ihr einen Grund zu geben zu sagen: das sei verboten.

PARASIT: Ich weiß, du fürchtest eine Falle.

DIABOLUS: Jaja.

PARASIT: Na gut, wie du befiehlst. Ich nehme den Satz heraus.

DIABOLUS: Ja, nicht wahr?

PARASIT: Höre weiter!

DIABOLUS: Sprich, ich höre zu.

PARASIT:
„Und daß sie keine Worte durch die Blume mache!
Nur Attisch soll sie reden, keine fremde Sprache!
Und falls sie husten sollte, habe acht,
daß sie nicht hustend wem 'ne lange Zunge macht.
Und falls sie sagt, daß ihr die Nase trief,
dann stop! Wisch selber ab, was lief,
weil das weit besser ist,
als daß sie schnupfend einen andern küßt.
Der Kuppelmutter wird es streng verbeten,
inmitten des Gelages einzutreten,
desgleichen, daß sie ja kein böses Wörtchen sage!
Falls doch, gibt's Weinentzug für zwanzig Tage."

DIABOLUS: Vortrefflich aufgesetzt. Ein gescheiter Entwurf.

PARASIT:
„Dann, wenn sie Kränze, Salben, aufgereihte Früchte
durch Sklaven zu der Venus und Cupido brächte,
dann heiße deinen Sklaven rasch herauszubringen,
ob diese Sachen wirklich zu der Venus gingen,
und nicht statt des zu einem Mann.
Gibt sie des weitren einmal an,
daß sie mal nicht berührt sein möchte,
dann werden so viel Liebesnächte,
wie ihr die Keuschheit eingebracht,
im Anschluß daran nachgemacht."

So! Das sind weder Scherze noch Totenlieder.

DIABOLUS: Ja, das Statut ist ganz nach meinem Geschmack. Und nun komm mit hinein!

PARASIT: Ich folge dir. *Ab.*

Beide kommen sehr rasch aus dem Haus der Philaenium wieder heraus.

Zweite Szene

Diabolus, Parasit.

DIABOLUS: Komm mit! Das sollte ich schweigend hinnehmen? Lieber beiße ich ins Gras, als daß ich das nicht seiner Gattin hinterbringe. *Er ruft in das Haus zurück.* Was ist los? Der Freundin trägst du Jünglingsdienste an, und bei der Ehefrau entschuldigst du dich mit Altersschwäche? Dem Liebhaber schnappst du das Liebchen weg und wirfst der Kupplerin Geld in den Rachen? Heimlich bestiehlst du zu Hause deine Frau? Lieber will ich hängen, als daß du damit stillschweigend durchkommst. Beim Herkules, ich gehe auf der Stelle zu ihr, die du demnächst ins Grab bringst, vorausgesetzt freilich, daß sie dir nicht zuvorkommt, bloß um die Mittel für dein Lotterleben zu kriegen.

PARASIT: Das muß geschehen. Aber ich glaube, es ist besser, wenn *ich* die Sache anzeige als du, damit sie nicht denkt, du tust es mehr aus Eifersucht als ihretwegen.

DIABOLUS: Ja wirklich, das stimmt. Also sorge dafür, daß du ihm Aufregung und Streit verschaffst; erzähle ihr, daß er mit dem Sohn und einem Liebchen am hellerlichten Tage Saufgelage hält und daß er sie ausnimmt.

PARASIT: Du brauchst nichts zu sagen, ich versteh das schon.

DIABOLUS: Ich warte zu Hause auf dich. *Ab.*

FÜNFTER AKT

Erste Szene

Argyrippus, Demaenetus, Philaenium.

ARGYRIPPUS: Also wollen wir Platz nehmen, wenn du willst, Vater.

DEMAENETUS: Ja, mein Sohn, wie du sagst, so wird's gemacht.

ARGYRIPPUS: Ihr Knaben, stellt den Tisch her.

DEMAENETUS: Wäre es dir unangenehm, mein Sohn, wenn sich die Kleine hier an meiner Seite niederlegt?

ARGYRIPPUS: Der Respekt, Vater, wird den Schmerz über das, was ich sehe, nehmen. Obgleich ich sie liebe, kann ich mich doch beherrschen, unwillig zu sein, wenn sie bei dir sitzt.

DEMAENETUS: Es steht einem Jüngling, so taktvoll zu sein, Argyrippus.

ARGYRIPPUS: Ich kann es, Vater, da du es verdienst.

DEMAENETUS: Also dann! Laß uns das Mahl mit Wein und lieblicher Unterhaltung würzen. Ich möchte von dir nicht gefürchtet, sondern geliebt werden, mein Sohn.

ARGYRIPPUS: Ja, ich werde beides tun, wie es sich für einen Sohn gehört.

DEMAENETUS: Ich werde es glauben, wenn ich dich erst heiter sehe.

ARGYRIPPUS: Denkst du etwa, ich sei traurig?

DEMAENETUS: Das denke ich allerdings, da du ja ein Gesicht machst, als wenn dein letztes Stündlein geschlagen hätte.

ARGYRIPPUS: Sag doch das nicht.

DEMAENETUS: Wenn's nicht so wäre, hätte ich es nicht gesagt.

ARGYRIPPUS: Sieh mich doch an: ich lache ja. *Lacht verkrampft.*

DEMAENETUS: Ich wünschte, meine Feinde würden so lachen.

ARGYRIPPUS: Vater, ich weiß, weshalb du glaubst, daß ich dir böse bin: weil sie bei dir sitzt. Und um die Wahrheit zu sagen: Es ärgert mich auch wirklich. Nicht deshalb, weil ich dir deinen Willen mißgönne, aber ich liebe sie. Eine andre würde ich bei dir gern hinnehmen.

DEMAENETUS: Aber ich möchte nun gerade die.

ARGYRIPPUS: Also hast du ja, was du willst; allerdings möchte ich auch, was ich ersehne.

DEMAENETUS: Ertrag es doch mal einen Tag; ich hab dir auch die Möglichkeit geschaffen, mit ihr ein ganzes Jahr zu leben, und dir verliebtem Täuberich das Geld verschafft.

ARGYRIPPUS: Dafür bin ich dir freilich sehr verbunden.

DEMAENETUS: Warum zeigst du mir also kein freundliches Gesicht?

Zweite Szene

Artemona, Parasit, Demaenetus, Argyrippus, Philaenium.

ARTEMONA: Ich bitte dich, was sagst du da? Mein Mann säuft hier mit meinem Sohn, hat einer Hure zwanzig Silberminen gebracht, und mein Sohn weiß das alles? Dieser Lump von einem Vater!

PARASIT: Nichts Himmlisches noch Irdisches sollst du mir jemals glauben, Artemona, wenn du mich hier etwa als Lügner entlarvst.

ARTEMONA: Und ich Tor glaubte, mein Mann sei nüchtern, vernünftig und maßvoll, mehr als andre Männer, und liebe seine Gattin über alles.

PARASIT: Und von nun an weißt du, daß dein Mann versoffen, unvernünftig und maßlos ist, mehr als andre Männer, und seine Gattin mehr als alle haßt.

ARTEMONA: Ja, wenn es nicht wahr wäre, würde er nicht so handeln wie jetzt.

PARASIT: Wirklich, ich habe ihn vorher auch immer für einen soliden Menschen gehalten, aber durch diese Affäre zeigt er seinen wahren Charakter, wenn er mit dem Sohn zusammen bechert und mit ihm gemeinsam ein Mädchen nimmt, der abgelebte Alte.

Artemona: Aha, das also ist der Grund, daß er täglich zum Abendessen geht. Er sagt, er gehe zu Archidemus, Chaereas, Chaerestratus, Clinias, Chremes, Cratinus, Dinias, Demosthenes: nein, bei Huren ruiniert er mir die Kinder und treibt sich im Bordell herum.

Parasit: Läßt du ihn nicht von deinen Mägden im hohen Bogen nach Hause schleppen?

Artemona: Schweig! Beim Kastor, es soll ihm schlecht gehn!

Parasit: Ich weiß, das wird geschehen, und zwar während eurer ganzen zukünftigen Ehe.

Artemona: Ich glaube auch. Da denke ich, der Mensch hat im Senat eine Sitzung oder plagt sich mit Klienten, und von dieser Anstrengung erschöpft, schnarcht er die ganze Nacht. Da kommt er von der Arbeit außer Hause schachmatt zu mir, pflügt fremden Acker und läßt den eignen unbestellt. Und noch dazu verdirbt der verdorbene Kerl seinen Sohn.

Parasit: Komm nur mit, gleich ertappst du ihn auf frischer Tat.

Artemona: Beim Kastor, nichts gibt es, was ich lieber möchte.

Parasit: Wart mal hier.

Artemona: Was ist?

Parasit: Wenn du deinen Mann liegen sähest, einen Kranz auf dem Kopf und ein Mädchen im Arm, könntest du ihn erkennen?

Artemona: Wirklich, ganz bestimmt.

Parasit *läßt sie durch einen Türspalt blicken*: Dann sieh ihn dir mal an.

Artemona: Mich trifft der Schlag!

Parasit: Pst! Warte noch ein bißchen. Laß uns unbemerkt aufpassen, was sie treiben.

Argyrippus: Wann hörst du wohl mit den Zärtlichkeiten auf, Vater?

Demaenetus: Ich muß gestehn, mein Sohn –

Argyrippus: Was gestehn?

Demaenetus: – die Liebe zu dem Mädchen macht mich ganz und gar verrückt.

Parasit: Hörst du, was er sagt?

ARTEMONA: Allerdings.

DEMAENETUS: Beim Pollux, nichts kann mich davon abbringen, meiner Frau zu Hause den Lieblingsmantel zu stehlen und zu dir zu bringen, selbst wenn sie nur noch ein Jahr zu leben hat.

PARASIT: Glaubst du, daß der heute zum ersten Mal in der Kneipe sitzt?

ARTEMONA: Hat der mich also tatsächlich bestohlen, und ich habe die Mägde verdächtigt und bestraft, die nichts dafür konnten.

ARGYRIPPUS: Vater, laß Wein einschenken, es ist schon lange her, daß ich was getrunken habe.

DEMAENETUS: Schenke von oben ein, Knabe, und du gib mir unterdessen von unten einen Kuß.

ARTEMONA: Ich werde verrückt, wie der Schuft sie küßt, und steht mit einem Fuß im Grabe.

DEMAENETUS: Wirklich, du hast einen viel lieblicheren Atem als meine Frau.

PHILAENIUM: Sag mal, riecht der Atem deiner Frau wirklich so schlecht?

DEMAENETUS: Lieber würde ich Jauche trinken, wenn es sein müßte, als sie küssen.

ARTEMONA: Was sagst du? Na warte, das wird dir schlecht bekommen. Komm nur nach Hause, dann werde ich dir schon plausibel machen, was es heißt, die Frau, die ein Vermögen in die Ehe brachte, schlechtzumachen.

PHILAENIUM: Beim Kastor, du bist elend dran.

ARTEMONA: Beim Kastor, das hat er auch verdient.

ARGYRIPPUS: Vater, was meinst du, liebst du die Mutter?

DEMAENETUS: Ich – die? Ja, jetzt, weil sie nicht da ist.

ARGYRIPPUS: Und wenn sie da ist?

DEMAENETUS: Dann wünsche ich sie zum Henker.

PARASIT: Na, der liebt dich, wie er sagt!

ARTEMONA: Oooooh, das hat er nicht umsonst gesagt! Wenn der heute nach Hause kommt, dann räche ich mich in erster Linie mit Küssen.

ARGYRIPPUS: Bitte, Vater, würfle, dann sind wir dran.

DEMAENETUS: Sehr gut. Ich wünsche mir – dich, Philaenium, und den Tod meiner Frau. *Würfelt.* Aah, der Venuswurf! Los, ihr Knaben, gratuliert mir zu dem

Wurf und schenkt mir dafür den Becher voll süßen Wein.

ARTEMONA: Ich kann es nicht mehr aushalten!

PARASIT: Kein Wunder, wenn dir der Geduldsfaden reißt. Das beste ist, ihm unter die Augen zu treten.

ARTEMONA *reißt die Tür auf*: Ha, noch lebe ich, aber du hast dir das heute zum größten Unglück an den Hals geschwatzt.

PARASIT: Wer läuft schnell und holt den Leichenwäscher?

ARGYRIPPUS: Mutter, guten Tag!

ARTEMONA: Ich hab genug von „Guten Tag"!

PARASIT: Demaenetus ist erledigt. Für mich ist es Zeit, mich zurückzuziehn. Herrlich tobt die Schlacht. Ich will zu Diabolus gehn und ihm melden: Befehl ausgeführt. Und inzwischen werde ich ihn überreden, daß wir essen, während die sich streiten. Erst morgen werde ich ihn dann hierher zu der Kupplerin führen, damit er ihr die zwanzig Minen gibt und seinerseits das Mädchen haben darf. Ich hoffe, daß Argyrippus sich erweichen läßt, abwechselnd mit Diabolus die Nächte bei dem Mädchen zuzubringen. Wenn ich das nicht erreiche, habe ich meinen Gönner verloren. Vor Verliebtheit brennt er lichterloh. *Ab.*

ARTEMONA *zu Philaenium*: Was fällt dir ein, meinen Mann hier aufzunehmen?

PHILAENIUM: Mich Ärmste hat er vor Widerwillen fast umgebracht.

ARTEMONA: Los, los, Herr Galan, ab, marsch nach Hause!

DEMAENETUS: Ich bin erledigt!

ARTEMONA: Das grad nicht, leugne bloß nicht deine Existenz, aber der Ausbund aller Schufte bist du. Da liegt er, der Fremdgeher. Los, los, Herr Galan, ab, marsch nach Hause!

DEMAENETUS: Mir geht's schlecht!

ARTEMONA: Da hast du völlig recht. Los, los, Herr Galan, ab, marsch nach Hause!

DEMAENETUS: Geh doch erst mal etwas weg.

ARTEMONA: Los, los, Herr Galan, ab, marsch nach Hause!

DEMAENETUS: Hab Erbarmen, Frau.

ARTEMONA: Jetzt erinnerst du dich, daß ich deine Frau bin?

Vorhin, als du über mich herzogst, war ich nicht deine Frau, Scheusal.

DEMAENETUS: Ich bin völlig erledigt.

ARTEMONA: Also, wie ist das? Riecht der Atem deiner Frau so schlecht?

DEMAENETUS: Er duftet nach Myrrhe.

ARTEMONA: Hast du schon den Mantel gestohlen, den du der Dirne geben willst?

PHILAENIUM: Ja, tatsächlich, er hat versprochen, dir den Mantel zu stehlen.

DEMAENETUS: Hältst du nicht den Mund?

ARGYRIPPUS: Ich hab's ihm ausgeredet, Mutter.

ARTEMONA: Schöner Sohn! Ist es nicht die Höhe, daß ein Vater seinen Kindern solche Sitten vorführt? Schämst du dich nicht?

DEMAENETUS: Ja, wirklich, wenn ich mich auch sonst nicht schäme, vor dir doch, liebe Frau.

ARTEMONA: Dich alten weißhaarigen Eheknochen muß die Frau noch aus dem Bordell ziehen.

DEMAENETUS: Ob ich nicht wenigstens bleiben darf, bis ich gespeist habe? Das Essen wird nämlich schon gekocht.

ARTEMONA: Beim Kastor, du wirst heute schon speisen, aber wie du es verdienst, du elender Kerl.

DEMAENETUS: Ich werde heute sehr schlecht tafeln; meine Frau führt mich zur Verhandlung ab nach Hause.

ARGYRIPPUS: Ich hab's dir ja gesagt, daß du die Mutter nicht schlecht behandeln sollst, Vater.

PHILAENIUM: Aber denke bitte an den Mantel!

DEMAENETUS *leise zu Philaenium*: Gib doch den Befehl, daß man sie hinauswirft!

ARTEMONA: Los, nach Hause!

PHILAENIUM: Gib mir noch ein Küßchen, eh du gehst.

DEMAENETUS: Geh zum Kuckuck!

PHILAENIUM: Im Gegenteil, ich gehe ins Haus. *Zu Argyrippus:* Komm doch mit, Liebling.

ARGYRIPPUS: Ja, ich komme. *Ab.*

SCHAUSPIELERTRUPPE:

Der Alte, der sich ohne Wissen seiner Frau
sein Mütchen kühlte, tat in diesem Falle
nichts Neues, Sonderbares, nein, genau

  dasselbe, wie die andern alle.
Kein Mensch ist so ein harter Mann,
  zu sich so sicher in der Brust,
daß er, sobald er bloß mal kann,
  nicht gleichermaßen hätte Lust.
Nun – wenn ihr bitten wollt,
daß unsern Alten die Gemahlin nicht versohlt,
so glauben wir, es könnte dies gelingen,
durch kräftiges Uns-Beifall-Bringen.

Aulularia

PERSONEN

Lar familiaris, *Hausgott Euclios*
Euclio, *ein alter Grieche*
Staphyla, *seine Sklavin*
Megadorus, *ein Grieche*
Eunomia, *seine Schwester*
Pythodicus, *sein Sklave*
Lyconides, *Sohn der Eunomia*
Strobilus, *Sklave des Lyconides*
Congrio } *Köche*
Anthrax }
Sklaven und Flötenspielerinnen

Athen. Ein freier Platz, links und rechts die Häuser des Euclio und des Megadorus mit Altären davor. Im Hintergrund der Tempel der Fides, gleichfalls mit Opferaltar

PROLOG

Lar familiaris.

LAR FAMILIARIS *mit lebhaften Hinweisen auf die jeweils genannten Dinge und Personen*:

Daß niemand rätselt, wer ich bin, sprech ich es aus:
Ich bin der Lar, der Gott für dieses Haus,
aus dem ich, wie ihr saht,
soeben trat.
Dies Haus behüte ich schon viele Jahr,
auch als der Vater und der Großpapa hier war,
von dem, der jetzt es hat.
Sein Vorfahr fleht mich an und übergab
mir einen Goldschatz, was sonst keiner wußte.
Er barg ihn unterm Herd, wo ich ihn dann bewachen mußte.
Und als der starb (ein rechter Geizeskragen),
entschied er, seinem Sohne nichts zu sagen.
Der sollte lieber ärmlich weiterleben,
anstatt dem Sohn den Goldschatz hinzugeben.
Er hinterließ ein kleines Stückchen Ackerland,
von dem der Sohn den Unterhalt mit Not und Mühe fand.
Der mir das Gold gab, war nun also tot.
Ich paßte auf, ob mir der Sohn wohl größre Ehren bot,
als mir der Vater einst erwies.
Der Sohn jedoch war ganz genauso mies,
nein, weniger spendierte mir der Mann,
trug weder Werte mir noch Ehren an.
Und das vergalt ich ihm!
Ich ließ den Kerl, arm wie er war, ins Jenseits ziehn.
Und nun muß dessen Sohn das Hab und Gut verwalten,
charakterlich ist er so geizig wie die Alten.
Doch dessen Tochter bringt mir Tag für Tag
von Weihrauch, Wein stets etwas, wie sie grade mag,

auch Kränze. Ihr zu Ehren machte ich es so,
daß hier ihr Vater jenen Schatz fand – Euclio,
daß er sie damit leichter an den Mann –
sofern er das nur möchte – bringen kann.
Ein Jüngling, der aus gutem Hause stammt,
hat sie verführt (doch blieb er unerkannt).
Der Jüngling weiß es, wen er vergewaltigt hat,
sie nicht; der Vater aber ahnt nichts von der Tat.
Nun läuft nach meinem Wunsch das Ganze dahinaus,
daß jetzt ein Greis, gleich hier vom Nachbarhaus,
dies Mädchen sich zur Frau zu nehmen strebt.
Absichtlich hab ich es so angelegt,
daß der Verführer, jener junge Mann,
das Mädchen schließlich um so leichter kriegen kann.
Der greise Freier ist der Onkel zu dem jungen Mann,
der an dem Ceres-Fest sich so brutal benahm.
Doch drin im Haus ist schon Krawall,
wie es hier Tag für Tag der Fall;
der Alte jagt die Dienerin heraus,
damit sie nichts bemerkt in seinem Haus.
Er will sein Gold jetzt inspizieren,
um keinesfalls durch Raub was zu verlieren. *Ab.*

ERSTER AKT

Erste Szene

Euclio, Staphyla.

Staphyla, eine alte, ärmlich gekleidete Sklavin, verängstigt, wird unter Stoßen und Prügeln von Euclio bis zu der Stelle bewegt, die auf der Bühne vom Haus des Euclio am weitesten entfernt ist.

EUCLIO *verbissen und wütend*: Raus, sag ich! Los! Raus mit dir auf die Straße, verdammt! Du Schnüfflerin mit deinen Glotzaugen!

STAPHYLA *verzagt*: Warum schlägst du mich arme Frau?

EUCLIO: Damit dir's miserabel geht und du, wie du verdienst, ein miserables Leben führst.

STAPHYLA: Und warum hast du mich denn aus dem Haus geprügelt?

EUCLIO: Das soll ich dir Prügelsack noch vorrechnen? Mach dich von der Tür weg! *Höhnisch:* Dorthin bittschön. *Böse zischend:* Wie sie schleicht. Weißt du, was dir blüht? Wenn ich verdammt heute einen Knüttel oder Stecken zu fassen kriege, dann will ich dir dieses Schildkrötenschleichen schon abgewöhnen!

STAPHYLA *für sich*: Oh, wenn mich die Götter doch lieber aufhängen würden, als daß ich dir bei solcher Behandlung dienen muß!

EUCLIO *für sich*: Was die Gaunerin bloß mit sich zu flüstern hat? *Laut:* Verdammt noch mal, die Augen reiße ich dir Scheusal aus, damit du mir nicht mehr nachspionieren kannst! *Tritt dicht an sie heran.* Und nun fort mit dir! *Folgt ihr Schritt für Schritt dicht auf den Fersen.* Noch weiter! – Immer noch! – Los, los! – Halt! – Und wenn du, zum Teufel, von dieser Stelle nur einen Zoll oder nur einen Fingernagelbreit weichst oder dich umdrehst, bevor ich es gesagt habe, dann gehst du weiß Gott auf der Stelle beim Kreuz in Unterricht. *Für sich:* Einen schlimmeren Teufelsbraten als diese Alte sah ich gewiß noch nie, und darum fürchte ich im höchsten Maß, daß sie mich heimtückisch hereinlegt und ausschnüffelt, wo mein Gold verborgen liegt. Dieser Schandmensch hat auch im Hinterkopf noch Augen. Nun seh ich nach, ob mein Gold unangetastet im Versteck liegt. Es läßt mir nirgendwo und nirgendwie mehr Ruhe! *Ab ins Haus.*

STAPHYLA: Ach Kastor, mir fällt keine Erklärung für die Verrücktheit, für den Wahnsinn ein, der meinen Herrn gefangenhält. Auf diese Weise jagt er mich Unglücksmenschen an die zehnmal pro Tag aus dem Haus. Doch weiß ich beim Himmel nicht, welche Wahnidee ihn erfaßt hat. Ganze Nächte hindurch bleibt er wach, aber am Tage sitzt er wie ein lahmer Schuster daheim, tagelang. Und ich kann schon keine Schliche mehr finden, die Schande seiner Tochter zu verbergen, der die Entbindung unmittelbar bevorsteht. Ich glaube, für mich gibt es keinen besseren Weg, als daß ich aus mir ein langes i mache mit einem Strick um den Hals.

Zweite Szene

Euclio, Staphyla.

EUCLIO: Nun endlich trete ich heiteren Sinnes aus dem Haus: ich fand, daß drinnen alles in der schönsten Ordnung ist. Geh auf der Stelle wieder ins Haus und halte Wache!

STAPHYLA: Warum auch nicht? Ich drinnen wachen? Wohl, daß keiner das Haus stiehlt? Denn sonst gibt es ja bei uns nichts, was Diebe interessieren könnte, nur leere Wände und Spinnweben.

EUCLIO: Ein Wunder bloß, daß mich Jupiter deinetwegen nicht zum König Philipp oder Dareius macht, Gifthexe! Ich wünsche, daß mir diese Spinnweben wohl behütet werden! Ich bin ein armer Mann, gewiß, ich füge mich und trage, was die Götter schicken. Und nun rein mit dir und schließ die Türe ab! Gleich bin ich wieder da. Hüte dich, einen Fremden in das Haus zu lassen. Und weil jemand um Feuer bitten könnte, soll es ausgelöscht werden, daß es gar keinen Grund gibt, dich anzubetteln. Also, falls das Feuer brennt, lösche es auf der Stelle aus! Dann, wenn einer Wasser haben will, sag, es sei ausgelaufen. Was Messer, Beil, Mörser, Mörserkeule anbetrifft, Gefäße, die die Nachbarn immer pumpen, sag ihnen: Diebe waren da und haben alles fortgeschleppt. Jedenfalls soll in mein Haus, wenn ich fort bin, niemand eingelassen werden. Und sogar das befehle ich dir: Selbst wenn die Göttin Bona Fortuna kommt, laß sie nicht hinein!

STAPHYLA: Du lieber Gott, die wird sich hüten, eingelassen zu werden, denn zu uns kommt sie nie, obgleich ihr Tempel ganz in der Nähe ist.

EUCLIO: Halt 's Maul und rein ins Haus!

STAPHYLA: Ich bin schon still und gehe.

EUCLIO *ihr nachrufend*: Verschließe ja die Tür mit beiden Riegeln. Ich bin gleich wieder da.

Mit stark wechselndem Ausdruck. Gegen Schluß mit mißtrauischer Gehässigkeit:

Weiß Gott, hier fortgeh'n paßt mir nicht. So ein Verdruß!
O Qual, daß ich das Haus verlassen muß!
Nun gut, ich weiß schon Rat.
Denn unser Bürgermeister hat
gesagt, daß er an alle Leute
Geld verteilen wolle heute.
Wenn ich drauf pfeife, nichts verlange,
ist mir bange,
daß mich alle Menschen hier mit scheelem Blick
betrachten, grad als hätt ich Gold gleich knüppeldick. –
Es ist sehr unwahrscheinlich, daß ein armer Mann
aus einer Geldverteilung sich nichts machen kann. –
Bis jetzt verbarg ich mein Geheimnis voller Fleiß,
und dennoch scheint mir, daß es jeder weiß;
denn alle grüßen mich mit größerem Behagen
als unlängst noch, vor ein paar Tagen.
Man kommt, tritt in den Weg und reicht die Hände,
wünscht Glück und fragt „Wie geht's?" und wie es stände. –
Drum geh ich hin, wie ich mir's vorgenommen,
doch nur, um schnellstens wieder heimzukommen.
Rasch ab.

ZWEITER AKT

Erste Szene

Eunomia, Megadorus.

EUNOMIA:
Mein lieber Bruder, glaube mir,
aus reiner Treue rat ich dir
in deiner Sache, Bester,
als deine eigne Schwester.
Indessen weiß ich leider,
daß man uns haßt, uns Weiber.
Man sieht uns für zu schwatzhaft an;
ein stummes Weib, das finde man –
so sagen überall die Leute –
in hundert Jahren nicht und auch nicht heute.
Und dennoch Bruderherz, vernimm:
Du bist mir nah, wie ich mir bin.
Drum schickt sich's, daß in allen Lagen
wir gegenseitig uns befragen,
du mich, ich dich, ist einerlei,
beraten, was das Beste sei.
Nichts darf da je verborgen bleiben,
nichts dürfen wir aus Furcht verschweigen.
Und du weißt alles, was ich mache,
und ich nehm teil an deiner Sache.
Drum hab ich heimlich dich herausgebeten,
um über deine Angelegenheit zu reden.

MEGADORUS: Reich mir die Hand, o bestes Frauenzimmer.

EUNOMIA: Wo ist sie? Wer ist denn die beste Frau?

MEGADORUS: Nun du.

EUNOMIA: Nun ich?

MEGADORUS: Du willst es nicht sein? – Dann eben nicht.

EUNOMIA: Dir stünde es besser, die Wahrheit zu sagen! Als beste ist kein Weib zu bezeichnen. Eine ist immer schlimmer als die andere, Bruder.

MEGADORUS: Ganz meiner Meinung. Nie bin ich in diesem Punkt gegen dich, bestimmt, Schwester.

EUNOMIA: Schenk mir bitte deine Aufmerksamkeit.

MEGADORUS: Ist gemacht. Nimm die Gelegenheit wahr und befiehl, was du willst.

EUNOMIA: Dir zu deinem Wohl das Vorteilhafteste zu raten, bin ich hier.

MEGADORUS: Lieb und nett, wie immer.

EUNOMIA *energischer*: Es muß endlich was geschehen!

MEGADORUS: Was denn, Schwester?

EUNOMIA: Das, was dir ewig Nutzen bringt: Um Kinder zu haben ...

MEGADORUS: Oh, daß es die Götter gewährten!

EUNOMIA: ... sollst du heiraten!

MEGADORUS: Ei Gott, mich trifft der Schlag.

EUNOMIA: Wieso?

MEGADORUS: Weil deine Rede mir Ärmstem das Gehirn zerschmettert. Deine Worte treffen mich wie Steine, Schwester.

EUNOMIA: Himmel, nun tu doch, was dir deine Schwester sagt!

MEGADORUS: Wenn es beliebt, bitte.

EUNOMIA: Es ist zu deinem Wohl ...

MEGADORUS: ... sofern ich sterben soll, bevor ich heirate. Allein – ich bin einverstanden, wenn du es folgendermaßen meinst: Die, die morgen in mein Haus kommt, trägt man übermorgen auf den Friedhof. Meinst du es so? Einverstanden. Laß zur Hochzeit rüsten!

EUNOMIA: Bruder, ich kann dir eine mit Riesenmitgift verschaffen.

MEGADORUS: Schon älter?

EUNOMIA: In mittleren Jahren. Wenn du willst, Bruder, werbe ich um sie.

MEGADORUS *mit geheuchelter Zaghaftigkeit*: Darf ich – eine Frage?

EUNOMIA: Freilich, wenn du möchtest, gern.

MEGADORUS: Wenn einer im Herbst seines Lebens eine Frau in den mittleren Jahren nimmt und er als Greis dann von dieser ältlichen Frau ein Kind hat, meinst du nicht, daß man einem solchen Kind den Spitznamen „Nachzügler" geben wird? Nein, Schwester, diese Last will ich dir ganz und gar ersparen. Ich bin durch die Gunst der Götter und Vorfahren reich genug. Aus großartiger Verwandtschaft, stolzem Getue, reicher Mitgift, Dienergeschrei, Kommandos, Elfenbeinkarossen, Staatsroben und Purpurgewändern mache ich mir nichts, da all dieser Aufwand die Männer nur in Abhängigkeit bringt.

EUNOMIA: Ach bitte, sag, wen möchtest du denn heiraten?

MEGADORUS: Ich will's dir sagen. Kennst du diesen alten Euclio, gleich hier nebenan, den armen Schlucker?

EUNOMIA: Genau; er ist, weiß Gott, nicht übel.

MEGADORUS: Mit dessen Fräulein Tochter möchte ich mich vermählen. Bitte, keine Einwände, Schwester! Ich weiß, was du sagen willst: Sie ist arm. Aber das arme Kind gefällt mir.

EUNOMIA: Na dann: mit Gottes Segen!

MEGADORUS: Den erhoffe ich auch.

EUNOMIA: Was bin ich da noch nötig? Willst du noch etwas?

MEGADORUS: Leb wohl.

EUNOMIA: Auch du, Bruder.

MEGADORUS: Ich will Euclio aufsuchen, falls er daheim ist. Doch sieh, da ist er ja. Wer weiß, woher er kommt.

Zweite Szene

Euclio, Megadorus.

EUCLIO *der den Megadorus noch nicht bemerkt hat, kommt vom Markt zurück*:

Schon eh' ich losging, sagte mir mein sechster Sinn,
es wäre zwecklos. Deshalb ging ich ungern hin.
Kein Bürgermeister, kein Beamter trat heraus
und teilte, wie er sollte, an uns Zaster aus.
Nun bin ich wieder da und eile schleunigst heim,
mein Herz indessen dürfte längst zu Hause sein.

Will in sein Haus.

MEGADORUS *hervortretend*: Gesundheit und alles Gute sei dir stets beschieden, Euclio.

EUCLIO *kurz und mißtrauisch*: Grüß Gott, Megadorus.

MEGADORUS: Wie geht's? Wie steht's? Gut? Alles wohlauf?

EUCLIO *beiseite*: Da steckt doch was dahinter, wenn ein Reicher einen Armen so salbungsvoll anspricht. Der weiß schon von meinem Gold und begrüßt mich daher so schmeichelhaft.

MEGADORUS: Sagtest du, daß es dir gut geht?

EUCLIO *verbissen*: Ach Gott, was das Geld anbetrifft, nicht besonders.

MEGADORUS: Nun, wenn du nur zufrieden bist, hast du genug, um ein schönes Leben zu führen.

EUCLIO *beiseite*: Mensch, die Alte hat ihm von meinem Gold erzählt, ganz klar, alle Welt weiß davon. Ich schneide ihr die Zunge ab und reiße ihr die Augen heraus, wenn ich daheim bin.

MEGADORUS: Was führst du für Selbstgespräche?

EUCLIO: Ich beklage meine Armut. Ich habe eine erwachsene Tochter, die ich, da es an einer Mitgift fehlt, nicht verheiraten, keinem zur Frau geben kann.

MEGADORUS: Sei still und Kopf hoch, Euclio! Es klappt schon, ich helfe dir. Sag, was nötig ist, sprich.

EUCLIO *beiseite*: Aha, jetzt will er was, darum macht er Versprechungen. Er sperrt schon das Maul auf, um mein Gold zu fressen. In der einen Hand hält er einen Stein, mit der anderen zeigt er mir Brot. Ich traue keinem Reichen, der zu einem armen Menschen freundlich ist. Wo er wohltätig seine Hand auflegt, vergrößert er den Schaden nur. Ich kenne diese Polypen: Wenn sie etwas berührt haben, halten sie es auch fest.

MEGADORUS: Hör doch mal ein wenig zu – Euclio, ich muß ein paar Worte mit dir sprechen über eine gemeinsame Sache: meine und deine.

EUCLIO *in höchster Aufregung, wieder für sich*: Ach, ich Ärmster, mein Gold drinnen ist schon gestohlen! Ich weiß. In dieser Sache will er mit mir einen Vertrag schließen. Ich muß gleich nachsehen! *Läuft schnell weg.*

MEGADORUS *ihm nachrufend*: Wo läufst du hin?

Euclio *schon in der Tür seines Hauses*: Ich komm gleich wieder, muß bloß drin was nachschaun. *Ab.*

Megadorus: Ich glaub wirklich, wenn ich an das Thema „Tochter" und „Hochzeit" tippe, denkt er, ich verhöhne ihn. Kein zweiter ist heutzutage wegen seiner Armut mißtrauischer als er.

Euclio: Gott sei Dank, es ist alles in Ordnung. In Ordnung heißt, wenn nichts weg ist. Hatte ich eine Angst! Bevor ich drinnen nachgesehen hatte, war ich halbtot. – Nun komme ich wieder zu dir, Megadorus, falls du etwas willst.

Megadorus: Hab vielen Dank. Und, bitte, gib mir doch auf meine Frage eine Antwort.

Euclio: Wenn du nicht etwas fragst, worauf ich keine Antwort geben möchte.

Megadorus: Sag, was hältst du von meiner Herkunft?

Euclio: Gut.

Megadorus: Von meiner Zuverlässigkeit?

Euclio: Gut.

Megadorus: Von meinem Handeln?

Euclio: Gut und rechtschaffen.

Megadorus: Kennst du die Zahl meiner Jahre?

Euclio: Freilich: Groß wie dein Konto.

Megadorus: Weiß Gott, auch ich hielt dich immer für einen Bürger ohne allen Tadel, und halte dich auch noch dafür.

Euclio *für sich*: Dem sticht mein Gold in die Nase. *Laut:* Also was willst du?

Megadorus: Da wir unsere Qualitäten gegenseitig kennen, bitte ich, in meinem, deinem und deiner Tochter Interesse um ihre Hand. Versprich sie mir!

Euclio: Waaas? Megadorus, da tust du etwas, was sich für dich nicht gehört, daß du mich Armen, der weder dir noch den Deinen jemals etwas tat, verspottest. Weder in Wort noch Tat habe ich es um dich verdient, daß du mich so behandelst.

Megadorus: Beim Himmel, ich will dich nicht verhöhnen. Das tu ich nicht und glaube auch nicht, daß du es verdienst.

Euclio: Warum willst du also meine Tochter haben?

Megadorus: Damit es uns besser geht: dir durch mich und mir durch dich und die Deinen.

Euclio *ernsthaft*: Megadorus, mir kommt da folgender Gedanke: Du bist ein wohlhabender Mann, einflußreich, ich dagegen der allerärmste Schlucker. Wenn ich nun meine Tochter mit dir verheirate, dann stelle ich mir vor, daß du der Stier bist, ich das Eselchen. Spannt man uns dann ins gleiche Joch, kann ich die Last nicht tragen wie du: Dann liege ich Esel im Dreck. Du Stier siehst dich nach mir nicht einmal mehr um, als hätte es mich nie gegeben. Mit dir bin ich dann verfeindet, und meine Standesgenossen lachen mich aus; nirgendwo hätte ich einen sicheren Stall, wenn es mit uns zum Bruch käme. Die Esel zerreißen mich mit den Zähnen, und die Stiere rennen mit den Hörnern gegen mich. Es ist sehr gefährlich, wenn man von den Eseln zu den Stieren hinüber will.

Megadorus: Binde dich an rechtschaffene Menschen verwandtschaftlich so nahe wie möglich, das ist für dich am besten. Geh auf meinen Vorschlag ein, hör auf mich und gib mir deine Tochter zur Frau.

Euclio: Aber ich habe keine Mitgift für sie.

Megadorus: Nicht nötig. Wenn sie nur mit guten Sitten zu mir kommt, so ist das Mitgift genug.

Euclio: Ich sage es nur, damit du dir nicht einbildest, ich hätte einen Schatz gefunden.

Megadorus: Ich weiß, du brauchst mich nicht zu belehren. Gib sie mir doch!

Euclio *man hört ein metallenes Geräusch*: Nun gut. – Himmel, ich bin erledigt. *Beginnt wegzurennen.*

Megadorus: Was hast du?

Euclio: Was krachte hier eben wie Eisen? *Rennt fort.*

Megadorus *auf sein Haus zeigend*: Ich lasse hier bei mir den Garten umgraben. *Merkt jetzt erst, daß Euclio weg ist.* Wo ist er denn hin? Fort – und ließ mich im ungewissen. Er mag mich nicht, weil er sieht, daß ich mich um seine Freundschaft bemühe. Er macht's wie alle Menschen: Wenn ein Wohlhabender sich um die Gunst eines Ärmeren bemüht, zieht sich der Arme ängstlich zurück, und vor lauter Furcht tut er das Falsche. Wenn die Gelegenheit verpaßt ist, möchte er d o c h, leider zu spät.

EUCLIO *in das Haus hineinrufend*: Bei allen guten Geistern, wenn ich dir die Zunge nicht mit Stumpf und Stiel ausreißen lasse, veranlasse ich, befehle dir sogar, daß du mich dem ersten besten zur Kastrierung übergibst.

MEGADORUS: Es sieht weiß Gott so aus, Euclio, als ob du mich für den geeigneten Mann hältst, mit dem du trotz der vorgerückten Jahre Unfug treiben kannst. Das hab ich nicht verdient.

EUCLIO: Nie im Himmel tu ich das, Megadorus, und könnte es auch gar nicht, wenn ich wollte.

MEGADORUS: Also, was wird nun? Gibst du mir deine Tochter?

EUCLIO: Unter der Bedingung, daß die Mitgift so ist, wie ich sagte.

MEGADORUS: Also einverstanden?

EUCLIO: Einverstanden.

MEGADORUS: Die Götter mögen es segnen.

EUCLIO: Ja, das sollen sie. Und denk immer schön daran: Wir machten aus, daß meine Tochter keine Mitgift zu dir bringt.

MEGADORUS: Weiß schon.

EUCLIO: Aber ich weiß, wie euresgleichen alles umzudrehen pflegt: Abgemacht ist nicht abgemacht, und nicht abgemacht ist abgemacht, grad wie ihr's braucht.

MEGADORUS: Ich werde mich schon nicht mit dir zanken. Aber was hindert uns, die Hochzeit gleich heute zu halten?

EUCLIO: Wunderbar, das ist das beste.

MEGADORUS: Dann geh ich also und bereite alles vor. Brauchst du mich noch?

EUCLIO: Nein: Geh nur und mach's gut!

MEGADORUS *in sein Haus rufend*: He, Pythodicus, komm schnell mit mir zum Fleischmarkt, flott. *Ab.*

EUCLIO *in den Vordergrund tretend*:

Der wäre fort. – Ihr Götter gebt mir euren Segen!
Gold, Gold, o welche Kraft ist doch in dir gelegen.
O ja, er hörte von dem Schatz in meinem Haus
und suchte mich deshalb zum Schwiegervater aus. –
Wo bist du Plaudertasche? Aller Welt es vorzureden,
ich würde meiner Tochter Gold als Mitgift geben?

He, Staphyla, ich rufe dich,
Menschenskinder, hörst du nich?
Alle Töpfe schrubbe rein!
Mit Megadorus wird bei uns heut Hochzeit sein.

Dritte Szene

Euclio, Staphyla.

Staphyla *die bereits bei den letzten Worten Euclios die Bühne betreten hat*: O Himmel, hilf! Mein Gott, das ist unmöglich, es kommt viel zu plötzlich.

Euclio: Ruhe! Und rein mit dir! Sieh zu, daß alles besorgt ist, wenn ich vom Markt zurückkomme. Und schließ die Tür, ich bin gleich wieder da. *Ab.*

Staphyla: Was soll ich nun tun? Unser Ende ist da, meins und das der Tochter des Herrn. Jetzt ist ihre Schande und die Geburt so nahe, daß es herauskommt. Was bis zu dieser Stunde auf das sorglichste geheimgehalten wurde, kann es nicht mehr bleiben. Ich gehe ins Haus, damit, wenn der Herr kommt, alles getan ist, was er sagte. O Kastor, mich packt die Furcht, daß ich Verderben, vermischt mit Jammern, werde schlucken müssen. *Ab.*

Vierte Szene

Pythodicus, Anthrax, Congrio.

Pythodicus: Mein Herr kaufte Speisen und mietete diese Köche und Flötenspielerinnen auf dem Markt, dann sagte er mir, ich solle das alles nach zwei Seiten verteilen.

Anthrax: Verdammt, mich jedenfalls wirst du nicht teilen, das sage ich hier in aller Öffentlichkeit. Wenn mich natürlich einer ganz haben will, läßt sich darüber reden.

Congrio *zu Anthrax*: Du reizendes und verschämtes Achtgroschenjüngelchen: Wenn dich nur einer wollte, würdest du dich ganz gewiß teilen lassen.

PYTHODICUS: Ich hatte das anders gemeint, Anthrax, nicht so, wie du es auslegst. Indessen: Unser Herr wird heute Hochzeit halten.

ANTHRAX: Wen nimmt er denn?

PYTHODICUS: Die Tochter unseres Nachbarn, des alten Euclio, gleich hier. Ihm soll deshalb die Hälfte des Einkaufs gebracht werden, dazu ein Koch und eine Flötenspielerin.

ANTHRAX: Somit die Hälfte in dies und die Hälfte in das Haus?

PYTHODICUS: Somit wie du sagst.

ANTHRAX: Was? Der Alte konnte nicht aus eigener Tasche das Essen für die Hochzeit seiner Tochter kaufen?

PYTHODICUS *spöttisch*: Pah.

ANTHRAX: Was ist denn?

PYTHODICUS: Da fragst du noch? Kein Bimsstein ist so trokken wie dieser Alte.

ANTHRAX: Tatsächlich?

PYTHODICUS: Wirklich wahr. Paß auf: (Wenn ihm zum Beispiel ein Topf zerbricht) dann glaubt er, daß seine ganze Habe vernichtet und er erledigt sei. Götter und Menschen fleht er um Hilfe an, wenn nur etwas Küchendampf durch sein Dach entweicht. Und wenn er sich schlafen legt, bindet er sich einen Sack vors Maul.

ANTHRAX: Warum denn das?

PYTHODICUS: Damit ihm im Schlaf kein Atem verlorengeht.

ANTHRAX: Verstopft er sich auch die untere Gurgel, damit ihm d o r t im Schlaf keine Luft verlorengeht?

PYTHODICUS: Das kannst du mir so sicher glauben wie ich dir.

ANTHRAX: Ja, ja, ich glaube es.

PYTHODICUS: Soll ich dir noch was sagen? Er weint tatsächlich um das Wasser, das er zum Waschen braucht.

ANTHRAX: Meinst du, daß man von dem Alten einen Batzen Gold verlangen kann, damit wir uns freikaufen können?

PYTHODICUS: Du liebe Zeit, wenn du ihn bätest, seinen Hunger auszuleihen, er gäbe ihn nicht. Ja, als ihm neulich der Barbier die Nägel geschnitten hatte, sammelte er die Schnitzel auf und nahm sie mit.

ANTHRAX: Du schilderst ihn ja geiziger als geizig.

PYTHODICUS: Kannst du dir vorstellen, wie knickerig er ist und wie jämmerlich er lebt? Ein Falke schnappte ihm neulich eine Wurst weg: Da läuft der Mensch zum Prätor mit lautem Gejammer. Und mächtig lamentierend fordert er, den Falken gerichtlich zu belangen. Sechshundert Beispiele könnte ich erzählen, wenn ich Zeit hätte. *Sich zu Anthrax und Congrio wendend:* Sagt einmal, wer von euch ist schneller?

ANTHRAX *schnell einfallend*: Ich, und noch viel besser dazu.

PYTHODICUS: Ich meine als Koch und nicht als Dieb.

ANTHRAX: Als Koch natürlich.

PYTHODICUS *zu Congrio*: Und was sagst du?

CONGRIO: Ich bin so, wie du siehst.

ANTHRAX: Das ist ein Gelegenheitskoch, der höchstens einmal in zehn Tagen zum Kochen geholt wird.

CONGRIO: Du Lump beschimpfst mich?

ANTHRAX: Selber Lump und viermal Lump.

PYTHODICUS *zu Anthrax*: Ruhe jetzt! Nimm das fettere Lamm von diesen beiden und geh in unser Haus. Ihr anderen geht dorthin.

Fünfte Szene

Pythodicus, Congrio.

CONGRIO: Mensch, du hast ungerecht geteilt. Das fettere Lamm haben die.

PYTHODICUS: Dafür kriegst du die fettere Flötenspielerin. Folge ihm, Phrygia. Du aber, Eleusium, geh hinein zu uns.

CONGRIO: Oh, du hinterlistiger Pythodicus, hast mich zu diesem alten Obergeizhals verstoßen, wo ich mich eher heiser schreie, wenn ich was brauche, als daß ich's kriege.

PYTHODICUS: Dumm bist du und undankbar.

CONGRIO: Wieso?

PYTHODICUS: Fragst du noch? Weil es in diesem Haus von vornherein nichts gibt. Wenn du etwas willst, mußt du es selbst mitbringen und brauchst nicht erst vergeblich drum zu bitten. Bei uns dagegen ist viel los: viele Leute, viel Geräte, Gold, Kleider, silberne Gefäße. Wenn da was wegkommt – was bei dir gar nicht passieren kann, weil gar nichts da ist! –, heißt es: Die Köche haben es gestohlen, ergreift, fesselt, prügelt sie, werft sie in den Kerker. All das wird dir nicht begegnen. Denn dort ist ja nichts, was du stehlen kannst. Und nun komm mit.

CONGRIO: Ich komme.

Sechste Szene

Pythodicus, Staphyla, Congrio.

PYTHODICUS: He, Staphyla, komm raus und schließ die Türe auf!

STAPHYLA *von drinnen rufend*: Wer ruft?

PYTHODICUS: Ich, Pythodicus.

STAPHYLA *öffnet*: Was gibt's?

PYTHODICUS: Laß die Köche rein, die Flötenspielerin, Eßwaren für die Hochzeit. Megadorus läßt es dem Euclio bringen.

STAPHYLA: Ihr großen Götter, Pythodicus, das soll wohl eine Abstinenzlerhochzeit werden?

PYTHODICUS: Wieso?

STAPHYLA: Weil ich gar nichts Alkoholisches dabei sehe.

PYTHODICUS: Kommt noch, wenn der Herr vom Markt zurück ist.

STAPHYLA: Holz gibt's bei uns auch nicht.

CONGRIO: Aber vielleicht Balken?

STAPHYLA: Natürlich.

CONGRIO: Na also, dann ist ja Holz da, brauchst gar keins von draußen holen.

STAPHYLA: Was, Dreckfink? Obwohl du Feuerwissenschaft studiert hast, sollen wir für das Essen und deinen Lohn unser Haus verheizen?

CONGRIO: Nicht unbedingt.

PYTHODICUS: Schaff die Kerle hinein.

STAPHYLA: Kommt mit!

Alle ab, außer Pythodicus.

Siebente Szene

PYTHODICUS *ihnen nachrufend:* Nehmt euch zusammen! *Das Folgende zum Publikum:*

Ich muß jetzt kontrollieren, was die Köche machen.
Mein Hauptgeschäft ist heut, die Strolche zu bewachen,
es sei denn, ich bewahr sie gleich im Keller auf,
und das Gekochte holn wir dann in Körbchen rauf.
Doch wenn sie es schon unten essen, sind die satt,
so daß man oben trotzdem nichts zu beißen hat.
Da schwatze ich, als ob mir keine Arbeit bleibt,
wo doch ein Gaunerheer im Haus sein Wesen treibt. *Ab.*

Achte Szene

Euclio, Congrio.

EUCLIO:

Heute wollte ich mich überwinden
und mich endlich einmal wohlbefinden
bei der eignen Tochter Hochzeitsfeier.
Komm zum Markt, will Fische: mächtig teuer.
Schaffleisch: teuer. Rindfleisch: teuer.
Kalb, Schwein, Thunfisch: alles teuer.
Und für mich war's doppelt schlimm,
weil ich geldlich pleite bin.
Zornig ging ich von dem Ort
ohne Einkauf wieder fort.
Das durchtriebene Händlerpack
steckte ich so in den Sack.
Unterwegs fing ich sodann
mir zu überlegen an.

Bedächtig:

Willst du feiertags was springen lassen,
darfst du werktags nicht ein As verprassen,
höchstens noch bei viel gespartem Geld.
Als ich meinem Bauch die Lage dargestellt,
kam mein Geist auch schon auf die Idee:
Gib dein Kind recht billig in die Ehe!

Fröhlich:

Diese Blumenkränze hier,
diesen Weihrauch kauft ich mir,
leg sie auf den Hausaltar
drin, für unsern Hausgott Lar.

Mit erhobenen Armen den Gott anflehend:

Mache meiner Tochter so
ihre Ehe ewig froh!
Jedoch, was seh ich da, die Tür, das Haus ist offen?
Und Krach ist drin! *Schreiend:* Bei mir ist eingebrochen!

CONGRIO *man hört nur seine Stimme im Innern des Hauses*: Einen Topf, einen größeren Topf hole, wenn möglich aus der Nachbarschaft. Dieser ist nicht groß genug, da geht es nicht hinein.

EUCLIO: O verflucht, beim Herkules, ich bin ruiniert! Mein Gold wird gemaust, mein Topf wird gesucht! Ich bin erledigt, wenn ich nicht wie der Wind hinein- und dazwischenfahre. Apollo, o bitte, komm und hilf, durchbohre die Schatzräuber mit den Pfeilen; du hast doch auch andern früher schon geholfen. Aber was zögre ich hineinzustürmen, bevor ich ganz vernichtet bin? *Stürmt in sein Haus.*

Neunte Szene

Anthrax.

ANTHRAX *aus dem Haus des Megadorus tretend und mit dem Rükken zum Publikum ins Haus hineinrufend*: Du, Dromo, schuppe die Fische ab. Du, Machaerio, entgräte sorgfältig den Aal und die Muräne. Ich brauche eine Backform, die ich hier nebenan bei Congrio holen will. Und du dort, liefre mir den Hahn gefälligst glatt gerupfter ab als einen rasierten Schauspieler. – *Man hört in Euclios Haus gewaltiges Schreien und Rumoren.* – Aber was gibt es hier für Radau nebenan? Menschenskind, ich glaube, die Köche tun ihre Schuldigkeit. – *Der Lärm und das Geschrei werden immer größer.* – Da hau ich ab, sonst gibt's auch noch bei uns Krawall. *Ab.*

DRITTER AKT

Erste Szene

Congrio.

CONGRIO *rennt aus Euclios Haus heraus*:
Beste Leute, Menschen, Bürger,
wer auch in der Nähe sei,
Platz da, Platz da, laßt mich fliehen,
macht mir schnell die Straße frei.
Niemals, niemals, außer heute,
hab Verrückten ich gebraten.
Heut bin ich und meine Leute
hier ins Prügelland geraten.
Ach, mir schmerzen alle Knochen,
o, ich bin dem Tod geweiht,
so hat dieser alte Knacker
mich gottjämmerlich zerbleut.

Bleibt in der Mitte der Bühne stehen und fährt fort: Aber ich weiß, wie man sich da verhält. Er hat mich das selbst gelehrt. Nie in aller Welt sah ich, daß man Knüttel besser zur Verfügung gestellt hat. Darum jagt er uns alle heraus, mich und diese da, und mit Prügeln noch dazu.

Congrio nimmt seinen Lauf wieder auf und fährt fort:

Tod, Verderben find ich. Ach!
Gottogott, er kommt mir nach!
Weh ich armer. Oh, die Hölle
tut sich auf! Er ist zur Stelle.

Zweite Szene

Euclio, Congrio.

EUCLIO: Zurück! Wo rennst du hin? Haltet ihn! Haltet ihn!

CONGRIO: Was schreist du Trottel?

EUCLIO: Ich zeige dich an!

CONGRIO: Warum?

EUCLIO: Weil du ein Messer hast.

CONGRIO: Muß man als Koch.

EUCLIO: Was hast du mir gedroht?

CONGRIO: Das war sehr dumm von mir – dir nicht gleich durch den Bauch zu stechen.

EUCLIO: Keinen größeren Verbrecher gibt es heutzutage als dich, und keinen, dem ich mit Wonne lieber an den Kragen ging.

CONGRIO: Wenn du doch schweigen wolltest! Es ist ganz klar, der Augenschein bezeugt es: Von deinen Fäusten bin ich weicher geworden als ein warmer Bruder. Was hast du uns eigentlich anzurühren, du Bettelkerl?

EUCLIO: Was? Das fragst du noch? Habe ich dir etwa zu wenig gegeben? *Prügelt wieder auf ihn los.*

CONGRIO: Hör auf! Beim Herkules, du wirst selbst den Schaden haben, solange dieser Kopf hier fühlt.

EUCLIO: Verdammt, ich weiß nicht, was später wird. Ich weiß nur, daß dein Kopf jetzt was fühlt. Aber was hattet ihr, als ich fort war, ohne meinen Befehl in meinem Haus zu schaffen? Das will ich wissen.

CONGRIO: Sei doch endlich still. Wir kamen, um zur Hochzeit zu kochen.

EUCLIO: Was geht das dich Gauner an, ob ich Rohes oder Gekochtes esse? Bist du mein Vormund?

CONGRIO: Ich will jetzt wissen: Läßt du uns hier das Essen kochen oder nicht?

EUCLIO: Und ich will jetzt wissen, ob mein Hab und Gut in Zukunft in meinem Hause vor dir sicher ist.

CONGRIO: Wenn ich nur meine Sachen, die ich mitbrachte, sicher wiederkriege, dann bin ich zufrieden. Deine will ich gar nicht haben.

EUCLIO *spöttisch*: Ich weiß, ich weiß, du brauchst mich nicht belehren.

CONGRIO: Warum läßt du uns hier nicht das Essen kochen? Was haben wir dir Böses getan oder gesagt?

EUCLIO: Du fragst noch, verdammter Kerl? Habt ihr nicht alle Winkel meines Hauses und meiner Hinterzimmer durchgewühlt? Wenn du am Herd geblieben wärst, wo deine Arbeit ist, hättest du keine Beulen am Kopf. Dir ist ganz recht geschehen. Und damit du in Zukunft meine Meinung kennst: Falls du dich dieser Tür ohne meine Erlaubnis näherst, verwandle ich dich in den elendiglichsten aller Menschen. Du weißt Bescheid. *Ab.*

CONGRIO: Wo läufst du hin? Komm doch noch einmal her. – Bei Laverna, der Diebesgöttin, die mich liebt: Wenn du mir nicht meine Geräte wiedergeben läßt, dann schimpfe ich auf dich und mache dich vor deinem Hause zum Stadtgespräch. Was soll ich jetzt tun? Hierher bin ich wirklich unter einem Unglücksstern gekommen. Für ein paar Groschen hat man mich gemietet, und nun muß ich schon viel mehr für den Arzt ausgeben.

Dritte Szene

Euclio, Congrio.

EUCLIO *kehrt zurück. Er trägt einen großen, mit dem Schatz gefüllten Topf unter dem Gewand:* Der da, ihr Götter, bleibt bei mir. Wohin ich gehe, ich nehme ihn mit. Nie wieder dulde ich, daß er in solche schreckliche Gefahr kommt. Geht nun getrost alle ins Haus, ihr Köche und Flötenspielerinnen. *Zu Congrio:* Schaffe die ganze gemietete Gesellschaft hinein, wenn du Lust hast, und kocht und macht und rast, soviel es euch gefällt.

CONGRIO: Auf einmal, und erst hast du meinen Schädel mit dem Knüttel zerdroschen!

EUCLIO: Hinein mit euch. Eure Arbeit ist gemietet, nicht euer Geschwätz.

CONGRIO: Mein lieber Alter, für die Prügel will ich aber noch meinen Lohn haben. Zum Kochen, nicht zum Prügeln war ich gemietet.

EUCLIO: Dann prozessiere mit mir, aber falle mir nicht auf die Nerven. Nun fort und koch das Essen oder verschwinde und krepiere am Kreuz.

CONGRIO: Verschwinde du nur selbst. *Ab ins Haus.*

Vierte Szene

Euclio.

EUCLIO:
Der wäre fort. Du großer Gott,
was ist es für ein böses Ding,
wenn irgendwie mit einem Reichen
ein Armer ein Geschäft anfing.
Wie hat mich Megadorus doch
nach allen Arten schikaniert
und tut, als hätte er die Köche
mir zu Ehren delegiert.
Er schickte sie mir Armem bloß,
damit sie mich bestehlen sollten.
Genauso hat sich heute auch
der Hahn im Hause drin verhalten.
Das Vieh gehört der alten Frau
und brachte mich beinahe um;
grad wo der Schatz vergraben ist,
da scharrt' und kratzte er wie dumm.
Nun kurz und gut
mich packt die Wut,
ich nehm ein Beil und schlag dem Hahn
mit einem Zuck die Gurgel ab,
da ich ihn ja als einen Dieb
auf frischer Tat ergriffen hab.
Verflucht, mir kommt es grad so vor,
als wenn die Köche diesem Tier
noch Lohn versprochen hätten, wenn
er nur den Schatz entdeckt dafür:
Der Traum ist aus! Was soll ich sagen?
Ich hab im Kampf den Hahn erschlagen.
Dort kommt ja Megadorus grad

vom Forum, seht, mein Tochtermann.
Da darf ich nicht vorbeigehn, nein,
ich bleibe hier und sprech ihn an.

Tritt zur Seite, so daß er von Megadorus zunächst noch nicht gesehen wird.

Fünfte Szene

Megadorus, Euclio.

MEGADORUS:
Schon manchem Freund verriet ich meine Pläne,
daß ich mir eine Gattin ohne Mitgift nehme.
Die Tochter Euclios hör ich stets preisen,
und mein Entschluß wird gut und schlau geheißen.
Ja, wenn sich alle an mein Vorbild halten
und arme Mädchen, mitgiftlos, zu reichen Alten
ins Haus als Gattin sich begeben,
dann wird die Bürgerschaft in größrer Eintracht leben.
Die Mißgunst wird geringer sein zu guter Letzt,
die Frau den Fehltritt fürchten, mehr als jetzt.
Wir Männer aber sind dabei
von Aufwandsorgen ziemlich frei.
Der beste Weg ist's, fast für jedermann.
Nur ganz Vergeizte fangen noch zu streiten an,
für deren Raffgier kein Gesetzblatt Rat
und auch kein Schuster einen Leisten hat.
Denn wer auch immer fragen mag:
„Wie soll ein Weib mit Mitgift heutzutag
sich da noch reiche Männer nehmen,
wenn dieses Recht an Arme wird vergeben?",
der nehme, wen er mag! Mir einerlei –
ist nur die Mitgift nicht dabei.
Weit beßre Sitten würden dann ein Unterpfand,
statt Geld als Mitgift, für den Ehestand.
Ich möchte, daß ein Maultier, teurer sonst als Pferde,
wohlfeiler als ein gallischer Klepper werde.

EUCLIO *noch für sich*: Ihr großen Götter, welche Ohrenweide ist es, den zu hören. Er redet gar zu reizend über die Sparsamkeit.

MEGADORUS:
Dann sagt kein Weib mehr, wie es immer war:
„Was ich als Mitgift dir in bar
mit in die Ehe brachte, übersteigt,
was seinerzeit dein Konto angezeigt.
Drum ist es recht und billig eben,
mir Gold und Purpurstoff zu geben,
auch Mägde, Mulis, Dienerscharen
und Boten, Wagen, drin zu fahren."
EUCLIO: Wie genau der das Benehmen der Weiber kennt. Der sollte zum Weibersittenoberbefehlshaber gemacht werden.
MEGADORUS:
Selbst in den Städten sieht man heut mehr Wagen,
als draußen auf den Dörfern unsre Bauern haben.
Jedoch dies alles wäre ja noch wunderschön,
verglichen mit dem Aufwand, den sie wünscht zu sehn.
Da kommt der Walker, Purpurfärber, Goldschmied, dann
der Kaufmann, Tressenmacher, Wollemann,
die Kleider- und die Ärmelschneider, Färber – rot, blau, grün –,
die Trödler, ferner Leineweber, Händler mit Parfüm,
der Schuheflicker, Schuhemacher, Schuster für Sandalen,
der Damenschuster, oh, die lassen alle sich bezahlen.
Der Flickenschneider, Walker. Schließlich seien noch genannt
der Malvenkleider-, Busenhalter-, Gürtelfabrikant.
Du glaubst, daß das erledigt sei –
schon kommen andere herbei:
dreihundert Mann!
Und Bettler treten auch schon an.
Den Schmuckkassettenmacher hast als nächsten du im Haus,
für Weber und für Bortenmacher fliegt das Geld zum Fenster raus.
Und wieder glaubst du, alles sei bestritten,
da kommt auch noch der Safrankleiderfärber angeschritten,
und immer wieder andere verrückte Sachen,
die die Moneten alle machen.

EUCLIO: Ich würde ihn anreden, wenn ich nicht fürchtete, daß er seinen Vortrag über die Weibersitten dann abbricht. Darum laß ich's lieber.

MEGADORUS:

Wenn sich die Frauenputzverkäufer alle fortgesellt,
kommt der Soldat und will für sich das Mitgift-Steuergeld.
Nun gibt es Lauferei, man muß zum Wechsler gehn –
und der Soldat steht hungrig da und hofft, sein Geld zu sehn –,
man rechnet hin, man rechnet her, man rechnet ab:
Da zeigt sich, daß der Wechsler noch zu kriegen hat!
Jetzt muß man den Soldat verschämt, verstohlen,
noch bitten, sich erst morgen Geld zu holen.
In großer Mitgift birgt sich dies und vieles mehr
an Ungemach und Aufwand, unerträglich schwer.
In mitgiftloser Ehe ist die Macht beim Mann,
dieweil die Mitgift alle Männer töten kann.
Doch sieh an, da steht ja mein Schwiegervater vor der Tür.
He, Euclio, was gibt's?

Sechste Szene

Euclio, Megadorus.

EUCLIO: Mit größtem Vergnügen habe ich deinen Sermon verschlungen.

MEGADORUS: Hast du zugehört?

EUCLIO: Von Anfang bis Ende.

MEGADORUS: Freilich habe ich den Eindruck, du würdest besser daran tun, wenn du dich zur Hochzeit deiner Tochter etwas herausputztest.

EUCLIO: Wer Aufmachung und Prunk entsprechend seinen Verhältnissen zeigt, der denkt daran, woher er stammt. Bei allen Göttern, Megadorus, weder ich noch andere arme Leute haben in ihrem Hause mehr Vermögen, als man denkt.

MEGADORUS: Du hast schon so viel, daß es reicht. Die Götter mögen es dir mehren und beschützen, daß du behältst, was du jetzt hast.

EUCLIO *für sich*: Dies Wörtchen „was du jetzt hast“ gefällt mir nicht. Der weiß so gut wie ich Bescheid, daß ich dies hier habe. Die Alte hat es ausgequatscht.

MEGADORUS: Was sonderst du dich von unserer Senatssitzung ab?

EUCLIO: Zum Teufel, ich dachte darüber nach, daß ich dich anzeigen sollte und mit Grund.

MEGADORUS: Was ist denn los?

EUCLIO: Was los ist, fragst du? Alle Winkel im Haus hast du mir Armem mit Diebesgesindel angefüllt, fünfhundert Köche mir ins Haus geschickt mit je sechs Händen, wie der alte Geryon. Wenn Argus sie behüten sollte, der ja am ganzen Leib voll Augen war und den einst Iuno der Io als Wächter gab: er hätte es nicht geschafft. Dann schickst du mir da eine Flötenspielerin, die ganz allein imstande wäre, die pirenische Quelle bei Korinth, falls sie voll Wein wäre, auszusaufen. Und dann die Fresserei …

MEGADORUS: … bei Gott, genug für eine ganze Legion. Und ein Lamm sandte ich auch.

EUCLIO: Was dieses Lamm anbetrifft, so weiß ich ganz genau, daß kein Vieh jemals kummervoller war.

MEGADORUS: Nun möchte ich von dir bloß wissen, wieso das Lamm kummervoll ist?

EUCLIO: Weil es nur Haut und Knochen ist, vor Kummer völlig abgemagert. Scheint die Sonne durch, kannst du die Därme sehen, sogar wenn es noch am Leben ist – durchsichtig wie eine punische Laterne.

MEGADORUS: Ich ließ es dir zum Schlachten bringen.

EUCLIO: Dann läßt du es am besten gleich begraben. Ich glaube gar, es ist schon tot.

MEGADORUS: Euclio, ich möchte heute mit dir trinken.

EUCLIO: Ich trinke nicht, bei Gott!

MEGADORUS: Aber ich habe einen Krug alten Wein aus meinem Keller holen lassen.

EUCLIO: Ich will nicht, Herrgott noch mal, denn ich bin fest entschlossen, Wasser zu trinken.

MEGADORUS: Ich werde dich heute tüchtig anfeuchten, so wahr ich lebe, dich, der fest entschlossen ist, Wasser zu trinken.

EUCLIO *für sich*: Ich weiß, was der vorhat: Vorausgesetzt, daß er mich unter den Tisch trinkt, geht er darauf aus, daß dies, was ich hier habe, dann den Besitzer wechselt. Da werde ich mich hüten und es außerm Hause irgendwo vergraben. Ich will dafür sorgen, daß er seine Mühe und seinen Wein zugleich vergeudet.

MEGADORUS: Falls du sonst von mir nichts willst, gehe ich baden, um dann zu opfern. *Ab.*

EUCLIO *allein*:

Du liebe Zeit, was hast du Topf so manchen Feind gekriegt
mitsamt dem Golde, das in dir verborgen liegt.
Mir scheint am besten, daß ich dich vergrabe
und in der Göttin Fides, das heißt „Treue", Tempel trage.
Fides und ich, wir kennen uns. Doch halte dicht,
und ändre, Fides, deinen Namen nicht!
Ich komme voll Vertraun zu dir
und bringe, Fides, dieses hier.

Ab in den Tempel der Fides.

VIERTER AKT

Erste Szene

Strobilus.

STROBILUS, *der Sklave des jungen Lyconides, mit geheuchelter Bravheit*:
So wie ich hier handle, handeln
brave Sklaven wirklich alle:
Und auf Trägheit trifft bei mir des
Herrn Befehl in keinem Falle.
Wer dem Herrn mit Herz und Sinnen
dienen will als braver Knecht,
der muß flott dem Herrn zur Hand sein,
zu sich selber sei er schlecht.
Schläft er, denk er noch im Schlafe:
„Ja, ja, ja, ich bin ein Sklave!"
Hat der Herr mal eine Liebste,
und man dient ihm, treu wie ich,
und man sieht, daß er vor Liebe
umkommt, dann versteht es sich
für den Sklaven, ihn zu retten,
auf den rechten Weg zu rücken –
und den Herrn, der tief gefallen,
nicht noch tiefer zu verstricken.
Knaben, die das Schwimmen lernen,
nehmen einen Binsengurt:
Das spart Mühe, man schwimmt besser,
kriegt die Hände leichter fort.
So muß dem verliebten Herrn der
Sklave wie ein Schwimmgurt sein,
daß der nicht zugrund geht wie auf
hoher See ein Pflasterstein.
Man studiert des Herrn Befehle,
sieht sich seine Stirne an;
schneller wird sein Wort verwirklicht
als mit einem Viergespann.

Wer als Sklave das beherzigt,
  der entgeht dem Ochsenschwanz,
und er reibt die Eisenfessel
  keinesfalls zu hellem Glanz.

Er tritt jetzt näher an den Altar heran und spricht im Folgenden wieder rascher und mit der ihm eigenen Verschmitztheit:

In Liebe brennt mein Herr jetzt lichterloh
fürs Töchterlein des armen Euclio.
Soeben hat ihm irgendwer erzählt,
daß Megadorus sich mit ihr vermählt.
Er schickte mich zu spionieren,
ihn über das, was hier geschieht, zu orientieren.
Doch jetzt versteck ich mich an der geweihten Stätte –
und ohne daß man Grund zum Argwohn hätte.
Von da seh ich nach allen Seiten gut,
was hier geschieht und was sich tut.

Versteckt sich hinter dem Altar.

Zweite Szene

Euclio, Strobilus.

EUCLIO *aus dem Tempel der Fides tretend, in dem er soeben seinen Goldschatz verborgen hat*:
O Fides, hüt dich, irgendwem zu sagen,
daß wir mein Gold bei dir verborgen haben.
Doch fürcht ich nicht, daß jemand es entdeckt,
in deinem Tempel ist es gut versteckt.
Mein Gott im Himmel, wär das eine Beute,
wenn heute irgendwelche Leute
den schweren Goldtopf fänden:
Das sollst du von mir wenden!
Jetzt wasch ich mich, dann kommt das Opfer dran,
damit ich Megadorus, meinem Tochtermann,
sobald er kommt, nicht unnütz Zeit wegstehle
und ihm sofort die Tochter anvermähle.
Du, Fides, passe auf mit scharfem Blick
und gib mein Gold mir unversehrt zurück!

Ich hab es deiner Treue anvertraut:
In deinem heilgen Hain ist es verstaut. *Ab.*

STROBILUS: Ihr unsterblichen Götter! Was hör ich? Was redet dieser Mensch? Einen Topf voll Gold hätte er hier im Heiligtum der Göttin Fides versteckt? Hüte dich, Göttin, ich bitte dich, ihm treuer zu sein als mir. Wie mir scheint, ist dies der Vater des Mädchens, das mein Herr liebt. Und jetzt hinein! Ich durchsuche das Heiligtum, bis ich irgendwo Gold finde, während der beschäftigt ist. Und wenn ich es finde, o Fides, bringe ich dir als Opfer ein ganzes Fäßchen Honigwein. Das tue ich für dich. Doch – trink ich ihn natürlich selbst. *Ab in den Tempel.*

Dritte Szene

Euclio.

EUCLIO *zurückkehrend*: Es ist kein Zufall, daß mir der Rabe hier von links her krächzt. Und scharrt auch noch den Boden, während er krächzt: Mein Herz klopft, richtige Kunststücke vollführt es und möchte mir aus der Brust springen. Und da zögere ich noch hineinzulaufen? *Er läuft eilig in den Tempel, man hört auch sogleich lautes Rumoren, und sehr rasch kommt Strobilus, gefolgt von dem ihn herausprügelnden Euclio, wieder zum Vorschein.*

Vierte Szene

Euclio, Strobilus.

EUCLIO: Raus mit dir, du Regenwurm, der nur unter der Erde herumkriecht, der nirgends zu sehen war. Jetzt bist du gesehen und erledigt. Zum Henker, dich Gauner nehm ich ganz erbärmlich vor!

STROBILUS: Welcher Teufel reitet dich? Was haben wir miteinander zu schaffen, Alter? Was gehst du auf mich los? Was reißt du mich? Was schlägst du mich?

EUCLIO: Das fragst du noch, du Prügelknabe, du doppelt- und dreifacher Mausedieb?

STROBILUS: Was hab ich dir denn weggenommen?
EUCLIO: Gib's her, los!
STROBILUS: Was soll ich denn hergeben?
EUCLIO: Das fragst du noch?
STROBILUS: Ich hab nichts von dir.
EUCLIO: Gib her, was du gemaust hast, wird's bald?
STROBILUS: Was denn?
EUCLIO: Du kriegst es sowieso nicht fort von hier.
STROBILUS: Was meinst du denn?
EUCLIO: Los, hingelegt!
STROBILUS *spöttisch*: Verflixt, ich glaube, das bist du zu tun gewohnt, Alter.
EUCLIO: Endlich her damit, Spaß beiseite, ich bin nicht zu Scherzen aufgelegt.
STROBILUS: Was soll ich hergeben? Sag doch endlich! Ich hab weiß Gott nichts weggenommen und auch nichts angerührt.
EUCLIO: Zeig die Hände her!
STROBILUS: Da, hier.
EUCLIO: Gut. Zeig auch deine dritte Hand.
STROBILUS *für sich*: Gespenster sieht er. Wahnsinn treibt den Alten. *Laut:* Tust du mir nicht unrecht?
EUCLIO: Und wie! Insofern, als du noch nicht hängst. Aber das passiert gleich, wenn du's nicht zugibst.
STROBILUS: Ja, was denn?
EUCLIO: Was hast du dort gemaust?
STROBILUS: Die Götter sollen mich vernichten, wenn ich etwas wegnahm oder nehmen wollte.
EUCLIO: Los, schüttle deinen Mantel aus!
STROBILUS: Wie du willst.
EUCLIO: Halte ja nichts unter dem Hemd!
STROBILUS: Sieh doch nach!
EUCLIO: O du Gauner, wie gnädig, damit ich denken soll, du hättest nichts. Ich kenne diese Tricks. Also los: Zeig noch mal die rechte Hand!
STROBILUS: Da.
EUCLIO: Nun die linke.
STROBILUS: Ich zeige sogar beide.
EUCLIO: Ich gebe es auf, dich zu durchsuchen. Los, gib es her!

STROBILUS: Was denn?

EUCLIO: Aha, du machst dein Späßchen mit mir. Du hast es bestimmt.

STROBILUS: Ich? Was habe ich?

EUCLIO: Ich sag es nicht, aushorchen willst du mich. Also das, was mir gehört und was du hast, das gib heraus.

STROBILUS: Du bist verrückt: hast mich nach Belieben durchsucht und nichts von deinem Eigentum gefunden. *Will gehen.*

EUCLIO: Halt! Halt! Ist dort wer? War noch jemand mit dir da drinnen? Mein Gott, ich bin erledigt! Der andere stöbert drinnen alles durch. Doch wenn ich diesen loslasse, läuft er fort. Aber schließlich habe ich ihn ja schon durchsucht: er hat nichts. Geh hin, wo der Pfeffer wächst!

STROBILUS: Jupiter und alle Götter sollen dich vernichten.

EUCLIO: Ein netter Dank. – Ich gehe jetzt hinein und drücke deinem Kompagnon die Gurgel zu. Gehst du mir nicht aus den Augen? Gehst du nun oder nicht?

STROBILUS: Ich gehe ja schon. *Er tut, als ob er geht.*

EUCLIO: Und paß auf, daß du mir nicht noch mal über den Weg läufst. *Ab.*

Fünfte Szene

Strobilus.

STROBILUS: Lieber will ich eines qualvollen Todes sterben, als daß ich diesem Alten heute nicht eine Nase drehe. Sein Gold hier zu verbergen, wird er nun nicht mehr wagen. Bestimmt bringt er es gleich mit heraus und schafft's an einen anderen Ort. Haha, die Türe geht. Da seht, der Alte bringt das Gold heraus. Ich will ein wenig hinter diese Türe treten. *Versteckt sich.*

Sechste Szene

Euclio, Strobilus.

EUCLIO:
Der Göttin Fides, dacht ich, darf man stark vertraun:
Da hätt sie mich fast übers Ohr gehaun!
Und wenn nicht dieser Rabe war,
war's aus mit mir, mit Haut und Haar.
Ach, käm der Rabe, der den Wink gab, doch zu mir!
Ich hätte manches nette Wort als Lohn dafür:
Ihm was zu fressen geben hat wohl keinen Zweck;
das ist so gut, als würfe ich was weg.
Nun frag ich mich: wo bleib ich mit dem Schatz?
Wo find ich einen ganz verschwiegnen Platz? –
Ein wenig abseits, außerhalb der Stadt,
wo Gott Silvanus seinen heilgen Garten hat,
da ist ein Ort, bedeckt mit dichten Weidenhecken.
Dort will ich meinen Topf verstecken.
Es ist doch sicher, daß man dem Silvan
mehr als der Fides Glauben schenken kann. *Ab.*

STROBILUS:
Juchhei, juchhei!
Die Götter stehn mir allerbestens bei!
Ich laufe ihm voraus und steig auf einen Baum,
dann seh ich Euclio sein Gold verstaun. –
Indes – mein Herr befahl mir, hier zu bleiben.
Ach was, mein Kopf ist einmal hin,
dann lieber m i t G e w i n n!

Siebente Szene

Lyconides, Eunomia, Phaedrium.

LYCONIDES: Nun habe ich dir über Euclios Tochter alles gebeichtet, Mutter, du weißt jetzt genausogut Bescheid wie ich. Und ich bitte dich inständig, Mutter, worum ich dich schon so oft gebeten habe: Bringe es dem Onkel bei, liebe Mutter.

EUNOMIA: Du weißt, daß ich alles will wie du, und ich bin

sicher, daß ich es bei meinem Bruder durchsetze. Es ist ja auch recht und billig, wenn es ist, wie du sagst, daß du betrunken warst und sie überwältigt hast.

LYCONIDES: Denkst du, ich lüge dir ins Gesicht, liebe Mutter?

PHAEDRIUM *deren Stimme aus Euclios Haus zu hören ist, im Hintergrund*: Ich sterbe! Meine Amme! Ich bitte, hilf! Oh, mein Leib, diese Schmerzen – Iuno Lucina, beschütze mich!

LYCONIDES: Siehst du, liebe Mutter, besser als Worte beweist dir's die Tat. Sie schreit, sie hat schon Wehen.

EUNOMIA: Komm mit mir hinein zu meinem Bruder, lieber Sohn, um deine Bitte bei ihm durchzusetzen.

LYCONIDES: Geh nur, ich komme nach, Mutter. – *Eunomia ab.* – Ich wundere mich bloß, wo mein Sklave Strobilus ist. Ich hatte ihm befohlen, hier zu warten. Doch sag ich mir, wenn er etwas für meinen Vorteil tut, wäre es unrecht, ihm zu zürnen. Also geh ich rein, wo über mein Schicksal grad die Bürgervollversammlung stattfindet. *Ab.*

Achte Szene

Strobilus.

STROBILUS *mit dem Goldtopf im Arm*:
Den Greifen, die in goldnen Bergen leben
mit ihrem Reichtum, bin ich überlegen.
Von all den Königen zu reden, lehn ich ab:
Das ist ja doch nur Bettelpack.
Welch heitrer Tag! Ich muß der König Philipp sein!
Ich ging und traf dort bei Silvan viel früher ein
und stieg auf einen Baum, längst eh er kam,
und sah, wo er sein Gold versteckte, dort mit an.
Kaum war der Alte weg,
steig ich herab aus dem Versteck
und finde einen vollen Topf, den Schatz!
Da sehe ich von meinem Platz:
Der Alte kommt zurück.

Mich hat er freilich nicht erblickt,
denn ich trat etwas auf die Seite. –
Herrje, er kommt! Fort ins Versteck die Beute! *Ab.*

Neunte Szene

Euclio.

EUCLIO:

Tod, Vernichtung, Greuel, Mord!
Halt ihn! Halt ihn! Er ist fort.
Geh ich dorthin, geh ich dahin?
Ja, wen such ich? Mensch, wer hat ihn?
Weiß nicht – seh nicht – blindgeschlagen.
Wo? Wer bin ich? – Kann's nicht sagen.
Irre bin ich noch und noch:
Bitte, bitte, helft mir doch!

Das Folgende direkt zum Publikum:

Ich flehe, bitte, nennt den Mann,
der mir mein Gold nahm, zeigt ihn an!
Was ist? Ihr lacht? Ich kenn euch Leute,
ich weiß, hier sind verschiedne Strolche heute;
verbergen sich mit Schminke und durch feine Tracht
und sitzen da, als hätten sie noch nie 'nen Streich gemacht.
Was ist? Dir glaub ich, bist ein braver Mann.
Daß du ein guter Mensch bist, seh ich deiner Miene an.
Wie bitte? Niemand hat das Gold?
Verrecke, und zwar möglichst bald!

Zu einem anderen:

Wer hat's nun, sprich!
Du weißt es nich?

Im Folgenden seinen Monolog fortsetzend:

O weh, ich Armer, ach, ich bin verloren,
ich bin vernichtet, ach, o wär ich nie geboren!
O dieses Jammern, diese Trauer, Elend: Nein!
Nur Hunger und Ruin bringt dieser Tag mir ein.

Ich bin der Toteste im ganzen Erdenreich,
ob ich noch weiterlebe, ist mir völlig gleich.
Mein Gold – soviel! – hat man gefaßt,
und ich hab Tag und Nacht drauf aufgepaßt!
So konnte ich mich selbst betrügen
und meine Sinne. Andre haben das Vergnügen
an meinem Elend, meinen Klagen:
Ich kann das einfach nicht ertragen.

Zehnte Szene

Lyconides, Euclio.

LYCONIDES: Wer schreit und lamentiert und jammert hier vor unserm Haus? Aber das ist doch Euclio, wie mir scheint. Ich bin auf der Stelle erledigt. Es ist raus, er weiß, daß seine Tochter das Kind hat, glaube ich. Was mache ich bloß, gehe ich weg oder bleibe ich, geh ich hin oder reiß ich aus? Ich weiß nicht, was tun.

EUCLIO: Welcher Mensch redet hier?

LYCONIDES: Ich bin's, ein Unglücklicher.

EUCLIO: Nein, das bin ich, noch viel, viel unglücklicher. Solches Unheil und solcher Kummer trafen mich.

LYCONIDES: Nimm's nicht so schwer.

EUCLIO: Ich bitte dich, wie kann ich das?

LYCONIDES: Weil ich gestehe, das, was dich bedrückt, getan zu haben.

EUCLIO: Was hör ich da?

LYCONIDES: Die Wahrheit.

EUCLIO: Junger Mann, wie habe ich dieses Unglück verdient? Wie konntest du das tun: Mich und mein Kind vernichten?

LYCONIDES: Ein Gott hat mich dazu getrieben und verlockt.

EUCLIO: Wie denn?

LYCONIDES: Ich gestehe meine Sünde, ich habe Schuld, ich weiß. Und deshalb komme ich zu dir, um dich zu bitten: Sei gnädig und verzeihe mir.

EUCLIO: Wie konntest du es wagen, anzurühren, was dir nicht gehört?

LYCONIDES: Was soll nun werden? Es ist geschehen und läßt sich nicht mehr rückgängig machen. Ich glaube, die Götter wollten es so, denn hätten sie es nicht gewollt, wäre es nicht geschehen, ganz klar.

EUCLIO: Ich glaube vielmehr, die Götter wollten, daß du bei mir in Fesseln langsam den Geist aufgibst.

LYCONIDES: Sag doch das nicht.

EUCLIO: Was vergreifst du dich gegen meinen Willen an dem, was mir gehört?

LYCONIDES: Es war des Weines und der Liebe Schuld.

EUCLIO: Frecher Kerl, du wagst es, mir mit solchen Redensarten zu kommen, du Lümmel! Denn, wenn das Gesetz wird, daß du dies entschuldigen könntest, dann dürfen wir in Zukunft am hellerlichten Tage den Matronen in aller Öffentlichkeit ihr Gold stehlen, und wenn man uns hernach erwischt, entschuldigen wir uns mit „betrunken" und mit „Liebe". Billige Ausrede, Wein und Liebe, als ob die Betrunkenen und Verliebten straflos tun könnten, was sie wollten.

LYCONIDES: Ja, ich komme sogar zu dir, um dich wegen meiner Torheit flehentlich um Gnade zu bitten.

EUCLIO: Die Sorte gefällt mir nicht, die erst was ausfrißt und sich dann wieder reinwaschen will. Du wußtest ganz genau: Gehört dir nicht! Dann laß auch die Finger davon.

LYCONIDES: Aber da ich nun einmal den Zugriff gewagt habe, will ich mich gar nicht um den Besitz drücken.

EUCLIO: Du willst gegen meinen Willen mein Eigentum behalten?

LYCONIDES: Gegen deinen Willen nicht, aber ich bin der Ansicht, daß sie mir gehören muß. Du wirst schon selber dahinterkommen, daß es sein muß, Euclio.

EUCLIO: Verlaß dich drauf, dich schlepp ich vor den Prätor und reiche die Klage ein, wenn du es nicht zurückbringst.

LYCONIDES: Was soll ich dir zurückbringen?

EUCLIO: Was du mir gestohlen hast.

LYCONIDES: Ich gestohlen? Woher? Oder was?

EUCLIO: Jupiter soll dich strafen: Du weißt es nicht?

LYCONIDES: Nein, wenn du mir nicht sagst, was du suchst.

EUCLIO: Den Goldtopf, sag ich, will ich von dir wiederhaben, den du mir nach eigenem Geständnis fortgeschleppt hast.

LYCONIDES: Donnerwetter, das habe ich weder gesagt noch getan.

EUCLIO: Du leugnest?

LYCONIDES: Und zwar ganz entschieden. Ich weiß absolut nicht, um welches Gold und um welchen Topf es sich handelt.

EUCLIO: Um den, den du mir aus dem Hain des Silvanus gestohlen hast: Und nun gib endlich her! Ich mach mit dir auch gern Halbe-Halbe. Und ich will dir nichts nachtragen, wenn du auch ein Dieb bist. Aber nun geh und hol ihn!

LYCONIDES: Du bist wohl nicht ganz bei Troste, mich einen Dieb zu nennen? Ich glaubte, dir wäre eine andere Sache, die mich betrifft, zu Ohren gekommen. Es ist eine ernste Angelegenheit, die ich mit dir in Ruhe – sofern du Ruhe dazu hast – besprechen möchte.

EUCLIO: Sag auf Ehre und Gewissen: Du hast das Gold nicht gestohlen?

LYCONIDES: Auf Ehre!

EUCLIO: Und weißt auch nicht, wer es gestohlen hat?

LYCONIDES: Auf Ehre!

EUCLIO: Aber wenn du es erfährst, wer es war, wirst du es mir sagen?

LYCONIDES: Mache ich.

EUCLIO: Und wirst du auch nicht von dem, der es hat, dir einen Teil geben lassen und den Dieb nicht bei dir aufnehmen?

LYCONIDES: Niemals!

EUCLIO: Aber wenn du mich betrügst, was dann?

LYCONIDES: Dann soll der große Jupiter mit mir machen, was er will.

EUCLIO: Das genügt mir. Und nun sage, was du willst.

LYCONIDES: Falls du nicht recht wissen solltest, aus welcher Familie ich stamme: Der Megadorus ist mein Onkel, mein Vater war Antimachus, ich heiße Lyconides, und meine Mutter ist Eunomia.

EUCLIO: Ich kenne die Familie. Nun möchte ich endlich wissen, was du willst.

LYCONIDES: Du hast doch eine Tochter?

EUCLIO: Ja, und zwar daheim.

LYCONIDES: Soviel mir bekannt, hast du sie meinem Onkel zur Frau versprochen.

EUCLIO: Du weißt ja Bescheid.

LYCONIDES: Der schickt mich nun, die Verlobung zu lösen.

EUCLIO: Lösen, wo alles fertig, die Hochzeit vorbereitet ist? Daß ihn doch alle Götter und Göttinnen mit Stumpf und Stiel umbrächten! Seinetwegen habe ich Unglücksmensch heute so viel Gold verloren.

LYCONIDES: Tröste dich und schimpfe nicht! Zu der Sache, die für dich und deine Tochter noch ein gutes Ende nehmen möge, sollst du sagen: Die Götter sollen es zum Guten wenden!

EUCLIO: Ja, ja: Die Götter sollen es zum Guten wenden!

LYCONIDES: ... und auch mir. Nun höre: Kein Mensch, der eine Schuld beging, ist so minderwertig, daß er sich nicht schämte und sein Ansehen wiederherstellen möchte. Und deshalb bitte ich dich inständig, Euclio, da ich unbedacht an dir und deiner Tochter sündigte: verzeihe mir und gib mir deine Tochter zur Gattin, wie es das Gesetz befiehlt. Ich sehe ein, daß ich deiner Tochter unrecht tat am Ceres-Fest, betrunken und im jugendlichen Übermut.

EUCLIO: Nanu, was hör ich da?

LYCONIDES: Was jammerst du? Weil du am Hochzeitstage deiner Tochter schon Opa bist? Das Kind ist nämlich schon da, zehn Monate nach dem Fest. Rechne nach! Aus dem Grund ließ auch mein Onkel die Verlobung lösen meinetwegen. Geh herein, sieh nach, ob es so ist, wie ich sage.

EUCLIO: Ich bin tot auf der Stelle! Ein Unglück kommt doch nie allein! Ich geh hinein und sehe, ob was Wahres dran ist. *Ab.*

LYCONIDES: Ich komme gleich nach! – Die Sache scheint ja fast im rettenden Hafen zu sein. Aber nun möchte ich doch wissen, wo mein Sklave Strobilus bleibt; ich finde ihn nicht. Ich will hier noch ein wenig warten. Später folge ich dem Alten da ins Haus. Unterdessen lasse ich ihm Zeit, sich über mein Handeln bei der alten Amme, der Dienerin seiner Tochter, zu erkundigen: Sie weiß genau Bescheid.

FÜNFTER AKT

Erste Szene

Strobilus, Lyconides.

STROBILUS *zunächst ohne von Lyconides gehört zu werden*: Ihr unsterblichen Götter: Mit welch, ach so großen Freuden beschenkt ihr mich! Ein vier Pfund schwerer Topf voll Gold ist mein! Wer ist reicher als ich? Wer lebt heute in Athen, dem die Götter gnädiger gesonnen sind als mir?

LYCONIDES: Da scheint mir doch, ich höre einen reden.

STROBILUS: Hm, seh ich da nicht meinen Herrn?

LYCONIDES: Seh ich da nicht meinen Sklaven?

STROBILUS: Er ist es selbst.

LYCONIDES: Kein andrer ist's.

STROBILUS: Ich gehe hin.

LYCONIDES: Ich lenke meinen Schritt zu ihm. Ich glaube, er war, wie ich ihm befahl, bei der Alten, der Amme des Mädchens.

STROBILUS: Warum soll ich ihm nicht sagen, daß ich diese Beute fand? Ich bitte ihn gleich, mich freizulassen. Ich geh hin und sprech ihn an. *Laut:* Ich fand …

LYCONIDES: Was denn?

STROBILUS: Nicht irgendwelche Kinkerlitzchen.

LYCONIDES: Wieder Unsinn im Kopf, wie üblich? *Tut, als ob er geht.*

STROBILUS: Herr, bleib, ich sag es schon, hör zu.

LYCONIDES: Also sprich!

STROBILUS: Herr, ich fand heute einen ungeheuren Schatz.

LYCONIDES: Wo denn?

STROBILUS: Einen vier Pfund schweren Goldtopf.

LYCONIDES: Was hör ich da von dir?

STROBILUS: Den hab ich dem alten Euclio abgenommen.

LYCONIDES: Wo ist das Gold?

STROBILUS: Drin in meinem Schrank. Ich will dafür freigelassen werden.

LYCONIDES: Dich freilassen? Du Oberverbrecher!

STROBILUS: Ach geh, Herr, jetzt weiß ich, wie du bist. Ich habe nur im Scherz mal deine Meinung festgestellt: Und gleich machst du Anstalten, mir's wegzunehmen. Was würdest du tun, wenn ich es wirklich gefunden hätte?

LYCONIDES: Mach keine Witze! Geh, hol das Gold!

STROBILUS: Ich Gold holen?

LYCONIDES: Hol es, sage ich, damit es dem Alten zurückerstattet wird.

STROBILUS: Woher nehmen?

LYCONIDES: Aus dem Schrank, wie du sagtest.

STROBILUS: Ich mache manchmal solche Scherze.

LYCONIDES: Scherze?

STROBILUS: Gewiß.

LYCONIDES: Soll ich dir was sagen? Gleich prügle ich dich im Scherz, wenn du das Gold nicht bringst.

STROBILUS: Beim Herkules, bring mich um, nie wirst du von mir Gold erhalten.

Hier bricht der überlieferte Text ab, doch kann man sich den Ausgang des Stückes ungefähr vorstellen: Megadorus bleibt wunschgemäß unbeweibt, die Sklaven gehen natürlich straflos aus, Euclio ist von seinem Golde, das er der Tochter als Mitgift gab, endlich erlöst, und mit der Hochzeit der Phaedrium und des Lyconides findet das Stück schließlich sein Happy-End.

Soviel aus den Fragmenten zu ersehen ist, enthielt der Schlußteil noch einen Monolog des Euclio, der vielleicht das Stück abschloß. Er äußerte unter anderem folgende Gedanken:

EUCLIO:

(Nun werd ich vor dem Golde endlich Ruhe haben:)
Wohl zehnmal täglich hab ich's aus- und eingegraben.
Jetzt werd ich schlafen! Bisher hab ich Tag und Nacht
nie Ruh gefunden, stets hab ich das Gold bewacht.

– –

(nehmt ihr das Gold) und kauft euch Safrankleider
und Busenhalter, Weiberaufwand und so weiter.

– –

Ich selbst dagegen will nun endlich einmal leben:
Man soll zum Kohlgericht mir jetzt noch Soße geben!

- -

(Nun geht nach Haus. Das Stück ist aus. Und spendet uns Applaus.)

Bacchides

Personen

PISTOCLERUS, *ein Jüngling*
BACCHIS 1 } *Schwestern, beide Hetären*
BACCHIS 2 }
LYDUS, *ein Sklave, Erzieher des Mnesilochus*
CHRYSALUS, *Sklave des Mnesilochus*
NICOBULUS, *Vater des Mnesilochus*
MNESILOCHUS, *ein Jüngling, Liebhaber von Bacchis 2*
PHILOXENUS, *Vater des Pistoclerus*
PARASITUS
PUER, *Bediensteter*
ARTAMO, *Prügelmeister*
CLEOMACHUS, *Offizier*

Athen. Ein Platz mit abzweigenden Straßen. Er wird auf einer Seite von dem Haus der beiden Bacchis begrenzt

ERSTER AKT

Der Anfang ist verloren. Es fehlen zwei oder drei Szenen.

Erste Szene

Bacchis 1, Bacchis 2, Pistoclerus.

BACCHIS 1: Wäre es dir möglich, einmal still zu sein und mich reden zu lassen?

BACCHIS 2: Recht gern, natürlich.

BACCHIS 1: Wenn ich einmal nicht weiter weiß, kannst du mir ja einhelfen, Schwester.

BACCHIS 2: Ach, da fürchte ich mehr, daß mir kein guter Rat einfällt.

BACCHIS 1: Ach, da fürchte ich, daß der Nachtigall kein Lied einfällt. Komm mit!

PISTOCLERUS: Wie geht's den beiden Schwestern, die denselben Namen tragen? Was habt ihr beschlossen?

BACCHIS 1: Was Feines!

PISTOCLERUS: Oh, das ist nicht Hetärenart!

BACCHIS 1: Niemand ist elender dran als eine Frau.

PISTOCLERUS: Wer verdient das auch mehr?

BACCHIS 1: Sie bittet mich, ich soll ihr einen Mann suchen, der sich um sie kümmert, damit sie den Soldaten – damit sie, wenn sie bei ihm ausgedient hat, wieder nach Hause kann. Ich bitte dich, kümmere dich um sie.

PISTOCLERUS: Was kann ich denn für sie tun?

BACCHIS 1: Ihr helfen, daß sie nach Hause kann, wenn sie ihre Dienste bei ihm abgeleistet hat, damit er sie nicht als Sklavin bei sich behält. Wenn sie genug Geld hätte, um es ihm zurückzuzahlen, würde sie es liebend gern tun.

PISTOCLERUS: Wo ist der Mensch jetzt?

BACCHIS 1: Ich glaube, er wird gleich hier sein. – Doch über die Sache läßt sich bei uns drinnen besser verhandeln; und bis er kommt, setz dich dort und warte. Da kannst du trinken, da geb ich dir – nach dem Trunk – ein Küßchen.

PISTOCLERUS: Der reine Vogelleim ist eure Schmeichelei.

BACCHIS 1: Wieso?

PISTOCLERUS: Ihr zwei seid auf der Jagd nach einer Taube – o weh, die Leimrute trifft schon meine Flügel. Nein, Weib, auf diese Sache will ich mich lieber nicht einlassen.

BACCHIS 1: Warum nicht, bitte?

PISTOCLERUS: Ganz einfach, Bacchis, weil ich die Bacchantinnen fürchte und dein Bacchanal.

BACCHIS 1: Was hast du? Wovor fürchtest du dich? Etwa, daß dir mein Bett Schaden bringt?

PISTOCLERUS: Mehr fürchte ich deine Reize als dein Bett. Du bist ein gefährliches Wesen. Denn bei meinem Alter, Mädchen, ist so ein galanter Ort nicht das rechte.

BACCHIS 1: Wenn du bei mir Dummheiten machen willst, will ich dich daran hindern. Nein, ich möchte dich deshalb bei mir haben, damit der Soldat mir und meiner Schwester nichts zuleide tut, wenn er kommt und dich zugegen sieht. Du wirst es verhindern, und du kannst deinem Freund damit gleichzeitig einen Gefallen tun. Der Soldat wird bei seiner Ankunft vermuten, ich sei deine Geliebte. Ach bitte, warum sagst du nichts?

PISTOCLERUS: Weil es sich so verführerisch anhört. Aber wenn du es darauf anlegst, hat die Sache ihren Stachel; der zwickt den Verstand, tötet das Gute ab, verwundet das Handeln und den guten Ruf.

BACCHIS 2: Warum fürchtest du dich vor meiner Schwester?

PISTOCLERUS: Das fragst du mich? Sollte ich als junger Mensch in eine Ringerschule gehn, wo man den Schaden hat und den Schweiß noch dazu? Wo ich statt nach dem Diskus nach Schaden greife und, statt zu laufen, mir Schande hole?

BACCHIS 1: Du redest verständig.

PISTOCLERUS: Wo ich statt zum Schwert nach der Turteltaube fasse, wo man statt des Gürtels einen Humpen in die Hand gibt, statt Helm die Trinkschale, statt Siegeskranz die Zecherkrone, statt Speer die Würfel, statt Panzer den weichen Griechenmantel; statt auf das Roß steig ich ins Bett, und statt des Schildes liegt die Hure mit drin? Hinweg! Hinweg von mir!

BACCHIS 1: Ach, du bist doch gar zu aufgebracht.

PISTOCLERUS: Ich denke nur an mich.

BACCHIS 1: Du mußt weicher werden. Ich tu dir diesen Dienst.

PISTOCLERUS: Ach, was bist du doch für eine wertvolle Arbeiterin.

BACCHIS 1: Stell dich so, als ob du mich liebst.

PISTOCLERUS: Im Scherz oder im Ernst?

BACCHIS 1: Ja, so gefällst du mir schon besser. Wenn der Soldat kommt, möchte ich, daß du mich umarmst.

PISTOCLERUS: Was habe ich mit dem zu schaffen?

BACCHIS 1: Er soll dich sehen. Ich weiß schon, was ich mache.

PISTOCLERUS: Jaja, und ich weiß, wovor mir bange ist. Aber weißt du was?

BACCHIS 1: Was denn?

PISTOCLERUS: Wenn nun bei dir plötzlich ein Imbiß aufgetragen wird oder ein Frühschoppen oder ein Mahl, wie es in diesen Lasterstätten üblich ist, wo soll ich da Platz nehmen?

BACCHIS 1: Bei mir, mein Lieber! Damit ein netter Bursche bei einem netten Mädchen liegt. Mein Gemach hier steht für dich immer zur Verfügung, du magst so unverhofft kommen, wie du willst. Wenn du wünschst, es soll dir wohl zumut sein, dann sag einfach: „Mein Herzblatt, gib mir ein Plätzchen, wo mir's wohl sein kann!" Und gleich biete ich dir ein Plätzchen, wo dir's wohl sein kann.

PISTOCLERUS: Hier ist ein reißender Strom, da kommt man nicht so glatt vorbei.

BACCHIS 1 *beiseite*: Und beim Kastor, an diesem Fluß mußt du was verlieren. *Laut:* Gib mir deine Hand und komm mit.

PISTOCLERUS: Nein, nein, auf keinen Fall.

BACCHIS 1: Wieso nicht?

PISTOCLERUS: Weil es für einen jungen Mann nichts Verführerischeres geben kann als dies: Wein, Weib und Dunkelheit.

BACCHIS 1: Dann mach, was du willst, mir liegt nichts dran. Es geschieht ja nur deinetwegen. Der Soldat wird sie mitnehmen; dann bist du eben nicht da, wenn dir's nicht paßt.

PISTOCLERUS: Bin ich denn gar nichts wert, daß ich meinen Trieb nicht bezähmen kann?

BACCHIS 1: Wovor hast du denn Bange?

PISTOCLERUS: Ach was, Späße, Weib. Ich überlaß mich dir. Ich bin dein Sklave, dir leiste ich meine Dienste.

BACCHIS 1: Ei wie fein. Nun bitte ich dich um folgendes: Ich möchte meiner Schwester heute anläßlich ihrer Ankunft ein Mahl geben. Deshalb laß ich dir gleich Geld herausbringen; kümmere dich darum und kauf uns reichlich zu essen ein.

PISTOCLERUS: Ich kaufe ein; es wäre ja eine Schande für mich, daß du meinetwegen die Last hast und ich dir obendrein dafür noch Kosten verursache.

BACCHIS 1: Ich möchte aber nicht, daß du etwas ausgibst.

PISTOCLERUS: Laß nur.

BACCHIS 1: Na meinetwegen, wenn du es halt so haben willst. Aber bitte, beeile dich.

PISTOCLERUS: Jedenfalls bin ich eher wieder da, als meine Liebe verflogen ist. *Ab.*

BACCHIS 2: Gut empfängst du mich bei meiner Ankunft, Schwester.

BACCHIS 1: Wie meinst du das, bitte?

BACCHIS 2: Weil dir meiner Ansicht nach heute ein guter Fischzug geglückt ist.

BACCHIS 1: Freilich, der Bursche gehört mir. Aber nun bemühe ich mich für dich um den Mnesilochus, Schwester; denn es ist besser, daß du hier das Gold bekommst, als daß du mit dem Soldaten davonziehst.

BACCHIS 2: Ganz nach meinem Geschmack.

BACCHIS 1: Man wird sich darum bemühen. – Das Wasser ist warm. Wir wollen hinein, und du nimm ein Bad. Ich glaube, von der Seefahrt bist du etwas mitgenommen.

BACCHIS 2: Ein wenig, Schwester; doch wollen wir diesem Fremden aus dem Wege gehn, der bloß kommt, um uns zu stören.

BACCHIS 1: Komm also mit hinein, leg dich ins Bett, damit sich deine Ermüdung legt.

Zweite Szene

Lydus, Pistoclerus.

LYDUS:
Schon lange, Pistoclerus, folg ich dir im stillen.
Ich bin gespannt, was du in diesem Aufzug treibst.
So wahr die Götter mir gewogen sind:
Mir scheint, Lykurgos selbst kann hierzuland
zum Luderleben abgerichtet werden. He,
wo eilst du hin,
schnurstracks gradaus,
in dieser Tracht?
PISTOCLERUS: Nach dort!
LYDUS:
Was heißt nach dort?
Wer wohnt denn in dem Haus?
PISTOCLERUS:
Die Liebe, Lust, die Venus,
die Schönheit, Freude, Scherz,
das Spiel, die frohe Unterhaltung, Honig-Küsse!
LYDUS: Was gehn dich diese Götter des Verderbens an?
PISTOCLERUS:
Denn böse sind die Menschen, die von Guten böse
sprechen. Du sprichst falsch von diesen Göttern,
das gehört sich nicht!
LYDUS: Sprich, sind denn Honig-Küsse gar ein Gott?
PISTOCLERUS:
Hast, Lydus, du das nicht begriffen? Lydus, du
bist ein Barbar;
ich schätzte dich für weiser als den alten Thales ein:
Nein – dümmer bist du noch als ein Potitier:
In diesem Alter Götternamen nicht zu kennen!
LYDUS: Nein, dieser Aufputz paßt mir nicht.
PISTOCLERUS:
Kein Mensch hat dies für d i c h gemacht:
Für m i c h ist es bestimmt,
und mir gefällt es auch.
LYDUS:
Du führst jetzt auch noch freche Reden gegen mich?

Du solltest anstandshalber schweigen,
auch dann, wenn du zehn Sprachen sprächst.

Pistoclerus:
Nicht jedes Alter paßt zu Scherz und Spiel –
Doch hab ich jetzt was andres mehr im Sinn,
das heißt, daß mir ein Koch die (Speisen) zubereitet, so,
wie sich's für eine Mahlzeit schickt.

Lydus:
Achweh, vertan sind meine Mühn samt dir und mir,
umsonst hab ich den Weg zum Guten dir so oft gezeigt.

Pistoclerus:
Und an derselben Stelle hab ich meine Arbeitskraft
vertan, wo du die deine.
Dein Unterricht nützt weder dir noch mir.

Lydus: O weh, das harte Herz!

Pistoclerus:
Du hängst zum Hals mir raus!
Sei ruhig jetzt und, Lydus, folge mir!

Lydus:
Nun sieh doch einer an,
schon nennt er Lydus mich und nicht mehr Meister!

Pistoclerus:
Es ist ganz sicherlich nicht richtig, daß
der Lehrer mit danebenhockt,
wo ich, der alles zahlte, drinnen bin,
bei diesem Mädchen lieg, sie küsse und
die andren Gäste sind dabei.

Lydus:
Du hast doch diese Speisen nicht etwa
zu diesem Zweck gekauft? Ich fleh dich an!

Pistoclerus:
Mein Sinn verlangt danach.
Wohin es führt, liegt in der Götter Hand.

Lydus: Nach einem Weib verlangt es dich?

Pistoclerus: Paß auf, dann wirst du's sehn.

Lydus:
Das tust du nicht!
Das lasse ich nicht zu!
Geh auf der Stelle heim!

PISTOCLERUS:
Hör auf! und, Lydus, hüte dich vor Schlägen!
LYDUS: Vor Schlägen? Was?
PISTOCLERUS:
Jawohl! Schon längst bin ich aus diesem Alter raus,
wo du noch was zu sagen hattest.
LYDUS:
Orcusschlund, wo bist du jetzt?
Wie gern stieg ich hinab.
Schon seh ich allzu klar,
viel klarer, als ich wollte.
Und besser wäre es, ich hätte ausgelebt, als daß ich lebe.
Der Schüler wagt dem Lehrer schon zu drohn.
Die Sorte Schüler da ist nicht mein Fall;
ich seh ihn schon beschmiert mit Blut.
Er geht mit jugendlicher Kraft auf mich, geschwächt durchs Alter, los.
PISTOCLERUS:
Ich werde, scheint mir, Herkules, und Linus du.
LYDUS:
Ich fürchte eher, daß ich durch dein Tun
zum Phoenix werde, der dem Vater deinen Tod verkünden muß.
PISTOCLERUS: Mir reicht's mit den Geschichten.
LYDUS:
Der Mensch hat seine Ehrfurcht ganz verloren.
Einen Fortschritt hast du da gemacht,
der deinem Jugendalter gar nicht dienlich ist.
Nein, solche Ungezogenheit!
Der Mensch ist schon so gut wie tot.
Sag, hast du gar vergessen, daß du einen Vater hast?
PISTOCLERUS: Bin *ich* dein Sklave oder umgekehrt?
LYDUS:
Welch schlechter Lehrer hat dich das gelehrt?
Ich nicht.
Für *solche* (Weiber-)Sachen bist du besser zugänglich,
als das, was ich vergebens dich zu lehren suchte.
O weh, wie hast du unvermerkt an deiner Jugend böse dich verbrochen. Solche Schändlichkeiten hast
du hinter meinem und des Vaters Rücken angestellt!

PISTOCLERUS:
Bis hierhin, Lydus, hattest du ein freies Wort.
Genug!
Jetzt folge mir nach dort und halt den Mund! *Ab.*

ZWEITER AKT

Erste Szene

Chrysalus.

CHRYSALUS:
Du Heimat meines Herrn, sollst meinen Gruß empfangen!
O Land, wo ich zwei Jahr zuvor hinweggegangen,
als ich in der Ephesier Land
von hier verschwand.
Mit welcher Freude
erblicke ich dich heute.
Gruß dir, Apoll, du Nachbarsmann,
bewohnst den Tempel nebenan:
Paß auf, ach bitte, sei so nett,
daß Nicobulus mir nicht in den Weg gerät,
weil ich den Pistoclerus erst noch treffen muß,
den Kameraden des Mnesilochus,
der einen Brief an ihn verfaßte,
der mit der Bacchis sich befaßte.

Zweite Szene

Pistoclerus, Chrysalus.

PISTOCLERUS *spricht in das Haus der Bacchis*:
Es wundert mich, daß du mit solchem Nachdruck flehst,
ich solle wiederkommen, wo
ich doch unmöglich von hier fortkann,
nicht mal, wenn ich wollte: Tief
verstrickt in Liebe hältst du mich.
CHRYSALUS:
Ihr Götter, ihr unsterblichen,
das ist doch Pistoclerus.
Pistoclerus, sei gegrüßt!

PISTOCLERUS: Ja, grüß dich, Chrysalus!

CHRYSALUS:
Ich will dir alles gleich zusammenfassen:
Du freust dich, daß ich komme;
ich glaube dir;
denn Gastfreundschaft und Speise stiftest du ja jedem, der aus fremden Landen kommt, wie sich's gehört.
Und ich gestehe ein:
Ich komme aus der Fremde
und richte dir von deinem Kameraden schönste Grüße aus.
Du fragst mich, wo er ist? Er lebt.

PISTOCLERUS: Und geht es ihm auch wirklich gut?

CHRYSALUS: Das wollte ich dich grade selber fragen.

PISTOCLERUS: Wie kann denn ich das wissen?

CHRYSALUS: Und keiner mehr als du.

PISTOCLERUS: Wieso denn das?

CHRYSALUS:
Weil, wenn das Mädchen, das er liebt, gefunden ist,
er Oberwasser hat.
Doch wenn sie nicht gefunden wird,
dann ist er unten,
dann geht er über kurz und lang zugrund.
Für einen Liebenden ist die Geliebte wie die Seele:
Denn wenn sie fehlt – dann ist er selbst ein Nichts.
Ist sie zugegen, gilt ihm seine Habe nichts.
Er selbst dagegen ist ein Tor und Unglücksmensch.
Doch sprich, was hast du von dem Auftrag ausgeführt?

PISTOCLERUS:
Ich sollte, was der Bote mir von ihm bestellte,
bei seiner Ankunft nicht erledigt, nicht bereitgehalten haben?
Da wollte ich doch lieber tief im Hades hausen!

CHRYSALUS: Da hast du also diese Bacchis aufgefunden?

PISTOCLERUS: Ja, die aus Samos.

CHRYSALUS:
Dann paß bloß auf, daß keiner achtlos sie berührt;
du weißt, wie schnell Geschirr aus Samos springt.

PISTOCLERUS: Schon wieder in der alten Art?

CHRYSALUS: Wo ist sie jetzt, ich bitte dich?

PISTOCLERUS:
In diesem Haus, aus dem du mich grad kommen sahst.
CHRYSALUS:
Wie reizend! Wohnt sie doch gleich in der Nachbarschaft.
Sag: Denkt sie noch ein bißchen an Mnesilochus?
PISTOCLERUS:
Da fragst du noch?
Er ganz allein ist ihr am meisten wert.
CHRYSALUS: Famos!
PISTOCLERUS:
Was denkst du, wie es mit ihr steht?
Das arme Kind zehrt sich vor Liebe völlig auf.
CHRYSALUS: Recht gut.
PISTOCLERUS:
Du, Chrysalus,
nicht eine einzige Sekunde Zeit läßt sie verstreichen,
ohne seinen Namen wenigstens zu nennen.
CHRYSALUS: Ganz herrlich, um so besser.
PISTOCLERUS: Ja, im Gegenteil –
CHRYSALUS:
Im Gegenteil? Da lauf ich lieber gleich davon.
PISTOCLERUS:
Dir paßt's wohl nicht, was Gutes für den Herrn zu hören?
CHRYSALUS:
Die Sache ist es nicht,
vielmehr der Pantomime ist's,
der mir das Herz mit Haß zerfleicht.
So geht mir's auch mit dem Epidicus:
Ich liebe dieses Stück grad wie mich selbst;
doch seh ich Pellio in der Hauptpartie,
so gibt's kein zweites Stück,
das mir in solchem Grad zuwider wär. –
Zur Sache jetzt:
Ist auch an dieser Bacchis etwas dran?
Was meinst du da?
PISTOCLERUS:
Das fragst du? Wenn
ich selber nicht die Venus hätte, würde ich
sie Juno heißen.

Chrysalus:
Famos, Mnesilochus!
Soweit ich sehe, ist das Mädchen, das du liebst,
für dich bereit.
Jetzt muß ein Zahlungsmittel aufgetrieben werden.
In diesem Falle fehlt wahrscheinlich Gold.

Pistoclerus: Natürlich Philipps-Taler.

Chrysalus: Und obendrein wahrscheinlich gleich.

Pistoclerus:
Nein, nein, noch eher.
Ein Offizier wird augenblicklich hier erscheinen.

Chrysalus: Ein Offizier?

Pistoclerus:
Der, um die Bacchis freizugeben, Gold verlangt.

Chrysalus:
Der mag nur kommen, wenn er will,
doch so, daß ich nicht lange warten muß.
Im Haus ist Geld genug.
Ich habe keine Bange, brauche keinen zu behelligen,
solange diese Brust noch Lust zu Streichen hat. –
Du geh jetzt rein, ich regle hier die Dinge. Und
sag Bacchis, ihr Mnesilochus sei da.

Pistoclerus: Ich mach es ganz wie du befiehlst. *Ab.*

Chrysalus:
Das Goldproblem ist was für mich.
Zwölfhundert Taler holten wir in Ephesus
von einem Gastfreund, der es unsrem Alten schuldete.
Und damit bau ich heute eine Kriegsmaschine
und treibe Gold für den verliebten Sohn des Alten auf.
Doch unsre Türe ging: Wer kommt denn da heraus?

Dritte Szene

Nicobulus, Chrysalus.

Nicobulus:
Ich gehe zum Piraeus, um zu sehn,
ob wohl ein Handelsschiff von Ephesus im Hafen landete.

Mit Schrecken merk ich nämlich, daß
mein Sohn so lange dort verweilt
und nicht mehr an die Rückkehr denkt.

CHRYSALUS:
Den beutle ich heut gründlich aus,
sofern die Götter einverstanden sind.
Jetzt ja nicht eingeschlafen! Chrysalus braucht Gold. –
Ich gehe hin zu ihm
und mach ihn heut und hier zum Bock des Phrixos; schere ihm
lebendig, wie er ist, das Gold bis auf die Haut. –
Der Sklave Chrysalus begrüßt den Nicobulus.

NICOBULUS: Ihr Götter, Chrysalus, wo ist mein Sohn?

CHRYSALUS: Du grüßt mich nicht zurück? Warum?

NICOBULUS: Ja grüß dich. Sag, wo ist Mnesilochus?

CHRYSALUS: Er lebt und ihm geht's gut.

NICOBULUS: Er ist schon da?

CHRYSALUS: Schon da!

NICOBULUS:
Grandios, mit Wasser hast du mich erquickt.
Und ging es ihm auch immer gut?

CHRYSALUS: Faustkämpfisch und athletisch gut.

NICOBULUS:
Was heißt das? Kriegte er das Gold
von unsrem Gastfreund Archidemides,
weshalb ich ihn nach Ephesus entsandte?

CHRYSALUS:
O weh, mein Herz und mein Verstand sind wie geborsten,
O Nicobulus, wenn man diesen Menschen nur erwähnt.
Dein Feind ist das,
den du da Gastfreund nennst!

NICOBULUS: Zum Teufel, sag, was soll das heißen?

CHRYSALUS:
Weil ich weiß – und ganz genau –,
daß Sonne, Mond, der Tag, Vulkan,
vier Götter insgesamt,
auf keinen größren Gauner je ihr Licht verschienen.

NICOBULUS: Als diesen Archidemides?

CHRYSALUS: Ja, diesen Archidemides.

NICOBULUS: Was tat er denn?

CHRYSALUS:
Was tat er nicht? Frag lieber so!
Als erstes stritt er deinem Sohne alles ab
und leugnete, daß er nur einen Heller schuldig sei.
Da rief dein Sohn Mnesilochus
sofort als Anwalt unsern alten Freund, den Pelagon.
In dessen Beisein zeigte er nun ohne Säumen
das Erkennungszeichen, das du deinem Sohne gabst,
damit er es ihm bringt.

NICOBULUS:
Und was geschah denn, als er ihm das Zeichen zeigte?

CHRYSALUS:
Nun, er erklärte, diese Marke sei nicht echt.
Und wie gewaltig hat er dann den armen Kerl beschimpft.
Er warf ihm vor, er wolle auch in andern Dingen ihn betrügen.

NICOBULUS:
Sprich, hat er nun das Gold? Ich will es endlich wissen.

CHRYSALUS:
Kurz, als der Praetor endlich eine Kommission gebildet
hatte, wurde er verurteilt, und gezwungenermaßen
gab er die zwölfmal hundert Taler raus.

NICOBULUS *erleichtert*: Genauso groß war seine Schuld.

CHRYSALUS:
Paß weiter auf,
auf welche Art er uns ein Schnippchen schlagen wollte.

NICOBULUS: Es geht noch weiter? Was?

CHRYSALUS: Jaja, gleich wird das Geld zum Geier sein.

NICOBULUS:
Ich bin betrogen! Weh!
Der, dem mein Gold ich gab, war ein Autólycus.

CHRYSALUS: Nun hör doch zu!

NICOBULUS:
Nein, nein, ich hatte den Charakter
meines habsüchtigen Gastfreunds nicht durchschaut.

CHRYSALUS:
Als wir das Gold geborgen hatten,
stiegen wir in unser Schiff,
nur mit dem Wunsch, recht bald daheim zu sein.

Als ich nun grad mal auf dem Vorderdecke saß
und Ausschau hielt ringsum,
da seh ich doch ein langes Boot,
das teuflisch schnittig hergerichtet wird.

NICOBULUS:
Zum Teufel auch,
der Kahn fährt von der Seite her mir in den Leib.

CHRYSALUS:
Es war gemeinschaftlich bemannt
von deinem Gastfreund und Piraten.

NICOBULUS:
Was war ich doch ein solcher Pilz, ihm zu vertraun,
wo mich doch schon sein Name warnen mußte,
daß er mich beraubt, der Archidemides,
im Falle, daß ich ihm was gab.

CHRYSALUS:
Dies Schiff nun lauerte dem unsern auf.
Ich unternahm es dann, herauszukriegen, was die wohl im Schilde führ'n.
Indessen macht man unser Schiff im Hafen los.
Sobald wir aber aus dem Hafen glitten, folgen uns
die Menschen nach mit Ruderschlägen, daß
nicht Vögel und nicht Winde schneller sind.
Sobald mir klar ist, was gespielt wird,
gehn wir augenblicks vor Anker.
Als sie uns nun halten sehn,
versuchen sie auf unser Schiff im Hafen loszugehn.

NICOBULUS:
Verteufelt, welch ein schlechter Mensch.
Kurzum, was tatet ihr?

CHRYSALUS: Wir fuhren wieder in den Hafen e i n.

NICOBULUS:
Gescheit gemacht von euch.
Jedoch was taten s i e?

CHRYSALUS:
So gegen Abend kehrten wir aufs Land zurück.

NICOBULUS:
Beim Herkules, sie wollten euch ans Gold
und legten es drauf an.

CHRYSALUS:
Jedoch, mich hat er nicht hereingelegt.
Ich hab's gemerkt. Drum war ich auf dem Kien.
Denn als wir merkten, daß sie hinter unserm Geld her sind,
da fassen wir sofort Beschluß.
Am andern Tage nehmen wir das Gold
und tragen alles – und in ihrem Beisein – öffentlich
und offensichtlich fort,
damit sie dies genauestens zu sehn vermögen.

NICOBULUS:
Ja, das war wirklich schlau. Doch sag, was taten sie?

CHRYSALUS:
Die standen ganz belämmert da,
als sie so überraschend mit dem Golde uns
vom Hafen weggehn sah'n,
und zogen köpfeschüttelnd gleich ihr Schiff an Land.
Wir hinterlegten bei Theotimus das ganze Gold;
er ist als Priester der ephesischen Diana angestellt.

NICOBULUS: Theotimus? Wer ist denn das?

CHRYSALUS:
Der Sohn des Megabulus, jener, der
in Ephesus bei den Ephesiern
in der höchsten Achtung steht.

NICOBULUS:
O ja, beim Herkules,
er wird um so viel mir noch teurer sein,
um wieviel Gold er mich betrog.

CHRYSALUS:
O nein, es ist im Tempel der Diana selbst gut aufgehoben;
dort wird in Staatshand es verwahrt!

NICOBULUS:
Ihr bringt mich um;
viel besser wär es hier
und in Privathand aufgehoben. Habt
ihr denn auch gar kein Gold nach Haus gebracht?

CHRYSALUS:
O doch!
Doch weiß ich nicht genau, wieviel.

NICOBULUS: Was ist? Du weißt es nicht?

CHRYSALUS:
Nun, weil Mnesilochus zur Nacht
und heimlich hinging zu Theotimus,
und weder mir noch einem andern sonst
auf unserm Schiff die Sache anvertrauen wollte.
Drum weiß ich nicht, wieviel er brachte.
Doch hat er äußerst wenig mitgebracht.

NICOBULUS:
Und meinst du, daß es ungefähr die Hälfte ist?

CHRYSALUS:
Nein, Nein. Ich weiß es wirklich nicht,
doch glaub ich kaum.

NICOBULUS: Bracht' er ein Drittel mit?

CHRYSALUS:
Ich glaube nicht,
jedoch, ich weiß es wirklich nicht.
Vom Golde weiß ich nur, daß ich nichts weiß.
Dir bleibt nichts übrig, als die Fahrt
zur See noch mal zu machen,
um das Gold von dem Theotimus hierher nach Haus zu holen. Aber, wart mal, du.

NICOBULUS: Was ist?

CHRYSALUS:
Vergiß den Ring von deinem Sohn nicht mitzunehmen!

NICOBULUS: Wozu der Ring?

CHRYSALUS:
Nun, als Erkennungszeichen für Theotimus,
der deinem Sohn ihn gab,
um ihm das Gold herauszugeben.

NICOBULUS:
Jaja, ich denk schon dran, ein guter Rat.
Ist der Theotimus ein reicher Mann?

CHRYSALUS:
Da fragst du noch?
Er hat sich goldne Sohlen unter seinen Schuh gemacht.

NICOBULUS: Was tut der Mensch so aufgeblasen?

CHRYSALUS:
Nein, nein, sein Reichtum ist so groß,
daß er nicht weiß,
was er mit all dem Golde machen soll.

NICOBULUS:
Dann her damit!
Wer war denn Zeuge, als ihr dem Theotimus
das Gold gegeben habt?
CHRYSALUS:
Vor allem Volke war's; kein Mensch zu Ephesus,
der es nicht weiß.
NICOBULUS:
So hat mein Sohn denn dieses wenigstens geschickt gemacht,
daß er das Gold an einen reichen Menschen zur Verwahrung gab.
Von dem bekommt man's wenigstens plitz, platz,
gleich wenn man will, zurück.
CHRYSALUS:
Nein, nein, da hast Du keine Schererein;
sobald du ankommst, hast du auch dein Gold.
NICOBULUS:
Schon glaubte ich dem Leben auf der See
entsagt zu haben, glaubte, daß
als alter Mann ich nicht mehr reisen müßte,
und sehe, daß mir dies,
sosehr ich möchte, nicht gestattet ist:
mein saubrer Gastfreund Archidemides
hat mir das eingebrockt. –
Wo ist denn jetzt mein Sohn Mnesilochus!
CHRYSALUS:
Die Götter und die Freunde zu begrüßen,
ging er auf den Markt.
NICOBULUS:
Und ich von hier zu ihm,
um ihm so rasch wie möglich zu begegnen. *Ab.*
CHRYSALUS:
Der hat ordentlich zu tragen,
und er schleppt ganz recht daran.
Wunderbar, das muß ich sagen,
kamen meine Lügen an.
Den verliebten Sohn des Alten
hab ich gut mit Geld gespickt:
Was er braucht, kann er behalten,

und den Rest gibt er zurück.
Während nun, das Gold zu holen,
Nicobul ins Ausland segelt,
wollen wir uns hier erholen,
falls er es nicht anders regelt.
Welchen Trubel ich mir leiste!
Aber, wenn der Alte hört,
daß er ganz umsonst verreiste,
unsern Geldverbrauch erfährt?
Au, wie wird er mich behandeln!
Wenn er heimkommt mit Verdruß,
werd ich meinen Namen wandeln:
Chrysalus wird Kreuzalus.
Wenn's drauf ankommt, hau ich ab.
Greift man mich, setz ich den Alten
mit dem eignen Pech schachmatt.
Er hat Ruten auf dem Land –
ich den Rücken hier zur Hand!
Fort! Jetzt wird dem jungen Herrn berichtet:
Gold und Freundin Bacchis sind gesichtet!

DRITTER AKT

Erste Szene

Lydus.

LYDUS:
Auf das Tor und öffnet mir
schnellstens diese Orcustür!
Nein, es kann nicht anders sein,
hier tritt nur ein solcher ein,
der das Nützlichsein im Leben
hoffnungslos hat aufgegeben.
Bacchis wären für euch beiden
  wirklich nicht die rechten Worte,
nein, Bacchantinnen seid ihr,
  solche von der schlimmsten Sorte!
Fort von mir mit diesen Schwestern,
die der Menschheit Blut verpestern.
Dieses Hauses Glanz und Pracht
sind nur zum Ruin gemacht!
Kaum hatt' ich das so erkannt,
bin ich füßlings fortgerannt.
Soll ich das in meiner Brust verwahren?
Nicht dem Vater offenbaren?
Pistoclerus, deine Sündentaten,
diese Lotterbude, nicht verraten?
Vater, mich, dich, Freund, Verwandte
stürzst dadurch du in die Schande,
in die Schmach und andre Schäden,
bringst sie noch um Leib und Leben.
Nicht die Spur von Scham vorhanden,
nicht zu mir, dir, Freund, Verwandten;
hast mit dieser Niedertracht
uns zu Spießgeselln gemacht!
Eh der Streich noch ausgeheckt,
wird dem Vater er entdeckt;

nein die Schuld will ich nicht länger tragen,
werde alles unserm Alten offen sagen,
daß er aus dem Schlemmerloch den Bösewicht
eiligst rausholt an das Tageslicht.

Zweite Szene

Mnesilochus.

MNESILOCHUS:
Auf viele Weise hab ich nachgesonnen
und schließlich dieses Resultat gewonnen:
Ein Mensch, der Freund ist,
Freund, so wie der Name sagt,
wird nur von Göttern überragt.
Und daß sich dieses so verhält,
hab ich jetzt grade praktisch festgestellt.
Ich war dereinst von hier nach Ephesus gefahren,
das war so etwa vor drei Jahren,
und schrieb von Ephesus an meinen Freund nach hier,
an Pistoclerus, brieflich auf Papier,
und bat ihn, daß er sich für mich verwende
und meine Freundin Bacchis fände.
Und nun erfahre ich, daß er sie fand,
wie mir mein Sklave Chrysalus gestand.
Mein Sklave hat zudem ein tolles Ding gedreht
und meinen Vater, Geld beschaffend, reingelegt,
damit ich als Verliebter mich vergnüge
und über den Betrag verfüge.
Beim Zeus, nach meiner Meinung ist nichts rarer heut
als Menschen ohne Dankbarkeit.
Es ist schon besser, Übeltäter nicht zu fassen,
als den, der Gutes tat, im Stich zu lassen,
weil es schon immer besser war,
daß man Verschwender heißt, als undankbar.
Den einen loben sich die Rechten,
den andern schelten noch die Schlechten.
Aus diesem Grunde muß jetzt Sorgfalt walten,
und wachsam muß ich auf mich halten.

Mnesilochus, jetzt heißt es Vorbild sein,
du steigst in die Entscheidungsphase ein,
ob du nun bist, wie sich's gehört,
schlecht oder gut und wieviel wert,
gerecht auch oder ungerecht,
verschwendrisch oder einfach schlecht,
als Kamerad gut angesehn,
eventuell nicht angenehm.
Paß auf, daß – was das Wohltun anbetrifft –
dein Sklave dir nicht über ist!
Und halte mit dem guten Werk,
das rat ich, ja nicht hinterm Berg.
Doch halt, da seh ich ja den Vater meines Freundes nahn,
zusammen mit dem Lehrer kommt er an.
  Ich will versuchen auszuspüren,
  was diese zwei im Schilde führen.

Dritte Szene

Lydus, Philoxenus, Mnesilochus.

LYDUS: Nun will ich doch sehn, ob das Herz in deiner Brust scharf wie Säure ist. Komm mit!

PHILOXENUS: Wohin denn? Wohin schleppst du mich jetzt?

LYDUS: Zu ihr, die deinen Sohn verdarb, die ihn zugrunde richtete, deinen Einzigen.

PHILOXENUS: O Lydus, wer sachte wütet, ist der klügere. Es ist weniger verwunderlich, wenn das ein Jugendlicher tut, als umgekehrt. Ich habe es in meiner Jugend auch getan.

LYDUS: Weh mir, weh mir, daß du ihm noch zustimmst, ist sein Untergang. Denn ohne dich hätte ich ihn zu edler Geisteshaltung geführt. So aber wurde Pistoclerus deinetwegen und wegen deiner Prinzipienlosigkeit ein Taugenichts.

MNESILOCHUS: Ihr unsterblichen Götter, er spricht von meinem Freund. Was ist da los, warum spricht Lydus von seinem Herrn Pistoclerus in dieser Art?

PHILOXENUS: Ein Weilchen hat doch jeder Mensch den Drang, Lydus, seinem Lüstchen nachzugehn. Aber schon bald ist die Zeit da, wo er sich selbst zuwider ist. Gib ihm nur nach; wenn er aufpaßt, daß er es nicht übertreibt, dann laß ihn.

LYDUS: Nein, ich laß ihn nicht, und solange ich lebe, dulde ich nicht, daß er zugrunde gerichtet wird. Du aber, der du dich für diesen liederlichen Sohn noch einsetzt, sag, gewährte man dir diese Milde auch, als du ein Junge warst? Nein, bevor du zwanzig Jahre alt warst, fandest du keine Gelegenheit, den Fuß auch nur einen Finger breit ohne Lehrer aus dem Hause zu setzen. Kamst du nicht vor Sonnenaufgang in die Arena, dann erhieltest du vom Turnmeister harte Strafen. War das mal passiert, dann kam noch ein zweites Übel hinzu: Der Schüler und der Lehrer gerieten in Verruf. Im Lauf, im Ringkampf, Lanzen-, Diskuswerfen, im Faustkampf, Ballspiel, Sprung übte man sich dort mehr als in der Hurerei oder im Küssen: dort entfalteten sie ihre Jugendkraft, nicht in düstren Winkeln. Und war man vom Hippodrom und aus der Palästra wieder heimgekommen, saß man wohlgegürtet auf dem Stuhl neben dem Lehrer mit dem Buch. Und wehe, wenn du dich beim Lesen nur um eine Silbe versahst, dann hätte dein Fell so viel Flecke gekriegt wie der Flikkenmantel einer Amme.

MNESILOCHUS: Daß meinetwegen dies alles meinem Gefährten nachgesagt werden kann, wurmt mich erbärmlich; unschuldig muß er diese Verdächtigungen an meiner Stelle hinnehmen.

PHILOXENUS: Lydus, heutzutage hat man eben andere Ansichten.

LYDUS: Das weiß ich jedenfalls genau: Einst wurde der junge Mann eher in ein Ehrenamt des Volkes berufen, als daß er seinem Lehrer den Gehorsam aufsagte. Doch jetzt, da schlägt er, ehe er noch sieben Jahre alt ist – man braucht ihn nur mit der Hand anzufassen –, seinem Lehrer auf der Stelle die Schreibtafel am Kopf kaputt. Beschwert man sich beim Vater darüber, dann erklärt der Vater dem Sohn folgendes: „Halte dich an mich, bis du dich gegen Unrecht selbst verteidigen kannst.“ Dann holt man den Erzieher, und es heißt: „He, alter Taugenichts, rühr mir den Jungen bloß nicht deswegen an, weil er sein Ding so gut macht." Fort geht der Lehrer, erbärmlich wie eine mit Ölruß beschmierte Lampe. Er zieht ab, man hat ihm Recht gesprochen. Kann sich unter diesen Umständen ein Magister hierzuland noch durchsetzen, wenn er selber die Schläge zuerst kriegt?

MNESILOCHUS: Bitter ist diese Beschwerde. Wenn ich seine Worte recht verstehe, wäre es doch ein Wunder, wenn Pistoclerus den Lydus nicht mit Fäusten zusammenschlug.

LYDUS: Doch wen seh ich da vor der Tür stehen? O Philoxenus, der Götter Gunst wünsche ich mir nicht lieber, als gerade ihn zu sehen.

PHILOXENUS: Wer ist das?

LYDUS: Mnesilochus ist es, der Freund deines Sohnes Pistoclerus. Der hat eine andere Einstellung als jener, der da im Hurenhaus herumludert. Oh, jener glückliche Nicobulus, der ihn als seinen Sohn zeugte!

PHILOXENUS: Grüß dich, Mnesilochus, ich freue mich, daß du wohlbehalten daherkommst.

MNESILOCHUS: Der Götter Segen sei mit dir, Philoxenus.

LYDUS: Der ist wirklich seinem Vater gut geraten. Er fährt zur See, sorgt sich um das Wohl des Hauses, schützt das Haus, er folgt gehorsam dem Verhalten und den Befehlen seines Vaters. Ein Spielgefährte war er dem Pistoclerus, als der noch ein Knabe war. Keine drei Tage beträgt der Altersunterschied, doch an Charakter hat er jenem mehr als dreißig Jahre voraus.

PHILOXENUS: Paß auf, daß es nicht was setzt, und sieh dich vor, schlecht von meinem Sohn zu sprechen.

LYDUS: Ich bin schon still; doch du bist unverständig, es mir übelzunehmen, wenn ich von den Schändlichkeiten spreche, die er begeht. Ich jedenfalls würde lieber meine schlechten Eigenschaften losschlagen als mein Hab und Gut.

PHILOXENUS: Was soll das heißen?

LYDUS: Weil der, der seine schlechten Eigenschaften losschlägt, sie täglich weniger ausüben kann.

MNESILOCHUS: Was schiltst du meinen Freund, Lydus, deinen Schüler?

LYDUS: Dein Freund schied dahin!

MNESILOCHUS: Das mögen die Götter verhüten.

LYDUS: Es ist so, wie ich sage. Ja, mit eigenen Augen sah ich seinen Untergang mit an, ich beziehe mich nicht auf Hörensagen.

MNESILOCHUS: Was geschah denn?

LYDUS: In eine Dirne hat er sich schandbar verliebt.

MNESILOCHUS: Bist du nicht still?

LYDUS: Und zwar in eine von der heißesten Sorte. Sie verschlingt jeden, den sie einmal angerührt hat.

MNESILOCHUS: Wo wohnt diese Frau?

LYDUS: Hier.

MNESILOCHUS: Und woher soll sie stammen?

LYDUS: Aus Samos.

MNESILOCHUS: Wie heißt sie?

LYDUS: Bacchis.

MNESILOCHUS: Da irrst du, Lydus. Ich weiß, wie sich die ganze Geschichte verhält. Du beschuldigst den Pistoclerus fälschlich, er ist unschuldig. Denn er führt für einen Freund und lieben Gefährten einen Auftrag gewissenhaft aus. Er selbst ist gar nicht verliebt. Nimm das bloß nicht an.

LYDUS: Was? Muß man den Auftrag eines Freundes so geschäftig ausführen, daß man selber bei dem Weibsbild auf dem Schoß sitzt, sie küßt und in den Armen hält? Kann man einen Auftrag nicht auch anders ausführen, als ihr immer wieder mit den Händen an die Brüste zu greifen und die Lippen von den ihren nicht wegzunehmen? Anderes aufzuzählen, was ich ihn tun sah, verbietet mir mein Schamgefühl: Wie er mit der Hand der Bacchis unter dem Kleid an den Leib griff. In meinem Beisein! Und ohne sich zu schämen! Was gibt's da viel zu reden? Mein Schüler – dein Freund – sein Sohn – ist hin. Denn wer die Scham verlor, den halte ich für verloren. Was soll ich noch sagen? Wenn ich noch etwas geblieben wäre, ich glaube, ich hätte Gelegenheit zu einem noch größeren Schauspiel bekommen; ich hätte mehr gesehen, als sich gehört, als für ihn und für mich recht und gut ist.

MNESILOCHUS: Vernichtet hast du mich, Freund! Sollte ich

dieses Frauenzimmer nicht gleich umbringen? Hätte mich doch der Schlag getroffen! Wen soll man da noch für einen treuen Freund halten oder wem noch Vertrauen schenken?

LYDUS: Siehst du, wie schlimm er an der Verderbnis deines Sohnes leidet, seines Freundes? Wie er sich vor Ärger zermartert?

PHILOXENUS: Mnesilochus, ich bitte dich darum: Nimm dich seiner Einstellung und seines Charakters an; rette dir den Freund und mir den Sohn.

MNESILOCHUS: Das soll geschehen.

LYDUS: Besser wäre es noch, wenn du mich mit ihm zusammen bei deinem Sohn ließest.

PHILOXENUS: Es reicht schon aus.

LYDUS: Mnesilochus, kümmre dich darum, geh, setz dem Burschen kräftig zu, der dich und mich und andre Freunde mit seinen Schandbarkeiten betrogen hat.

PHILOXENUS: Auf dich lege ich diese ganze Last. Du, Lydus, komm mit mir.

LYDUS: Ich komm ja schon.

Vierte Szene

Mnesilochus.

MNESILOCHUS:
Nein, ich kann es ganz und gar nicht sagen,
liegt der Freund mir oder Bacchis mehr im Magen.
Ist vielleicht auch gut so, daß sie ihn genommen,
Ha, das soll ihr schlecht bekommen!

Niemals soll ein Schwur von mir je gültig sein,
gehe ich ihn nicht aus Liebe zu dem Weibe ein.
Jetzt indessen kommt's drauf an,
daß sie niemals sagen kann,
sie besitze einen Mann,
den man frech verspotten kann. –

Doch nun rasch nach Hause,
daß den Vater ich bemause.

Und ich schenk ihr die gemauste Sache.
Das ist meine Art der Rache!
Ich bedräng sie, bis ich sie dermaßen sicher habe,
daß mein Vater greift zum Bettelstabe. –

Ob ich noch genügend Grütze
drin in meinem Kopf besitze,
daß ich hier so spintisier?
Ja, ich liebe diese Frau,
denk's nicht, weiß es ganz genau. –

Ich will ärmer als ein Bettler werden,
sollte mich das Weib auch nur um einen Knopf beerben.
Spotten soll sie nie auf mich in ihrem Leben!
Klar: Das ihr bestimmte Geld will ich dem Vater geben.
Fruchtlos mag sie mich umschmeicheln,
nichts soll dieses Weib erreicheln,
grad als ob am frischen Grabe
sie 'ne Leich' gebeten habe.
(Lieber will ich Hungers sterben –
gar nichts soll sie von mir erben!)
Klar, daß alles, was ich hatte,
ich dem Vater rückerstatte.
Bitte auch für Chrysalus um Gnade,
daß er ihm nicht zürnt, es wäre schade;
hat er ihn doch um das Geld
meinethalben nur geprellt.
Chrysalus muß mich ja erst befragen,
welchen Schwindel er dem Vater solle sagen.
Los ihr Sklaven, kommt! *Ab.*

Fünfte Szene

Pistoclerus.

PISTOCLERUS *spricht in das Haus der Bacchis*: Deine Wünsche ziehe ich allen anderen Dingen vor, Bacchis: Den Mnesilochus will ich suchen und dann mit ihm zusammen wieder zu dir kommen. Denn ich frage mich, wo er bleibt, wenn ihn mein Bote traf. Ich muß doch zu ihm hin und nachsehen, ob er daheim ist.

Sechste Szene

Mnesilochus, Pistoclerus.

MNESILOCHUS: Zurückgegeben habe ich meinem Vater das ganze Geld! Nun würde ich diese Verräterin gern treffen, nachdem bei mir nichts mehr zu holen ist. Doch wie schwierig war es, daß mein Vater dem Chrysalus verzieh. Aber am Ende hab ich doch erreicht, daß er ihm nicht mehr zürnt.

PISTOCLERUS: Ist da nicht mein Freund?

MNESILOCHUS: Seh ich da nicht meinen Feind?

PISTOCLERUS: Ja, er ist es.

MNESILOCHUS: Er ist es.

PISTOCLERUS: Ich gehe ihm geradewegs entgegen. – Guten Tag, Mnesilochus.

MNESILOCHUS: Tag.

PISTOCLERUS: Da du wohlbehalten aus der Ferne wieder eingetroffen bist, lade ich dich zum Essen ein.

MNESILOCHUS: Ich esse nicht gern etwas, das mir die Galle reizt.

PISTOCLERUS: Ist dir bei deiner Ankunft was quer gelaufen?

MNESILOCHUS: Und wie!

PISTOCLERUS: Von wem denn?

MNESILOCHUS: Von einem Menschen, den ich bislang immer für einen Freund hielt.

PISTOCLERUS: Viele handeln ganz nach diesem Rezept: Die du für Freunde hältst, die entdeckt man voll Falschheit, an Worten sind sie überreich, aber ohne Tatkraft und unzuverlässig. Keiner ist da, den sie nicht um den glücklichen Ausgang einer Sache beneiden. Durch Energielosigkeit schützen sie sich vor dem Neid anderer.

MNESILOCHUS: O ja, wirklich, du hast die Art dieser Leute gründlich durchstudiert. Aber auch dies trifft zu: Aus ihrem schlechten Charakter heraus ernten sie neue Schlechtigkeiten: Mit keinem sind sie befreundet, alle haben sie zu Feinden. Diese Trottel täuschen sich selbst, während sie andere hereinzulegen glauben. So ist auch der, den ich für einen Freund hielt, der mir so nahstand, wie ich mir selber bin. Er war drauf versessen, mir zu schaden, was nur das Zeug hält, alle meine Truppen auf seine Seite zu bringen.

PISTOCLERUS: Das muß ja ein Scheusal von einem Menschen sein.

MNESILOCHUS: Der Meinung bin ich auch.

PISTOCLERUS: Ich bitte, sag, wer das ist!

MNESILOCHUS: Mit dir steht er sich gut. Denn wenn das nicht der Fall wäre, dann würde ich dich bitten, ihm, sosehr du nur kannst, zu schaden.

PISTOCLERUS: Sag doch schon, wer der Mensch ist. Wenn ich ihm nicht heftig schade, will ich Gauner heißen.

MNESILOCHUS: Niederträchtig ist dieser Mensch, aber wirklich dein Freund.

PISTOCLERUS: Desto eher sag mir, wer es ist; für einen niederträchtigen Menschen hab ich wenig Sympathie.

MNESILOCHUS: Ich sehe schon, ich kann nicht anders, ich muß dir seinen Namen sagen. Pistoclerus, d u bist's, du hast mich, deinen Freund, mit Stumpf und Stiel vernichtet.

PISTOCLERUS: Was ist hier los?

MNESILOCHUS: Was los ist? Hab ich dir nicht von Ephesus aus einen Brief wegen eines Mädchens geschickt? Mit der Bitte, sie für mich herbeizuschaffen?

PISTOCLERUS: Ja, ganz gewiß, und ich habe sie auch gefunden.

MNESILOCHUS: Was, gab es für dich in Athen nicht Mädchen in Hülle und Fülle, mit denen du dich amüsieren konntest? Mußtest du Liebe grad mit jener treiben, die ich dir für mich überantwortet hatte? Mußtest du mir so übel mitspielen?

PISTOCLERUS: Bist du gescheit?

MNESILOCHUS: Ich hab die ganze Geschichte von deinem Hauslehrer erfahren. Leugne ja nicht. Du hast mich erledigt.

PISTOCLERUS: Willst du mich mit deinen Beschimpfungen noch weiter reizen?

MNESILOCHUS: Was ist? Hast du dich nicht in die Bacchis verliebt?

PISTOCLERUS: Hier gibts doch zwei Mädchen, die Bacchis heißen.

MNESILOCHUS: Was? Zwei?

PISTOCLERUS: Ja, sie sind Schwestern.

MNESILOCHUS: Du willst mich jetzt bloß ganz bewußt hereinlegen.

PISTOCLERUS: Nun, wenn du mir auch weiterhin nicht glauben willst, dann nehme ich dich Huckepack und trage dich hinein.

MNESILOCHUS: Nein, ich geh lieber zu Fuß, bleib da.

PISTOCLERUS: Nein, ich bleibe nicht; du sollst mich nicht grundlos verdächtigt haben.

MNESILOCHUS: Ich komme. *Ab.*

VIERTER AKT

Erste Szene

Parasit.

PARASIT:
Ich bin der Parasit bei dem Soldaten,
ein Taugenichts voll Schandentaten,
der holte sich bloß so zum Zeitvertreib
von Samos her ein Hurenweib.
Der hieß mich nun, zu ihr zu gehn
und nachzusehn,
ob sie das Geld, das für die Liebe
er zahlte, sie zurückgibt oder bei ihm bliebe.
He du, du Sklavenbesen,
bist stets ihr Wächter doch gewesen:
Dies ist ihr Haus, nun klopfe an,
geh an die Türe ran! –
Jetzt aber weg da, geiler Wicht,
verstehst sogar das Klopfen nicht.
Ein Dreipfundbrot fressen, das hast du raus.
An die Tür klopfen nicht. – Ist jemand im Haus?
Ist jemand hier?
Wer öffnet die Tür?
Kommt aus dem Haus
denn keiner raus?

Zweite Szene

Pistoclerus, Parasit.

PISTOCLERUS:
Was ist? Was soll das Klopfen an der Tür?
Mensch welcher Teufel reitet dich,
daß du auf diese Art

an einer fremden Türe deine Kräfte mißt?
Du hast uns ja die Türe fast kaputtgehaun.
Was willst du denn?

PARASIT: Du junger Mann, ich wünsche guten Tag.

PISTOCLERUS: Ja, guten Tag. Wen suchst du denn?

PARASIT: Die Bacchis.

PISTOCLERUS: Welche Bacchis denn?

PARASIT:
Ich kenn nur eine Bacchis. Kurz:
Mich sandte der Soldat Cleomachus zu ihr;
sie solle die zweihundert Philipps-Taler zahlen
oder heute noch von hier
mit ihm zusammen nach Elatia gehn.

PISTOCLERUS:
Das wird sie nicht. Sie weigert sich.
Nun geh und melde das.
In einen andern hat sie sich verliebt,
in den Soldaten nicht.
Und nun verschwinde hier vom Haus.

PARASIT: Du bist auch gar zu sehr erzürnt.

PISTOCLERUS:
Und weißt du was? Beim Herkules,
die Backe liegt dir wirklich ungewöhnlich dicht
am Unglück dran,
so zuckt der Zähnebrecher schon in meinen Händen.

PARASIT:
Verteufelt, wenn ich seine Worte recht versteh,
dann heißt es vorgesehn,
damit er mir die Zähne nicht aus dem Gesichte schlägt. –
Zu deinen Lasten richt ich ihm die Antwort aus.

PISTOCLERUS: Was ist?

Parasit: Ich sag es ihm.

PISTOCLERUS: Wer bist du eigentlich?

PARASIT: Die Deckung seines Leibs.

PISTOCLERUS:
Der muß ein rechter Trottel sein,
der sich von einem solchen Trottel decken läßt.

PARASIT: Vom Zorne aufgeblasen, kommt er gleich hierher.

PISTOCLERUS: Da wünsch ich, daß er platzt.

PARASIT: Ist sonst noch was?
PISTOCLERUS:
Bloß, daß du gehst. –
Jetzt heißt es: rasch gehandelt. –
PARASIT: Auf Wiedersehn, du Zähnebrecher.
PISTOCLERUS:
Und du, du Leibes-Decker auch, auf Wiedersehn.

Parasit ab.

Nun hat die Sache jenen Stand erreicht,
wo mich die Qual beschleicht,
was wohl im Angesichte der Misere
dem Freund im Punkte Bacchis anzuraten wärc.
Im Zorn gab er dem Vater die Dukaten;
kein Heller ist mehr da für den Soldaten.
Ich geh zur Seite, denn die Türe kracht.
Seht, was Mnesilochus für eine Miene macht!

Dritte Szene

Mnesilochus, Pistoclerus.

MNESILOCHUS:
Frech, voll Jähzorn, unbedacht,
ohne Haltung, Maß und Acht,
ohne Sinn für Gut und Recht,
unglaubwürdig, sittlich schlecht,
lieblos, reizlos leb ich hin,
weh, daß ich geboren bin.
Jetzt hat mich gar das gepackt,
was ich andern gönnte, ei vertrackt.
Ist das überhaupt zu glauben?
Weniger kann keiner taugen.
Schlimmer ist kein Mensch mißraten,
dem die Götter Gutes taten,
niemand sollte mich noch leiden,
jeder mich zu grüßen meiden.
Freund und Feind bleibt allemal
sich für mich schon ganz egal,

auch, ob jenen ich, ob diesen
meine Hilfe hab erwiesen.
Wer verdient das Haupt voll Schande
mehr als ich in diesem Lande?
Alles Geld gab ich dem Vater
wieder hin, ich Liebeskater,
das ich bar in meiner Hand
zur Verwendung fertig fand.
Bin ich nicht ein lahmer Hund?
Richte selber mich zugrund
samt dem Kunstwerk meines braven
Chrysalus, des eignen Sklaven.

PISTOCLERUS:
Ich muß ihn trösten, ich geh zu ihm hin.
Mnesilochus, he, was bedrückt deinen Sinn?

MNESOLOCHUS:
Daß ich vernichtet bin!

PISTOCLERUS:
Die Götter mögen es zum Guten wenden.

MNESILOCHUS:
O weh, ich muß mein Leben enden.

PISTOCLERUS:
Du Tor du, willst du nicht ruhig sein?

MNESILOCHUS:
Ich sollte schweigen, was fällt dir denn ein?

PISTOCLERUS:
Du bist im Kopf wohl nicht im Lot?

MNESILOCHUS:
O weh, o weh, ich bin schon tot.
Vieles Leid in meinem Herzen
dringt heraus als bittere Schmerzen.
Mußte ich auf das Geschwätz gleich hören?
Über dich mich ohne Grund empören?

PISTOCLERUS: Ach was, Kopf hoch!

MNESILOCHUS: Fragt sich bloß, wie. Ein Toter ist mehr wert als ich.

PISTOCLERUS: Des Soldaten Parasit war grade da, sein Geld zu holen. Ich hab ihn mit frechen Redensarten vom Haus hier und aus der Gasse vertrieben, verscheucht, davongejagt den Menschen.

MNESILOCHUS: Was hab i c h davon? Wenn der Offizier erst selber kommt, was soll ich da machen? Ich hab nichts, ich armer Kerl. Der nimmt sie mit, das weiß ich.

PISTOCLERUS: Wenn ich was hätte, könnte ich es dir doch nicht versprechen.

MNESILOCHUS: Ich weiß, du würdest es mir geben, ich kenne dich, wenn du selbst nicht verliebt wärest. Zu große Hoffnung kann ich in dich nicht setzen. Weil du selbst verliebt bist, hast du genug mit deinen Angelegenheiten zu tun. Wie sollte ich mir einbilden, daß du mir helfen könntest, wo du selbst nichts hast?

PISTOCLERUS: Sei still. Irgendeine Gottheit denkt schon an uns.

MNESILOCHUS: Papperlapapp.

PISTOCLERUS: Halt!

MNESILOCHUS: Was ist los?

PISTOCLERUS: Dort seh ich deine Leibgarde ankommen, den Chrysalus.

Vierte Szene

Chrysalus, Mnesilochus, Pistoclerus.

CHRYSALUS:

Einem Menschen wie mir, nicht mit Gold aufzuwägen,
muß man ein goldenes Standbild prägen!
Eine Doppeltat habe ich heute vollbracht,
hab doppelte Beute, ich selber, gemacht.
Hab herrlich den Alten heut angeschmiert
und klassisch an der Nase geführt.
Der Alte war schlau – und schlau war die List,
mit der er gefoppt und getäuscht worden ist.
Meinen Ränken
Glauben zu schenken!
Heute konnt ich meinem verliebten Patron
– ich meine, unseres Alten Sohn,
nun jenen mein' ich mit welchem ich trinke,
esse und in Liebe versinke –
königliche Schätze bereiten,

zum vollen Gebrauch und nicht nur von weitem!
So ein „Syrus“ und „Parmeno“ bleibe mir fern,
der zwei, drei Minen nur stiehlt seinem Herrn.
Nichts ist doch wahrhaftig weniger wert
als ein Sklave, der eines Einfalls entbehrt,
der keinen wendigen Sinn besitzt;
der vielmehr stets, wenn es nötig ist,
wenig Geist
beweist.
Keinen Heller wert ist so ein Mann,
der nichts Gutes und Schlechtes vollbringen kann.
Mit Strolchen Strolch, mit Dieben Dieb,
und rauben, was es zu rauben gibt.
Ein Mensch mit Herz auf dem rechten Fleck,
der erfüllt im Leben auch seinen Zweck!
Mit Guten gut und schlimm mit den Schlimmen,
der Verstand und der Vorfall – das muß stets stimmen.
Freilich möcht ich dahinterkommen,
wieviel Mnesilochus sich hat genommen
und welchen Prozentsatz von dem Vermögen
er seinem Vater hat wiedergegeben.
Denn wenn er ein Kerl ist und wenn er was taugt,
dann hat er den Vater ganz ausgesaugt:
gab zehn Prozent zurück an den Alten,
und neunzig hat er für sich behalten.
Wie gut, daß der, den ich suche – seht –,
mir grade gegenübersteht.
Mnesilochus, wird von dem Geld was vermißt?
Weil dein Blick so verzagt und so traurig ist,
betrübt, das Auge zu Boden geschlagen?
Das will mir ganz und gar nicht behagen.
Hier hat sich sicher was zugetragen.
Willst du denn gar nicht mal was sagen?

MNESILOCHUS: Chrysalus, ich bin hin.

CHRYSALUS: Nahmst du etwa von dem Gold zuwenig?

MNESILOCHUS: Ach, von wegen zuwenig. Im Gegenteil, viel weniger als zuwenig.

CHRYSALUS: Wieso denn das, du Dummkopf? Ich hab dir ermöglicht, so viel zu nehmen, wie du wolltest: Hast du etwa nur mit zwei Fingerspitzen zugegriffen? Hast du nicht begriffen, wie selten sich einem Menschen eine solche Gelegenheit bietet?

MNESILOCHUS: Du verstehst nicht.

CHRYSALUS: Vielleicht verstehst du selbst nicht; da du nicht tief genug zugegriffen hast.

MNESILOCHUS: Ach, du würdest mir noch mehr vorwerfen, wenn du mehr von dem Sachverhalt wüßtest. Ich bin hin.

CHRYSALUS: Mein Verstand prophezeit mir aus diesen Worten noch größeres Übel.

MNESILOCHUS: Ich bin hin.

CHRYSALUS: Wieso?

MNESILOCHUS: Weil ich meinem Vater alles bis auf den letzten Heller zurückgezahlt habe.

CHRYSALUS: Zurückgezahlt?

MNESILOCHUS: Zurückgezahlt.

CHRYSALUS: Alles?

MNESILOCHUS: Restlos.

CHRYSALUS: Donnerwetter. Was kam dir in den Sinn, diesen Frevel zu begehn?

MNESILOCHUS: Ich hatte die Bacchis und den da in Verdacht, mich schändlich hintergangen zu haben. Und deshalb gab ich im Zorn das gesamte Geld meinem Vater zurück.

CHRYSALUS: Und was hast du dem Vater erzählt, als du ihm das Geld gabst?

MNESILOCHUS: Ich sagte, ich hätte das Geld ohne Umschweife von unsrem Gastfreund Archidemides bekommen.

CHRYSALUS: Ha, mit diesem Satz hast du den Chrysalus heute ans Kreuz geliefert. Denn wenn mich der Alte trifft, schleppt er mich auf der Stelle zum Henker.

MNESILOCHUS: Ich konnte den Vater mit Bitten erweichen.

CHRYSALUS: Wohl das zu tun, was ich grad sagte?

MNESILOCHUS: Nein! Dich nicht zu strafen und dir wegen der Angelegenheit auch nicht zu zürnen; ich konnte es grade so schaffen. Aber nun mußt du dich auch meiner Sache annehmen, Chrysalus.

CHRYSALUS: Welcher Sache?

MNESILOCHUS: Dich noch mal an den alten Herrn ranzumachen. Los, tu's, mach, was du willst, leim's zusammen, arrangiere es, den pfiffigen alten Herrn heute raffiniert zu betrügen und ihm sein Gold fortzuschleppen.

CHRYSALUS: Das scheint mir kaum durchführbar.

MNESILOCHUS: Los, tu's doch und leicht ist es geschafft.

CHRYSALUS: Wie, leicht, zum Teufel, wo er mich grad auf frischer Tat erwischt hat? Selbst wenn ich ihn bitte, mir nichts zu glauben – wird er nicht glauben, das zu glauben.

MNESILOCHUS: Wenn du erst gehört hättest, was er gegen dich sagte.

CHRYSALUS: Was denn?

MNESILOCHUS: Wenn du ihm sagen würdest, die Sonne sei die Sonne, dann würde er glauben, es sei der Mond, und der Tag sei die Nacht.

CHRYSALUS: Beim Herkules, den Menschen leg ich heute noch mit Stumpf und Stiel rein; das soll er nicht umsonst gesagt haben.

MNESILOCHUS: Was sollen wir jetzt dabei tun?

CHRYSALUS: Nichts, außer daß ihr feste weiter liebt, das befehle ich. Im übrigen, verlangt so viel Geld, wie euch gefällt: ich geb es euch. Was liegt mir schon dran, daß ich Chrysalus heiße, wenn ich es nicht mit Taten bekräftige? Aber nun sag mir, Mnesilochus: Welche Kleinigkeit Geld brauchst du?

MNESILOCHUS: Für den Soldaten brauche ich zweihundert Goldstücke, um die Bacchis loszukaufen.

CHRYSALUS: Die bring ich dir.

MNESILOCHUS: Dann gibt es noch Unkosten.

CHRYSALUS: Ach, sachte, sachte, immer der Reihe nach. Wenn ich erst das eine erledigt habe, kommt das andere dran. Zunächst spanne ich wegen der zweihundert Goldstücke die Schleuder gegen den Alten. Wenn ich mit diesem Geschütz den Turm und die vordere Schutzwehr genommen habe, geht's stracks durch das Tor und unverzüglich in die alte Stadt hinein: hab ich sie genommen, dann holt für eure Freundinnen das Gold gleich körbeweise, wie ihr Lust habt.

PISTOCLERUS: An dir hängt unsere Lebenshoffnung, Chrysalus.

CHRYSALUS: Und geh du hinein, Pistoclerus, zur Bacchis, und hole gleich mal –

PISTOCLERUS: Was?

CHRYSALUS: – Griffel und Schreibgerät und etwas Schnur.

PISTOCLERUS: Ja ja, gleich, gleich.

MNESILOCHUS: Und wie geht's weiter? Sag mir das.

CHRYSALUS: Ist das Essen schon vorbereitet? Wird es für euch zwei gemacht, dein Mädchen als Dritte im Bunde?

MNESILOCHUS: Ja, wie du sagst.

CHRYSALUS: Und für Pistoclerus ist keine da?

MNESILOCHUS: O ja, die ist auch da. Er liebt die eine Zwillingsschwester, ich die andere. Bacchis heißen beide.

CHRYSALUS: Was sagst du da?

MNESILOCHUS: Nur die Zahl, wieviel wir sein werden.

CHRYSALUS: Und wo steht euer Bett?

MNESILOCHUS: Warum willst du das wissen?

CHRYSALUS: Die Sache ist nun mal so; ich muß es erfahren. Du weißt nicht, was ich im Schilde führe und vorbereite.

MNESILOCHUS: Gib mir die Hand und komm näher mit zur Tür heran. Schau hinein.

CHRYSALUS: Großartig, wunderschön, den Platz konnte ich mir gar nicht besser denken.

PISTOCLERUS: Da ist, was du befahlst. Denn was man guten Leuten aufträgt, wird sogleich gut ausgeführt.

CHRYSALUS: Was hast du gebracht?

PISTOCLERUS: Alles, was ich sollte.

CHRYSALUS: Nimm rasch den Griffel und diese Schreibtafeln.

MNESILOCHUS: Und nun?

CHRYSALUS: Nun schreib, was ich dir sage. Schreiben mußt du selbst, damit der Vater beim Lesen die Schrift erkennt. Also schreib.

MNESILOCHUS: Was soll ich denn schreiben?

CHRYSALUS: Schreib deinem Vater mit eignen Worten einen schönen Gruß.

PISTOCLERUS: Sollte er nicht lieber „Krankheit und Tod“ hinschreiben? Das trifft besser zu.

CHRYSALUS: Unterbrich mich nicht.

MNESILOCHUS: Was du sagtest, steht schon auf der Tafel.

CHRYSALUS: Lies vor, was du geschrieben hast.

MNESILOCHUS: „Mnesilochus sendet seinem Vater einen schönen Gruß.“

CHRYSALUS: Schreib rasch noch folgendes: „Chrysalus wirft mir dauernd vor, Vater – recht hat er freilich nicht –, daß ich dir das Gold zurückgab und dich nicht hinterging.“

PISTOCLERUS: Warte, er schreibt noch.

CHRYSALUS: Ein Verliebter braucht eine flinke Hand.

PISTOCLERUS: Flink freilich, um sich zu ruinieren, doch beim Schreiben hapert's dann.

MNESILOCHUS: Sprich weiter. Das ist fertig.

CHRYSALUS: Schreib: „Nun, lieber Vater, sieh dich in Zukunft vor ihm vor, er schmiedet Ränke, um dir das Gold wieder abzunehmen; und er behauptete tatsächlich, daß er es dir abnimmt.“ Schreibe dies ausdrücklich.

MNESILOCHUS: Sprich nur.

CHRYSALUS: „Und er versichert dazu, er wolle das Gold mir geben, damit ich es bei Freudenmädchen und in Lasterhöhlen nach Griechenart verprasse, Vater. Drum sieh dich vor, Vater, daß er dich heute nicht beschwatzt. Bitte, sei vorsichtig!“

MNESILOCHUS: Sprich weiter.

CHRYSALUS: Dann schreib auch noch –

MNESILOCHUS: Sag nur, was ich schreiben soll.

CHRYSALUS: „Doch, Vater, ich bitte dich, daran zu denken, was du mir versprochen hast: Ihn nicht zu züchtigen. Allerdings halte ihn in Fesseln bei dir unter Bewachung im Haus.“ – Nun gib das Schreiben und die Schnur rasch her. Los, schnür zu und versiegle es.

MNESILOCHUS: Um Himmels willen, was soll denn dieses Schreiben? Daß er dir ja nichts glauben und dich gefesselt im Haus bewachen soll?

CHRYSALUS: Weil es mir so gefällt. Kannst du dich nun um deine Angelegenheiten kümmern und mich in Ruh lassen? Im Vertrauen auf mich habe ich das Werk angestiftet, auf meine Gefahr führe ich es durch.

MNESILOCHUS: Da hast du recht.

CHRYSALUS: Gib das Schreiben.

MNESILOCHUS: Da nimm.

CHRYSALUS: Paß mal auf. Mnesilochus und du, Pistoclerus, macht es euch auf dem Bett bequem mit euren Mädchen, das ist mein Auftrag, und da, wo das Lager bereitet ist, dort zecht drauflos.

PISTOCLERUS: Sonst noch was?

CHRYSALUS: Auch das noch: Wenn ihr einmal Platz genommen habt, steht ja nicht eher auf, als bis ich ein Zeichen dazu gebe.

PISTOCLERUS: O welch phantastischer Feldherr!

CHRYSALUS: Ihr könntet längst zwei Becher hinter der Binde haben.

MNESILOCHUS: Da machen wir uns davon!

CHRYSALUS: Tut ihr eure Pflicht und ich die meine.

Fünfte Szene

Chrysalus.

CHRYSALUS:
Ein schlimmes Riesenwerk will ich in Szene bringen
und fürchte bloß, es könnte nicht gelingen.
Jetzt brauch ich unsern Alten mächtig aufgebracht,
da sich mein Streich in diesem Fall entschieden besser macht;
ich wünsch ihn mir verrückt,
sobald er mich erblickt.
Den setze ich, so wahr ich lebe, heut schachmatt,
den hüls ich aus, wie eine Bohne glitzeglatt.
Ich geh zur Tür, und tritt er aus dem Haus,
dann liefre ich das Brieflein aus.

Sechste Szene

Nicobulus, Chrysalus.

NICOBULUS:
Die Sache schafft mir gar zu viel Verdruß,
daß Chrysalus mir heute derart durch die Lappen ging.

CHRYSALUS:
Famos, ich bin gerettet, denn
der Alte ist erzürnt.
Da ist es Zeit für mich, zu ihm zu gehn.
NICOBULUS:
Wer spricht denn in der Nähe?
Das scheint mir Chrysalus zu sein.
CHRYSALUS: Ich geh zu ihm.
NICOBULUS:
Verehrter Sklave, guten Tag. Wie steht's?
Wann geht's denn ab nach Ephesus,
um von Theotimus das Gold nach Haus zu holen? Was,
du schweigst? Bei allen Göttern schwöre ich dir, daß,
wenn meinen Sohn ich nicht so liebte, und
nicht alles wünschte, was er sich begehrt –
ich deinen Rücken dir mit Ruten
hundsgemein zerbleut und dich gefesselt
in der Mühle deine Tage fristen lassen würde.
Alle deine Schandentaten hab ich von Mnesilochus erfahren.
CHRYSALUS:
Du legst mir das zur Last?
Nun, ganz vortrefflich. Schlecht
bin ich, ein ganz verruchter Gauner.
Schön, da sieh nur selber zu. Ich sag kein Wort.
NICOBULUS: Du Galgenstrick, du drohst mir noch?
CHRYSALUS:
Gleich wirst du meine Wesensart erkennen.
Dieses Brieflein soll ich dir von deinem Sohne geben.
Und er bat, du solltest tun, was da geschrieben steht.
NICOBULUS: Gib her!
CHRYSALUS: Und achte auf das Siegel!
NICOBULUS: Ja. Wo ist mein Sohn?
CHRYSALUS:
Hab keine Ahnung. Hab vergessen alles.
Weiß, ich bin ein Sklave.
Hab auch das vergessen, was ich weiß. –
Jetzt pickt die Drossel nach dem Wurm im Netz;
der geht mir heut famos hinein,
so hab ich meine Falle ausgespannt.

NICOBULUS:
Ach bleib doch noch ein Weilchen da;
ich komm gleich wieder raus zu dir, mein Chrysalus. –
CHRYSALUS:
Was der für Worte macht,
als ob ich denn nicht wüßte,
was der Mann im Schilde führt.
Er holt sich drinnen Sklaven, die mich fesseln sollen.
Trefflich treibt mein Kahn dahin,
das Schiff ist gut gefügt.
Doch will ich still sein, denn ich hör:
Die Tür geht auf.

Siebente Szene

Nicobulus, Chrysalus.

NICOBULUS:
Ach, Artamo, schnür gleich die Hände dem zusammen.
CHRYSALUS: Was hab ich denn getan?
NICOBULUS:
Versetz ihm eins, wenn er nur muckst. –
Was steht in diesem Brief?
CHRYSALUS:
Was weiß denn ich?
So wie ich ihn von ihm bekam,
so hab ich ihn versiegelt dir gebracht.
NICOBULUS:
Mein lieber Freund,
mit üblen Worten hast du meinen Sohn gescholten, weil
er mir das Gold zurückgegeben hat.
Du hast gesagt,
du wollest es mir trotzdem wieder nehmen, mit Betrug.
Na stimmt's?
CHRYSALUS: Das hätte ich gesagt?
NICOBULUS: Jawohl.
CHRYSALUS:
Wer ist der Mensch, der sagt, ich hätte das gesagt?
NICOBULUS:
Sei still! Kein Mensch sagt das;

der Brief hier zeigt dich an, den du mir gabst.
Und dieser Brief auch fordert, dich zu fesseln.

CHRYSALUS:
Aha, dein Sohn hat Bellerophon aus mir gemacht.
Ich brachte selber den Befehl,
daß man mich fesselt. Bitte, nicht!

NICOBULUS:
Ich tu es deshalb, daß du meinem Sohne nochmal raten kannst,
er solle sich mit dir
nach Griechenart benehmen, Rabenaas!

CHRYSALUS:
Du Tor, du Tor, du merkst nicht,
daß man dich verkauft,
und stehst doch selber auf dem Stein,
von dem der Herold seine Sklaven preist.

NICOBULUS: Gib Antwort! Wer verkauft mich denn?

CHRYSALUS:
Nun, wen die Götter lieben, der stirbt jung,
bei kräftigem, gesunden Sinn.
Wenn den da irgendeine Gottheit liebte, hätt er längst
vor mehr als zehn und zwanzig Jahren sterben müssen. Doch
er wandelt unsrem Land zur Last umher,
versteht nichts, fühlt nichts,
wertlos wie ein fauler Pilz.

NICOBULUS:
Du sagst, ich sei dem Land zur Last?
Schafft ihn hinein und bindet ihn
an einer Säule fest.
Nie schleppst du Geld hier fort!

CHRYSALUS: Schon bald wirst du es geben.

NICOBULUS: Geben? Ich?

CHRYSALUS:
Und bitten wirst du mich noch obendrein,
es fortzuschleppen, wenn du erst erfährst,
in welcher tödlichen Gefahr mein Denunziant jetzt schwebt.
Die Freiheit wirst du mir versprechen;
jedoch, ich will sie nicht.

NICOBULUS:
Nun sprich schon, frecher Kerl,
wieso befindet sich mein Sohn Mnesilochus jetzt in Gefahr?
CHRYSALUS: Komm mit, dann weißt du gleich Bescheid.
NICOBULUS: Wohin in aller Welt?
CHRYSALUS: Drei Schritte nur.
NICOBULUS: Ich mach auch zehn.
CHRYSALUS:
Du, Artamo, mach diese Tür ein wenig auf,
doch Vorsicht, kein Geräusch.
Genug.
Und nun tritt *du* einmal heran.
Du siehst doch das Gelage?
NICOBULUS:
Ja ja, mir gegenüber seh ich Pistoclerus und die Bacchis.
CHRYSALUS: Und wer liegt auf der andren Lagerstatt?
NICOBULUS: Verdammt, ich Armer bin erledigt!
CHRYSALUS: Du kennst wohl diesen Menschen?
NICOBULUS: Ooooooooh!
CHRYSALUS:
Nun sag doch bitte, ist die Frau nicht schön?
NICOBULUS: Ja, sehr.
CHRYSALUS:
Sag, kommt dirs nicht so vor, als ob die Frau
ein Hürchen ist?
NICOBULUS: Das denk ich. Etwa nicht?
CHRYSALUS: Ganz falsch.
NICOBULUS: Wer ist sie denn, ich bitte dich?
CHRYSALUS: Das merkst du noch. Doch ich erzähle nichts.

Achte Szene

Cleomachus, Nicobulus, Chrysalus.

CLEOMACHUS:
Was soll denn das?
Daß der Mnesilochus, des Nicobulus Sohn,

mir hier das Weib gewaltsam vorenthält?
NICOBULUS: Wer ist denn das?
CHRYSALUS: Der Offizier da kommt mir grade recht.
CLEOMACHUS:
Der denkt wohl gar, ich sei ein Weib und kein Soldat,
daß ich mich selbst und alle Menschen nicht beschützen kann?
Ha, weder die Bellona noch Gott Mars soll jemals mir vertraun,
wenn ich den Burschen, wenn er mir begegnet, nicht
gleich lynche und ermorde.
NICOBULUS:
Chrysalus, wer ist denn das, der meinen Sohn da so bedroht?
CHRYSALUS:
Der Mann von jener Frau, bei der dein Sohn grad ruht.
NICOBULUS: Der Mann?
CHRYSALUS: Der Mann, jawohl.
NICOBULUS:
Um Himmels willen, ist sie denn verehelicht?
CHRYSALUS: Moment, gleich weißt du das.
NICOBULUS: O weh, ich Armer bin erledigt.
CHRYSALUS:
Nanu, was ist? Erscheint dir Chrysalus noch so verbrecherisch?
Los, laß mich gut gefesselt stehn
und hör auf deinen Sohn!
Hab ich dir nicht gesagt,
du würdest noch erfahren, wer er ist?
NICOBULUS: Was soll ich tun?
CHRYSALUS:
Dann laß mich, wenn du Lust hast, schnellstens frei.
Denn andrenfalles stürzt er sich
vor deinen Augen über deinen Sohn.
CLEOMACHUS:
Es gibt doch nichts, was mir heut lieber wär,
als diese beiden, ihn mit ihr,
auf einem Bette liegend kalt und mausetot zu machen.
CHRYSALUS:
Nun hörst du, was er spricht? Was läßt du mich nicht los?

NICOBULUS:
So macht ihn los!
O weh, ich komme um vor Angst.
CLEOMACHUS:
Das Weib,
das aller Welt sich preisgibt,
richt ich zu, daß sie nicht sagen soll,
sie habe ihren Spaß an mir gehabt.
CHRYSALUS:
Mit ein paar Münzen kannst du mit dem Frieden schließen.
NICOBULUS:
Schließ nur, schließ,
ich bitte dich, soviel du willst,
bloß daß er mir vor meinen Augen nicht den Sohn erschlägt.
CLEOMACHUS:
Wenn man mir auf der Stelle nicht zweihundert Philipps-Taler zahlt,
dann lösche ich das Lebenslicht der beiden auf der Stelle aus.
NICOBULUS:
Mach Frieden, wenn du kannst, mit ihm;
los, los, ich bitte dich, mach Frieden irgendwie.
CHRYSALUS:
Ich gehe, es geschieht sogleich. –
Was lärmst du so?
CLEOMACHUS: Wo ist dein Herr?
CHRYSALUS:
Ich weiß nicht, nirgendwo. –
Was meinst du, wenn man dir zweihundert Philipps-Taler gibt, damit du nicht so brüllst und schimpfst?
CLEOMACHUS: Es gibt nichts, was mir lieber wär.
CHRYSALUS:
Und schluckst du dann noch eine Ladung Prügel obendrein?
CLEOMACHUS: Das ist mir gleich.
NICOBULUS: Wie gut der Schlingel schmeicheln kann.
CHRYSALUS:
Da ist der Vater des Mnesilochus.
Komm mit, der gibt das Geld, verlang es nur!

Geredet hat man nun genug.
NICOBULUS: Wie stehts?
CHRYSALUS:
Zweihundert Philipps-Taler hab ich mit dem ausgemacht.
NICOBULUS:
O meine Wonne du, da hast du mich gerettet.
Wann darf ich denn bezahlen?
CHRYSALUS: Verlang das Geld von ihm und du schlag ein.
NICOBULUS: Ich zahle. – Los, verlang das Geld!
CLEOMACHUS:
Zweihundert gute goldne Philipps-Taler – gibst du die?
CHRYSALUS:
Sag du: Ich zahle sie! – Gib Antwort, los!
NICOBULUS: Ich zahle sie.
CHRYSALUS:
Na und, du Schmutzfink? Ist was nicht im Lot?
Was fällst du ihm zur Last? Und drohst dem Sohn mit Tod?
Na warte, er und ich, wir prügeln dich schon klein,
du hast ein Schwert, den Bratspieß wir daheim.
Und reizt du mich, durchbohr ich deinen Wanst,
daß du dein Grablied wie die Spitzmaus singen kannst.
Schon lange ahn ich, was dich reizt, ich wette:
Du denkst, er liegt mit deinem Weib im Bette.
CLEOMACHUS: Ja ja, so ist es auch.
CHRYSALUS:
So wahr mich „Jupiter – es ist nicht übertrieben –
und alle andern Götter gleicherweise lieben:
Minerva, Juno, Latona und Ceres, Spes,
Mars, Opis, Virtus, Venus, Castor, Pollux, Herkules,
Merkur, Summanus, Sol, Saturn: ich schwöre hier,
er liegt und steht nicht drin bei ihr,
er küßt sie nicht und hütet sich zu machen,
was sonst man so erzählt an frechen Sachen.
NICOBULUS:
Nein, wie der schwören kann!
Sein Meineid rettet mich.
CLEOMACHUS: Wo steckt denn dann Mnesilochus?
CHRYSALUS:
Der Vater sandte ihn aufs Land.

Sie aber ging zur Burg,
das Heiligtum Minervas zu besuchen.
Geh hin, der Tempel ist jetzt auf,
sieh nach, ob sie dort ist.
CLEOMACHUS: Nun gut, ich geh zum Markt.
CHRYSALUS: Geh besser noch ans Kreuz.
CLEOMACHUS: Ich krieg das Geld noch heut?
CHRYSALUS:
Ja ja und häng dich endlich auf!
Und denk nicht, daß man dir noch gute Worte gibt.
Der ekelhafte Kerl. –
Der wäre weg.
Ach, Herr, bei allen Göttern bitt ich dich:
Laß mich hinein zu deinem Sohn.
NICOBULUS: Weshalb?
CHRYSALUS:
Um ihn für sein Benehmen mächtig auszuschelten.
NICOBULUS:
Ganz recht, ganz recht,
und, Chrysalus, ich bitte dich, mach's nicht zu knapp.
CHRYSALUS:
Dazu ermahnst du mich?
Genügt dir's, wenn er eine größre Predigt heut bei mir erhält
als Clinia je von dem Demetrius?
NICOBULUS:
Ein Sklave hat mit einem Lippus-Auge größte Ähnlichkeit:
Hat man es nicht –
na gut, man sehnt sich nicht danach.
Doch hat man es,
dann läßt sich's nicht vermeiden, dauernd dranzufassen.
Denn wär der Sklave nicht durch Zufall hier gewesen,
dann hätte der Soldat mir meinen Sohn Mnesilochus
zugleich mit seiner Frau gepackt und abgemurkst
wie einen frisch ertappten Ehebrecher.
Nun hab ich mir den Sohn gewissermaßen eingekauft,
zum Preise von zweihundert Philipps-Talern, die
ich dem Soldat versprach.
Doch freilich gab ich den Betrag nicht einfach hin,

bevor ich meinen Sohn nicht sprach.
Dem Chrysalus, dem trau ich nicht aufs Wort.
Das Schriftstück will ich nachher nochmal lesen,
denn einem Brief mit Siegel muß man glauben. *Ab.*

Neunte Szene

Chrysalus, Nicobulus.

CHRYSALUS:
Von beiden Atreus-Brüdern ist bekannt,
daß sie die größte Tat vollbrachten
und Pergamum, von Götterhand
befestigt, dieses Vaterland
des Priamus, zunichte machten,
mit Waffen, Heer und Reitermassen
und an die tausend Kriegsbarkassen,
im Jahre zehn
des Kriegsgeschehn.
Doch meine Füße lauf ich mir nicht wund,
wenn ich den Herrn erobre und
ganz ohne Schiff- und Kriegermacht:
Durch einen Mann wird das vollbracht.
Ich hab dem Vater seinen Goldschatz abgehangen
und setzte ihn für den verliebten Sohn gefangen.
Bevor der Alte hier erscheint,
wird lauthals klagend jetzt geweint:
O Troja, Vaterland, o Pergamum,
o Priamus, du Alter bist geschoren;
denn elend hat man dich geschunden um
vierhundert blanke Phillipps d'Oren.
Denn was verbrieft ich und versiegelt hier
in meinen Händen habe
das ist ein Holzpferd, kein Papier,
der Griechen listige Gabe.
Der Pistoclerus ist Epeius, der das Pferd ersann.
Mnesilochus entspricht dem Simo –
man ließ zurück den Mann;
doch lag der nicht auf des Achilleus Grabesstätte,
vielmehr bei Bacchis auf dem Lotterbette.

Der Simo gab einst Feuerzeichen,
dem andern sengt ein Weib die Weichen.
Ich bin Odysseus, wie man sieht,
nach dessen Plan das Werk geschieht.
Und in den Lettern, die hier aufgeschrieben stehn,
muß man im Pferd verborgne kühne Helden sehn.
Bis hierher ging die Sache für mich gut.
Mein Pferd hier freilich stürmt in seiner Wut
nicht auf die Burg von Troja, nein!
Auf eine Geldkassette stürmt es ein.
Tod und Vernichtung wird von meinem Pferd
dem Gold des Alten heut beschert.
Und unsrem senex, alt und dumm,
verschaffe ich den Namen Ilium.
Der Offizier ist Menelaus, Agamemnon ich,
und nochmals ich in der Person,
bin auch Odysseus, des Laërtes Sohn.
Mnesilochus und Alexander, der sein Heimatland
total verdarb, sind in dem Gleichnisse verwandt.
Er raubte Helena, und eben aus dem Grunde
belagre Ilium ich zur Stunde.
Wie ich dem jungen Herrn,
so war Ulyss, ich weiß das ganz genau,
dem Alexander Beistand,
kühn und schlau.
Bei meinen Listen hat man mich ertappt;
und grad so wurde jener fast geschnappt
und hätte trotz Verkleidung bald den Tod gefunden
bei dem Versuche, Trojas Schicksal zu erkunden.
Ganz ähnlich ging's mir heute – bloß
durch List kam ich aus meinen Fesseln los.
Genauso er:
die List bewahrt' ihn vor Malheur.
Ich hörte, es war dreierlei,
weswegen Troja einst gefallen sei:
Wenn an der Burg – als erstes Ding –
Minervas Bild verlorenging.
Und weiter folgt, als Nummer zwei,
des Troilus Tod. Das dritte sei:
Wenn dann die obre Schwelle

am Phryger-Tor zerschelle.
Genauso gibt's in unsrem Fall,
drei Schicksalsschläge an der Zahl.
Denn als ich vorhin unsrem Alten
die Lüge hatte vorgehalten,
mit Gast und Gold und Schiff und Schatz,
da war das Bild der Burg zur Katz.
Zwei Schläge mußten jetzt noch kommen,
noch war die Stadt nicht eingenommen.
Als zweitens ich dem Alten jenes Brieflein bot,
da gab ich Troilus den Tod.
Der Alte dachte jetzt, die Gattin des Soldaten
sei als Geliebte an Mnesilochus geraten.
Mit Müh und Not kam ich da los.
Ich glaube, die Gefahr war ganz genauso groß
wie bei Odysseus, den die Helena erst sieht
und dann an Hecuba verriet.
Jedoch wie jener einst durch Schmeichelei
erreichte, daß er freizulassen sei,
so hab auch ich mich der Gefahr durch List entzogen
und diesen Alten da betrogen.
Dann stritt ich mit dem Offizier, dem Gernegroß,
der Städte einnimmt, waffenlos,
ganz einfach bloß mit meinem Munde:
Ich wies ihn ab und machte ihn zugrunde.
Drauf zog ich mit dem Alten in die Schlacht:
Mit einer Lüge war der Fall gemacht;
mit einem Stich stoß ich hinein
und schon war diese Beute mein.
Nun zahlt er an den Hauptmann, wie vereinbart war,
zweihundert Philipps-Taler, und in bar.
Doch wirklich brauch ich nochmals zwei
für die Soldaten-Sieges-Sauferei
nach Trojas Falle:
verteilt an alle.
Der Priamus in unsrem Lustspiel überragt
den Mythos-Helden ungefragt:
Nicht fünfzig Söhne hat er – nein,
er hat fünfhundert, auserlesne, pikefein.
Den' hau ich heute samt und sunder

nur mit zwei Streichen ihre Köpfe runter.
Doch unser Priamus wird losgeschlagen,
sobald wir erst die Stadt erobert haben;
vielleicht gibt's einen Käufer für den Mann,
ich halt ihn feil und preis ihn an.
Doch seht nur hier – steht Priamus vor seiner Tür.
Ich gehe ran – und sprech ihn an.

NICOBULUS: Welche Stimme höre ich da in der Nähe?

CHRYSALUS: O Nicobulus!

NICOBULUS: Was ist? Hast du getan, was ich dich hieß?

CHRYSALUS: Da fragst du? Komm her!

NICOBULUS: Ja, ja.

CHRYSALUS: Ein Redner bin ich von Format. Zum Heulen brachte ich den Menschen; ich hab ihn derart bitter gescholten, wie ich es mir nur ausdenken konnte.

NICOBULUS: Was sagte er?

CHRYSALUS: Kein Wort: In tränenvollem Schweigen hörte er meine Rede an; stumm schrieb er den Text auf, unterzeichnete ihn und gab ihn mir mit. Ich soll ihn dir geben, doch fürchte ich, daß er dasselbe Lied singt wie früher. Sieh dir das Siegel an, es stimmt doch?

NICOBULUS: Ich kenne es. Ich will es lesen.

CHRYSALUS: Lies nur. – Jetzt geht die obre Schwelle zu Bruch. Jetzt ist für Ilium das Ende da. Herrlich stürmt das hölzerne Pferd dahin.

NICOBULUS: Chrysalus, bleib da, solange ich lese!

CHRYSALUS: Wozu brauchst du mich denn bei dir?

NICOBULUS: Du sollst dich für meine Befehle bereithalten und erfahren, was hier steht.

CHRYSALUS: Ich mach mir nichts draus. Ich will das gar nicht wissen.

NICOBULUS: Trotzdem bleibst du da.

CHRYSALUS: Warum?

NICOBULUS: Halt den Mund. Was ich befehle, wird gemacht!

CHRYSALUS: Da bin ich.

NICOBULUS: Ei, wie klein sind die Buchstaben!

CHRYSALUS: Freilich, für einen, der schlecht sieht. Aber wer noch gute Augen hat, für den sind sie groß genug.

NICOBULUS: Also, nun paß auf!

CHRYSALUS: Nein, sag ich!
NICOBULUS: Ja! Sag ich.
CHRYSALUS: Was ist?
NICOBULUS: Du sollst endlich tun, was ich dich heiße.
CHRYSALUS: Ganz recht, daß dir dein Sklave auch parieren muß.
NICOBULUS: Nun tu's gefälligst auch!
CHRYSALUS: Bitte sehr, nun lies! Mein Ohr steht dir zur Verfügung.
NICOBULUS: Mit Wachs und Griffel hat er freilich nicht gespart. Doch sei's wie's sei, jetzt wird gelesen:
„Mein Vater, bitte gib dem Chrysalus zweihundert Philipps-Taler hin, sofern du wünschst, daß ich wohlauf und munter leben bleib."
Verflixt noch mal, das ist ein harter Schlag.
CHRYSALUS: Ich sag dir's ja.
NICOBULUS: Was ist?
CHRYSALUS: Hat er dir am Anfang nicht mal „Guten Tag" gesagt?
NICOBULUS: Davon seh ich nichts.
CHRYSALUS: Gib das Geld nicht, wenn du schlau bist. Aber wenn du es doch gibst, ha, dann soll er sich einen anderen suchen, der es ihm bringt, wenn er schlau ist. Ich nicht, und befiehlst du es auch noch so sehr. Mir traut man so schon nicht, obgleich ich ganz brav bin.
NICOBULUS: Paß weiter auf, ich lese vor, was da steht.
CHRYSALUS: Der Brief ist ja von Anfang an schon unverschämt.
NICOBULUS:
„Ich schäme mich, dir vor das Angesicht zu treten, Vater.
Ich erfuhr, daß du von meiner Riesenschande weißt,
wie ich dem Weib des fernen Offizieres beigewohnt."
Beim Zeus, verspotte mich nicht; denn für zweihundert Philipps-Taler habe ich ja dein Leben von der Schande losgekauft.
CHRYSALUS: Nichts sagst du da, was ich ihm nicht auch schon sagte.
NICOBULUS:
„Ja, ich gestehe, ich benahm mich wie ein Tor.
Doch bitte Vater, ach, verlaß mich nicht,

wenn ich aus Torheit mich verging.
Mein Sinn war gierig und mein Auge frech.
Und was ich tat, jawohl, der Tat gereut es mich."
Hättest du dich doch vorgesehen, bevor es dich gereuen mußte!

CHRYSALUS: All diese Argumente habe ich ihm längst gesagt.

NICOBULUS:
„Ich bitte dich, bedenke, Vater, dies,
daß Chrysalus mit harten Worten mich gescholten hat
und mit Ermahnungen zum Bess'ren mich bekehrte;
deshalb gehört es sich, daß du ihm dankbar bist."

CHRYSALUS: Das steht da?

NICOBULUS: Sieh an, damit du's glaubst.

CHRYSALUS: Im selben Übermaße, wie er sich verging, bereut er jetzt.

NICOBULUS:
„Und nun – wenn ich noch darf –
beschwör ich, Vater, dich:
Gib mir zweihundert Philipps-Taler her, ich bitte dich!"

CHRYSALUS: Keinen einzigen, um Himmels willen, wenn du schlau bist.

NICOBULUS: Laß mich doch zu Ende lesen:
„Ich hab mich eidlich festgelegt,
daß ich der Frau das Geld noch heut vor Abend geb,
bevor sie mich verläßt.
Nun, Vater, sorge, daß ich nicht zugrunde geh;
und hol mich hier heraus von ihr, so schnell es geht;
denn ihretwegen hab ich mich so ungeheuerlich vergangen.
Glaub ja nicht, daß zweihundert Taler ein Vermögen sei.
Sechshundert geb ich dir dafür zurück, wenn ich am Leben bleib.
Leb wohl und kümmre dich darum."
Was meinst du nun dazu, Chrysalus?

CHRYSALUS: Ich rate dir heute nichts. Ich will keinen Anlaß dazu geben, daß man, falls etwa ein Gaunerstückchen passiert, mir die Sache in die Schuhe schiebt. Doch bin ich der Ansicht, daß ich an deiner Stelle lieber das Geld bezahlte, als den Sohn zugrunde gehen zu lassen. Zwei Möglichkeiten gibt es: Überleg dir selbst, was du vorziehst: Entweder dein Geld geht drauf oder der verliebte Sohn. Ich befehle dir nichts und verbiete dir nichts, und raten tu ich dir auch nichts.

NICOBULUS: Er dauert mich.

CHRYSALUS: Schließlich ist er dein Sohn. Kein Wunder. Und wenn noch mehr draufgehn müßte, ist der Verlust immer noch besser, als daß diese Schande rauskommt.

NICOBULUS: Ach, wäre er doch bloß frisch und gesund in Ephesus geblieben, statt heimzukommen. Was bleibt mir da für eine Wahl? Was draufgehen muß, soll nur geschwind draufgehn. Die zweimal zweihundert Taler hol ich rasch raus, für den Soldaten, dem ich Ärmster sie schon längst versprochen hab, und die andern noch dazu. Bleib hier, gleich bin ich wieder da, Chrysalus.

CHRYSALUS:

Troja verödet!
Die Edelsten zerspalten Pergamum.
Ich wußte längst, daß ich für Pergamum das Ende bring'.
Wer mir zu sagen wagt, ich sei des Kreuzes wert,
dem wagt ich nicht das Gegenteil zu wetten.
So hab ich alles hier in Konfusion gebracht.
Jedoch die Türe ging.
Da wird aus Troja schon die Beute rausgeschleppt.
Jetzt muß ich aber stille sein.

NICOBULUS: Nimm das Gold hin, Chrysalus, bring es meinem Sohn. Ich geh zum Markt, um den Soldaten auszuzahlen.

CHRYSALUS: Ich nehm's nicht an. Du mußt dir einen suchen, der es hinbringt. Mir sollst du nicht vertraun.

NICOBULUS: Nimm schon, du regst mich auf.

CHRYSALUS: Nein, ich tu's nicht.

NICOBULUS: Ach bitte.

CHRYSALUS: Nein, ich sag dir ja, wie die Sache steht.

NICOBULUS: Du hältst mich auf.

CHRYSALUS: Ich möchte nicht, daß man mir das Geld anvertraut. Oder – gib mir einen mit, der auf mich aufpaßt.

NICOBULUS: Ach, du fällst mir auf die Nerven.

CHRYSALUS: Na dann gib schon, wenn es halt sein muß!

NICOBULUS: Kümmre dich darum. Ich bin gleich wieder hier. *Ab.*

CHRYSALUS:
Das wär' besorgt. – Von allen Alten, Mann,
bist du am allerallerschlimmsten dran.
Das heißt: ein Werk zu Ende bringen!
Vortreffliches Gelingen!
So daß ich jubelnd, voller Beute,
meines Weges schreite.
Von mir beschützt, die Stadt kassiert,
hab ich – vom Feinde unberührt –
die ganze Heeresmacht
mit heiler Haut zurückgebracht.
Verehrtes Publikum: Verwundert euch bloß nicht:
Ich leiste auf Triumph Verzicht.
Das hält bloß auf; denn zu vulgär ist die Geschichte.
Doch den Soldaten soll man Honigwein servieren.
Ich selbst indes will den Gesamtgewinn dem Quaestor offerieren.

Zehnte Szene

Philoxenus.

PHILOXENUS:
Je mehr ich in der Brust erwäge,
was der Herr Sohn so fabriziert,
in welches Leben, welches schräge,
er sich kopfüber speditiert,
da sorg ich mich, mir wird ganz bange,
er könnte sich verderben bis zum Untergange.
Jedoch – als ich so alt war, hab ich's auch gemacht;
ich weiß, genauso, bloß mit mehr Bedacht.
Wie scheußlich, wenn ich seh, wie sich die Alten
zu ihren Söhnen heutzutag verhalten.
Ich hatte Mädchen ebenfalls und trank mir einen an,
ich gab und schenkte – doch nur dann und wann.
Drum hab ich das Prinzip gefaßt:
Mein Sohn soll's halten, wie's ihm paßt.

Ist das auch Recht, so muß er doch vermeiden,
das Luderleben gar zu weit zu treiben.
Jetzt seh ich, ob Mnesilochus, wie ich ihn bat,
den Sohn zur Tugend leitete, zu guter Tat.
Ich weiß, wenn er ihn traf, dann tat er's gern.
Der junge Mann hat einen guten Kern.

FÜNFTER AKT

Erste Szene

Nicobulus, Philoxenus.

NICOBULUS:
Wo seid ihr, wart ihr, bleibt ihr, Tröpfe,
ihr Toren, Blödiane, Schafesköpfe:
Ich überrag euch alle weit
an Dummheit und an Blödigkeit.
Verfluchte Schande, daß mir das passiert:
in meinen Jahren zweimal völlig angeschmiert!
Je mehr ich das bedenke, desto mehr empören
mich meines Sohns Affären.
Ich bin vernichtet, ausradiert,
nach allen Regeln massakriert.
Mir folgen alle Leiden und
ich geh auf alle Art zugrund.
Der Chrysalus zerriß mich heute,
ich Armer wurde seine Beute:
Der Gauner hat mich um mein Geld geschoren,
mit List, ganz nach Belieben, ach, mich Toren.
Da sagt mir doch der Offizier so nebenbei,
daß jenes Frauenzimmer eine Dirne sei,
von der der Sklave mir erzählt,
sie wäre mit dem Offizier vermählt.
Und dann berichtet er mir kurz und klar,
wie alles insgesamt gewesen war:
Er hätte sie gemietet für ein Jahr,
und der Betrag, den vorhin ich zu zahl'n gebiete,
ich Schaf, das war der Rest von jener Miete.
Das ist der Grund, der mich zum Wahnsinn treibt,
was letztlich mich noch ganz zerreibt,
bei meinen Jahren allen
so hereinzufallen.
Mit weißem Bart, mit grauem Haupt –

hat man mein Gold mir Ärmstem abgestaubt!
Mein Ende! Mich mißachtet schon der Sklave;
er wagte dies zu tun, und ohne Furcht vor Strafe.
Wenn ich woanders mehr verlor, es wäre mir egal,
es rührte mich weit weniger und wär geringre Qual.

PHILOXENUS: Da redet doch jemand in der Nähe, wie mir vorkommt. Ja, wen seh ich denn da? Das ist doch der Vater des Mnesilochus.

NICOBULUS: Ei, da seh ich ja einen Gefährten meines schlimmen Kummers. Philoxenus, sei gegrüßt!

PHILOXENUS: Du auch. Wo kommst du her?

NICOBULUS: Woher ein armer, vom Pech verfolgter Mensch halt kommt.

PHILOXENUS: Auch ich steh da, wo ein armer, vom Pech verfolgter Mensch hingehört.

NICOBULUS: Dann haben wir dasselbe Unglück wie dasselbe Alter.

PHILOXENUS: So ist es. Doch was plagt dich?

NICOBULUS: O weh, dasselbe wie dich.

PHILOXENUS: Hat dein Kummer was mit deinem Sohn zu tun?

NICOBULUS: So ungefähr.

PHILOXENUS: Ich habe dieselbe Krankheit in der Brust.

NICOBULUS: Und mir hat Chrysalus, das saubre Früchtchen, den Sohn, mich selbst und alle meine Habe zuschanden gemacht.

PHILOXENUS: Was hast du denn für Kummer mit deinem Sohn, ich bitte dich?

NICOBULUS: Paß auf. Er geht zugrunde, gemeinsam mit d e i n e m Sohn. Sie halten zusammen Mädchen aus.

PHILOXENUS: Woher weißt du das?

NICOBULUS: Ich hab's gesehen.

PHILOXENUS: O weh, ich bin des Todes.

NICOBULUS: Was zögern wir da noch anzuklopfen und die beiden herauszurufen?

PHILOXENUS: Ich zaudre nicht.

NICOBULUS: He, Bacchis, laß sofort die Türe öffnen, wenn ihr nicht lieber die Tür samt der Fassung mit Beilen zerhackt haben wollt!

Zweite Szene

Bacchis 1, Nicobulus, Bacchis 2, Philoxenus.

BACCHIS 1:
Wer lärmt mit solchem Krach und ruft nach mir?
Wer klopft an meine Tür?
NICOBULUS: Ich bin's und dieser da.
BACCHIS 1:
Was gibt's denn, bitte sehr?
Wer führt die beiden Schafe her?
NICOBULUS: Schafe nennen uns die Weiber.
BACCHIS 2:
Der Hirt der Herde scheint zu schlafen,
drum konnte es den beiden Schafen
laut blökend glücken,
sich von der Herde zu verdrücken.
BACCHIS 1:
Doch beide glänzen schön,
von Schmutz ist nichts zu sehn.
BACCHIS 2:
Die beiden Toren
hat man ja grad geschoren.
PHILOXENUS:
Es scheint grad, als verspotten sie uns noch.
NICOBULUS:
Ganz wie sie wollen, laß sie doch.
BACCHIS 1:
Ob man nicht jährlich diese beiden
vielleicht gar dreimal könnte schneiden?
BACCHIS 2:
Der eine da kommt mir so vor,
als ob man heute ihn schon zweimal schor.
BACCHIS 1:
Zwei alte Thymianfresser.
BACCHIS 2:
Ja, früher warn sie besser.
BACCHIS 1:
Du siehst, wie sie blicken,
auf uns mit schielem Auge?

Bacchis 2:
Die zwei sind ohne Tücken,
beim Castor, Schwester, glaube.

Philoxenus:
Es läuft uns noch zum Vorteil aus,
hierher zu gehn, vor dieses Haus.

Bacchis 1:
Die holn wir uns nach drin.

Bacchis 2:
Was hat denn das für Sinn?
Wer Wolle nicht, noch Milch besitzt,
der soll dort bleiben, wo er ist.
Der Docht ist ab bei diesen Alten,
soviel sie früher auch mal galten,
und alle Fruchtbarkeit
entschwand bei ihnen weit.
Du siehst nicht, wie die beiden
unstet und flüchtig weiden?
Sie sind von Alter stumm
und blöken nicht herum,
obgleich sie fern von andern
Artgenossen wandern.
Sie sind nicht mehr ganz munter,
doch auch nicht völlig runter.

Bacchis 1: Wolln wir also hinein gehn, Schwester?

Nicobulus: Bleibt mal hier, ihr beiden. Die Schafe haben Appetit auf euch.

Bacchis 2: Das hat was zu bedeuten, wenn uns Schafe mit Menschenstimme anreden.

Nicobulus: Diese Schafe werden euch eine harte Strafe geben, die sie euch schuldig sind.

Bacchis 1: Wenn du Bestrafung brauchst, geb ich sie dir. Behalt sie nur, ich fordere nichts. – Aber, weshalb bedroht ihr uns denn?

Philoxenus: Weil ihr unsre beiden Lämmer dort drin bei euch habt, sagt man.

Nicobulus: Und außer diesen Lämmern ist auch mein bissiger Hund mit drin versteckt. Wenn uns die nicht auf der Stelle zurückgebracht und herausbefördert werden, werden wir zu wilden Widdern und stoßen auf euch los.

BACCHIS 1: Schwester, ich muß dir mal leise was sagen.

BACCHIS 2: Ja, bitte?

NICOBULUS: Wohin gehen die denn?

BACCHIS 1: Den Alten dahinten überlaß ich dir; mach ihn fein zahm. Ich nehme mir diesen Radaubruder vor; wenn es geht, locken wir sie zu uns herein.

BACCHIS 2: Ich will meinen Teil gern beisteuern, wenn es mir auch höchst zuwider ist, den Tod im Arm zu halten.

BACCHIS 1: Es muß halt sein.

BACCHIS 2: Sei still. Tu das Deine. Ich ändere nichts von dem, was ich gesagt habe.

NICOBULUS: Was die beiden bloß so verstohlen zu tuscheln haben?

PHILOXENUS: Was sagst du?

NICOBULUS: Was willst du?

PHILOXENUS: Ich schäme mich, es dir zu sagen.

NICOBULUS: Was kann dich denn so beschämen?

PHILOXENUS: Ja, dir als meinem Freunde muß ich's anvertraun, gar keine Frage.
Ich bin ein Taugenichts.

NICOBULUS:
Ich weiß. Woran gebricht's?

PHILOXENUS:
Ich klebe arg am Vogelleim.
Ein Stachel stach mich in das Herz hinein.

NICOBULUS:
Es würde dir weit besser gleichen,
der Stachel stäch in deine Weichen.
Aber was soll das bedeuten! Und wenn ich auch schon zu wissen meine, was los ist, möchte ich es doch lieber auch von dir selber hören.

PHILOXENUS: Siehst du die da?

NICOBULUS: Ja.

PHILOXENUS: Die Frau ist so übel nicht.

NICOBULUS: Verflucht, und wie übel! Und du bist ein Taugenichts!

PHILOXENUS: Was hilft da Geschwätz. Ich bin verliebt!

NICOBULUS: Verliebt?

PHILOXENUS: Nun ja, verdammt.

NICOBULUS: Du Schamloser, willst in deinem Alter noch lieben?
PHILOXENUS: Warum denn nicht?
NICOBULUS: Weil es eine Schande ist!
PHILOXENUS:
Was soll ich viele Worte brauchen?
Mein Sohnes Zorn ist im Verrauchen.
Sei selber zu verzeih'n bereit,
denn nur wer liebt, der ist gescheit.
BACCHIS 1: Komm mit mir!
NICOBULUS:
Da endlich ziehen sie von hinnen,
die Schmeichler- und Verführerinnen.
Wie sieht's nun aus?
Gebt Sohn und Sklaven ihr heraus?
Muß etwa ich noch mit euch beiden
mit mehr Gewaltanwendung streiten?
PHILOXENUS:
Du fährst noch immer fort?
Du Unmensch du, mit hartem Wort
auf dieses allerliebste Füllen
so ohne Liebe loszubrüllen?
BACCHIS 1:
Du bester alter Herr auf Erden,
o laß uns endlich einig werden,
den Fehltritt da zu übersehn
und nicht so hart drauf anzugehn.
NICOBULUS:
Obgleich du schön bist, merke dir,
verschwindest du nicht gleich von hier,
dann werde ich in Massen
dir Ungemach verpassen.
BACCHIS 1:
Ich halte stand;
ich fürchte keinen Schmerz von deiner Hand.
NICOBULUS:
O diese Schmeichelschlange,
weh weh, mir wird so bange.
BACCHIS 2:
Der andre ist mehr kirre,

sofern ich mich nicht irre.

BACCHIS 1:
Nun komm mit in mein Haus hinein
und prügle, wenn du möchtest, auf dein Söhnchen ein.

NICOBULUS:
Hinweg von mir, du Aas!

BACCHIS 1:
Ach laß doch, Engel, laß!

NICOBULUS:
Du hoffst, mich zu erweichen?

BACCHIS 2:
Von dem werd ich's erreichen.

PHILOXENUS:
Ich bitte dich mit heißen Schwüren,
mich in dein Haus zu führen.

BACCHIS 2:
So seht doch an,
welch netter Mann.

PHILOXENUS:
Und weißt du auch, warum
ich in dein Häuschen kumm?

BACCHIS 2:
Du wünschst mich sicherlich ganz nah.

PHILOXENUS:
O all mein Sehnen nennst du da!

NICOBULUS:
Sehr viele Menschen sah ich, alles Guten bar,
doch keinen, der, mit dir verglichen, schlechter war.

PHILOXENUS: Ich bin halt so.

BACCHIS 1:
Komm mit hinein
und labe dich recht fein
an Speisen, Salben, Wein.

NICOBULUS:
Genug, genug von euren Schmausereien,
mir liegt nichts dran, dabeizusein:
Weil ich vierhundert Philipps-Taler
durch Chrysalus und meinen Sohn verlor.
Wenn mir's nicht glückt, den Fall zu sühnen,
will ich nie wieder Geld verdienen.

BACCHIS:
Was meinst du freilich, wenn du drinnen
die Hälfte deines Goldes kannst zurückgewinnen?
Vorausgesetzt, du ließest dich drauf ein,
den Fehltritt ihnen zu verzeihn.
PHILOXENUS:
Der tut's, ich weiß.
NICOBULUS:
Um keinen Preis!
Nein, niemals, nie. In jedem Falle
bestraf ich ohne Säumen alle.
PHILOXENUS:
Du schreist noch immer, Mensch du ohne Wert?
Verscherze schuldhaft nicht, was Götter dir beschert.
Die Hälfte des Verlusts kriegst du zurück, schlag ein!
Dazu soll dieses Hürchen hier die Deine sein.
NICOBULUS:
Ich soll da drinnen trinken, wo man mir
den Sohn verdirbt?
PHILOXENUS:
Ja, trink, das rat ich dir.
NICOBULUS:
Na gut, und wär's auch wirklich noch so schlimm,
ich überwinde mich und nehm es hin.
Jedoch das geht doch keinesfalls, o nein,
ich sollte selber bloß Betrachter sein,
indes mein Sohn sich diesem Weib hingibt?
BACCHIS:
Du selber sollst es sein, der bei ihr liegt.
NICOBULUS:
Mir nimmt die Geilheit überhand,
kaum leiste ich noch Widerstand.

BACCHIS: Du kommst wohl nicht drauf, daß man ein flottes Leben führen muß? Es ist so schnell vorbei. Und was du heute verpaßt, läßt sich das je im Tod nachholen?

NICOBULUS: Was mach ich?

PHILOXENUS: Was du tun sollst, das fragst du noch?

NICOBULUS: Ich hab Lust und Angst.

BACCHIS: Wovor?

NICOBULUS: Daß ich mit Sohn und Sklaven zusammen schuldig werde.

BACCHIS 1: Mein Honigmaul, ich bitte dich, selbst wenn das geschieht – er ist ja dein Sohn. Was glaubst du wohl, woher er die Anlage hat, wenn nicht von dir? Verzeihe den beiden, ich bitte dich.

NICOBULUS: Wie die bohrt. – Was ich mir ganz fest vorgenommen hatte, das bittet sie mich aufzugeben? Durch deine Mühen und deinetwegen werde ich zum Bösewicht.

BACCHIS 1: Lieber durch mich als durch einen andren. – Kann ich mich fest darauf verlassen?

NICOBULUS: Was ich einmal gesagt habe, das steht fest.

BACCHIS 1: Der Tag vergeht. Geht hinein und legt euch nieder, die Söhne warten drin auf euch.

NICOBULUS: Wohl eher darauf, daß wir auf der Stelle krepieren.

BACCHIS 2: Schon ist der Abend da. Komm mit.

NICOBULUS: Weist uns den Weg, wohin ihr wollt, grad wie zur Richtstatt.

BACCHIS 1: Wie nett sind doch die Hereingefallenen, die ihre Söhne hereinlegen wollten.

ALLE GEMEINSAM:

Und wenn diese Alten nicht schon seit der Jugend
ein Leben führten ohne Tugend,
dann brauchten wir heut nicht mit anzusehn,
wie sie mit eisgrauem Haupt sich vergehn.
Wir hätten den Fall auch nicht dargestellt,
wenn wir nicht wüßten, daß es sich oft so verhält.
Daß bei den Kupplern als Rivalen
der Sohn und der Vater ihr Geld bezahlen.
Verehrtes Publikum, gehabt euch wohl
und klatscht wie toll!

Menaechmi

PERSONEN

PENICULUS, *ein Parasit*
MENAECHMUS 1
MENAECHMUS 2 (Sosicles)
EROTIUM, *eine Hetäre*
CYLINDRUS, *Koch*
MESSENIO, *Sklave des Menaechmus 2*
SKLAVIN *der Erotium*
MATRONA, *Gattin des Menaechmus 1*
VATER, *Schwiegervater des Menaechmus 1*
ARZT

Das Stück spielt in Epidamnus auf einem Platz vor den Häusern der Hetäre Erotium und des Menaechmus 1. Eine Straße führt zum Hafen, eine zweite zum Forum

PROLOG

Als allererstes wünsche ich ein glückliches Geschick – für mich! – und euch, mein Publikum. Ich bring euch Plautus, rezitiert und nicht nur in der Hand. Ich bitte, nehmt ihn mit geneigten Ohren auf. Jetzt hört den Inhalt unsres Stükkes, paßt schön auf, ich will so kurz wie möglich sein.

In den Komödien halten es die Dichter so: Sie tun, als ob die ganze Sache in Athen geschieht, damit das Spiel euch dadurch desto griechischer erscheint. Doch nenn ich euch als Schauplatz nur den Ort, wo, wie es heißt, die Sache auch geschah. Insofern ist dies Lustspiel griechisch. Attisch freilich nicht, schon eher sizilianisch. Dies als Vorspruch zu dem Inhalt, den ich euch jetzt Maß um Maß serviere, nicht mit Bechern, nicht mit Krügen, sondern fässerweise. Nun – für den Bericht des so bedeutungsvollen Inhalts ist man jetzt wohl präpariert:

Es war einmal ein Kaufmann – älter schon – zu Syrakus, der Zwillingssöhne hatte; beide sahn sich derart ähnlich, daß die Amme, die den Kindern ihre Brüste gab, die zwei nicht unterscheiden konnte, selbst die Mutter nicht, die diese zwei gebar. So hat das einer mir berichtet, der die Knaben sah. Ich selber sah sie nicht; daß das bloß keiner denkt. Nachdem die Knaben nun das siebte Jahr erreichten, rüstete der Vater sich ein großes Schiff mit vielen Handelswaren aus. Den einen Zwilling nahm der Vater mit aufs Schiff, mit nach Tarent zum Markt. Den andren ließ er bei der Mutter schön daheim. Der Zufall wollte es, daß in Tarent grad Spiele waren, als er kam, und wie ja stets bei Spielen, war viel Volk vereint. Da kam in dem Gewühl der Junge seinem Vater weg. Ein Handelsmann aus Epidamnus, der grad da war, griff den Jungen auf und nahm ihn mit sich fort nach Epidamnus. Doch der Vater gab nach dem Verlust des Jungen seine Seele auf; vor Kummer starb er ein paar Tage später in Tarent. Als nun die Botschaft von dem Fall nach Syrakus gekommen war, zum Großvater der Jungen – einer sei geraubt, der Vater zu Tarent verstorben –, gibt der Alte jenem andren Zwilling einen neuen Namen; denn so liebte er den andren, der verloren war: Nach dem Verschollnen nennt er den daheim Geretteten: Menaechmus, wie der andre hieß – der Alte selber freilich auch (ich merkte mir den Namen deshalb extra leicht, weil ich den Herold seinen Namen rufen hörte). Kurz – damit ihr euch demnächst nicht irrt, verkünde ich es lieber gleich noch mal: Die Zwillingsbrüder tragen alle zwei den gleichen Namen! – Um den Fall genauestens zu schildern, muß ich jetzt zu Fuß nach Epidamnus gehn. Falls jemand was in Epidamnus zu besorgen hat, so sag er's und befehl es mir, jedoch nur, wenn er Geld bezahlt, wovon die Sache zu bestreiten ist. Denn wer am Gelde hängt, der ist ein Narr, und wer es ausgibt, noch viel mehr. Jedoch zurück zum Ausgangspunkt, ich bleibe jetzt an Ort und Stelle. Jener Epidamnier, den ich schon erwähnte, der den andern Zwillingsknaben raubte, war wohl reich, doch kinderlos. Er adoptierte den entführten Knaben, gab ihm eine Frau mit reicher Mitgift, setzte ihn als seinen Erben ein, als er verschied. Denn als er mal nach einem Wolkenbruch aufs Land ging und durch einen wilden Sturzbach schritt, ganz nahe bei der Stadt, da riß die Strömung jenem Knabenräuber beide Füße weg, und fort mit ihm, schon war der Kerl mausetot. Dem Adoptivsohn hinterblieb ein Riesenkapital; der wohnt jetzt hier, der Zwilling, den man raubte. Jener andre Zwilling, der von Syrakus, wird heut mit seinem Sklaven her nach Epidamnus kommen, auf der Suche nach dem Zwillingsbruder. Hier die Stadt ist Epidamnus, freilich nur, solange die Komödie geht. Denn wenn man eine andre spielt, wird eine andre Stadt daraus, so wie sich auch die Schauspieltruppe zu verändern pflegt: Bald ist man Kuppler, Jüngling, ist bald arm, bald Bettler, König, Parasit, bald ein Prophet.

ERSTER AKT

Erste Szene

Peniculus.

PENICULUS: Ich heiß Peniculus bei jungen Leuten
(das hat zu deutsch „der Kehrwisch“ zu bedeuten),
weil, wenn ich speisend mich zu Tische lege,
ich alle Speisen von dem Tische fege. –
Wer Strafgefangene in Ketten zwängt,
entflohnen Sklaven Fesseln an die Füße hängt,
der handelt wie ein Tor,
so kommt mir vor.
Denn Strolche, die man bloß gezüchtigt hat,
die treibt's erneut zu Flucht und Missetat.
Sie schlüpfen irgendwie aus ihren Ketten.
Und falls sie welche an den Füßen hätten,
durchfeilen sie den Ring am Fuß; mit einem Stein
entfernt man Nägel: alles Spielerein.
Wen man verwahren will, daß er nicht fliehen kann,
den bind man fest mit Trank und Speise an.
An einen vollen Tisch bind ihm den Mund!
Denn gibst du ihm zu trinken und
tagein, tagaus genug zu essen
nach seinem eigenen Ermessen,
dann flieht er nie, auch nicht bei Mord;
fest fesselt diese Fessel ihn am Ort.
So sind die Speisefesseln zäh wie Leim,
je mehr man dehnt, so stärker ziehn sie ein. –
Jetzt geh ich zu Menaechmus hin,
wozu ich längst verurteilt bin.
Mag er mich *so* in Fesseln schlagen!
Denn der ernährt den Menschen, nicht allein den Magen,
er füttert uns, erfrischt den Sinn:
Kein Mensch macht beßre Medizin.
So ist der Mann, spendiert das Beste,

er baut die Tafel wie zum Ceresfeste,
türmt Schüsseln auf zu Pyramiden,
nur stehend kann man was von oben kriegen.
Schon viele Tage war für mich hier Pause.
Mit meinen „Liebsten“ hauste ich zu Hause.
(Ich eß und kaufe nur, was mir das „Liebste“ wäre,
obgleich ich momentan das „Liebste“ grad entbehre.)
Jetzt schau ich fein
zu ihm hinein.
Da öffnet sich das Tor;
Menaechmus höchst persönlich tritt hervor!

Zweite Szene

Menaechmus 1, Peniculus.

MENAECHMUS 1 *in das Haus hinein seine Frau anrufend*:
Wenn du nicht verrückt, dumm, bös bist,
  einen Rest verstand noch hast,
fall nicht immer deinem Manne,
  lieber fall dir selbst zur Last!
Merk dir's! Wirst du mir in Zukunft
  nochmals auf die Nerven gehn,
fliegst du raus und kannst den eignen
  Vater als Geschiedne sehn.
Immer wenn ich ausgeh, rufst du,
  hältst mich auf mit viel Gefrage,
wo ich hin will, was ich tue,
  vorhab, hole, treibe, trage.
Einen neugierigen Schnüffler
  habe ich im Haus am Leibe,
jeden Quatsch muß ich erzählen,
  was ich trieb und was ich treibe.
Hab verwöhnt dich noch und noch!
  Jetzt pfeift's aus 'nem andren Loch!
Da ich dir an Mägden, Nahrung,
  Wolle, Kleidung, Purpur, Geld
alles überreich gewähre
  und dir wirklich gar nichts fehlt,

solltest du doch so gescheit sein,
dich nach mir zu orientieren;
endlich aufhörn, deinem Manne
hintennach zu spionieren.
Doch für jetzt, damit dein Scharfsinn
mich auch nicht umsonst bewacht,
gehe ich zu einer Hure.
Auswärts wird das Mahl verbracht!

PENICULUS: Dieser Mensch tut, als ob er seine Frau schilt, und schilt mich. Denn wenn er n i c h t daheim speist, bestraft er mich und nicht die Frau.

MENAECHMUS 1 *zum Publikum gewandt*:
Bravo, endlich ging durch das Gebrülle
meine Alte von der Schwelle.
He, wo sind die Eheknaben,
die ein Nebenliebchen haben?
Zögert ihr, wollt nichts spendieren?
Kommt ihr nicht zu gratulieren?
Nach der hart geschlagnen Schlacht
hätte ich das doch gedacht. –
Diesen Mantel stahl ich eben meiner Alten.
Meine Liebste soll ihn jetzt erhalten.
Gut so, richtig, recht geschehn!
Wächtern, die zu scharf sind, soll man Nasen drehn.
Prächtig ist mir das geglückt,
fabelhaft, ein Meisterstück.
Diesen Mantel stahl ich listenreich
einem bösen Weib für einen Gaunerstreich.
Nahm vom Feind die Beute,
für das Wohl der eignen Leute.

PENICULUS: Freund, ist bei deiner Beute auch was für mich dabei?

MENAECHMUS 1: Zu Hilfe, ich bin in einer Falle!

PENICULUS: Nein, bei einem Schutzposten. Sei unbesorgt.

MENAECHMUS 1: Wer ist der Mensch?

PENICULUS: Ich.

MENAECHMUS 1: O mein Zeitvertreib, o meine Wonne! Grüß dich.

PENICULUS: Grüß dich.

MENAECHMUS 1: Was machst du da?

Peniculus: Ich reiche meinem guten Geist die Hand.

Menaechmus 1: Du konntest mir gar nicht gelegener kommen.

Peniculus: Das ist bei mir immer so. Den Zeitvertreib versteh ich bis in alle Unterparagraphen.

Menaechmus 1: Willst du mal ein recht hübsches Ding ansehen?

Peniculus: Welcher Koch hat es gekocht? Ich merke gleich, wenn was nicht gut ist. Ich brauche nur die Reste zu sehn.

Menaechmus 1: Sag, sahst du schon einmal ein Wandgemälde, wo ein Adler den Ganymed oder die Venus den Adonis entführte?

Peniculus: Oft. Aber was geht das Bild mich an?

Menaechmus 1: Sieh mich an! Ist da eine gewisse Ähnlichkeit?

Peniculus: Was soll der Aufzug?

Menaechmus 1: Sag, ich sei der Mensch von höchstem Reiz.

Peniculus: Wo speisen wir?

Menaechmus 1: Sag gefälligst, was ich dich heiße.

Peniculus: Ja gut: Mensch von höchstem Reiz.

Menaechmus 1: Willst du nicht was aus eigenem hinzusetzen?

Peniculus: ... und von höchster Heiterkeit.

Menaechmus 1: Weiter noch!

Peniculus: Nein noch mal, wenn ich nicht weiß warum. Krach hast du mit deiner Frau, drum seh ich mich lieber vor dir vor.

Menaechmus 1: Die erfährt nichts, wo wir es uns gut gehn lassen und den Tag einäschern.

Peniculus: Na gut, du hast recht. Und wann fangen wir mit der Verbrennungskur an? Der Tag ist ja schon bis zum Nabel halbtot.

Menaechmus 1: Du verplemperst nur deine Zeit, wenn du mir dauernd reinredest.

Peniculus: Stich mir mein eines Auge bis zum Grunde aus, Menaechmus, wenn ich ohne dein Geheiß nur muckse.

Menaechmus 1: Tritt hier von der Türe weg.

Peniculus: Ja, gut.

Menaechmus 1: Noch mehr.

PENICULUS: Bitte.

MENAECHMUS 1: Noch weiter, tapfer von der Löwenhöhle fort.

PENICULUS: Ei ich glaub tatsächlich, du gäbest einen ordentlichen Wagenlenker ab.

MENAECHMUS 1: Wieso?

PENICULUS: Damit deine Frau nicht nachkommt, blickst du dich immer wieder um.

MENAECHMUS 1: Und was hältst du davon?

PENICULUS: Ich? Was du willst. Ich sage ja und sage nein.

MENAECHMUS 1: Verstehst du was von Gerüchen? Wenn du etwas riechst, kannst du sagen, was es ist?

PENICULUS: Ich zieh ein Kollegium zu Rate.

MENAECHMUS 1: Na gut, dann riech mal diesen Mantel an. Wie riecht's? Du wendest dich ab?

PENICULUS: An einem Weiberkleid darf man nur oben riechen. Denn von dort unten trifft die Nase unerträglicher Gestank.

MENAECHMUS 1: Dann rieche hier, Peniculus. Ha, wie du dich ekelst.

PENICULUS: Na ja.

MENAECHMUS 1: Also wie riecht's? Sprich.

PENICULUS: Nach Diebstahl, Hurerei und Essen.

MENAECHMUS 1: Gut getroffen. Jetzt wird er meinem Liebchen Erotium überbracht. Sie soll für mich, dich und sich ein Essen zubereiten lassen.

PENICULUS: O fein.

MENAECHMUS 1: Dann wollen wir trinken, bis morgen früh der Morgenstern erscheint.

PENICULUS: O fein. Das war deutlich. Soll ich gleich an die Tür klopfen?

MENAECHMUS 1: Klopfe nur. Oder halt, warte noch.

PENICULUS: Um tausend Schritte schiebst du mir den Becher weg.

MENAECHMUS 1: Klopfe sanft.

PENICULUS: Du fürchtest wohl, die Türe sei aus samischem Ton?

MENAECHMUS 1: Halt, halt! Ich bitte dich. Sieh, sie tritt heraus. Oh, siehst du nicht, wie die Sonne ganz verdunkelt ist vor dem strahlenden Glanz dieses Körpers?

Dritte Szene

Erotium, Peniculus, Menaechmus 1.

EROTIUM: Menaechmus, meine Seele, ich grüße dich.

PENICULUS: Und ich?

EROTIUM: Bei mir zählst du nicht mit.

PENICULUS: So geht es den Reservisten der Legion auch.

MENAECHMUS 1: Ich wollte mir heut hier bei dir eine Schlacht rüsten lassen.

EROTIUM: Heute, o ja.

MENAECHMUS 1 *zu Erotium*: In dieser Schlacht wollen wir beide tüchtig zechen.

PENICULUS *zu Erotium*: Mal sehen, wer von uns dabei der bessere Humpen-Krieger ist. Dein ist die Armee; entscheide dich, mit welchem von uns beiden du die Nacht verbringen willst.

MENAECHMUS 1: Wie verhaßt ist mir doch meine Frau – meine Süße, wenn ich dich sehe!

EROTIUM: Unterdessen mußt du aber ihre Kleidung tragen. Was soll das?

MENAECHMUS 1: Dein Anzug ist meiner Frau Auszug, Röschen.

EROTIUM: Du steigst in meiner Gunst leichter als jeder andere.

PENICULUS: Eine Dirne schmeichelt nur, solange sie ihren Raub vor Augen sieht! Denn wenn du ihn wirklich liebtest, hättest du ihn längst aus Leidenschaft in die Nase gebissen.

MENAECHMUS 1: Halt mal dies da, Peniculus. Ich will den Auszug darbringen, den ich gelobt habe.

PENICULUS: Gib her. Aber bitte, tanze uns in dem Weibermantel auch was vor.

MENAECHMUS 1: Ich tanzen? Du bist wohl nicht gescheit?

PENICULUS: Ich oder eher du? – Wenn du nicht tanzen willst, dann zieh schon aus.

MENAECHMUS 1: War das eine Gefahr, unter der ich den heut stibitzte. Ich glaube, den Gürtel der Hippolyte hat Herkules nicht unter ähnlicher Gefahr gestohlen. – Nimm ihn hin, denn du bist die einzige, die zu meinen Lebensprinzipien paßt.

EROTIUM: So muß man auf den Sinn seiner Liebhaber eingestellt sein.

PENICULUS: Jedenfalls, wenn sie rasch an den Bettelstab geraten wollen.

MENAECHMUS 1: Für vier Minen kaufte ich ihn meiner Frau vor einem Jahr.

PENICULUS: Dann sind vier Minen futsch, wie die Rechnung zeigt.

MENAECHMUS 1: Weißt du, was du tun sollst?

EROTIUM: O ja, alles, was du willst.

MENAECHMUS 1: Dann laß für uns drei bei dir ein Essen herrichten und auserlesene Speisen auf dem Forum kaufen, ein Halsstück vom Schwein, was Speckernes und Schinkernes, was Schweinernes vom Kopf und andres dieser Art, was schön gekocht serviert wird und zu meinem Geierhunger paßt. Und zwar schnell.

EROTIUM: O wie gern!

MENAECHMUS 1: Wir gehn zum Forum und sind gleich wieder da. Während gekocht wird, trinken wir noch eins.

EROTIUM: Komm, wann du willst, es ist gleich alles fertig.

MENAECHMUS 1: Mach rasch. Und du komm mit.

PENICULUS: Beim Himmel, heute bleib ich dran und geh dir nicht von der Seite. Nicht die Schätze der Götter möchte ich haben um den Preis, daß ich dich heute verliere.

Vierte Szene

Erotium, Cylindrus.

EROTIUM: Ruft mir gleich den Koch Cylindrus heraus. Hier nimm das Körbchen und Silbergeld. Da, drei Sesterzen.

CYLINDRUS: Ja gut.

EROTIUM: Geh und kauf zu essen ein, daß es für drei Personen reicht, nichts fehlt und auch nichts übrigbleibt.

CYLINDRUS: Welche Sorte Leute sind geladen?

EROTIUM: Ich, Menaechmus und sein Parasit.

CYLINDRUS: Dann sind es ja schon zehn. Denn ein Parasit gilt gleich für acht.

Erotium: Ich hab dir die Gäste genannt. Das übrige ist deine Sache.

Cylindrus: Recht. Es ist so gut wie gekocht. Man soll schon immer Platz nehmen.

Erotium: Komm aber rasch zurück!

Cylindrus: Ich bin gleich wieder da.

ZWEITER AKT

Erste Szene

Menaechmus 2. Messenio.

MENAECHMUS 2:
Für einen Seebär gibt es doch kein größres Glück,
als hat er von der See aus Land im Blick.

MESSENIO:
Noch größer ist das Glück – ich sag es offen –,
ist man erst in der Heimat eingetroffen.
Doch sag, was uns in Epidamnus hält?
Umspüln wir doch grad wie das Meer die ganze Inselwelt!

MENAECHMUS 2: Ich möchte meinen Zwillingsbruder finden.

MESSENIO: Sag, wieviel Zeit soll mit der Sucherei vergehn? Denn schon das sechste Jahr ist's, daß wir uns der Sache weihn. Um Istrien, Spanien, um Marseille, Illyrien, Adria und Magna Graecia, Italiens Küsten, die das Meer bespült, sind wir geschifft. Ich glaube, wenn du eine Nadel suchtest, hättest du sie längst gefunden, wenn sie existiert. Wir suchen einen Toten unter Lebenden, denn wenn er lebte, hätten wir ihn längst.

MENAECHMUS 2: Also such ich den, der mir Gewißheit gibt und der mir seinen Tod bestätigt, denn dann gebe ich das Suchen auf. Jedoch solang er lebt, laß ich nicht ab zu suchen, weiß ich doch, wie teuer er mir war.

MESSENIO: Knoten suchst du in der Binse. Wollen wir nicht lieber heim, sofern wir nicht grad Reisebilder schreiben wollen?

MENAECHMUS 2: Tu, was man dir sagt, dann kriegst du auch dein Futter! Hüte dich vor Schlägen! Falle mir nicht lästig, du hast nichts zu melden!

MESSENIO:
Hm, hm, aus dieser Rede nehme ich den Sinn,
daß ich ein Sklave bin.

Es dürfte keinem Menschen glücken,
so kurzgefaßt sich klarer auszudrücken.
Und trotzdem will ich es probieren,
'ne Lippe zu riskieren. –
Menaechmus, he,
wenn ich den Beutel seh,
so stehn wir da wie Wandersleute
im Sommerkleide.
Beim Herkules, es sieht so aus,
begibst du dich nicht gleich nach Haus,
so kriegt, wenn wir kein As mehr haben,
der Brudersucher bald zu klagen. –
Die Art des Volkes hier ist solche:
In Epidamnus gibt es Sittenstrolche,
dann Schmeichler, Säufer, Sykophanten,
und nirgendwo in allen Landen
gibt's Dirnen, die dich schlimmer lausen.
So sind die Bürger, die hier hausen.
Und drum heißt Epidamnus diese Stadt,
weil jeder seinen Teil Verdammnus hat.

MENAECHMUS 2: Da heißt es aufgepaßt. Gib mir doch gleich den Beutel her.

MESSENIO: Was soll damit?

MENAECHMUS 2: Ich krieg ja Angst bei deinen Worten.

MESSENIO: Ach, wieso?

MENAECHMUS 2: Daß du Verdammnus mir in Epidamnus gibst. Du bist, Messenio, ein großer Weiberfreund und ich voll Jähzorn, ich verliere schnell den Kopf. Hab ich den Beutel, sind wir beide sicher, ich, daß du dich nicht vergehst, und du, daß ich mich nicht erzürne.

MESSENIO: Nimm ihn hin und paß gut auf. Mir ist es recht.

Zweite Szene

Cylindrus, Menaechmus 2, Messenio.

CYLINDRUS: Vortrefflich hab ich eingekauft und ganz nach meinem Gusto. Heute setz ich meinen Gästen eine feine Mahlzeit vor. Doch sehe ich Menaechmus dort. O weh.

Die Gäste stehn schon vor der Tür, bevor ich mit Fressalien komm. Ich gehe hin und red ihn an: Menaechmus, guten Tag!

MENAECHMUS 2: Dir alles Gute, Fremdling.

CYLINDRUS: Fremdling? Ich? Du weißt nicht, wer ich bin?

MENAECHMUS 2: Nein, wirklich nicht.

CYLINDRUS: Wo sind die andern Zechgenossen?

MENAECHMUS 2: Welche Zechgenossen?

CYLINDRUS: Deinen Parasiten mein ich.

MENAECHMUS 2: Parasiten? Dieser Mensch ist nicht bei Trost.

MESSENIO: Ich hab es dir doch gleich gesagt, daß es hier massenweise Sykophanten gibt.

CYLINDRUS: Ich mein Herrn Kehrwisch, deinen Parasiten.

MENAECHMUS 2: Welchen Parasiten suchst du, junger Mann, bei mir?

MESSENIO: Den Kehrwisch hab ich unversehrt im Koffer drin.

CYLINDRUS: Menaechmus, etwas früh kommst du zum Mahl, ich bringe grade erst die Speisen.

MENAECHMUS 2: Rede, Bursch, wie teuer sind denn hierzuland dic makellosen Schweine, die man für Entsühnungsopfer nimmt?

CYLINDRUS: Die kosten Geld.

MENAECHMUS 2: Nimm diese Münze an und laß auf meine Kosten dich davon entsühnen. Denn ich weiß, du bist verrückt. Sei, wer du seist, ich bin hier fremd, und du fällst mir zur Last.

CYLINDRUS: Ich bin Cylindrus, kennst du meinen Namen nicht?

MENAECHMUS 2: Ob nun Cylindrus oder Coriendrus, packe dich. Ich kenn dich nicht und will auch nicht!

CYLINDRUS: *Du* bist Menaechmus, jedenfalls das weiß ich.

MENAECHMUS 2: Ohne Wahnsinn sprichst du das. Du redest mich mit meinem Namen an, doch woher kennst du mich?

CYLINDRUS: Woher? Als Liebchen hast du doch Erotium, die meine Herrin ist.

MENAECHMUS 2: Nanu, das stimmt nicht, weiß auch gar nicht, wer du selber bist.

CYLINDRUS: Du weißt nicht, wer ich bin? Der ich dir oft den Humpen füllte, wenn in unserm Haus du zechtest?

MESSENIO: Teufel, ist nichts da, um ihm den Schädel einzuschlagen?

MENAECHMUS 2: Nanu, du pflegtest mir das Glas zu füllen? Sah ich doch vor diesem Tage Epidamnus nie und kam auch nie hierher.

CYLINDRUS: Du streitest ab?

MENAECHMUS 2: Ganz sicher.

CYLINDRUS: Wohnst du nicht in diesem Haus?

MENAECHMUS 2: Die Götter sollen alle töten, die da wohnen.

CYLINDRUS: Der ist ganz bestimmt verrückt, denn er verflucht sich selber. He, Menaechmus, hörst du?

MENAECHMUS 2: Und?

CYLINDRUS: Die Münze, die du mir grad geben wolltest, nimm sie, laß dir selbst ein Opferschwein beschaffen, denn du bist total verrückt, du fluchst dir ja schon selber.

MESSENIO: Dieser Kerl wird mir zuviel, der fällt mir auf die Nerven.

CYLINDRUS *für sich*: Oft treibt er seine Späße so mit mir, ein Schalk ist er, wenn seine Frau nicht da ist. *Laut:* Mensch, was sagtest du?

MESSENIO: Du kannst mich, sag ich.

CYLINDRUS: Reicht das für euch drei, für dich, den Parasiten und das Mädchen, oder soll ich mehr zu essen holen?

MENAECHMUS 2: Ach was Frau, was Parasit?

MESSENIO: Welcher Teufel reitet dich, dem Herrn da so zur Last zu sein?

CYLINDRUS: Was hast denn du mit mir zu schaffen? Mensch, ich kenn dich nicht. Mit dem da sprech ich, den ich kenne.

MESSENIO: Nein, du Kerl bist nicht bei Trost, das weiß ich ganz genau.

CYLINDRUS: Gleich sind die Sachen gar, ganz rasch. Brauchst nicht erst wegzulaufen. Noch ein Wunsch?

MENAECHMUS 2: Daß dich der Teufel hole.

CYLINDRUS: Du solltest lieber reingehn, Platz zu nehmen. Unterdessen geb ich dies hier in die Macht Vulcans. Ich geh hinein und sag's Erotium, daß du da bist. Soll sie dich doch lieber holen, statt hier draußen stehn zu lassen. *Ab.*

MENAECHMUS 2: Ist er weg? Zum Teufel, merk ich doch, daß du mich nicht belogst.

MESSENIO: Paß auf! Ich glaube, daß hier eine Dirne wohnt. Der Tollkopf sagte das, der grad verschwand.

MENAECHMUS 2: Bloß daß er meinen Namen kannte, wundert mich.

MESSENIO: Nein, ganz und gar nicht. Bei den Dirnen ist es nämlich so: sie schicken Sklaven, Sklavinnen zum Hafen. Kommt ein Schiff von auswärts an, dann fragen sie, woher es kommt und wie wohl der Besitzer heißt, und auf der Stelle schlagen sie sich ran und kleben fest. Erst wenn man ihm die Pelle abgezogen hat, entläßt man ihn nach Haus, natürlich gänzlich ruiniert. In diesem Hafen – *er zeigt auf das Haus der Erotium* – lauert jetzt ein solch Piratenschiff, das Beute machen will. Ich glaub, da heißt es tüchtig aufgepaßt.

MENAECHMUS 2: Ja ja, dein Rat ist gut.

MESSENIO: Ich weiß erst dann, daß ich dich recht beriet, wenn du dich recht benahmst.

MENAECHMUS 2: Sei mal ein bißchen still, die Türe ging. Ich möchte sehn, wer kommt.

MESSENIO: Ich leg derweil hier ab. *An einige Sklaven gerichtet, die mit vom Schiff gekommen sind und noch Seemannstracht tragen:* Paßt mir gefälligst auf, ihr maritimes Fußvolk.

Dritte Szene

Erotium, Menaechmus 2, Messenio.

EROTIUM:

Die Tür laß sein,
jetzt flott hinein
und nicht gesäumt,
drin aufgeräumt,
richt alles her,
was nötig wär.

Legt Polster aus,
brennt Räucherwerk im Haus.
Auf den Verliebten nämlich wirkt die Eleganz
als Stimulans.
Ihm wird die Anmut zum Verderb,
uns zum Erwerb.
Jedoch wo ist der Mann, von dem der Koch berichtet,
er habe ihn vor unsrem Haus gesichtet?
Da seh ich ihn,
mein Maximalgewinn!
Ich tu ihm alles so zur Ehr,
wie er's verdient, des Hauses stärkster Schutz und Wehr.
Jetzt tret ich 'ran
und sprech ihn an.
Mein Herz, es kommt mir komisch vor:
Du stehst hier draußen vor dem Tor,
obgleich ich beide Flügel offen sperr;
du bist doch dieses Hauses Herr,
noch mehr als Herr von deinem Eigen.
Das Gastmahl kann jetzt steigen,
wie du gewollt, wie du gebeten,
ich bitte, sofort einzutreten.
Bereitet ist das Mahl,
besorgt, wie man befahl.
Und kommt es dir nicht ungelegen,
tritt ein, um dich zu Tisch zu legen.

MENAECHMUS 2: Mit wem redet dieses Frauenzimmer?

EROTIUM: Mit dir.

MENAECHMUS 2: Was hatten wir je früher oder heute miteinander zu schaffen?

EROTIUM: Weil Venus wünschte, daß ich dich als allereinzigsten verehren soll und nicht ohne dein Verdienst. Denn, mein Kastor, allein durch deine Wohltaten stehe ich glänzend da.

MENAECHMUS 2: Ich bin sicher, diese Frau ist entweder toll oder betrunken, Messenio, da sie mich als Fremden so vertraulich anspricht.

MESSENIO: Sagte ich dir nicht, daß das hierzulande so ist? Jetzt fallen Blätter, doch bevor wir noch drei Tage hier sind, stürzen Bäume auf dich. So sind die Dirnen hier, alle locken dir das Geld aus der Tasche. Aber laß mich einmal mit ihr reden. He, Frau!

EROTIUM: Was ist?

MESSENIO: Woher kennst du diesen Mann?

EROTIUM: Woher auch er mich längst kennt: von Epidamnus.

MESSENIO: Von Epidamnus? Wo er doch diese Stadt bis heute noch nie betrat?

EROTIUM: Hahaha, du machst Späße. Mein Menaechmus, bitte, warum kommst du nicht herein? Hier wird dir's wohl ergehn.

MENAECHMUS 2: Die Frau redet mich jedenfalls ganz richtig mit meinem Namen an. Ich staune mächtig, was das bedeuten soll.

MESSENIO: Sie riecht die Geldkatze, die du bei dir hast.

MENAECHMUS 2: Tatsächlich, dein Rat ist gut. Nimm den Beutel solange. Gleich werde ich wissen, ob sie mich oder ihn mehr liebt.

EROTIUM: Gehn wir hinein, um zu speisen.

MENAECHMUS 2: Eine freundliche Einladung, aber ich danke dir.

EROTIUM: Also! Warum hießt du mich vorhin ein Mahl bereiten?

MENAECHMUS 2: Ich hieß dich?

EROTIUM: Ja sicher, für dich und den Parasiten.

MENAECHMUS 2: Verdammt, für welchen Parasiten? Ganz bestimmt ist diese Frau nicht bei Troste.

EROTIUM: Für Peniculus.

MENAECHMUS 2: Welcher Peniculus? Meinst du den Kehrwisch, mit dem man die Schuhe putzt?

EROTIUM: Nun der, der vorhin bei dir war, als du mir den Mantel brachtest, den du deiner Frau stahlst.

MENAECHMUS 2: Bitte? Mantel? Den ich meiner Frau stahl? Bist du bei Verstand? Das Frauenzimmer träumt im Stehn wie die Pferde.

EROTIUM: Warum hast du mich zum besten und streitest die Tatsachen ab?

MENAECHMUS 2: Sag mir doch, welche Tatsachen ich abstreite.

EROTIUM: Daß du mir heute den Mantel deiner Frau gabst.

MENAECHMUS 2: Das streite ich auch jetzt noch ab. Denn ich hatte nie eine Frau und hab auch jetzt keine. Nie, solange ich lebe, habe ich meinen Fuß über diese Schwelle gesetzt. Auf dem Schiff aß ich noch, dann kam ich hierher und traf dich.

EROTIUM: Ach ich Arme, das ist mein Ende, von welchem Schiff erzählst du da?

MENAECHMUS 2: Von einem hölzernen, oft gehobelt, oft genagelt, oft mit dem Hammer geklopft, wo Pfahl an Pfahl steht, wie in der Kürschnerbude.

EROTIUM: Bitte hör endlich mit diesem Unfug auf und komm mit rein.

MENAECHMUS 2: Gute Frau, ich weiß nicht, wen ihr sucht, mich nicht.

EROTIUM: Ich dich nicht kennen? Menaechmus bist du, Sohn des Moschos, angeblich zu Syrakus in Sizilien geboren, wo Agathokles König war, nach ihm Phintia, als dritter dann Liparo, der sterbend die Herrschaft an Hieron übergab; jetzt ist Hieron König.

MENAECHMUS 2: Nicht falsch, was du da sagst, Frau.

MESSENIO: Beim Jupiter, stammt die Frau etwa von da? Sie kennt dich ganz genau.

MENAECHMUS 2: Beim Herkules, ich glaube, die Einladung läßt sich nicht abschlagen.

MESSENIO: Tu's nicht! Du bist erledigt, wenn du über diese Schwelle trittst.

MENAECHMUS 2: Halt doch den Mund! Die Sache läßt sich ganz gut an. Ich werde jetzt allem zustimmen, was die Frau sagt, wenn ich nur ihre Gastfreundschaft erlangen kann. Frau, ich widersprach dir die ganze Zeit mit Vorbedacht. Ich hatte Angst vor dem, er könnte meiner Frau von dem Mantel und dem Mahl was erzählen. Gehen wir hinein, wenn du willst.

EROTIUM: Willst du auch auf den Parasiten warten?

MENAECHMUS 2: Nein, ich warte nicht. Ich mach mir nichts aus dem, und wenn er kommt, soll man ihn auch nicht erst hereinlassen.

EROTIUM: O ja, sehr gern. Aber könntest du mir zuliebe noch etwas tun?

MENAECHMUS 2: Ja, sag nur, was du wünschst.

EROTIUM: Bring bitte den Mantel, den du mir gabst, zum Goldsticker. Er soll ihn wieder herrichten und nach meinem Geschmack umarbeiten.

MENAECHMUS 2: Ei ja, wie recht du hast. So wird er unkenntlich, damit meine Frau nicht merkt, daß du ihn hast, wenn sie dich auf der Straße trifft.

EROTIUM: Dann nimm ihn gleich mit, wenn du gehst.

MENAECHMUS 2: Auf jeden Fall.

EROTIUM: Gehn wir also hinein.

MENAECHMUS 2: Ich komme gleich. Ich habe nur noch etwas mit dem zu besprechen. – He, Messenio, komm doch mal her.

MESSENIO: Ja, bitte?

MENAECHMUS 2: Steh auf!

MESSENIO: Warum?

MENAECHMUS 2: Es muß sein. Ich weiß schon, wie du mich nennen wirst.

MESSENIO: Um so schlimmer.

MENAECHMUS 2: Ich wittre Beute. Aber ich bin erst am Anfang. Die Leute da bring, so gut und so schnell du kannst, in ein Absteigequartier. Dann sieh zu, daß du mir vor Sonnenuntergang wieder in den Weg läufst.

MESSENIO: Herr, du kennst diese Huren nicht!

MENAECHMUS 2: Still doch! Mich trifft's, nicht dich, wenn ich was falsch mache. Das Frauenzimmer da ist dumm und naiv. Wie mir vorkommt, ist uns die Beute sicher.

MESSENIO: Ich bin erledigt, du gehst hinein? Ich bin am Ende. Das Piratenschiff führt den Kahn ins Verderben. Aber ich bin albern, mir einzubilden, ich könnte auf den Herrn Einfluß haben. Er schaffte mich als gehorsamen Diener, nicht als seinen Kommandanten an. Folgt mir, damit ich ihn zur befohlenen Stunde wieder treffen kann.

DRITTER AKT

Erste Szene

Peniculus.

PENICULUS:

Ich leb schon mehr als dreißig Jahr,
und nie mißglückte mir ein Ding
so schrecklich und so fürchterbar,
wie's heute mir danebenging,
just als ich in das Volksgedränge
mich Ärmsten mitten druntermenge.
Ich gähnte grad, und da verschwand
Menaechmus flugs mir von der Hand.
Zu seinem Liebchen stahl er sich
und ließ mich ganz bewußt im Stich.
Ihr Götter, mordet jenen, der
Versammlungen erfand auf Erden,
wodurch die Menschen nur noch mehr
sich schinden, als sie sowieso geschunden werden.
Es würde doch der Sache dienen,
wenn man dafür die Rentner nimmt,
die dann, sofern sie nicht erschienen,
versäumnis-strafgeldpflichtig sind?
Ja, Menschen gibt es ohne Zahl,
die täglich nur e i n Essen sehn,
die Arbeitslosen, die zum Mahl
sich keinen holen, selbst nicht gehn.
Die sollten sich zusammenrotten
und zur Wahlversammlung trotten.
Denn wär die Sache s o gewesen,
dann hätt ich heute schön gegessen.
Ich glaub gewiß bei meinem Leben,
er hätte mir was abgegeben.
Doch jetzt rasch fort. Ich hoffe noch auf Reste.
Die Illusion davon erheitert mich aufs beste.

Nanu, Menaechmus tritt heraus?
Bekränzt? O weh, der Schmaus ist aus!
Ihn zu erwischen, komm ich grad noch richtig an.
Erst seh ich, was er tut, dann geh ich hin und sprech ihn an.

Zweite Szene

Menaechmus 2, Peniculus.

MENAECHMUS 2: Wirst du endlich Ruhe geben? Diesen Mantel bring ich heute fein und nett und pünktlich fertig wieder. Du wirst ganz bestimmt nicht sagen, daß es noch derselbe ist. Nicht mehr wiederzuerkennen.

PENICULUS: Diesen Mantel bringt er jetzt zum Sticker, da das Mahl beendet und der Wein getrunken ist. Den Parasiten hat man ausgesperrt. Ich wär nicht ich, wenn ich dies Unrecht und mich selbst nicht grausam rächte. Aufgepaßt, wie ich's ihm gebe!

MENAECHMUS 2: O ihr Götter, ihr unsterblichen, wem gabt ihr je an einem Tage mehr des Guten, ob er gleich viel weniger erwartete? Ich aß, ich trank, ich lag bei einem Dirnchen, nahm mir diesen Mantel mit, an dem von Stund an keiner was zu erben haben wird.

PENICULUS: Ich kann nicht hören, was er da so leise redet, wohlgesättigt spricht er jetzt von mir und meinem Teil am Mahl.

MENAECHMUS 2: Sie sagt, ich hätt ihn ihr gegeben und der eignen Frau gestohlen. Als ich ihren Irrtum merkte, pflichtete ich ihr sofort in allem bei, als ob die Sache auch mich selbst beträfe. Alles, was das Frauenzimmer sagte, wiederholte ich. Was soll ich weiter sagen? Niemals ging es mir so billig gut.

PENICULUS: Ich gehe zu dem Menschen hin, mich juckt's, ich mach ihn fertig.

MENAECHMUS 2: Jemand hier? Wer tritt mir in den Weg?

PENICULUS: Was sagst du, Mensch, du federleichter Wicht, du Ekel, Scheusal, Schandkerl, hintertriebener Nichtsnutz. Mensch, wie hab ich das um dich verdient, zerstörst du meine Existenz? Du stahlst dich unvermerkt davon vom Forum! Ohne mich hast du das Mahl zu Grab getragen. Unverschämtheit, da ich gleichermaßen Erbe war.

MENAECHMUS 2: Na, junger Mann, was hast du gegen mich? Was schimpfst du, wo du mich doch gar nicht kennst? Für deine frechen Reden willst du wohl noch Schläge?

PENICULUS: Ja, ich merke, daß du sie mir schon gegeben hast.

MENAECHMUS 2: Gib Antwort, junger Mann, wie ist dein Name bitte?

PENICULUS: Nimmst du mich jetzt auch noch hoch, als ob du den nicht wüßtest?

MENAECHMUS 2: Wirklich, niemals, daß ich wüßte, hab ich dich vor diesem Tag gesehen und gekannt; doch bitte, halte dich daran, sei wer du seist und werde mir nicht lästig.

PENICULUS: He, Menaechmus, aufgewacht!

MENAECHMUS 2: Das bin ich jedenfalls, soweit ich weiß.

PENICULUS: Du kennst mich nicht?

MENAECHMUS 2: Nein, nicht! Ich würde es ja sonst nicht leugnen.

PENICULUS: Kennst du deinen eignen Parasiten nicht?

MENAECHMUS 2: Dir fehlt wohl was, du Hohlkopf, wie mir scheint?

PENICULUS: Gib Antwort, hast du heute deiner Frau den Mantel da gestohlen und Erotium geschenkt?

MENAECHMUS 2: Zum Teufel auch, ich habe keine Frau, stahl keinen Mantel, gab ihn nicht Erotium.

PENICULUS: Sag, bist du noch normal? Da hört doch alles auf! Hab ich dich etwa nicht, den Weibermantel an, heraus aus deinem Hause treten sehn?

MENAECHMUS 2: Verfluchter Kerl! Du denkst, daß alle Menschen Päderasten sind, bloß weil du selber einer bist? Du sagst mir nach, ich hätte einen Weibermantel angehabt?

PENICULUS: Und ganz gewiß auch.

MENAECHMUS 2: Fort mit dir, zum Kuckuck, wo du hingehörst! Und laß dich ja entsündigen, du Wahnsinnsmensch!

PENICULUS: In aller Welt, kein Sterblicher wird mich dran

hindern, deiner Frau den ganzen Vorgang so zu hinterbringen, wie es zugegangen ist; die Schweinerein falln allesamt auf dich zurück. Ich räche mich für das Menü, das du verschlangst!

MENAECHMUS 2: Was ist bloß los? Sobald ich einen treffe, hält man mich zum Narrn. Doch knarrte grad die Tür.

Dritte Szene

Sklavin, Menaechmus 2.

SKLAVIN *der Erotium*: Menaechmus, meine Herrin läßt dich herzlich bitten, daß du dies hier gleich noch mit zum Goldschmied nimmst. Du sollst noch eine Unze Gold dazutun und ihr eine neue Spange machen lassen.

MENAECHMUS 2: Richtig, dies und das, und falls sie sonst noch was von mir erledigt haben will, sie soll nur sagen, was sie will.

SKLAVIN: Sag, kennst du diese Spange hier?

MENAECHMUS 2: Ich weiß nicht, eben Gold.

SKLAVIN: Es ist dieselbe, die du, wie du sagtest, unlängst heimlich aus der Truhe deiner Frau gestohlen hast.

MENAECHMUS 2: Nein, nie ist das geschehn.

SKLAVIN: Ich bitte dich, vergessen? Gib die Spange wieder, wenn du nichts mehr davon weißt!

MENAECHMUS 2: Halt! Grade fällt mir's ein. Ja, ja, die ist's, die ich ihr gab.

SKLAVIN: Na siehst du.

MENAECHMUS 2: Doch die Spangen, die ich ihr zugleich gegeben habe, wo sind die?

SKLAVIN: Nicht daß ich wüßte.

MENAECHMUS 2: Ach, es war doch nur die eine.

SKLAVIN: Kann ich melden, daß du dich drum kümmerst?

MENAECHMUS 2: Sag nur, wird erledigt. Mantel und die Spange werden ihr zusammen zugestellt.

SKLAVIN: Ach mein Menaechmus, laß mir für die Ohren ein Gehänge machen, Tropfen, nur zwei Unzen schwer, dann bist du mir viel lieber, wenn du wieder einmal kommst.

MENAECHMUS 2: Ist gut. Doch gib mir bitte Gold, den Arbeitslohn zahl ich.

SKLAVIN: Gib Gold von dir. Ich geb dir's später wieder.

MENAECHMUS 2: Gib's von dir. Ich geb dir's später doppelt wieder.

SKLAVIN: Hab keins.

MENAECHMUS 2: Doch wenn du einmal welches hast, dann gibst du's raus!

SKLAVIN: Ist sonst noch was?

MENAECHMUS 2: Dann richte aus, die Sache wird gemacht.

MENAECHMUS 2:

Wie kam doch manches schon
im Nu zur Perfektion. –
Ist sie noch hier?
Nein fort – und zu die Tür.
Mein Wohl liegt in
der Götter Sinn,
sie schenken Liebe und Gewinn.
Was säum ich, wo ich alles günstig finde,
daß rasch ich aus dem Kupplerland verschwinde?
Menaechmus, eile, schreite,
gewinne schreitend Weite.
Nach links das Kränzchen fort!
Wer folgt, läuft dann nach dort.
Jetzt will ich gehn,
Messenio zu sehn,
damit er von dem Glück erfährt,
das mir die Götter heut gewährt.

VIERTER AKT

Erste Szene

Matrona, Peniculus.

MATRONA: Reib ich mich hier nicht in hoffnungsloser Ehe auf? Der Mann versetzt mir heimlich, was im Hause ist, und schleppt's zu seinem Liebchen fort.

PENICULUS: Jetzt schweigst du schon? Auf frischer Tat wird er ertappt, dann kannst du was dagegen tun. Komm hier mal her. Den Mantel brachte er zum Sticker, trunken, mit dem Zecherkranze auf dem Kopf. Den hatte er dir heut gestohlen. Sieh, da liegt das Kränzchen, das er trug. Na, lüge ich? In dieser Richtung ging er weg; im Fall du seiner Fährte folgen willst. Zum Teufel auch, da sieh, es kann nicht besser klappen, grad kehrt er zurück, doch ohne Mantel.

MATRONA: Wie verhalt ich mich jetzt bloß zu ihm?

PENICULUS: Wie immer. Putz ihn tüchtig runter, denk ich. Doch wir wolln zur Seite treten. Laure aus dem Hinterhalt.

Zweite Szene

Menaechmus 1, Peniculus, Matrona.

MENAECHMUS 1:
Wie hängt man an dem dummen Brauch! –
und oft recht lästig ist er auch –
vor allem hängen grad die besten
an diesem Brauch am festesten:
Klienten wünscht man viel zu haben
und ohne nach Moral zu fragen,
nur ihr Vermögen hat Gewicht,
nach ihrem Rufe fragt man nicht.

Den armen, aber braven Mann,
den sieht man als Ganoven an.
Der Reiche, ist er sonst auch schlecht,
gilt als Klient für gut und recht.
Wer weder Recht noch Billigkeit
besitzt, bringt dem Patron nur Leid.
Sie streiten ab, was sie so kriegen,
sind voller Zank und Raub und Lügen.
Durch Wucher und Betrügerade
entstand ihr Gut und ihre Habe.
Ruft sie der Prätor zum Termin,
muß der Patron selbst auch mit hin.
Und notgedrungen tritt man ein
für ihre üblen Schweinerein,
vor Volk, vor Prätor und Ädil,
je nun, wie's die Verhandlung will.
Auch mir hat heut zu guter Letzt
so ein Klient hart zugesetzt.
Ich war nicht mehr mein eigner Mann,
so packt er mich und hielt mich an.
Vor den Ädilen hielt ich dann mein Referat,
zugunsten seiner Missetat,
verdrehte die Motive,
ob brüchig oder schiefe,
ich sprach für ihn das Plädoyer,
vertuschte, bauschte mehr denn je,
bloß um noch Gnade zu erschinden.
Und er, verpflichtet die Kaution zu finden?
Für all das Üble, was er tat an Gaunerei,
bringt er als Bürgen mir die schlimmsten drei.
Nie sah ich, daß ein Mensch noch mehr
für schuld befunden ward als er:
Die Götter solln den Kerl ermorden,
der heut den Tag mir hat verdorben;
auch m i c h, für diese Schnapsideen,
den Markt heut auch nur anzusehn.
Der schönste Tag ist jetzt vernichtet:
Ein Frühstück wurde hergerichtet,
Erotium wartet drin, o ja:
sobald ich konnte, war ich da,

vom Forum weg und her zu ihr;
ich glaub, Erotium zürnet mir.
Jedoch der Mantel, den ich brachte,
der stimmt sie sicher wieder sachte,
der, den ich heute meiner Teuern
stibitzte, um ihn zu verscheuern.

PENICULUS: Was sagst du nun?

MATRONA: Daß ich mit einem Bösewicht verheiratet bin.

PENICULUS: Verstehst du auch recht, was er sagt?

MATRONA: Ja, leider.

MENAECHMUS 1: Wenn ich gescheit bin, geh ich jetzt hinein und laß mir's wohl sein.

PENICULUS: Moment: Wohl eher hundedreckig.

MATRONA: Ha, der Diebstahl kommt dich teuer zu stehn!

PENICULUS: So ist's.

MATRONA: Du dachtest wohl, du kannst deine Streiche still und leise ausführen?

MENAECHMUS 1: Worum dreht sich's denn, liebe Frau?

MATRONA: Du fragst noch?

MENAECHMUS 1: Soll ich den fragen?

MATRONA: Laß die Zärtlichkeiten!

PENICULUS: Bravo, immer weiter so!

MENAECHMUS 1: Warum bist du mir bös?

MATRONA: Das solltest du wissen!

PENICULUS: Der weiß es auch, aber der schlechte Kerl verstellt sich.

MENAECHMUS 1: Was ist denn los?

MATRONA: Den Mantel –

MENAECHMUS 1: Mantel?

MATRONA: Den Mantel hat mir einer –

PENICULUS: Warum zitterst du?

MENAECHMUS 1: Ich zittre doch nicht.

PENICULUS: Höchstens, daß dich der Mantel blaß wie eine Kalkwand macht. *Leiser zu ihm:* Du sollst mir nicht noch einmal ohne mich essen! *Laut:* Immer weiter drauf auf ihn.

MENAECHMUS 1: Bist du nicht still?

PENICULUS: Nein, ganz und gar nicht. – Er gibt mir einen Wink, daß ich den Mund halten soll.

MENAECHMUS 1: Nie im Leben, und einen Wink hab ich dir schon gar nicht gegeben.

MATRONA: Ach, mein Kastor, ich bin ein bejammernswertes Weib.

MENAECHMUS 1: Wieso denn? Bitte erklär mir das.

PENICULUS: Es gibt nichts Unverschämteres. Er streitet ab, was du mit eigenen Augen sehen kannst.

MENAECHMUS 1: Frau, ich schwöre dir, bei Jupiter und allen Göttern – genügt dir das? –, daß ich ihm keinen Wink gegeben habe.

PENICULUS: In dieser Sache bist du vertrauenswürdig. Nun komm wieder auf den Mantel.

MENAECHMUS 1: Wohin soll ich kommen?

PENICULUS: Zum Sticker, glaub ich. Geh hin und hol den Mantel wieder.

MENAECHMUS 1: Welchen Mantel denn?

PENICULUS: Jetzt bleibt mir die Luft weg. Auch davon will er nichts mehr wissen.

MENAECHMUS 1: Hat ein Sklave was verbrochen? Waren Sklavinnen oder Sklaven ungehörig zu dir? Sprich. Strafe soll ihn treffen!

MATRONA: Unsinn!

MENAECHMUS 1: Du bist noch immer verdrießlich. Das gefällt mir ganz und gar nicht.

MATRONA: Unsinn!

MENAECHMUS 1: Gewiß zürnst du jemandem vom Hauspersonal.

MATRONA: Unsinn!

MENAECHMUS 1: Oder hast du etwa auf m i c h Zorn?

MATRONA: Das ist mal k e i n Unsinn.

MENAECHMUS 1: Aber ich hab doch nichts getan.

MATRONA: Wieder Unsinn!

MENAECHMUS 1: Sag mir doch, liebe Frau, welchen Kummer du hast.

PENICULUS: Du hast ja einen schönen Schmeichler.

MENAECHMUS 1: Kannst du mich nicht endlich in Ruh lassen? Red ich denn mit dir?

MATRONA: Nimm die Hand da weg!

PENICULUS: Der kriegt's. – Halt dich ran, friß noch mal hinter meinem Rücken und verspotte mich danach vor dem Haus, betrunken mit dem Zecherkranz auf dem Kopf.

MENAECHMUS 1: Ich habe überhaupt noch nichts gegessen

und meinen Fuß heute noch gar nicht in dieses Haus gesetzt.

PENICULUS: Immer noch Späße?

MENAECHMUS 1: Ich hab recht.

PENICULUS: Niemand ist doch dreister als dieser Mensch. Ich hätte dich also nicht eben erst hier vor der Tür mit dem Blütenkranz stehen sehen? Als du sagtest, ich Hohlkopf sei nicht ganz gescheit, daß du mich nicht kennst und von auswärts wärst?

MENAECHMUS 1: Im Gegenteil, es ist schon lange her, daß ich mich von dir trennte, und nun komme ich endlich wieder heim.

PENICULUS: Ich kenne dich. Du glaubtest mir nicht, daß ich mich räche. Haha, aber ich hab alles deiner Frau erzählt.

MENAECHMUS 1: Was hast du erzählt?

PENICULUS: Ich weiß nicht. Frag sie doch.

MENAECHMUS 1: Was ist es denn, Frau? Was hat er dir denn erzählt. Was ist? Warum schweigst du? Warum sagst du nicht, was los ist?

MATRONA: Als ob du nichts wüßtest. Mein Mantel wurde mir aus der Wohnung gestohlen!

MENAECHMUS 1: Der Mantel wurde dir gestohlen?

MATRONA: Du fragst noch?

MENAECHMUS 1: Ich würde dich nicht fragen, wenn ich's wüßte.

PENICULUS: O wie sich der schlechte Kerl verstellt. – Du kannst es nicht verheimlichen, sie weiß genau Bescheid. Haha, alles hab ich ihr angezeigt.

MENAECHMUS 1: Was denn?

MATRONA: Da du kein Schamgefühl hast und aus freien Stücken selbst nicht gestehen willst, hör einmal ganz genau zu. Dann sollst du den Grund meines Kummers beziehungsweise das, was der mir sagte, erfahren. Der Mantel wurde mir aus der Wohnung gestohlen.

MENAECHMUS 1: Der Mantel wurde mir gestohlen?

PENICULUS: Merkst du, wie dich der durchtriebene Bursche fangen will? – Ihr ist der Mantel gestohlen worden, nicht dir. Denn ganz sicher, wenn er dir gestohlen worden wäre, wäre er jetzt nicht in guter Obhut.

MENAECHMUS 1: Mit dir hab ich nichts zu schaffen. – Aber was meinst du?

MATRONA: Ich meine, daß der Mantel nicht mehr im Haus ist.

MENAECHMUS 1: Wer hat ihn gestohlen?

MATRONA: Das weiß am besten der, der ihn stahl.

MENAECHMUS 1: Wer ist der Mensch?

MATRONA: Doch jedenfalls Menaechmus.

MENAECHMUS 1: Ha, unverschämt! Wer ist dieser Menaechmus?

MATRONA: Du selbst, sag ich.

MENAECHMUS 1: Ich?

MATRONA: Du!

MENAECHMUS 1: Wer beweist das?

MATRONA: Ich selbst.

PENICULUS: – und ich. Und zu diesem Mädchen Erotium hast du ihn hingebracht.

MENAECHMUS 1: Ich hätte ihn ihr gegeben?

MATRONA: Du, du selbst, sage ich. Soll ich etwa noch einen Papagei holen, der „du, du" zu dir sagt? Wir sind jedenfalls überzeugt.

MENAECHMUS 1: Ich schwöre bei Jupiter und allen Göttern – Frau genügt dir das? –, daß es nicht geschah.

MATRONA: Und ich beim Herkules, daß wir die Wahrheit sagen.

MENAECHMUS 1: Ich hab ihn ihr nicht geschenkt, sondern zur Benützung überlassen.

MATRONA: Ich jedenfalls, beim Kastor, verleihe weder dein Hemd noch deinen Mantel außer Haus zur Benützung. Für eine Frau gehört es sich, die Frauenkleider, und für einen Mann, die Männerkleider zu verleihen. Warum bringst du den Mantel nicht wieder mit?

MENAECHMUS 1: Ich kümmere mich darum, daß es geschieht.

MATRONA: Laß dir das bloß geraten sein! Denn du kommst mir nur ins Haus, wenn du den Mantel wiederbringst. Ich gehe jetzt hinein.

PENICULUS: Was wird nun mit mir, nachdem ich diese Mühe für dich aufgewandt habe?

MATRONA: Die Mühe wird dir vergolten, wenn man dir mal was gestohlen haben wird.

PENICULUS: O weh, das geschieht nie, denn da gibt's nichts, was ich verlieren kann. Mann und Frau – zum Teufel mit allen beiden! Ich eile zum Forum, denn in diesem Haus bin ich völlig abgeschrieben, wie mir scheint.

MENAECHMUS 1:

Die Alte glaubt, es sei besondre Härte,
wenn sie mich aus dem Hause sperrte,
als gäb es nicht auf dieser Welt
'nen Zufluchtsort, der mir weit mehr gefällt.
Drum, wenn ich dir nicht passe, mag es sein!
Erotium läßt mich hier mit viel Vergnügen ein.
Sie läßt mich zu sich vor
und legt den Riegel vor das Tor.
Nun fort. Ich bitte mir den Mantel gleich zurück,
den ich ihr gab, und kaufe ihr ein beßres Stück.
He, aufgemacht, ist wohl ein Pförtner hier?
Ruf einer mal Erotium vor die Tür!

Dritte Szene

Erotium, Menaechmus 1.

EROTIUM: Wer fragt hier nach mir?

MENAECHMUS 1: Der mehr sein eigner Feind ist als der deiner Jugend.

EROTIUM: Mein Menaechmus, was stehst du draußen? Komm doch herein.

MENAECHMUS 1: Warte noch. Weißt du, warum ich zu dir komme?

EROTIUM: Ich weiß, damit du an mir Vergnügen findest.

MENAECHMUS 1: Nein, um Himmels willen, gib mir bitte den Mantel wieder, den ich dir vorhin schenkte. Meine Frau hat die ganze Sache haarklein erfahren. Ich kauf dir dafür einen Mantel, der deine Wünsche um das Doppelte übertrifft.

EROTIUM: Ich hab ihn dir doch grad erst zurückgegeben, damit du ihn zum Sticker bringst, und dazu die Spange, um daraus vom Goldschmied eine neue machen zu lassen.

MENAECHMUS 1: Mantel und Spange hättest du mir gegeben? Niemals. Denn ich gab dir vorhin den Mantel und ging hernach zum Forum. Erst jetzt komme ich von dort zurück und sehe dich erstmals wieder.

Erotium: Ich merke, welches Spiel du treibst, weil ich dir Vertrauen schenkte. Um mich zu täuschen, wählst du diesen Weg.

Menaechmus 1: Ihr Götter, ich will ihn doch nicht wiederhaben, um dich zu täuschen. Ich sagte dir, meine Frau ist dahintergekommen.

Erotium: Übrigens habe ich um dieses Geschenk gar nicht gebeten. Aus freien Stücken hast du es mir gebracht und geschenkt. Daß du ihn wiederhaben willst, muß ich hinnehmen. Behalte ihn, schaff ihn fort, benütz ihn selber, du oder deine Frau, oder pökelt ihn euch ein. Du wirst von Stund an deinen Fuß nicht mehr über diese Schwelle setzen, bloß daß du nicht umsonst kommst. Wieviel Gutes habe ich verdient, und nun diese Verachtung! Wenn du nicht Silber bringst, führst du mich nicht mehr an der Nase herum. Such dir eine andre, mit der du das machen kannst.

Menaechmus 1: Ei Teufel, die ist in Fahrt. – He du, bitte bleib, komm her! Bleibst du nicht? Willst du nicht meinetwegen noch mal umkehren? Fort, hinein, die Tür ist zu. Jetzt steh ich ganz und gar auf der Straße. Weder daheim noch bei der Geliebten glaubt man mir ein Sterbenswörtchen. Jetzt will ich gehn und meine Freunde um Rat fragen, was da zu tun ist.

FÜNFTER AKT

Erste Szene

Menaechmus 2, Matrona.

MENAECHMUS 2: Ich war doch gar zu dumm, daß ich den Beutel mit dem Geld Messenio gab. Jetzt hängt er irgendwo in einer Kneipe fest.

MATRONA: Ich muß doch sehn, ob nicht mein Mann nach Hause kommt. O ja, da seh ich ihn. Ein Glück, er bringt den Mantel mit.

MENAECHMUS 2: Wo bleibt doch bloß Messenio, das möcht ich wissen.

MATRONA: Ich gehe hin und sprech den Menschen an, wie er's verdient. – Du schämst dich nicht, mir vor die Augen hinzutreten, Schandmensch, und in diesem Aufzug noch dazu?

MENAECHMUS 2: Was ist, Frau? Was erregt dich so?

MATRONA: Du unverschämter Kerl, du wagst noch einen Mucks zu tun, mit mir zu sprechen?

MENAECHMUS 2: Ja, was hab ich denn getan, daß ich mit dir nicht reden sollte?

MATRONA: Fragst du mich? Die unverschämte Frechheit dieses Menschen!

MENAECHMUS 2: Frau, du weißt wohl nicht, warum die Griechen Hekuba „die Hündin" nannten?

MATRONA: Nein, das weiß ich nicht.

MENAECHMUS 2: Nun, weil die Hekuba dasselbe tat, was du jetzt tust: Sie giftete auf jeden, den sie sah, drum fing man ganz zu Recht auch an, sie „Hündin" zu benennen.

MATRONA: Diese deine Frechheit kann ich nicht mehr tragen. Lieber möchte ich trotz meiner Jugend schon geschieden sein, als diese Ungezogenheiten dulden.

MENAECHMUS 2: Was geht das mich an, ob du deine Ehe

aushältst oder dich von deinem Manne trennen willst? Es ist wohl hier so Sitte, daß man Leuten, die grad aus der Fremde kommen, Unsinn vorerzählt?

MATRONA: Was Unsinn? Nein, sag ich, da will ich künftig lieber doch geschieden sein, als mich an deine Sitten zu gewöhnen.

MENAECHMUS 2: Meinetwegen lebe doch geschieden bis zum Kabinettsbankrott des Jupiter.

MATRONA: Soeben hast du noch geleugnet, daß du mir den Mantel stahlst, jetzt bringst du ihn mir vor die Augen, schämst du dich da nicht?

MENAECHMUS 2: Ach Frau, du bist geschwätzig, dreist und schlecht. Du wagst es zu behaupten, daß ich d e n gestohlen hätte, den mir grade eine andre gab, damit ich ihn zum Sticker bringe?

MATRONA: Oh, das geht nun doch zu weit! Jetzt hol ich auf der Stelle meinen Vater her und sag ihm alle deine Schändlichkeiten. Heda, Decio, such den Vater, bring ihn gleich mit dir hierher zu mir. Und sag ihm, es sei dringend. Jetzt erzähl ich deine ganze Schändlichkeit.

MENAECHMUS 2: Bist du bei Trost? Was Schändlichkeit?

MATRONA: Den Mantel und mein Gold stahlst du daheim der Gattin, und dann bringst du es zu deinem Liebchen hin. Nun, stimmt's?

MENAECHMUS 2: Ach bitte, Frau, beim Herkules, gib mir ein Tränklein, wenn du grad eins kennst, damit ich dein Gerede runterschlucken kann. Ich weiß es nicht, für welchen Menschen du mich hältst, doch i c h kenn d i c h sowenig wie Porthaon.

MATRONA: Lache mich nur aus, beim Pollux, diesen lachst du nicht aus, meinen Vater, der grad kommt. Was drehst du dich nicht um? Kennst du ihn etwa nicht?

MENAECHMUS 2: Ich kenn ihn grad so gut wie Kalchas, denn am selben Tage sah ich ihn wie dich.

MATRONA: So willst du mich nicht kennen und den Vater auch nicht?

MENAECHMUS 2: Und bringst du deinen Opa noch dazu, dann sag ich's auch.

MATRONA: O Castor, o du bleibst verstockt wie in den andren Dingen.

Zweite Szene

Vater, Matrona, Menaechmus 2.

VATER:
Wie's mein Alter mit sich bringt
– da der Vorfall hier mich zwingt –,
Kam ich eilends her von weitem,
mühte mich, recht flink zu schreiten:
daß das nicht gelungen war,
ist mir unterdessen klar.
Flinkheit fehlt mir, muß ich sagen,
bin vom Alter ganz geschlagen,
schlepp den Körper, arg geschunden,
meine Kräfte sind geschwunden.
Ach, wie ist das Alter schlimm,
üble Sache, ich bin hin.
Alter bringt in größter Zahl,
wenn es ankommt, Leid und Qual.
Nein, nicht jede Einzelheit
kann ich sagen. Geht zu weit.
Jetzt bereitet meinem Herzen
hier der Vorgang große Schmerzen,
weil die Tochter plötzlich jetzt
mich heraus zu sich her hetzt,
ohne daß sie auch nur sagt,
was sie will und was sie plagt.
Was mag sein? Ja, ja, ich ahne,
sicher Streit mit ihrem Manne,
wie so oft bei jenen Frauen,
die auf ihre Mitgift bauen
und den Mann vor allen Dingen
unter den Pantoffel zwingen.
Ja, oft zeigt sich's – in der Tat –,
daß die Frau selbst schuld dran hat.
Doch so wie die Regeln liegen,
muß die Frau sich auch oft fügen. –
Eine Frau ruft nur den Vater
bei juristischem Theater,
wenn es um Delikte geht.
Werd gleich sehen, wie es steht.

Ja, da ist sie vor dem Haus.
Auch ihr Mann sieht traurig aus.
Seh den Fall schon richtig an,
sprech mit ihnen, geh mal ran.

MATRONA: Ich geh ihm entgegen. Ich grüß dich herzlich, mein Vater.

VATER: Ich wünsche dir alles Gute. Komm ich noch recht? Befandest du dich wohl, als du mich rufen ließt? Warum bist du traurig? Warum steht er so zornerfüllt abseits von dir? Ich versteh gar nicht, warum ihr zwei untereinander so verzankt seid. Sprich, wer hat schuld? Aber kurz, kein langes Gerede.

MATRONA: Ich jedenfalls hab überhaupt keine Schuld, das kann ich dir zunächst einmal sagen, Vater. Aber das ist kein Leben hier, ich halte es nicht mehr aus. Darum nimm mich wieder mit nach Hause.

VATER: Was ist denn los?

MATRONA: Ich werde an der Nase herumgeführt.

VATER: Von wem denn?

MATRONA: Von dem, dem du mich zur Frau gabst, von meinem Mann.

VATER: Da habt ihr wieder Streit. Wie oft hab ich dir doch gesagt, du sollst dich in acht nehmen, daß mir keiner von euch mit Streit kommt!

MATRONA: Wie soll ich mich da in acht nehmen, mein Vater?

VATER: Das fragst du mich?

MATRONA: Nur wenn du willst.

VATER: Wie oft habe ich dir gesagt, du sollst deinem Mann gefügig sein, nicht allem, was er tut, nachspüren, wohin er geht und was er vorhat.

MATRONA: Aber er verkehrt doch mit einer Dirne hier in der Nachbarschaft.

VATER: Da ist er gescheit. Und ich wette, wegen deiner Laune wird er sie noch mehr lieben.

MATRONA: Und er trinkt auch.

VATER: Wird er deinetwegen weniger trinken, wenn es ihm dort oder anderswo so gefällt? Was für ein Übel ist doch die Unduldsamkeit! Mit einem Mal willst du erreichen, daß er sich nicht auswärts zum Essen zusagt und auch keinen anderen bei sich empfängt. Sollen denn die Männer deine Dienstboten sein? Da magst du sie gleich noch Handarbcit machen, unter den Sklavinnen sitzen und Wolle krämpeln lassen.

MATRONA: Ich hab dich doch nicht hergeholt, damit du mir die Meinung sagst, sondern dem Mann. Auf meiner Seite stehst du, ihm sag Bescheid.

VATER: Wenn er sich was zuschulden kommen ließ, werde ich ihm um so mehr die Meinung sagen, als ich dir Vorwürfe machte. Aber wenn er dich reich mit Gold und Kleidung ausstattet, dir ausreichend Sklavinnen und Speisen zur Verfügung stellt, ist es doch klüger, Frau, Vernunft zu bewahren.

MATRONA: Aber er stiehlt ja mein Gold, meine Mäntel aus der Truhe im Haus, raubt mich aus und schafft meinen Schmuck heimlich zu den Dirnen.

VATER: Schlecht getan, wenn es so ist. Wenn es nicht stimmt, handelst du falsch, da du einen Unschuldigen verdächtigst.

MATRONA: Er hat ja den Mantel sogar jetzt bei sich, Vater, und die Armspange, die er zu der Dirne geschafft hatte. Er bringt sie wieder, weil ich es verlangte.

VATER: Nun, ich erfahre schon von ihm, wie es sich zutrug. Ich geh zu ihm hin und sprech ihn an. Sag mir, Menaechmus, weswegen ihr euch zankt, damit ich es erfahre. Warum bist du so mißgestimmt? Warum ist jene da so zornig von dir abgerückt?

MENAECHMUS 2: Wer du auch bist, wie du auch heißt, Alter, den höchsten Jupiter und die Götter gebe ich als Zeugen an –

VATER: Aus welchem Grund oder weswegen in aller Welt?

MENAECHMUS 2: Daß ich diesem Frauenzimmer nichts Übles getan habe, obgleich sie mir vorwirft, diesen Mantel da ihr aus dem Haus gestohlen und fortgeschleppt zu haben. Wenn ich meinen Fuß jemals in das Haus setzte, in dem sie wohnt, dann will ich aller Halunken Oberhalunke werden.

VATER: Bist du gescheit? Das wünschst du dir und leugnest, deinen Fuß je in dieses Haus gesetzt zu haben, in dem du wohnst? Du Oberunglücksmensch.

MENAECHMUS 2: Du, Alter, sagst, daß ich in diesem Haus zu Hause bin?

VATER: Das leugnest du?

MENAECHMUS 2: Und mit Nachdruck.

VATER: Tatsächlich, das leugnest du? Seid ihr in der letzten Nacht hier ausgezogen? Komm her, meine Tochter, was sagst du, seid ihr hier ausgezogen?

MATRONA: Wohin oder weswegen denn, du liebe Zeit?

VATER: Ich weiß ja nicht.

MATRONA: Natürlich verspottet er dich. Merkst du das denn nicht?

VATER: Wirklich, Menaechmus, nun genug der Späße. Geh jetzt auf die Sache ein!

MENAECHMUS 2: Aber bitte, was gehst du mich an? Woher kommst du, was bist du für ein Mensch? Was hab ich mit dir zu schaffen oder mit der da, die mir ganz und gar zuwider ist!

MATRONA: Siehst du nicht, wie seine Augen grün werden? Sieh, wie ihm die grüne Farbe in Schläfen und Stirn steigt, wie seine Augen flimmern.

MENAECHMUS 2: Was paßt mir besser in den Streifen, als wenn sie sagen, ich wäre wahnsinnig? Ich spiegle Wahnsinn vor, um sie mir vom Halse zu schaffen.

MATRONA: Wie breit er den Mund aufsperrt! Was soll ich bloß tun, mein Vater?

VATER: Komm her zu mir, meine Tochter, und hinweg von ihm, so weit wie möglich!

MENAECHMUS 2:

Hohüüü, o Bakchos Bromios, dein Ruf erschallt
und holt zur Jagd mich in den Wald.
Ich höre dich,
doch kann ich nicht
von diesem Ort
hinfort.
Denn hier zur Linken wacht bereit
ein reißend wildes Hundeweib,
und dieser Bergbock hat, solang er lebt,
durch Meineid brave Leute reingelegt.

VATER: Fluch über dich!

MENAECHMUS 2: Eihei, Apolls Orakel hat mir anbefohlen, mit Feuer ihr die Augen auszukohlen.

MATRONA: Zu Hilfe, mein Vater, er droht, mir die Augen auszubrennen.

MENAECHMUS 2: Haha, die sagen, ich sei wahnsinnig, und sind es selbst.

VATER: He, Tochter!

MATRONA: Was ist? Was machen wir bloß?

VATER: Soll ich meine Sklaven rufen? Ja, ich gehe, ich bringe Leute, die ihn hier wegholen und daheim anbinden, bevor er noch größres Unheil anstellt.

MENAECHMUS 2: Jetzt sitz ich in der Klemme. Wenn ich mir nicht was einfallen lasse, dann schleppen die mich ins Haus. –
In dem Gesichte, läßt du mich geloben,
die Fäuste kräftig auszutoben.
Ich tu's, sofern sie's nicht für passend findet
und mir flugs aus den Augen schwindet.
Apollo, dein Befehl
wird ausgeführt ganz schnell!

VATER: Fliehe ins Haus, so schnell du kannst, damit er dich hier nicht erwürgt.

MATRONA: Ich fliehe. Bitte, mein Vater, paß auf ihn auf, damit er sich nicht davonmacht. Bin ich nicht ein bejammernswertes Weib, so was miterleben zu müssen?

MENAECHMUS 2:
Die hab ich prachtvoll abserviert, und nun auf den –
den dreckig-zottelbärtig-zittrigen Tithon,
der sagt, er sei des Kyknos Sohn:
Apoll, du heißt mich, daß ich seine
Gelenke, Knochen und Gebeine
mit diesem seinem eignen Stabe
ihm zerschlage.

VATER: Dir bekommt es übel, wenn du mich anrührst oder mir näher kommst.

MENAECHMUS 2:
Apoll,
ich tue, was ich soll,
ich nehm die Axt mit Doppelschneide
und werde Fleisch und Eingeweide
bis runter auf die Knochen spalten
diesem Alten.

VATER: Jetzt heißt es vorgesehn, ich muß mich hüten. Mir graut wirklich vor ihm, daß er, wie er droht, mir an den Kragen geht.

MENAECHMUS 2:

Wie vielerlei, Apoll, gebeutst du mir!
Ich soll ein wildes ungezähmtes Tier
und noch ein weitres obendrein
vor meinen Wagen spannen, steig dann ein,
damit den alten Löwen ich vernichte,
den Stinker ohne Zähne im Gesichte.
Schon bin ich auf dem Wagen angelangt,
halt Zügel und die Peitsche in der Hand:
Nun los, ihr Rappen, laßt die Hufe trappen,
laßt gebeugten Hufs sie fliegen,
daß die Funken stieben!

VATER: Du willst mich mit deinem Gespann niederfahren?

MENAECHMUS 2:

Haho, Apollo, endlich gibst du zu verstehn,
der Mensch da soll im Angriff untergehn. –
Jedoch wer ist's, der mich soeben
am Haar vom Wagen sucht zu heben?,
indem er, o Apollo, dein Edikt
und deine Weisung unterdrückt?

VATER: O weh, welch schlimme, böse Krankheit, Götter ihr, ich ruf euch an! Der Mensch, der hier im Wahnsinn rast, wie war er eben noch gesund. Urplötzlich kam die schlimme Krankheit über ihn. Ich geh und hole einen Arzt, so schnell ich kann. *Ab.*

MENAECHMUS 2: Sind sie endlich fort aus meinem Angesicht, die mich gewaltsam zwingen, daß ich den Verrückten spiele? Doch was zaudre ich, zu meinem Schiff zu gehn, solange ich noch kann? – Ich bitt euch alle, wenn der Alte wiederkommt, verratet ihm die Straße nicht, auf der ich mich verdünnisierte. *Ab.*

Dritte Szene

Vater.

VATER:
Der Hintern und die Augen sind mir wund
vom Warten auf den Arzt, vom Sitzen und
vom Ausschauhalten, bis es ihm genehm,
von seinen Kranken heimzugehn.
Und endlich traf er schlechtgelaunt auch ein.
Er sagt, er hätte Äskulap das Bein
und dem Apoll den Arm verbinden müssen.
Da möcht ich freilich gerne wissen,
ob ich mir einen Mediziner oder Zimmermann
hierherbestellte. Seht, da kommt er an.
Beeilung, he, und tritt
nicht wie im Schneckenschritt!

Vierte Szene

Arzt.

ARZT:
Erzähl mir, Alter, dies vor allem:
Von welcher Krankheit, meinst du, ist der Mensch befallen?
Sind es Gespenster, die der Mann erblickt,
sag, oder ist er schlicht verrückt?
Plagt ihn die Schlafsucht oder ist es krasser?
Hat er Wasser?

VATER:
Grad deshalb hol ich dich, du sollst mich informieren
und den verrückten Kerl kurieren.

ARZT:
Der Mann ist kinderleicht zu retten.
Ich garantier dir's. Wetten?

VATER:
Ich wünsche: Gehe an den Mann
mit großer Sorgfalt ran!

ARZT:
Sechshundertmal am Tag laß ich ihn stöhnen,

mit solcher Sorgfalt will ich ihn verwöhnen.

VATER:
Da kommt er grad, habt acht.
Mal sehen, was er macht.

Fünfte Szene

Menaechmus 1, Vater, Arzt.

MENAECHMUS 1:
Verflixt, der Tag verläuft mir sehr
und wirklich ganz und gar verquer.
Ich dachte, daß ich insgeheim
mein Späßchen habe – aber nein.
Der Parasit hat's in das Land
hinausposaunt – ei potz verdammt.
Mit Furcht und Schande hat er mich beladen;
ein König hat von dem Ulyss nur Schaden.
So wahr ich leb, der Kerl wird füsiliert! –
Ich Schafskopf drohe an, was mir passiert!
Er nährte sich von meiner Kost und Brot. –
Ich schlag ihn tot!
Die Hur dagegen hat sich angestellt,
so wie halt Huren sind auf dieser Welt.
Denn als ich bat: Ach, gib das Kleidungsstück
doch wieder meiner Frau zurück,
das sagt sie glatt, ich hätt es schon.
Was bin ich – oh – ein armer Erdensohn.

VATER: Hörst du, was er sagt?

ARZT: Er nennt sich arm.

VATER: Geh hin zu ihm.

ARZT: Guten Tag, Menaechmus. Halt, warum entblößt du deinen Arm? Weißt du nicht, daß du deine Krankheit dadurch verschlimmerst?

MENAECHMUS 1: Scherst du dich nicht an den Galgen?

VATER: Merkst du was?

ARZT: Selbstverständlich. Der Sache ist mit einem Hektar Nieswurz nicht beizukommen. – Was sagst du, Menaechmus?

MENAECHMUS 1: Was willst du?

ARZT: Gib Antwort! Trinkst du weißen oder roten Wein?

MENAECHMUS 1: Was scherst du dich nicht zum Teufel?

ARZT: Tatsächlich, schon fängt er wieder mit dem Wahnsinn an.

MENAECHMUS 1: Fragst du mich nicht auch noch, ob ich rotes, violettes oder khakigelbes Brot esse? Ob Fisch mit Federn oder die Vögel mit Schuppen?

VATER: Ha, hörst du den Unsinn, den er spricht? Gib ihm rasch ein paar Tröpfchen, bevor er restlos überschnappt.

ARZT: Wart nur, ich untersuche noch anderes.

VATER: Mit deinem Geschwätz bringst du uns in Lebensgefahr.

ARZT: Gib Antwort. Bekommst du manchmal den starren Blick?

MENAECHMUS 1: Was? Hältst du mich für eine Languste, du Nichtsnutz?

ARZT: Sprich, knurren dir manchmal die Eingeweide, merkst du was?

MENAECHMUS 1: Wenn ich satt bin, knurrt nichts, nur wenn ich Hunger hab.

ARZT: Die Antwort kommt mir freilich ganz gescheit vor. Schläfst du bis zum Morgen durch? Schläfst du im Bett leicht ein?

MENAECHMUS 1: Ich schlafe durch, wenn meine Schulden bezahlt sind. Zum Teufel mit dir bei Jupiter und allen Göttern, du Schnüffler.

ARZT: Jetzt bricht der Wahnsinn aus: Du, paß bloß auf!

VATER: O Nestor du, jetzt hat er wieder den Tonfall wie vorhin; da sagte er nämlich zu seiner Frau, sie wäre ein reißend-wildes Hundeweib.

MENAECHMUS 1: Ich?

VATER: Ja, du und hier. Und obendrein drohtest du, mich mit einem angeschirrten Vierspänner niederzufahren. Ich hab das miterlebt und sage es dir.

MENAECHMUS 1: Und ich weiß, daß du Jupiters heilige Krone stahlst, und ich weiß, daß man dich deshalb in das Kittchen steckte, und ich weiß, daß man dich nach der Entlassung unterm Galgen mit Ruten strich, und ich weiß, daß du deinen Vater umgebracht und die Mutter verkauft hast. Hast du jetzt genug Grobheiten für deine Grobheiten, um dir meine Vernunft zu beweisen?

VATER: O Himmel, bitte, Arzt, tu rasch, was du vorhast, aber tu's. Merkst du den Wahnsinn nicht?

ARZT: Weißt du, was das beste ist? Laß ihn zu mir bringen.

VATER: Meinst du?

ARZT: Warum nicht? Ich glaub, dort kann ich ihn in die Kur nehmen.

VATER: Mach, was du willst.

ARZT: So um die zwanzig Tage laß ich dich Nieswurz schlucken.

MENAECHMUS 1: Und ich häng dich auf und peitsche dich mit Ruten durch und durch so um die dreißig Tage.

ARZT: Nun geh und hole Leute, die ihn zu mir herüberbringen.

VATER: Wie viele meinst du, müssen es sein?

ARZT: Dem Wahnsinnsstande nach zu kalkulieren: vier und keiner weniger.

VATER: Ich bring sie gleich. Aber laß ihn nicht aus dem Auge, Arzt!

ARZT: Ja, geh nur ins Haus, damit alle nötigen Vorkehrungen getroffen werden. Gib den Sklaven Auftrag, ihn zu mir zu bringen.

VATER: Wird besorgt.

ARZT: Ich gehe jetzt.

VATER: Leb wohl.

MENAECHMUS 1:

Fort ging der Arzt, fort ging der Vater,
jetzt bin ich solo im Theater.
Ei, ei, was sind das für Geschichten,
die man versucht, mir anzudichten?
Noch nie in meinem ganzen Leben
hab ich 'nen Tag im Bett gelegen;
ich bin auch voll und ganz gescheit,
fang weder Händel an noch Streit.
Ich kenn und sprech die Leute und
bin selbst genau wie sie gesund.
Die sind ja selber nicht im Lot,

die denken, ich sei der Idiot.
Was mach ich nun? Ich möchte heim.
Doch meine Frau läßt mich nicht rein.
Und dort bei der geht's auch verquer.
Nein, heut ist alles ein Malheur.
Ich bleibe hier bis in die Nacht,
ich denk, dann wird schon aufgemacht.

Sechste Szene

Messenio, Menaechmus 1, Sklaven.

MESSENIO:
Pflicht und Ziel des braven
auf den Herrn bedachten Sklaven
sei, zu ordnen, sehn, zu denken,
seines Herrn Belang zu lenken,
fleißig, wenn er fern ist, ja,
dann noch mehr, als wenn er da.
Größre Vorsicht hab man auch
für den Hintern als den Bauch,
für den Rücken als den Magen.
Alle Schlingel, ferner solche
feigen Memmen, feigen Strolche
seien stets darauf bedacht,
was der Herr mit ihnen macht.
Prügel, Fesseln, Mühle mahlen,
Schmachten, Hunger, Kältequalen
sind der Lohn für ihre Schande
hierzulande.
Besser ist mir da das Brave,
Lob ist nützlicher als Strafe.
Guter Rat ist mir weit lieber,
Prügel sind mir ganz zuwider.
Lieber sind mir Maismehlfladen,
als das Mehl gemahlen haben.
Deshalb dien ich meinem Herrn
ohne Mucksen, gut und gern.
Hab den Lohn auch selbst davon.

Andre seien, wie sie wollen,
meistens sind sie Egoist;
ich bedenk nur, daß mein Herr
seinen Vorteil dran besitzt.
Furcht erhalte ich mir, doch
von der Schuld halt ich mich frei,
daß ich jederzeit und stets
meines Herrn gewärtig sei.
(Sklaven, die die Strafe fürchten,
wenn sie keine Schuld beschwert,
sind gewöhnlich ihren Herren
ganz besonders lieb und wert.)
Ich hab kaum was zu befürchten,
bald gibt's Lohn für gute Tat!
Stets dien ich dem Grundsatz, daß der
Rücken nichts zu leiden hat.
Ich hab die Sklaven in der Schenke
mitsamt Gepäck verstaut und denke,
ich sollte meinem Herrn jetzt mal
entgegengehn, wie er befahl.
Ich klopf ans Tor,
damit er weiß, ich steh davor.
Dann hol ich aus
dem Sündenpfuhl den Herrn heraus.
Ich fürchte aber, er ist nicht mehr dort,
die Schlacht ist aus, der Herr ist fort.

Siebente Szene

VATER:

Bei den Göttern und Menschen sag ich euch, ihr sollt meinen Befehl auf das sorgfältigste beachten, was ich euch befohlen habe und jetzt befehle: Sorgt dafür, daß dieser Mensch da gleich auf die Schultern genommen und in die Arzt-Behandlungsstätte fortgetragen wird, sofern euch eure Beine und Rücken nicht bloß einen Pfifferling wert sind. Jeder sehe sich vor, vor dem, was dieser Mensch droht und kümmre sich nicht drum. Was steht ihr herum? Was zögert ihr? Der müßte längst fortgeschleppt und auf euren Schultern sein. Ich selber geh zum Arzt und bin dann schon dort, wenn ihr kommt.

MENAECHMUS:

Ich bin vernichtet! Ach, was geht hier vor? Was rasen diese Leute auf mich los? Verflixt nochmal, was wollt ihr? Ach, was sucht ihr denn? Was steht ihr um mich her? Was packt ihr mich? Und wohin bringt ihr mich? Ich bin des Todes! Hilfe, helft, bei eurer Treue, Bürgersleute, Epidamnier, helft mir doch! Was laßt ihr mich nicht los?

MESSENIO:

Ihr Götter, ihr unsterblichen, ich bitte und beschwöre euch, was muß ich da mit meinen Augen sehn? Sie schleppen meinen Herrn auf Schändlichste, ach ich versteh das nicht, auf ihren Schultern fort.

MENAECHMUS 1:

Wer rettet mich, wer hat den Schneid?

MESSENIO:

Ich, Herr, der kühnste, bin bereit.
Es ist doch eine ganz verruchte Tat,
ihr Epidamnier, Bürger dieser Stadt,
die noch dazu mit unsrer Frieden hat,
daß ihr den Herrn, der als ein freier Mann
soeben her nach Epidamnus kam,
verschleppt, bei hellem Tageslicht.
Nun laßt ihn los! So geht das nicht!

MENAECHMUS 1: Ich bitte dich, wer du auch bist, steh mir bei, dulde nicht, daß mir so himmelschreiendes Unrecht angetan wird.

MESSENIO: Nein, niemals, ich setz mich für dich ein, ich verteidige dich und helfe dir, niemals dulde ich deinen Untergang, lieber will ich selber untergehn. Reiß dem das Auge aus, der dich da bei der Schulter packt, Herr, ich bitte dich, den anderen will ich schon selbst die Saat ins Gesicht packen, ihm meine Fäuste drauf säen. Zu eurem eignen größten Schaden schleppt ihr den da fort, verdammt noch mal. Laßt ihn los!

MENAECHMUS 1: Den hab ich schon am Auge.

MESSENIO: Mach zu, daß man das Loch im Kopfe sieht. Ihr

Verbrecher, ihr Räuber, ihr Landstreicher.

SKLAVEN: Wir sind verloren, Erbarmen, Gnade.

MESSENIO: Dann laßt ihn endlich los!

MENAECHMUS 1: Was packt ihr mich auch an? Kämm ihn mit den Fäusten ab!

MESSENIO: Fort, zum Teufel, schert euch an den Galgen. Hier, du auch noch was, weil du der letzte bist, hier das zum Lohn. Vortrefflich habe ich ihre Gesichter durchgemessen, das war nach meinem Geschmack. Ei ei ei, Herr, da bin ich dir grad zur rechten Zeit beigesprungen.

MENAECHMUS 1: Und dir, du junger Fremdling, mögen die Götter immer wohlgesonnen sein. Denn wenn du nicht gewesen wärest, hätte ich den Sonnenuntergang heute nicht mehr erlebt.

MESSENIO: Also, beim Pollux, wenn du gerecht sein willst, dann läßt du mich frei.

MENAECHMUS 1: Ich dich frei?

MESSENIO: Natürlich, schließlich hab ich dich ja gerettet, Herr.

MENAECHMUS 1: Wie bitte? Junger Mann, du irrst dich wohl.

MESSENIO: Wieso?

MENAECHMUS 1: Ich rufe den Vater Jupiter zum Zeugen an: Ich bin doch nicht dein Herr.

MESSENIO: Bist du nicht still?

MENAECHMUS 1: Ich lüge nicht. Nie hat sich einer meiner Sklaven jemals so zu mir verhalten wie du.

MESSENIO: Dann laß mich also als freien Mann davonziehn, wenn du meinst, daß ich nicht dein Sklave bin.

MENAECHMUS 1: Ja meinetwegen, sei halt frei und geh, wohin du willst.

MESSENIO: Das befiehlst du?

MENAECHMUS 1: Ganz gewiß, sofern ich das Recht habe, dir etwas zu befehlen.

MESSENIO: Dann sei mir gegrüßt, mein Patron. – Wie freu ich mich, Messenio, daß du nun endlich frei bist. – Das glaub ich euch bestimmt. – Aber du, mein Patron, ich bitte dich herzlich, gib mir deine Befehle nicht weniger, als da ich noch dein Sklave war. Ich bleibe bei dir wohnen, und wenn du gehst, kehr ich mit dir nach Hause zurück.

Menaechmus 1: Nein, das geht zu weit.

Messenio: Ich gehe jetzt zur Taberne und hole dein Gepäck und das Geld. Der Beutel mit dem Reisegeld ist im Rohrkorb gut aufgehoben. Ich bring dir's gleich hierher.

Menaechmus 1: Ja, nur zu.

Messenio: Ich geb dir's ganz genauso zurück, wie du es mir gabst. Wart nur hier auf mich. *Ab.*

Menaechmus 1:

Recht wundersame Sachen waren
auf tolle Weise mir heut widerfahren.
Ich sei's nicht, meinen
die einen.
Man sperrt aus dem Haus
mich aus.
Und der Bursche erklärte,
daß er mir gehörte,
und, vor allen Dingen,
ging er, Geld zu bringen,
der, dem ich eben grad
seine Freiheit gab.
Ja, er meint, daß in Bälde
er Gepäck bringt mit Gelde:
Wenn er mir welches schenkt,
mag er gehn, wie er denkt.
Doch besinnt sich der Wicht –
nein, zurück geb ich's nicht.
Für den Arzt und den Vater, da gelt ich als toll.
Kurz und gut, was geschieht, ist der Wunder voll.
Der ganze Kram scheint mir wie leerer Schaum,
nicht anders als im Traum.
Ich gehe jetzt zu meinem Liebchen rein,
mag sie auch noch so zornig sein.
Mit Bitten könnte es vielleicht gelingen,
den Mantel zu erhalten und nach Haus zu bringen. *Ab.*

Achte Szene

Menaechmus 2, Messenio.

MENAECHMUS 2: Du Frechling wagst zu sagen, du habest mich heute schon einmal getroffen, seitdem ich dir befahl, mich hier abzuholen?

MESSENIO: Habe ich dich etwa nicht soeben den vier Menschen entrissen, die dich auf der Schulter wegtrugen, hier bei diesem Haus? Du riefst die Treue der Götter und aller Menschen an, wenn ich dir zu Hilfe komme und dich unter Einsatz meiner Fäuste den Feinden entreiße. Und eben wegen dieser Rettung hast du mich freigelassen. Als ich nun sagte, daß ich Geld und Gepäck holen wolle, hast du mich im Galopp überholt, um die Freilassung ungeschehen zu machen.

MENAECHMUS 2: Ich dich freigelassen?

MESSENIO: Ja.

MENAECHMUS 2: Ha, es steht fester als fest, daß ich lieber selbst Sklave werde, als dich jemals freizulassen.

Neunte Szene

Menaechmus 1, Messenio, Menaechmus 2.

MENAECHMUS 1 *zu Erotium ins Haus*: Selbst wenn ihr es bei euren Augen schwört, bringt ihr es trotzdem nicht zuwege, daß ich heute den Mantel und die Spange wieder fortgetragen hätte, Scheusal.

MESSENIO: Ihr unsterblichen Götter, was sehe ich?

MENAECHMUS 2: Was siehst du?

MESSENIO: Dein Spiegelbild.

MENAECHMUS 2: Was ist denn los?

MESSENIO: Das ist dein Abbild, haargenau.

MENAECHMUS 2: Tatsächlich, kein Unterschied, soweit ich meine Statur kenne.

MENAECHMUS 1: O junger Fremdling, grüß dich, du mein Retter.

MESSENIO: Junger Herr, ach bitte, sagt mir euren Namen, wenn es euch nicht verdrießt.

MENAECHMUS 1: Nein, du hast es wirklich nicht um mich verdient, daß mich dein Wunsch verdrießt. Ich heiße Menaechmus.

MENAECHMUS 2: Nein, das bin ich.

MENAECHMUS 1: Ich bin Sizilianer und stamme aus Syrakus.

MENAECHMUS 2: Die gleiche Heimat und Heimatstadt hab ich auch.

MENAECHMUS 1: Was hör ich da von dir?

MENAECHMUS 2: Die Tatsache.

MESSENIO: Den jedenfalls kenn ich, der ist mein Herr. – Ich bin der Sklave von diesem da, andererseits schien mir grad, daß ich dem gehöre. Ich glaubte, daß dieser da du bist, aber mit diesem hatte ich zu tun. Ich bitte dich, verzeihe mir, wenn ich etwas konfus spreche.

MENAECHMUS 2: Du kommst mir nicht ganz normal vor. Hast du vergessen, daß du heut mit mir aus dem Schiff gestiegen bist?

MESSENIO: Ja, du hast recht. Du bist mein Herr. Du, such dir einen Sklaven. Du sei mir recht herzlich gegrüßt. Und du leb wohl. Ja, diesen nenne ich Menaechmus.

MENAECHMUS 1: Aber ich mich auch.

MENAECHMUS 2: Was soll das? Du Menaechmus?

MENAECHMUS 1: Jawohl, der Sohn meines Vaters Moschos.

MENAECHMUS 2: Du stammst von meinem Vater ab?

MENAECHMUS 1: O nein, junger Mann, von meinem. Deinen will ich dir weder abstreiten noch rauben.

MESSENIO: Ihr unsterblichen Götter, erfüllt mir die unerwartete Hoffnung, die ich ahne. Wenn mich mein Verstand nicht täuscht, dann sind die beiden Zwillinge. Denn beide sagen aus, daß sie die gleiche Heimat und den gleichen Vater haben. Da will ich mir mal meinen Herrn beiseite rufen. Du, Menaechmus.

MENAECHMUS 1, MENAECHMUS 2: Was ist?

MESSENIO: Beide brauch ich nicht. Aber wer von euch ist mit mir zusammen auf dem Schiff angekommen?

MENAECHMUS 1: Ich nicht.

MENAECHMUS 2: Aber ich.

MESSENIO: Dann brauch ich dich. Tritt mal näher zu mir heran.

MENAECHMUS 2: Da bin ich. Was ist?

MESSENIO: Der Mensch da ist entweder ein Betrüger oder dein Zwillingsbruder. Denn ich sah nie zwei Menschen, die einander ähnlicher waren. Weder gleicht Wasser dem Wasser noch Milch der Milch mehr, glaube mir, als er dir und du ihm. Darüber hinaus spricht er von dem gleichen Heimatland und von dem gleichen Vater. Es ist besser, wir gehen zu ihm hin und fragen ihn aus.

MENAECHMUS 2: Tatsächlich, das ist ein guter Rat. Hab Dank. Und nun mach weiter so, ich bitte dich. Frei sollst du sein, wenn du ihn als meinen Bruder erkennst.

MESSENIO: Ich hoffe es.

MENAECHMUS 2: Ich ebenso.

MESSENIO: Ach bitte, ich glaube, du sagtest, daß man dich Menaechmus nennt?

MENAECHMUS 1: So ist's.

MESSENIO: Der heißt auch Menaechmus. Im sizilischen Syrakus wurdest du geboren, sprachst du. Der auch. Moschos habe dein Vater geheißen, sprachst du. Seiner war es auch. Nun könntet ihr euch beide einmal in meinem und eurem Interesse nützlich machen.

MENAECHMUS 1: Verdient hast du, daß dir jeder deiner Wünsche erfüllt wird. Als ob du mich für Geld gekauft hättest, so diene ich dir als Freier wie ein Sklave.

MESSENIO: Ich hoffe, euch beide als Zwillingsbrüder erkannt zu haben, von einer Mutter und von einem Vater stammend, am gleichen Tage geboren.

MENAECHMUS 1: Seltsame Dinge sprichst du da. Würde es dir doch gelingen, das zu erweisen.

MESSENIO: Ich kann's. Aber nun los, ihr beiden, gebt Auskunft, worum ich euch bitte.

MENAECHMUS 1: Wie es dir gefällt, frag nur, ich antworte. Ich verschweige nichts, was ich weiß.

MESSENIO: Heißt du Menaechmus?

MENAECHMUS 1: Der bin ich.

MESSENIO: Heißt du auch so?

MENAECHMUS 2: Ja.

MESSENIO: Du sagtest, daß dein Vater Moschos hieß?

MENAECHMUS 1: So ist es recht.

MENAECHMUS 2: Und meiner auch.

MESSENIO: Du stammst von Syrakus?

MENAECHMUS 1: Das stimmt.

MESSENIO: Und du?

MENAECHMUS 2: Wieso nicht?

MESSENIO: Vortrefflich stimmen bis dahin alle Anzeichen überein. Und nun paßt weiter auf. Sag mir, was ist das letzte in deinem Vaterland, an das du dich erinnern kannst?

MENAECHMUS 1: Wie ich mit meinem Vater nach Tarent zum Markt ging; später irrte ich unter den Menschen von meinem Vater ab und wurde entführt.

MENAECHMUS 2: Höchster Jupiter, bewahre mich.

MESSENIO: Was schreist du so und schweigst nicht? Wie alt warst du, als dich dein Vater damals mit von der Heimat fortnahm?

MENAECHMUS 1: Sieben Jahre. Damals fielen mir grad die ersten Zähne aus. Den Vater hab ich danach nie mehr wiedergesehen.

MESSENIO: Was weiter? Wie viele Söhne wart ihr damals bei deinem Vater?

MENAECHMUS 1: Wie ich mich genau erinnere, zwei.

MESSENIO: Wer war der ältere, du oder jener?

MENAECHMUS 1: Wir waren gleich alt.

MESSENIO: Wie ist das möglich?

MENAECHMUS 1: Wir waren Zwillinge.

MENAECHMUS 2: Die Götter wollen meine Rettung.

MESSENIO: Wenn du mich unterbrichst, schweig ich lieber.

MENAECHMUS 2: Ich bin schon still.

MESSENIO: Sprich: Hattet ihr beide den gleichen Namen?

MENAECHMUS 1: Nein nein! Ich hieß so wie jetzt, Menaechmus. Den anderen nannten sie damals Sosicles.

MENAECHMUS 2: Die Kennzeichen sind untrüglich. Ich kann mich nicht halten, dich zu umarmen. Mein leiblicher Zwillingsbruder, sei mir gegrüßt. Sosicles bin ich.

MENAECHMUS 1: Wie kam es, daß dir später der Name Menaechmus gegeben wurde?

MENAECHMUS 2: Als zu uns die Nachricht gekommen war, du seiest verschollen und der Vater tot, änderte unser Großvater den Namen. Er gab mir deinen.

MENAECHMUS 1: Ich glaube, es ist so, wie du sagst. Doch gib Auskunft.

MENAECHMUS 2: Frag nur zu.

MENAECHMUS 1: Wie war der Name unserer Mutter?

MENAECHMUS 2: Teuximarche.

MENAECHMUS 1: Das stimmt. Sei mir gegrüßt, du, den ich unverhofft nach so vielen Jahren wiedersehe.

MENAECHMUS 2: Bruder, auch du, den ich unter vielen mühseligen Beschwernissen bis zur Stunde gesucht habe, und ich freue mich, dich gefunden zu haben.

MESSENIO: Das war auch der Grund, weshalb dich diese Dirne mit dem Namen von dem da ansprach. Sie hielt dich für ihn, glaub ich, als sie dich zum Frühstück rief.

MENAECHMUS 1: Ja, tatsächlich, ich bestellte mir heute ein Frühstück bei ihr; meine Frau durfte nichts davon wissen, denn ich hatte ihr zuvor daheim einen Mantel weggestibitzt, den ich dieser hier gab.

MENAECHMUS 2: Meinst du diesen Mantel, Bruder, den ich hier habe.

MENAECHMUS 1: Ja, er ist es. Wie kam er in deine Hand?

MENAECHMUS 2: Die Dirne nahm mich mit zum Frühstück hier hinein und behauptete, ich hätte ihn ihr gegeben. Das Essen war vortrefflich, es gab zu trinken, und dann legte ich mich zu der Kleinen. Den Mantel und das Gold nahm ich mit von ihr.

MENAECHMUS 1: Das freut mich über alle Maßen, wenn dir meinetwegen etwas Gutes widerfuhr. Denn als sie dich zu sich lud, da glaubte sie, das wäre ich.

MESSENIO: Denkst du noch an mich, daß ich frei sein soll, wie du versprachst?

MENAECHMUS 1: Eine sehr vortreffliche und äußerst billige Bitte, Bruder. Gewähre es mir zuliebe.

MENAECHMUS 2: Frei sollst du sein.

MENAECHMUS 1: Ich freue mich, daß du frei bist, Messenio.

MESSENIO: Doch muß das noch besser sanktioniert werden, damit die Freiheit auch von Dauer ist.

MENAECHMUS 2: Bruder, da dies alles so ganz nach Wunsch gegangen ist, wollen wir zusammen in die Heimat zurückkehren.

MENAECHMUS 1: Bruder, ich bin dabei, ganz wie du willst. Hier halt ich eine große Auktion und verkaufe alles, was verkäuflich ist. Unterdessen wollen wir hineingehen, Bruder.

MENAECHMUS 2: Gut.

MESSENIO: Wißt ihr, worum ich euch noch bitte?

MENAECHMUS 1: Ja?

MESSENIO: Gebt mir dabei den Posten des Ausrufers.

MENAECHMUS 2: Ich bin einverstanden.

MESSENIO: Soll ich die Leute jetzt gleich zur Auktion zusammentrommeln?

MENAECHMUS 1: Nein, erst am siebten Tag.

MESSENIO:

Versteigerung hält Menaechmus, früh, am siebten Tag,
versteigert wird das Haus und was man denken mag,
die Sklaven, Hausrat, Grundbesitz – mit dem Bedinge,
daß man auch bares Geld mitbringe.
Sogar die Gattin wird hier losgeschlagen –
vorausgesetzt, ein Käufer will sie haben.
Doch schätze ich, daß sich bei der Auktion
kaum mehr ergibt, als 'ne Million.
Nun, Publikum, geht schön nach Haus,
lebt wohl und klatscht Applaus.

Miles Gloriosus

PERSONEN

PYRGOPOLINICES (Mauerstürmer), *Offizier im Dienste Seleukos' I.*
ARTOTROGUS (Brockenschnapper), *ein Parasit*
PALAESTRIO, *Sklave des Pleusicles, zur Zeit im Dienst des Pyrgopolinices*
PERIPLECTOMENUS, *alter Grieche, Einwohner von Ephesus*
SCELEDRUS, *Sklave im Dienst des Pyrgopolinices*
PHILOCOMASIUM, *Hetäre, Geliebte des Pleusicles, Konkubine des Pyrgopolinices*
PLEUSICLES, *junger Athener*
LUCRIO, *Sklave des Pyrgopolinices*
ACROTELEUTIUM, *Hetäre, Klientin des Periplectomenus*
MILPHIDIPPA, *ihre Sklavin*
CARIO, *Koch*
SKLAVEN UND PRÜGELKNECHTE

Eine Straße in Ephesus. In der Mitte ein Doppelhaus, dessen einer Teil von Pyrgopolinices, der andere von Periplectomenus bewohnt wird. Vor dem Haus des Periplectomenus steht ein Opferaltar

ERSTER AKT

Erste Szene

Pyrgopolinices, Artotrogus.

PYRGOPOLINICES *ungestüm und großmäulig schnauzend*: Marsch, marsch! Poliert, daß mein Schild heller funkelt als der Sonne Strahl bei gutem Wetter, daß er, wenn's drauf ankommt, dann im Nahgefecht die Sicht der Feindeslinie blendet! Ich jedoch will jetzt dies Schlachtschwert trösten, daß es mit dem Jammern aufhört und nicht ganz verzweifelt; denn ich trage es schon lange Urlaub feiernd in der Scheide. Armes Schwert! Es zuckt schon, aus den Feinden Frikassee zu machen. Wo ist Artotrogus?

ARTOTROGUS *mit großem Satz herbeispringend und mit schnellem Redefluß einfallend*: Da steht er bei dem tapfren Mann, dem Glückspilz mit der majestätischen Figur, dem Eisenfresser – Ha! Selbst Mars wagt nichts zu sagen oder seine Heldentugend deiner zu vergleichen.

PYRGOPOLINICES: Wen hab' ich da herausgehaun? In diesem Würmerfeld, wo Bombenkampf, der Sohn des Protzratunglücksfürsten, Oberfeldherr war? Der – Dingsbums des Neptun?

ARTOTROGUS: Na klar. Du meinst doch den da mit den goldnen Waffen, dessen Divisionen du zerblasen hast mit einem Hauch, so wie der Wind die Blätter oder Stroh vom Dach.

PYRGOPOLINICES: Herrgott noch mal, das ist doch gar nichts.

ARTOTROGUS: Gar nichts, Mensch, ist das – *beiseite* – verglichen dem, was niemals du getan. Wenn einer einen Menschen sah, der noch verlogner war als der, von Ruhmsucht voller noch als dieser da, der soll mich haben, ich verschenk mich ihm als Sklave! Nur das eine bitte ich mir aus, daß ich genug zu essen kriege von dem ungeheuer guten Krautsalat.

PYRGOPOLINICES: Wo bist du?

ARTOTROGUS: Da bin ich. Gott – wie du dem Rüsseltier in Indien mit bloßer Faust das Vorderbein zerbrachst.

PYRGOPOLINICES *unwillig*: Was Vorderbein?

ARTOTROGUS: Ich wollte vielmehr sagen: Oberschenkelknochen.

PYRGOPOLINICES *abfällig*: Doch führte ich den Stoß unkonzentriert.

ARTOTROGUS: Beim Zeus, wenn du nur richtig rangegangen wärst, durch Herz und Darm und Maul des Monstrums wär dein Arm nur so hindurchgerutscht.

PYRGOPOLINICES: Nichts mehr davon!

ARTOTROGUS: O doch, Verehrtester, es ist der Mühe wert, von dir zu sprechen; mir sind deine Tugenden bekannt. *Beiseite:* Der Bauch beschert mir alle diese Qual. Die Ohren muß ich gründlich spitzen, daß die Zähne was zu beißen kriegen. Beifall klatschen muß ich jeder Schnapsidee.

PYRGOPOLINICES: Was will ich doch bloß sagen?

ARTOTROGUS: Ja, ich weiß schon, was du sagen willst. Es ist geschehn, tatsächlich, ich entsinne mich genau.

PYRGOPOLINICES: Was denn?

ARTOTROGUS: Was eben ist.

PYRGOPOLINICES: Hast du – –

ARTOTROGUS *ihm rasch ins Wort fallend*: Die Registriertabellen willst du haben? Hier – *eine Tafel hinhaltend* – und auch den Griffel gleich dazu.

PYRGOPOLINICES *erfreut*: Du stellst dich prächtig auf mich ein!

ARTOTROGUS: Es ist mein Los, besonders gründlich deine Eigenarten zu verstehn und alles dranzusetzen, daß ich schon im voraus rieche, was du willst.

PYRGOPOLINICES: Denkst du auch noch daran?

ARTOTROGUS: Gewiß! Es waren hundert in Kilikien und fünfzig noch dazu, dann hundert Mann im Skythenräuberland, aus Sardes dreißig, sechzig Mazedonen. Diese Menschen nun hast du an einem einzigen Tage hingemacht.

PYRGOPOLINICES: Und nun die Summe dieses Menschenmaterials?

ARTOTROGUS: Sind siebentausend, Herr.

PYRGOPOLINICES: So muß es sein. Du rechnest gut.

ARTOTROGUS: Notizen hab ich freilich nicht. Ich denke so daran.

PYRGOPOLINICES: Beim Zeus, dein Grips ist ausgezeichnet.

ARTOTROGUS: Die Hoffnung auf ein gutes Essen macht ihn scharf.

PYRGOPOLINICES: Wenn du so weitermachst wie jetzt, wirst du in einem fort bei mir dein Essen finden. Du, für immer machen wir gemeinsam Mittagstisch.

ARTOTROGUS: Und was war erst in Kappadozien, wo du fünfhundert gleich mit einem Hieb vernichtetest – wenn nur das Schwert nicht stumpf gewesen wäre.

PYRGOPOLINICES: Falls wirklich welche noch am Leben blieben, nur, weil sie gemeines Fußvolk waren.

ARTOTROGUS: Was soll ich denn die öffentliche Meinung erst zitieren? Du Mauerstürmer bist allein auf dieser Welt an Tugend, an Figur und Heldentaten phänomenalös! Dich lieben alle Frauen. Und mit Recht! Wie bist du doch so schön! *Stößt ihn vertraulich mit dem Ellenbogen an.* Mensch jene, die mich gestern erst am Mantel zupften!

PYRGOPOLINICES: Was sagten sie zu dir?

ARTOTROGUS: *ihn erneut anschubsend*: Sie fragten mich: „Ist dieses der Achill?", so sagte die zu mir. „O nein, sein Bruder", gab ich ihr zurück. Da nahm die andre von den zwein das Wort: „Bei allen guten Geistern, ist der schön und nobel", sagte sie zu mir. „Sieh an, wie steht die Lokkenpracht ihm zu Gesicht. Wahrhaftig, die allein sind glückbegnadet, die mit dem sich niederlegen."

PYRGOPOLINICES: Sagten sie das wirklich so?

ARTOTROGUS: Ja, haben beide mich denn nicht auf Knien angefleht, dich heute wie in einer Prozession an ihrem Haus vorbeizuführen?

PYRGOPOLINICES: Ein Elend, wenn man gar zu schön!

ARTOTROGUS: Ja, ja, hast recht. Die Weiber sind zu lästig, bitten, drängen, stürmen auf mich los, nur um dich sehn zu dürfen, holen mich gewaltsam zu sich rein, so daß mir für den Dienst bei dir kaum Zeit verbleibt.

PYRGOPOLINICES: Mir scheint, es ist die Stunde, auf den Markt zu gehn, um dort den Söldnern, die ich gestern hier in meine Listen einschrieb, ihre Piepen auszuzahlen;

denn Seleukos, unser König, flehte mich mit höchster Inbrunst an, ihm Söldner aufzutreiben und zu registrieren. Gut! Beschluß: Dem König sei für diesen Tag mein Dienst geweiht.

ARTOTROGUS: Na schön, dann also auf!

PYRGOPOLINICES: Trabanten, folgt im Lauf! *Ab.*

ZWEITER AKT

Erste Szene: Prolog

Palaestrio.

Palaestrio: Ich hab' grad Lust und Laune, euch das Drum und Dran des Stückes zu erzählen, wenn ihr nur die Güte habt, es anzuhören. Aber wer nicht hören will, marsch ab und fort, daß Platz wird für die Interessierten!

Die Handlung und den Namen der Komödie, die wir spielen wollen, werd ich euch erzählen. Der Komödie halber sitzt ihr ja an diesem frohen Ort. Alazon heißt auf griechisch die Komödie, das nennen wir bei uns lateinisch „gloriosus – prahlerisch“. Die Stadt – *Handbewegung* – ist Ephesus und dieser Offizier, der grad von hier zum Markte ging, mein Herr, ein unverschämter Lügenkerl, ein Mistfink, Wort- und Ehebrecher. Er sagt sogar, ihm liefen alle Frauen nach. In Wahrheit lachen sie ihn aus, wo er auch geht. Drum sieht man hier die Mägdelein, wenn sie ihn mit den Lippen locken, größtenteils mit schiefem Maul. – Doch ich bin noch nicht lang in seinem Dienst. Nun hört, wie ich sein Sklave wurde und wieso ich meinen frühern Herrn verließ. Paßt auf, denn jetzt entwickle ich den Inhalt der Komödie.

Mein eigentlicher Herr war in Athen ein Jüngling von der allerbesten Art. Der war verliebt in eine Kleine, die samt der Mama im attischen Athen zu Hause war. Und auch das Mädchen war ihm gut. Verliebt man sich in dieser Art, lohnt's doch am meisten. Jener Jüngling ging als amtlicher Gesandter nach Naupaktos – *pathetisch* – in Angelegenheiten seines hohen Staats. Indessen kam – *mit der Hand in die Richtung weisend, nach der Pyrgopolinices verschwunden ist* – der Offizier zufällig nach Athen, macht sich an jenes Mädchen ran, die Liebste meines Herrn, begann sich auch bei ihrer Mutter einzuschmeicheln, durch Wein und Schmuck und herrlich leckre Sachen. Und so machte sich der Offizier dort bei dem Kuppelweib zum Intimus. Als nun dem Kriegersmann der rechte Augenblick gekommen schien, da seifte er die Kuppelmutter ein, die Mutter der Geliebten meines Herrn; denn er nimmt ihre Tochter mit aufs Schiff, verborgen vor der Mutter, bringt das Mädchen wider ihren eignen Willen her nach Ephesus. Sobald mir klar ist, daß die Liebste meines Herren von Athen entführt, verschaff ich mir ein Schiff, so schnell ich nur lebendigen Leibes kann, ich fahre los, die Sache nach Naupaktos meinem Herrn zu melden. Als wir auf die hohe See hinausgesegelt sind, geschieht der Götter Wille: Denn Piraten kapern jenes Schiff, auf dem ich fuhr. Noch früher war ich da am Ende meines Lebens als bei meinem Herrn, zu dem ich aufgebrochen war. Der Räuber schenkt mich diesem Offizier. *Dabei wiederum in die Richtung weisend, in der Pyrogopolinices verschwunden ist.* Und als mich der mit sich nach Haus genommen, seh ich doch das Liebchen meines Herrn, die von Athen. Als sie auch mich bemerkte, zwinkert sie mir zu, sie ja nicht anzureden; aber später, bei Gelegenheit, klagt mir das Mädchen sein Geschick. Sie sagt, sie wünsche, nach Athen zu fliehn, aus diesem Hause fort, sie liebe meinen Herrn, den aus Athen, sie hasse keinen Menschen mehr als diesen Offizier. Als ich des Mädchens Sinnesart durchschaue, setze ich ein Schriftstück auf und geb es heimlich einem Kaufmann mit, an meinen Herrn, den von Athen, der dieses Mädchen liebt. Ich rate ihm hierherzukommen. Jener schlug die Mitteilung nicht in den Wind. Er kam und wohnt gleich hier im Nachbarhaus, bei einem Gastfreund seines Vaters, einem netten alten Herrn. Und der ist dem verliebten jungen Gast auch sehr behilflich, fördert uns und steht uns bei mit Rat und Tat. Drum hab ich hier im Haus ein tolles Ding gedreht, um dem verliebten Paar zum Rendezvous zu helfen. Dieser Offizier hat der Geliebten ja ein Zimmer angewiesen, das nur sie allein betreten darf. In dem Gemach durchbohrte ich die Wand, um einen ganz geheimen Gang von hier nach da für unser Mädchen einzurichten. Und der alte Herr weiß ganz genau Bescheid, er gab mir selbst den Rat dazu. – Doch nun: Ein andrer Sklave steht mit mir im gleichen Dienst, ein dummer Kerl, dem unser Offizier das Mädchen zur Bewachung gab. Dem setzen wir den grünen Star vor seine Augen, schlau, gewitzt, verschlagen, klug. Den führen wir so an, daß er den eignen Augen nicht mehr traut. Damit es dann kein Mißverständnis gibt!: Gar bald tritt unsre Kleine hier heraus, einmal von dort und dann von da, mit wechselnder Personenrolle. Freilich ist sie ganz dieselbe, doch sie wird stets dreist behaupten, eine andere zu sein. So wird der Haremswächter angeschmiert.

Die Tür ging bei dem Alten nebenan.
Er tritt hervor, der nette alte Mann.

Zweite Szene

Periplectomenus, Palaestrio.

PERIPLECTOMENUS: Beim Herkules, wenn ihr in Zukunft nicht einem jeden Fremden die Knochen brecht, den ihr auf unserem Dach seht, dann kriegt ihr selber die Prügel auf euern Hintern! Da sitzen mir die neugierigen Spürnasen doch schon im Nachbarhaus, um herauszukriegen, was in meinem Hause vor sich geht. Auf dem Dach kriechen sie herum und schnüffeln von oben herein! Nun aber sage ich's ein für allemal; Seht ihr noch einen von diesem Offiziersgesindel auf unserem Dach – ausgenommen Palaestrio –, den wirbelt stracks herunter auf das Pflaster! Mag er auch sagen, er wolle einer Henne, Taube oder einem Affen nachlaufen: euch geht es selber an den Kragen, wenn ihr ihn nicht zu Tode prügelt. Und damit sich diese Kerle nicht obendrein gegen das Knöchelspielgesetz vergehen, zerschlagt sie so, daß sie daheim ihre Mahlzeit ohne Knöchel einnehmen.

PALAESTRIO: Was mag unsere Dienerschaft hier bloß verbrochen haben? Wenn ich recht verstand, wollte der Alte dort meinen Mitsklaven die Knöchel zerschlagen lassen. Mich nahm er allerdings aus! Dann schere ich mich auch nicht darum, was er mit den andern macht. Ich gehe zu ihm hin.

PERIPLECTOMENUS: Kommt da nicht Palaestrio?

PALAESTRIO: Wie geht's, Periplectomenus?

PERIPLECTOMENUS: Nicht viele Menschen möchte ich jetzt lieber sehen und sprechen als dich, wenn ich wählen dürfte.

PALAESTRIO: Was gibt's? Was soll der Zank mit unsern Leuten?

PERIPLECTOMENUS: Wir sind erledigt!

PALAESTRIO: Wieso?

PERIPLECTOMENUS: Wir sind entdeckt!

PALAESTRIO: Was ist entdeckt?

PERIPLECTOMENUS: Vom Dach aus hat irgendeiner von euern Leuten, ich weiß nicht wer, bei uns oben hereingeguckt und hat hier drin bei uns Philocomasium und den fremden Gast beim Küssen gesehen.

PALAESTRIO: Wer sah es?

PERIPLECTOMENUS: Einer deiner Mitsklaven.

PALAESTRIO: Ja, wer denn?

PERIPLECTOMENUS: Ich weiß nicht, wie der Blitz war er wieder weg.

PALAESTRIO: Ich fürchte, das ist mein Ende.

PERIPLECTOMENUS: Im Weggehen rufe ich hinter ihm her: „He", schrei ich, „was machst du da auf unserem Dach?" Und jener, weiterrennend, gibt zurück, er suche einen Affen.

PALAESTRIO: Ach ich Armer, muß ich sterben wegen so einem elenden Vieh! Doch – ist Philocomasium auch jetzt noch hier bei dir?

PERIPLECTOMENUS: Ja, als ich herauskam, war sie noch da.

PALAESTRIO: Geh gleich zu ihr, sie soll schnellstens wieder hinüber, sie soll sich daheim vor der Dienerschaft sehen lassen, wenn sie nicht beabsichtigt, daß wir, die Sklaven, wegen ihrer Liebelei alle mit dem Kreuz Brüderschaft trinken!

PERIPLECTOMENUS: Das sagte ich ihr schon. Wenn du sonst nichts willst.

PALAESTRIO: O doch! Sag ihr dies: Sie soll unbedingt an echter Weiberart festhalten und Weiberkniff und -pfiff bewahren!

PERIPLECTOMENUS: Wie meinst du das?

Palaestrio: Sie soll dem, der sie hier sah, einreden, daß er sie nicht sah. Und wenn er sie auch hundertmal sah, soll sie es leugnen. Sie hat ja Mundwerk, Spitzfindigkeit, Wortbrüchigkeit, Schlechtigkeit, Verwegenheit, Dreistigkeit, Halsstarrigkeit, Verschlagenheit. Verklagt sie einer, soll sie Kontra geben und ihn mit ihrem Meineid hereinlegen. Sie hat in ihrem Weiberhaushalt ein Herz voll falscher Worte, falscher Taten, falscher Schwüre. In ihrem Weiberhaushalt hat sie Kniffe, anmutsvolle Mittel und Verrat. Nie wendet sich die Frau an einen Kräutermann: Ist sie nur schlecht genug, dann hat sie ihren eignen Kräutergarten und zieht die Würze groß für ihre gaunerhafte Art.

Periplectomenus: Ich will's bestellen, vorausgesetzt, sie ist noch da. Doch was hast du, Palaestrio? Welche Gedanken wälzt du in deinem Kopf herum?

Palaestrio: Sei doch ein wenig still, solange ich mir das Hirn zermartere, um auf eine Idee zu kommen, solange ich grüble, was zu tun ist, wie ich meinen listigen Mitsklaven überlisten kann, der unser Mädchen hier beim Küssen überraschte. Er darf nicht gesehen haben, was er sah!

Periplectomenus: Such nur, such! Ich geh indessen von dir weg und dort hinüber. *Von der Seite die lebhaften Bewegungen Palaestrios betrachtend und beschreibend.* Seh einer doch an, wie er dasteht, mit gefurchter Stirn grübelnd, sinnend; er trommelt sich mit den Fingern auf die Brust, ich glaube, er will sein Herz rausholen. Seht, er hat sich abgewandt. Er stützt sich mit der linken Hand aufs linke Bein. An den Fingern der Rechten zählt er seine Einfälle auf. Er haut sich auf das rechte Bein; so heftig schlägt er zu, denn was er plant, gefällt ihm nicht. Er schnalzt mit den Fingern und müht sich ab. Fortwährend ändert er die Positur. Seht doch, jetzt nickt er mit dem Kopf: Nein, der Einfall paßt ihm auch noch nicht. Mag sein, wie's will, hier wird nichts Schlechtes, sondern etwas Gutes ausgekocht und dann serviert. Seht doch, er fängt zu bauen an; er setzt eine Säule unter sein Kinn. Hör auf! Das Bauwerk gefällt mir wirklich nicht, weil, wie ich hörte, ein römischer Dichter im Kittchen Säulen unters Kinn baut, doppelt bewacht zu allen Tagesstunden. – Ah, gut! Jetzt steht er herrlich da nach Sklaven- und Komödiantenart. Niemals wird er heute ruhen, ehe sein Vorsatz ausgeführt ist. Ich glaube, er hat's. *Ruft ihn an:* Nun aber los, wenn du was vorhast! *Kurze Pause.* Aufgewacht und nicht geschlafen – *nach erneuter kurzer Pause* –, wenn du nicht bald buntgescheckt von Rutenschlägen Wache stehen willst. He, ich rede mit dir! Oder hast du gestern einen gehoben? Du, dich meine ich, Palaestrio! Augen auf! Munter, munter! Der Tag beginnt!

PALAESTRIO: Ich höre ja schon.

PERIPLECTOMENUS: Siehst du nicht, der Feind ist da und lauert deinem Rücken auf. Denke nach, hole Hilfe, Bundestruppen herbei! Tempo, Tempo, bloß nicht zaudern, überhole sie irgendwie und führe unser Heer auf Umgehungswegen vor. Zwing den Feind in die Verschanzung, unsern Truppen biete Schutz! Schneide dem Feind die Zufuhr ab, sichere den eignen Weg, wo du Proviant und Nachschub zu den Truppen bringen kannst. Kümmre dich um diese Sache; denn es eilt. Erfinde was! Besinne dich, schnell, her nun mit dem schlauen Plan! Gesehenes soll ungesehen, Geschehenes ungeschehen sein! Große Werke setzt der Mensch in Gang, und große Barrikaden türmt er auf. Wenn du zusagst, den Fall allein zu übernehmen, ist es todsichre Sache, daß wir den Feind erledigen.

PALAESTRIO: Ja, ich sage zu, ja, ich bin dabei.

PERIPLECTOMENUS: Und ich sage, daß dein Anschlag klappt.

PALAESTRIO: Belohn dich Jupiter für dieses Wort!

PERIPLECTOMENUS: Kannst du mich in deine Pläne einweihn?

PALAESTRIO *vertraulich, zugleich näher zu ihm tretend*: Pst! Ich führe dich ins Reich meiner Intrigen. Du sollst wie ich meine Pläne kennen.

PERIPLECTOMENUS: Bei mir sind sie sicher aufbewahrt.

PALAESTRIO: Mein Herr hat keine Menschen-, sondern eine Elefantenhaut. Verstand hat er nicht mehr als ein Stein.

PERIPLECTOMENUS: Das weiß ich.

PALAESTRIO: Daran knüpfe ich nun meine Überlegung. Die List geht so: Ich sage, Philocomasium habe eine andere, zweite, blutsverwandte Zwillingsschwester. Und die sei aus Athen zu Besuch gekommen mit irgendeinem Liebhaber; die Schwestern seien sich ganz ähnlich, wie ein Tropfen Milch dem anderen. Ich sage ferner, daß die beiden hier bei dir zu Gast sind.

PERIPLECTOMENUS: Herrlich, herrlich, prächtig, ein feiner Plan von dir.

PALAESTRIO: Wenn nun mein Mitsklave beim Offizier Klage erhebt, er habe das Mädchen hier mit einem fremden Mann beim Küssen erwischt, dann werde ich behaupten, er habe ihre Zwillingsschwester mit ihrem Geliebten beim Küssen und Kosen gesehen.

PERIPLECTOMENUS: Ja, ganz vorzüglich. Dasselbe sag ich auch, wenn mich der Offizier danach fragt.

PALAESTRIO: Natürlich muß man sagen, daß sich die beiden Mädchen bis ins letzte ähnlich sind. Das muß man auch Philocomasium einschärfen, damit sie sich nicht verheddert, wenn der Offizier sie fragt.

PERIPLECTOMENUS: Ein schlauer Trick. Doch – wenn der Offizier beide zugleich an einem Ort vor sich haben will, was dann?

PALAESTRIO: Ein Kinderspiel: dafür lassen sich dreihundert Ausflüchte finden: „Sie ist nicht daheim, auf dem Spaziergang, liegt im Bett, macht Toilette, sitzt im Bad, beim Frühstücken, pokuliert, hat keine Zeit, hat keine Lust, kann eben nicht!“ Ausreden gibt's genug, wenn wir ihn nur gleich anfangs dahin bringen, daß er ihre Lügen glaubt.

PERIPLECTOMENUS: Bin einverstanden.

PALAESTRIO: Geh jetzt also hinein, und falls das Mädchen noch da ist, dann laß sie schnell nach Hause gehn und unterweise sie genau, daß sie unseren Zwillingsschwesternplan gut behält.

PERIPLECTOMENUS: Mit aller Kunst mach ich dir dieses Mädchen grundgescheit. Sonst noch Wünsche?

PALAESTRIO: Daß du dich endlich hineinscherst!

PERIPLECTOMENUS: Ja, ja. *Ab.*

PALAESTRIO: Auch ich gehe ins Haus und will dem Nachbarn heimlich meine Dienste leihen und diesen Burschen suchen, meinen Sklavenkollegen, der heute auf Affenfang ging. Denn er kann gar nicht anders, als diesen und jenen von unseren Leuten seine Entdeckung mitwissen zu lassen, von dem Verhältnis des Mädchens, von ihrem nachbarlichen Stelldichein mit einem fremden jungen Mann. Ich kenne das. Was ich weiß, kann ich ja auch nicht für mich behalten. Wenn ich den Schnüffler finde, dann rücke ich gegen ihn mit Laufgräben und mit Brustwehr vor. Alles ist vorbereitet, im Sturmangriff packe ich den Kerl; klarer Fall. Wenn ich ihn so nicht finde, dann schnüffle ich mich vorwärts wie ein Jagdhund, bis ich den Fuchs erwischt habe auf seiner Spur. – Doch unsere Türe ging. Ich will etwas leiser sein. Denn dort ist Philocomasiums Wächter, mein Mitsklave, er tritt heraus.

Dritte Szene

Sceledrus, Palaestrio.

SCELEDRUS: Wenn ich heute nicht auf dem Dache schlafwandelte, dann sah ich, beim Teufel, gleich hier nebenan Philocomasium, die Liebste meines Herrn. Die hat sich was Schönes eingebrockt!

PALAESTRIO *beiseite*: Der ist's! Der sah den Kuß, soviel ich aus der Rede höre.

SCELEDRUS: Wer ist hier?

PALAESTRIO: Dein Kollege! Wie geht's, Sceledrus?

SCELEDRUS: Dich zu treffen, Palaestrio, wünschte ich mir gerade.

PALAESTRIO: Na und? Was hast du? Leg los!

SCELEDRUS: Ich fürchte –

PALAESTRIO: Na was schon?

SCELEDRUS: – daß, zum Teufel, heute alle unsere Leute in ihr allergrößtes Unglück und an das Kreuz hüpfen.

PALAESTRIO: Hüpf du allein. Denn ich habe für dieses Auf- und Abhüpfen keine Zeit.

SCELEDRUS: Du weißt vielleicht nicht, welche neue Untat bei uns passiert ist?

PALAESTRIO: Welche Untat denn?

SCELEDRUS: Eine unverschämte.

PALAESTRIO: Behalte das für dich, verschone mich damit. Ich lege keinen Wert darauf.

SCELEDRUS: Du mußt es aber wissen. Ich lief heut unserm Affen nach, auf dem Dach von dem da. *Handbewegung.*

PALAESTRIO: Herrje, Sceledrus, da lief ein miserabler Mensch hinter einem miserablen Vieh her.

SCELEDRUS *böse*: Krepiere doch!

PALAESTRIO: Du selber – rede endlich weiter, da du einmal angefangen hast.

SCELEDRUS: Aus blindem Zufall blicke ich durch das Dach von oben in das Nachbarhaus hinein, und da sehe ich doch Philocomasium sehr intim mit einem unbekannten jungen Mann.

PALAESTRIO: Welchen Skandal höre ich da von dir, Sceledrus?

SCELEDRUS: Ich sah es ganz gewiß.

PALAESTRIO: Du selbst?

SCELEDRUS: Ich selbst mit diesen meinen beiden Augen.

PALAESTRIO: Ach geh doch, nicht zu glauben; das sahst du nie.

SCELEDRUS: Glaubst du wohl, ich wäre augenkrank?

PALAESTRIO: Das frag nur einen Arzt. Aber, falls dir die Götter beistehn: verbreite diesen Unsinn nicht! Deinen eigenen Knochen und deinem Genick machst du damit den Garaus. Denn daß du verreckst, ist schon doppelt sicher, es sei, du hältst dein dummes Maul.

SCELEDRUS: Wieso doppelt?

PALAESTRIO: Na, paß auf! Erstens, wenn du Philocomasium zu Unrecht anschmierst, geht dir's deshalb an den Kragen. Zweitens, wenn du aber recht hast, bist du ja ihr Wächter, und darum: herunter mit dem Kopf.

SCELEDRUS: Was mit mir wird, weiß ich nicht. Daß ich es aber sah, weiß ich bestimmt.

PALAESTRIO: Bist du noch nicht stille, Unglücksmensch?

SCELEDRUS: Was soll ich andres sagen, he, als was ich sah? Sie ist ja sogar jetzt noch dort beim Nachbarn drin!

PALAESTRIO: Was? Zu Hause ist sie nicht?

SCELEDRUS: Sieh doch nach! Geh du doch rein! Denn ich verlange gar nicht, daß man mir was glaubt.

PALAESTRIO: Bestimmt! Das tue ich. *Ab.*

SCELEDRUS *die ersten Worte ihm nachrufend*: Ich warte hier auf dich! – Zugleich passe ich dort auf, wenn unser weidendes Kälbchen in den Stall zurückkommt. Was mach ich nur? Ich bin der Wächter über sie. Auf Befehl des Offiziers. Zeig ich sie an, bin ich erledigt. Schweig ich und es kommt heraus, bin ich ebenfalls erledigt. Ach diese Weiber! Gibt es etwas Schlechteres und Frecheres? Bin ich einen Moment auf dem Dach, husch, macht sie sich aus dem Stübchen hinaus! Verdammt, ein tolles Ding! Wenn das der Offizier erfährt, ich glaube ganz bestimmt, er hängt das ganze Haus und den – *auf sich zeigend* – dazu ans Kreuz. Na ja, mag sein, wie's will, ich halte doch lieber das Maul, als elend zu krepieren. Ich kann sie nicht beschützen, wenn sie sich selbst verschachert.

PALAESTRIO *zurückkehrend und schon von fern rufend*: Sceledrus, Sceledrus, gibt es auf der Welt einen dreisteren Burschen als dich? Wen treffen Zorn und Haß der Götter mehr als dich?

SCELEDRUS: Was ist denn los?

PALAESTRIO: Laß dir deine Augen ausstechen, mit denen du Gespenster siehst!

SCELEDRUS: Gespenster?

PALAESTRIO: Für dein Leben geb ich keine taube Nuß.

SCELEDRUS: Was ist denn los?

PALAESTRIO: Das fragst du noch?

SCELEDRUS: Warum denn nicht?

PALAESTRIO: Du läßt dir deine schwatzhafte Lügenzunge nicht abschneiden?

SCELEDRUS: Warum?

PALAESTRIO: Philocomasium ist ja daheim! Und du willst sie im Nachbarhaus gesehen haben, in dieser fragwürdigen Situation mit einem andern.

SCELEDRUS: Merkwürdig, daß du dich von Tollkraut nährst, wo der Weizen so billig ist.

PALAESTRIO: Wieso?

SCELEDRUS: Du schielst ja!

PALAESTRIO: Du Hund, du bist ja selber völlig blind und nicht bloß schielend! Denn das Mädchen ist jedenfalls daheim!

SCELEDRUS: Was? – Daheim?

PALAESTRIO: Daheim, mein Gott! Jawohl!

SCELEDRUS: Hau ab. Du treibst dein Spiel mit mir, Palaestrio.

PALAESTRIO: Dann – hätte ich beschmutzte Hände.

SCELEDRUS: Wieso?

PALAESTRIO: Weil ich mit einem – Dreckfink spielte!

SCELEDRUS: Verdammt, gleich geht dir's an den Kragen.

PALAESTRIO: Dir selber, Sceledrus, unter Garantie! Es sei denn, du tauschst deine Augen und dein Gerede um. Doch unsere Türe ging.

SCELEDRUS: Nein, ich behalte dort die andere Tür im Auge. Denn nur schnurstracks durch die Tür kann unser Fräulein von dort nach hier gelangen.

SCELEDRUS: Im Gegenteil, sie ist zu Hause! Von welchen bösen Geistern bist du bloß besessen, Sceledrus!

SCELEDRUS: Ich weiß doch, was ich sehe. Ich glaube mir selbst am meisten. Kein Mensch bringt mich von dem Glauben ab, daß Philocomasium in diesem Hause ist. Hier pflanze ich mich auf! Keine Dummheit gemacht! Sie schlüpft mir nicht herüber.

PALAESTRIO *beiseite*: Der Kerl ist mein. Gleich jage ich ihn aus seiner Festung raus. *Zu Sceledrus:* He, soll ich dich jetzt dazu bringen, daß du zugibst, blöde Augen zu haben?

SCELEDRUS: Mach's doch!

PALAESTRIO: Und daß du kein Gramm Verstand im Kopfe hast und mit deinen Augen nichts anzufangen weißt?

SCELEDRUS: Bitte schön.

PALAESTRIO: Also du bleibst dabei, daß die Liebste unseres Herrn dort drüben ist?

SCELEDRUS: Und beschuldige sie, vor meinen Augen dort drüben mit einem fremden jungen Mann poussiert zu haben.

PALAESTRIO: Ist dir bekannt, daß von unserem Haus kein Verbindungsweg zu diesem Nachbarhaus führt?

SCELEDRUS: Ja.

PALAESTRIO: Kein Balkon und kein Garten, höchstens vom Dach, von oben her.

SCELEDRUS: Ja.

PALAESTRIO: Was nun, wenn sie zu Hause ist? Wenn ich sie dort vor deinen Augen aus dem Haus treten lasse? Verdienst du dann nicht eine große Tracht Prügel?

SCELEDRUS: Allerdings.

PALAESTRIO *dabei auf die jeweils genannte Haustür deutend*: Dann paß nur auf diese Tür gut auf, damit dir unser Mädchen nicht unter der Hand da hinüberschleicht.

SCELEDRUS: Das hab ich mir schon vorgenommen.

PALAESTRIO: Gleich werde ich sie dir hier herausspazieren lassen. *Ab.*

SCELEDRUS: Na denn, mach nur zu. *Dreht sich allmählich dem Publikum zu.* Ich bin doch gespannt, ob ich richtig sah oder ob seine Behauptung stimmt, daß sie zu Hause ist. Schließlich habe ich meine eigenen Augen und pumpe mir nicht welche von irgendwoher. Doch dieser Kerl da schwänzelt immer um das Mädchen herum und tut ihr schön. Er wird als erster zum Essen gerufen, er kriegt als erster seinen Brei. Seit drei Jahren etwa gehört er erst zum Personal. Und ihm geht es besser als allen anderen Sklaven bei uns. Doch ich muß bei der Sache bleiben und diese Tür beobachten. *Wendet sich wieder der Tür zu.* So postiere ich mich in den Weg. Zum Donnerwetter, in diesem Punkte wird mir niemand eine Nase drehn.

Vierte Szene

Palaestrio, Philocomasium, Sceledrus.

PALAESTRIO *zu Philocomasium*: Paß auf und denke an die Instruktion!

PHILOCOMASIUM: Komisch, mir immer wieder Ratschläge zu geben!

PALAESTRIO: Mir ist bange, daß du nicht pfiffig genug bist.

PHILOCOMASIUM: Gib mir zehn unschuldige Gänschen in die Schule, und ich verderb sie dir zu abgrundschlechten Dingern, bloß von dem, was bei mir zuviel ist.

PALAESTRIO: Also los! Halte dich an deine Pfiffigkeit! Ich muß jetzt weg von dir. *Läuft an dem unbeweglich die Tür des*

Nachbarhauses anstarrenden Sceledrus vorbei auf die andere Bühnenseite. Was sagst du nun, Sceledrus?

SCELEDRUS: Ich bin beschäftigt. Doch ich habe Ohren, sprich nur zu.

PALAESTRIO *schleppend und schadenfroh*: Ich glaube, in dieser Haltung wirst du – demnächst – hinaus zum Stadttor wandern müssen, die Arme breit, das Balkenkreuz auf dem Buckel.

SCELEDRUS: Ich? Warum?

PALAESTRIO: Sieh doch mal nach links. Kennst du die Dame?

SCELEDRUS: Ihr großen Götter! Des Herrn Geliebte, tatsächlich!

PALAESTRIO: So scheint mir freilich auch. *Von oben herab:* Nun mach doch, wie du willst.

SCELEDRUS: Was soll ich tun?

PALAESTRIO: Verrecke, und zwar schnell!

PHILOCOMASIUM: Wo ist der brave Sklave, der mich unschuldiges Mädchen fälschlich der allergrößten Schande beschuldigt hat?

PALAESTRIO: Da ist er, hier der Sceledrus erzählte mir, was ich dir dann wiedersagte.

PHILOCOMASIUM: Du Lump willst gesehen haben, daß ich mich hier nebenan küssen ließ?

PALAESTRIO: Und zwar von einem fremden jungen Mann, sagte er.

SCELEDRUS: Das habe ich gesagt, ja.

PHILOCOMASIUM: Du sahst mich?

SCELEDRUS: Ja, mit diesen meinen Augen, wirklich.

PHILOCOMASIUM *tut, als ob sie ihm die Augen auskratzen will*: Die du nicht mehr lange hast, glaub ich, da sie mehr sehen, als sie sehn.

SCELEDRUS: Niemals laß ich mich davon abbringen, daß ich sah, was ich sah!

PHILOCOMASIUM: Und ich bin eine riesengroße Törin! Ich rede mit dem Dummkopf noch. Mein Lieber, dich bringe ich um Kopf und Kragen.

SCELEDRUS: Drohe nicht! Ich weiß, das Kreuz ist sowieso dereinst mein Grab! Dort wurden meine Ahnen: mein Vater, Großvater, Urahn, Ururahn, bestattet. Und deine

Drohungen können mir nicht die Augen auskratzen. – Doch auf ein Wort, Palaestrio. Um Himmels willen sage mir, wo kam sie her?

PALAESTRIO: Woher denn sonst, wenn nicht aus unserm Haus?

SCELEDRUS: Aus unserm Haus?

PALAESTRIO: Glaubst du mir nun?

SCELEDRUS: Ich glaube es dir. Aber ein Wunder ist es doch, wie sie bloß wieder herüberkommen konnte. Denn ganz klar: Bei uns gibt's keinen Balkon, keinen Garten und nur vergitterte Fenster. *Zu Philocomasium:* Und todsicher sah ich dich da drüben.

PALAESTRIO: Du Taugenichts verdächtigst sie immer noch?

PHILOCOMASIUM: Beim Kastor, so hat der Traum doch recht, den ich heute nacht träumte.

PALAESTRIO: Was träumtest du?

PHILOCOMASIUM: Ich werde es erzählen. Also bitte aufgepaßt. Ich sah heute nacht im Traum meine leibliche Zwillingsschwester von Athen nach Ephesus kommen, begleitet von ihrem Liebsten. Die beiden hielten sich gleich hier im Nachbarhaus als Gäste auf, so träumte mir.

PALAESTRIO *beiseite*: Da wird Palaestrios Traum erzählt. *Laut:* Nur weiter.

PHILOCOMASIUM: Ich freute mich im Traum, weil die Schwester angekommen war. Doch ihretwegen müsse ich, so träumte mir, die größten Verdächtigungen auf mich nehmen. Denn ich sah im Traum, daß einer unsrer Sklaven mich beschuldigte, er hätte mich mit einem fremden jungen Mann poussieren sehn – so wie du mich jetzt beschuldigst –, obgleich es meine Zwillingsschwester war mit ihrem Freund. So wurde ich ganz unverdient verdächtigt, habe ich geträumt.

PALAESTRIO: Widerfährt dir nicht im Wachen genau dasselbe, was du im Traum gesehen hast, wie du erzählst? Der Traum ging weiß Gott in Erfüllung! Geh ins Haus hinein und bete! Das muß man, glaube ich, dem Offizier berichten.

PHILOCOMASIUM: Unbedingt, denn niemand soll mich ungestraft beschuldigen. *Ab.*

SCELEDRUS: O weh, o weh, was mach ich bloß, mir juckt schon das ganze Fell.

PALAESTRIO: Kapierst du, daß es mit dir aus ist?

SCELEDRUS: Jetzt ist sie ganz bestimmt daheim. Und ganz bestimmt muß ich nun unsere Haustür überwachen, mag sie sein, wo sie will.

PALAESTRIO: Ach, Sceledrus, ich bitte dich, wie ähnlich ist doch ihr Traum dem, was geschehn ist, und wie hast du sie verdächtigt!

SCELEDRUS: Ich weiß nicht, was ich mir noch glauben soll. Ich glaube, ich habe gar nicht gesehen, was ich gesehen zu haben glaube.

PALAESTRIO: Donnerwetter, scheinbar kriegst du endlich doch noch Verstand. Wenn der Herr von diesem Ding erfährt, geht es dir schön ans Leder.

SCELEDRUS: Nun endlich komme ich dahinter, daß mein Blick umnachtet war.

PALAESTRIO: Das ist mir längst klar, denn das Mädchen war die ganze Zeit im Haus drin.

SCELEDRUS: Ich weiß nicht, was ich sagen soll: Ich sah sie nicht und sah sie doch.

PALAESTRIO: Mit deinem Blödsinn hast du uns wirklich fast ins Grab gebracht. Da wolltest du dich beim Herrn einkratzen und warst dabei fast geliefert. Doch die Tür hier im Nachbarhause ging. Da bin ich ruhig.

Fünfte Szene

Philocomasium, Palaestrio, Sceledrus.

PHILOCOMASIUM *aus dem Haus des Nachbarn wieder hervortretend, spielt jetzt die Rolle ihrer Schwester, eine Sklavin folgt mit Opfergeräten*: Lege Feuer auf den Altar, damit ich voller Freude der Diana von Ephesus Lob und Dank erstatte, damit ich ihr lieblich duftenden arabischen Weihrauch verbrenne. Denn sie hat mich in den Regionen Neptuns beschützt, im stürmischen Heiligtum seiner Gewässer; reißende Fluten setzten mir dort übel zu.

SCELEDRUS: Palaestrio, o Palaestrio!

PALAESTRIO: O Sceledrus, Sceledrus, was hast du?

SCELEDRUS: Dieses Weib da, die grad aus der Tür dort trat, ist sie Philocomasium, die Liebste des Offiziers, oder ist sie's nicht?

PALAESTRIO: Verdammt, ich glaube gar, sie scheint's zu sein. Doch es ist seltsam, wie sie nur von hier aus dort hinüberkommen konnte, falls sie es wirklich ist.

SCELEDRUS: Du zweifelst, daß sie es ist?

PALAESTRIO: Sie scheint es zu sein.

SCELEDRUS: Laß uns hingehen und sie ansprechen! – He, was soll das, Philocomasium? Was hast du dort in jenem Haus zu suchen? Was machst du dort? *Nach kurzer Pause:* Warum antwortest du nicht? *Nach erneuter Pause:* He, ich rede mit dir.

PALAESTRIO: Im Gegenteil, verflixt noch mal, du sprichst mit dir, denn die gibt keine Antwort.

SCELEDRUS: He, ich rede mit dir, du Weibsstück voller Schimpf und Schande. Treibst dich in der Nachbarschaft herum!

PHILOCOMASIUM: Mit wem sprichst du?

SCELEDRUS: Mit wem denn sonst als mit dir?

PHILOCOMASIUM: Wer bist du, Mensch, und was hast du mit mir zu schaffen?

SCELEDRUS: Mich fragst du, wer ich sei?

PHILOCOMASIUM: Warum soll ich nicht fragen, was ich nicht weiß?

PALAESTRIO: Wer bin denn ich, wenn du den schon nicht kennst?

PHILOCOMASIUM: Ein Ekel alle beide, du und auch der!

SCELEDRUS: Du kennst uns nicht?

PHILOCOMASIUM: Keinen von euch.

SCELEDRUS: Mir ist schrecklich bange.

PALAESTRIO: Wovor denn?

SCELEDRUS: Daß wir uns irgendwie verloren haben, da sie sagt, sie kenne weder dich noch mich.

PALAESTRIO: Ich will nachforschen, Sceledrus, ob wir zu uns gehören oder woandershin und ob uns Esel nicht irgendein Nachbar vertauscht hat.

SCELEDRUS: Also ich gehöre bestimmt zu uns.

PALAESTRIO: Verdammt, ich auch. *Zu Philocomasium:* Du,

Fräulein, suchst dir dein Verderben, d i r sag ich das, he, Philocomasium.

PHILOCOMASIUM: Du bist wohl verrückt? Was redest du mich mit falschem Namen an?

PALAESTRIO: Nanu, wie heißt du denn?

PHILOCOMASIUM: „Ehrlich" ist mein Name.

SCELEDRUS *erbost*: Unehrlich bist du. Gehst unter falschem Namen. Fräulein Unehrlich bist du und gar nicht Ehrlich. Unehrlich bist du gegen meinen Herrn.

PHILOCOMASIUM: Ich?

SCELEDRUS: Ja, du!

PHILOCOMASIUM: Wo ich gestern abend erst von Athen hierher nach Ephesus kam, mit meinem Freund, einem jungen Athener!

PALAESTRIO: Erzähl mir doch, was hast du hier in Ephesus zu schaffen?

PHILOCOMASIUM: Ich hörte, meine Zwillingsschwester sei hier, und ich kam, um sie zu suchen.

SCELEDRUS: Du bist eine ganz Gerissene!

PHILOCOMASIUM: Im Gegenteil, eine ganz Dumme, daß ich mit euch rede. Ich gehe!

SCELEDRUS: Ich laß dich nicht fort. *Hält sie fest.*

PHILOCOMASIUM: Laß los!

SCELEDRUS: Du bist auf frischer Tat ertappt! Ich laß dich nicht los!

PHILOCOMASIUM: Gleich klatschen meine Hände an deine Backen, wenn du nicht losläßt!

SCELEDRUS *zu Palaestrio*: Was stehst du blöder Kerl dabei? Warum packst du sie nicht von der anderen Seite?

PALAESTRIO: Ich bin nicht scharf darauf, meinem Rücken Unheil zu verschaffen. Wie kann ich wissen, ob jene da etwa nicht Philocomasium ist, sondern eine andere, die ihr ähnlich sieht.

PHILOCOMASIUM: Läßt du mich nun los oder nicht?

Es entsteht eine Balgerei.

SCELEDRUS: Nein, ich halte dich fest mit aller Kraft, und wenn du nicht freiwillig gehst, dann zerre ich dich mit Gewalt ins Haus.

PHILOCOMASIUM: Ich bin in dieser Wohnung fremd, mein zu

Hause ist im attischen Athen. Das Haus da drüben geht mich gar nichts an. Ich kenne euch nicht und weiß nicht, was für Leute ihr seid.

SCELEDRUS: Verklage mich doch. Dich laß ich niemals los, wenn du nicht dein Ehrenwort gibst, freiwillig mit dort hineinzukommen.

PHILOCOMASIUM: Du zwingst mich mit Gewalt, du! Also ich gebe mein Wort, dir zu folgen, wohin du befiehlst, wenn du nur losläßt.

SCELEDRUS: Nun gut, ich laß dich gehn.

PHILOCOMASIUM: Und ich verdrücke mich, denn ich bin frei. *Läuft schnell nach der anderen Seite davon und verschwindet im Haus des Periplectomenus.*

SCELEDRUS: Echt weibliche Zuverlässigkeit!

PALAESTRIO: Ach, Sceledrus, da ließt du dir die Beute aus der Hand entschlüpfen. Todsicher ist das die Liebste unseres Herrn. *Nach kurzem Besinnen:* Willst du mir schnell etwas erledigen?

SCELEDRUS: Was ist zu tun?

PALAESTRIO: Hol mir doch mein Schwert heraus, das ich im Haus drin habe.

SCELEDRUS: Wozu?

PALAESTRIO: Schnurstracks stürme ich in das Haus. Und wenn ich da drin einen sehe, der Philocomasium küßt, haue ich ihm auf der Stelle den Kopf ab.

SCELEDRUS: Du glaubst, daß sie's ist?

PALAESTRIO: Beim Pollux, hundertprozentig!

SCELEDRUS: Aber wie sie sich nur verstellte.

PALAESTRIO: Also los, das Schwert geholt!

SCELEDRUS: Ja, ja, gleich ist es hier. *Ab in das Haus des Offiziers.*

PALAESTRIO: Kein Kavallerist und kein Infanterist ist so verwegen, geht so frech ran wie ein Weib. Wie sie für beide Rollen ihre Rede schlau berechnete. Wie sie den eifrigen Wächter, meinen Kollegen, angeschmiert hat. Ein Glück nur, daß wir den Durchgang durch die Mauer haben!

SCELEDRUS *zurückkehrend:* He, Palaestrio, wir brauchen keine Waffe.

PALAESTRIO: Wieso, was ist denn los?

SCELEDRUS: Sie ist zu Hause, die Dame unseres Herrn.

PALAESTRIO: Was? Zu Hause?

SCELEDRUS: Sie liegt im Bett.

PALAESTRIO: Ei verflucht! Da hast du dir was Schönes eingebrockt, nach dem, was du da sagst.

SCELEDRUS: Wieso?

PALAESTRIO: Weil du das Mädchen aus dem Nachbarhause anzufassen wagtest!

SCELEDRUS: Verdammt, mir wird immer ängstlicher!

PALAESTRIO: Da ist jetzt nichts mehr daran zu ändern: *Im Folgenden immer mit der Hand in die entsprechende Richtung deutend.* Die ist die Zwillingsschwester von der. Und die hast du da drüben küssen sehen.

SCELEDRUS: Es ist klar, daß sie es ist, ganz wie du sagst. Was war mir näher als der Tod, wenn ich's dem Herrn erzählt hätte?

PALAESTRIO: Also wirst du das Maul halten, wenn du schlau bist. *Vertraulich:* Ein rechter Sklave muß mehr wissen als reden. – Doch ich gehe weg! Damit ich nicht in deine Angelegenheiten verwickelt werde. Ich bin drüben beim Nachbarn zu finden, denn deine Machenschaften gefallen mir nicht. Wenn der Herr kommt und mich sucht – ich bin dort. Man hole mich von da. *Ab ins Haus des Periplectomenus.*

Sechste Szene

Sceledrus, Periplectomenus.

SCELEDRUS: Der Kerl ist wirklich weg und nimmt des Herren Wort gerade so, als ob er gar kein Sklave wär. Das Weib ist jedenfalls jetzt drin bei uns, hier in dem Haus. Denn eben sah ich sie im Bett daheim. Verdammt noch mal, jetzt heißt es aufgepaßt!

PERIPLECTOMENUS *aus seinem Hause tretend*: Nein, alle Wetter, diese Leute aus dem Nachbarhaus, die Sklavenlümmel dieses Offiziers, sie glauben schon, ich sei kein Mann, vielmehr ein Weib! So führen sie mich an. Ein Mädchen, mein Gast, kam gestern aus Athen mit ihrem Freunde, der mein Gastfreund ist, hier an. Sie ist von edler Herkunft, freies Bürgerkind! Wie hat man sie mißhandelt und verhöhnt!

SCELEDRUS: Ich bin erledigt, Gott, geraden Weges geht der auf mich los. Die Sache bringt mir doch noch schweres Unheil, fürchte ich, wie aus den Worten jenes alten Herrn herauszuhören ist.

PERIPLECTOMENUS *für sich*: Ich gehe zu dem Burschen hin. *Zu Sceledrus:* He, Sceledrus, der Gauner Oberhaupt! Wie hast du meinen Gast vor unsrem Hause grad beleidigt?

SCELEDRUS: Ach, Herr Nachbar, bitte auf ein Wort.

PERIPLECTOMENUS *böse*: Was heißt hier Wort?

SCELEDRUS: Ich möchte mich entschuldigen.

PERIPLECTOMENUS: Du dich entschuldigen? Vergangen hast du dich, ganz ungeheuer unverschämt! Ihr glaubt wohl gar, ihr könnt euch alles leisten, was ihr wollt, du Prügelsack, bloß weil ihr hier Soldaten spielt?

SCELEDRUS: Ist es erlaubt –?

PERIPLECTOMENUS: So wahr mir alle Götter gnädig sind: Wenn ich dich nicht verprügeln darf, mit Ulmenruten, gründlich und den ganzen Tag, vom frühen Morgen bis zum Tagesschluß – dafür, daß du auf meinem Haus die Ziegeln und das Dach zertrittst, als du dem Affen hinterherliefst, deinem Ebenbild, dafür, daß du vom Dache aus in meinem Hause spionierst, wie dort mein Gast sein Mädchen in die Arme nahm und küßt und kost, und weil du auch so tollkühn warst, die Liebste deines Herrn der Unzucht zu verdächtigen und mich der allergrößten Schändlichkeit, und ferner, weil du dich vor meinem Haus an meinem Gast vergriffen hast: Wenn mich dein Herr dich darum nicht mit Stachelruten prügeln läßt, dann überhäuf ich ihn mit viel mehr Schimpf und Schande, als im Sturmwind Wellen auf dem Meere sind.

SCELEDRUS: Ich bin derart schockiert, Periplectomenus, daß ich nicht weiß, ob ich zuvor bei dir Beschwerde führen soll; wenn freilich die nicht die ist, und dort die nicht die, dann sollte ich mich, scheint mir, besser wohl bei dir entschuldigen. Zumal ich meinen Augen immer noch nicht traue. Denn so ähnlich ist das Mädchen dort bei dir der unsern hier bei uns, wenn es nicht gar dieselbe ist.

Periplectomenus: Geh doch zu mir hinein, dann wird die Sache klar.

Sceledrus: Ich darf?

Periplectomenus: Ja, ich befehle es sogar! Und sieh dich ruhig um!

Sceledrus: Gewiß, das tu ich. *Ab ins Haus des Periplectomenus.*

Periplectomenus *in das Haus des Offiziers hineinrufend*: Philocomasium, lauf schnellstens rüber in mein Haus, es ist ganz wichtig! Dann, wenn Sceledrus gegangen ist, lauf eilig wieder fort zu euch zurück, flott, flott. *Wieder auf seinen alten Platz zurückkehrend.* Jetzt fürcht ich wirklich, daß sie was verpfuscht. Wenn er das Mädchen hier nicht trifft – – Die Tür geht auf.

Sceledrus: Ihr Götter, ihr unsterblichen, ich glaube, daß kein Gott ein Weib noch ähnlicher und einem andren Weib so völlig gleich erschaffen kann, obwohl sie doch die gleiche gar nicht ist.

Periplectomenus: Na und?

Sceledrus: Ich bin die Prügel wert.

Periplectomenus: Wie steht's? Ist sie's?

Sceledrus: Sie ist es, und sie ist es nicht.

Periplectomenus: Du sahst sie?

Sceledrus: Ja, ich sah sie und den Freund, sie herzten und sie küßten sich.

Periplectomenus: Ist sie's denn nun?

Sceledrus: Ich weiß nicht.

Periplectomenus: Willst du restlos Klarheit?

Sceledrus: Ja, recht gern.

Periplectomenus: Dann gehe doch in euer Haus, und zwar sofort, sieh nach, ob euer Mädchen drin ist.

Sceledrus: Ja, weiß Gott, ein guter Rat. Gleich bin ich wieder da. *Ab in das Haus des Offiziers.*

Periplectomenus: Noch niemals sah ich irgendeinen Menschen schlauer und absonderlicher angeschmiert. Doch sieh, da kommt er schon zurück!

Sceledrus: Periplectomenus, ich bitte und beschwöre dich, bei allen Göttern, allen Menschen, meiner Unvernunft und deinen Knien –

Periplectomenus: Was flehst du mich denn an?

SCELEDRUS: Verzeihe meiner Dummheit, meinem Unverstand. Jetzt ist mir endlich klar: Ich war verdöst, benebelt, ohne Grips: Philocomasium ist drin.

PERIPLECTOMENUS *spöttisch*: Was nun, du Strauchdieb? Sahst du alle zwei?

SCELEDRUS: O ja.

PERIPLECTOMENUS: Nun schaff mir deinen Herrn herbei!

SCELEDRUS: Ich sehe ein, daß ich der allergrößten Strafe wert bin, ich bekenne, daß ich deinem Gaste unrecht tat. Ich hielt sie für die Freundin meines Herrn, die ich bewachen sollte, auf Befehl des Offizieres, meines Herrn. Denn wenn man zweimal Wasser schöpft aus einem Brunnenschacht, so kann das niemals gleicher sein als unser Mädchen und dein Gast. Auch geb ich zu, daß ich vom Dach in euer Haus hinunterschaute.

PERIPLECTOMENUS: Das wirst du auch gestehen müssen, denn ich hab's ja selbst gesehn. Und sahst du dort auch meinen Gast mit seiner Liebsten, ebenfalls mein Gast, sich küssen?

SCELEDRUS: Ja. Was soll ich leugnen, was ich sah? Jedoch, ich bildete mir ein, Philocomasium gesehn zu haben.

PERIPLECTOMENUS: Sag mal, he, meinst du, ich sei der allergrößte Taugenichts? Ich sollte ganz bewußt gestatten, daß dem Nachbarn hier in meinem Hause himmelschreindes Unrecht widerfährt?

SCELEDRUS: Jetzt endlich leuchtet mir mein hirnverbranntes Handeln ein, da ich den Fall durchschaue. Ich tat es freilich nicht mit schlechter Absicht.

PERIPLECTOMENUS: Doch ziemt sich's nicht für dich. Ein Sklavenmensch muß eben seine Blicke, seine Hände, seine Worte gut im Zügel haben.

SCELEDRUS: Wenn ich von diesem Tage an noch einmal muckse, auch wenn ich der Sache sicher bin, verschenk ich mich zur Kreuzigung. Ich gebe mich in deine Hand und bitte dich: Verzeihe mir.

PERIPLECTOMENUS: Ich will mich überwinden und nicht glauben, daß du bloß aus Schlechtigkeit gehandelt hast, darum verzeih ich dir.

SCELEDRUS: Der Götter Gnade sei dafür mit dir.

PERIPLECTOMENUS: Und falls der Himmel dir, beim Pollux,

gnädig ist, so halte künftig bloß dein Maul! Und was du weißt und was du sahst, vergiß!

SCELEDRUS: Ein guter Rat. Ich halt mich dran, verlaß dich drauf. Doch – hast du mir auch ganz verziehn?

PERIPLECTOMENUS: Nun aber fort!

SCELEDRUS: Willst du noch sonst etwas von mir?

PERIPLECTOMENUS: Ja, daß du mich in Ruhe läßt! *Tut als ob er in sein Haus geht, bleibt aber verborgen stehen, um zu beobachten, wie sich Sceledrus weiter verhält.*

SCELEDRUS: Der hat mir jetzt was vorgemacht. Wie gern er nachgab und versprach, nicht weiter bös zu sein. – Ich weiß, was er im Schilde führt: Wenn dann der Offizier vom Markt nach Hause kommt, will man mich packen, und von ihm wie von Palaestrio bin ich verraten und verkauft. Beim Pollux, denen geh ich heute nicht ins Netz! Ich haue ab, versteck mich ein paar Tage irgendwo, bis hier der Trubel wieder still und bis der Zorn besänftigt ist. Denn Strafe habe ich verdient, so viel, wie einem ganzen sündenvollen Volk gebührt. Wie dem auch sei, ich gehe jetzt nach Haus. *Ab.*

PERIPLECTOMENUS *wieder hervortretend*: Da geht er hin. Ich weiß gewiß, daß eine tote Sau noch tausendmal gescheiter ist als der. Wer ließe sich beschwatzen, nicht gesehn zu haben, was er sah? Na, seine Augen, Ohren, Grips ergriffen schon die Flucht zu uns. Bis dahin klappte alles gut. Besonders prächtig hat sich auch das Mädchen angestrengt. – Nun stracks zurück in den Senat. Palaestrio ist jetzt bei mir im Hause drin, doch Sceledrus ist fort: Senatsvollsitzung kann gehalten werden.
Ich gehe jetzt in unser Haus hinein,
um der Provinzverlosung ja nicht fern zu sein. *Ab.*

DRITTER AKT

Erste Szene

Palaestrio, später hervortretend Periplectomenus und Pleusicles.

PALAESTRIO *viel gestikulierend und hin und her laufend*: Bleibt ihr beiden noch ein wenig hinter der Tür, Pleusicles, laßt mich zuvor rekognoszieren, daß wir nicht in eine Falle gehn bei unserem Kriegsrat. Denn der Beratungsort muß zuverlässig sein. Kein Feind darf etwas aufschnappen. Ein guter Rat ist nämlich gar nichts wert, wenn der Feind ihn ausnützen kann; ja, er schadet dir in diesem Fall sogar. Ein gut ausgeklügelter Plan wird sehr oft ausspioniert, wenn der Beratungsort nicht mit der nötigen Sorgfalt oder Vorsicht gewählt ist. Denn wenn die Feinde deinen Plan in die Hände bekommen, dann nageln sie dich fest und binden dir die Hände, und das, was du gegen den Feind anstellen wolltest, stellt er gegen dich an. Doch ich paß schon auf, daß weder hier noch links noch rechts ein Jäger unserem Plan auflauert und Netze stellt mit Ohren dran. *Blickt sich nach allen Seiten um.* Nein, nichts zu sehn bis zur allerletzten Straße. Ich werde sie herausrufen. He, Periplectomenus und Pleusicles, kommt heraus.

PERIPLECTOMENUS: Da sind wir, deine ganz ergebnen Diener.

PALAESTRIO: Braven Leuten zu befehlen, ist leicht. Doch sag mir bitte: Halten wir an demselben Plan fest, den wir drin ausgeknobelt haben?

PERIPLECTOMENUS: Nichts kann unserer Sache nützlicher sein.

PALAESTRIO: Ja. Und was sagst du dazu, Pleusicles?

PLEUSICLES: Was euch gefällt, sollte mir mißfallen? Welcher Mensch ist mehr nach meinem Geschmack als du?

PALAESTRIO: Sehr nett und höflich gesagt.

PERIPLECTOMENUS: Ja, weiß Gott, das paßt zu ihm.

PLEUSICLES: Doch ein Umstand quält mich und drückt mir das Herz ab.

PERIPLECTOMENUS: Was quält dich so? Sag mir's doch!

PLEUSICLES: Daß ich dich, einen Mann in deinen Jahren, mit meinen Bubenstückchen behellige, die zu dir und deinen edlen Eigenschaften ganz und gar nicht passen; daß ich von dir verlange, mit deiner ganzen Kraft meiner Liebelei beizustehn und Dinge zu tun, denen man in deinem Alter eher aus dem Wege zu gehn als nachzulaufen pflegt. Es ist mir fatal, dir in deinem Alter solchen Kummer zu bereiten.

PALAESTRIO: Du liebst ja auf ganz neue Art, wenn du dich auch nur so viel – *schnalzt mit den Fingern* – schämst! Da bist du nicht verliebt, bloß der Schatten eines Liebhabers, Pleusicles.

PLEUSICLES: Einen alten Herrn mit meiner Liebschaft belästigen!

PERIPLECTOMENUS: Was sagst du? Komm ich dir schon ganz wie ein Mann des Totenreiches vor? Reif für den Sarg? Scheint es dir, daß ich das Leben schon hinter mir habe? Ich bin ja noch nicht mal vierundfünfzig Jahre alt! Mein Blick ist klar, ich bin rüstig auf den Beinen, mir geht noch alles von der Hand.

PALAESTRIO: Wenn der auch schlohweiß ist, scheint mir sein Herz doch alles andre als bejahrt zu sein. Er hat von Natur aus einen ausgeglichenen Charakter.

PLEUSICLES: Ja ja, ich merke freilich, daß du recht hast, Palaestrio, denn seine Güte ist wirklich durch und durch jugendlich.

PERIPLECTOMENUS: O ja, mein Freund, je brenzliger die Lage wird, desto besser wirst du meine Gefälligkeit für deine Liebe kennenlernen.

PLEUSICLES: Warum soll ich kennenlernen, was ich schon weiß?

PERIPLECTOMENUS: Damit du ein Beispiel aus der eigenen Erfahrung hast und nicht erst weit zu suchen brauchst. Denn nur wer selbst verliebt war, weiß, wie es einem Liebenden zumute ist. Auch ich habe noch mein Quentchen Leidenschaft und Kraft im Leibe. Ich bin noch nicht ganz vertrocknet für amüsante Liebessachen. Ich bin von geistreichem Witz, ein angenehmer Zechgenosse, und in Gesellschaft falle ich keinem ins Wort. Ich befleißige mich, jede Unhöflichkeit unter Gästen zu vermeiden. Ich trage meinen angemessenen Teil zur Unterhaltung bei und bin ebenso still, wenn ein anderer das Wort hat. Spucken, Räuspern und Schneuzen vermeide ich ganz. Kurz und gut, ich stamme aus Ephesus und nicht aus der Provinz.

PALAESTRIO: O welch reizender alter Herr, falls er all die edlen Eigenschaften besitzt, die er erwähnt. Den hat wahrhaftig Venus selbst an ihrer Brust gesäugt!

PERIPLECTOMENUS: Ich werde dir mehr durch Taten als durch Worte meine Liebenswürdigkeit beweisen. Ich greife niemals eines andern Schätzchen beim Gelage heimlich an, ich schnappe andern nicht den Braten weg und mause keinen Becher. Nie entsteht durch mich beim Trinkgelage Krach. Und findet sich im Kreis der Gäste ein Mensch, der mir nicht zusagt, gehe ich heim, entziehe mich der Unterhaltung. Beim Gastmahl widme ich mich der Liebe und der Lebenslust.

PALAESTRIO: Du richtest weiß Gott dein Leben ganz auf Liebenswürdigkeit aus. Man schaffe mir drei Lebenskünstler dieser Art herbei, ich wiege sie mit barem Golde auf!

PLEUSICLES: Tatsächlich kann man keinen zweiten Menschen seines Jahrganges finden, der sich in allen Situationen anstelliger, der sich dem Freunde freundschaftlicher zeigt.

PERIPLECTOMENUS: Paß auf, gleich gibst du zu, daß meine Lebensformen noch jugendlich frisch sind, denn in jeder Situation werde ich dir als treuer Helfer zur Seite stehn: Brauchst du einen Anwalt, streng und voller Heftigkeit? Nimm mich! – Sanft soll er sein? Noch sanfter wirst du mich finden als das stille Meer. Ich säusle süßer als der laue Zephyros. Und auch als quietschvergnügter Zechgenosse präsentiere ich mich dir. Ich bin der erste aller Parasiten, und in puncto Speisekarte habe ich den letzten Schliff. Was dann den Tanz betrifft, da stech ich jeden warmen Bruder aus.

PALAESTRIO *zu Pleusicles*: Was würdest du dir zu all diesen Fähigkeiten noch hinzuwünschen, wenn dir ein Wunsch freistünde?

PLEUSICLES: Daß ich mich für seine Verdienste ebenso dankbar erweisen könnte und auch für deine, Palaestrio. Denn ich sehe, daß ich euch jetzt sehr viel Kummer bereite. Auch daß ich dir – *zu Periplectomenus gesagt* – so viel Ausgaben verursache, ist mir unangenehm.

Periplectomenus: Du bist ein Narr. Denn nur was man für eine schlechte Frau und einen Feind ausgibt, sind unnütze Ausgaben. Doch für einen lieben Gast und einen Freund ist jeder ausgegebne Heller nur Gewinn. Und was man für die Götter opfert, gilt einem Weisen als Profit. Der Götter Gnade macht es möglich, daß ich dich nett und gastlich aufnehmen kann. Iß, trink und laß dir's mit mir gut gehn. Nur mit Fröhlichkeit belade dich. Das Haus ist frei, frei bin auch ich, und leben will ich nur für mich allein. Denn Gott sei Dank bin ich sehr reich. Und eine reiche Frau von höchstem Adel heimzuführen wäre kein Problem. Aber nein, ich will mir doch keinen Kläffer ins Haus holen!

Palaestrio: Warum denn nicht? Kinder aufzuziehen ist doch eine nette Aufgabe.

Periplectomenus: Zum Kuckuck auch, sein freier Herr sein ist bei weitem netter.

Palaestrio: Mann, du weißt für dich und andre immer Rat.

Periplectomenus: Ein gutes Weib zu heiraten ist gut, wenn es nur irgendwo in dieser Welt zu finden wäre. Ich aber sollte mir ein Frauenzimmer nehmen, das mir niemals sagt: „Mein lieber Mann, kauf Wolle, daß ich daraus einen weichen warmen Mantel für dich mache, gute Winterhemden auch, damit du mir nicht frierst in dieser kalten Jahreszeit!" Ein solches Wort hörst du nie von einer Frau. Nein, noch früher als die Hähne krähn, weckt sie mich aus dem Schlaf und sagt: „Gib Geld, mein Mann, womit ich meine Mutter an den Matronalien beschenken kann, gib Geld, damit ich Gewürzkuchen backen kann, gib zum Minervafest Geld für Geschenke an die weisen Frauen, die Wahrsagerin, die Zeichen- und Traumdeuterin. Eine Schande wäre es, nichts der Frau zu schicken, die das Schicksal aus den Augenbrauen deutet. Dann ist es anstandshalber gar nicht zu umgehn, daß man der Plättfrau etwas gibt; schon längst sieht mich die Alte, die

die Wäsche stärkt, sehr böse an, weil sie nichts kriegte; und die Hebamme hat auch schon was verlangt, sie meint, sie sei zu kurz gekommen. Was, man gab der Amme nichts, die unsre Sklavenkinder säugt?" Solche und viele ähnliche Nachteile der Frauen halten mich ab, ein Weib zu nehmen, das mir dann auch solches Gerede vorschwatzt.

PALAESTRIO: Der Götter Gnade ist mit dir. Wirklich, wenn du diese Freiheit erst einmal verloren hast, ist es schwer, sie wieder zu Ansehen zu bringen.

PLEUSICLES: Aber es ist doch lobenswert, wenn ein Mensch, der aus bedeutendem Hause stammt und große Reichtümer besitzt, Kinder aufzieht, um der Sippe und sich selbst ein Denkmal zu setzen.

PERIPLECTOMENUS: Ich habe doch viele Verwandte! Was brauche ich da Kinder? Jetzt lebe ich gut und glücklich wie ich will, ganz wie mir's einfällt. Mein Hab und Gut vererbe ich bei meinem Tode den Verwandten. Ich teile es unter sie auf. Sie werden zu mir kommen, sich um mich sorgen, nachsehen, wie mir's geht, ob ich was wünsche. Schon vor dem Tagesgrauen sind sie da, erkundigen sich, wie ich nachts geschlafen habe. Die sehe ich für meine Kinder an, die mir Geschenke senden. Wenn sie Opfertiere schlachten, legen sie vom Braten für mich einen größeren Teil zurück als für sich selbst. Sie holen mich zum Opferschmaus, laden mich zum Frühstück oder Essen ein. Und für den Unglücklichsten hält sich immer der, der mir am wenigsten zukommen ließ. Sie wetteifern mit Geschenken, und ich brumme vor mich hin: Sie schnappen nach meinem Geld und mästen und beschenken mich um die Wette.

PALAESTRIO: Äußerst praktisch führst du deinen Lebenswandel, und wenn du dich dabei wohl fühlst, hast du auch Söhne: Zwillinge und Drillinge sogar.

PERIPLECTOMENUS: Zum Teufel, wenn ich Kinder gehabt hätte, nur Unglück hätte mich betroffen. Ich einem fort wäre ich beunruhigt in der Seele: Wenn er vielleicht das Fieber hätte, glaubte ich, er müßte sterben. Oder wenn er etwa gestürzt wäre, im Suff oder irgendwo vom Pferde, fürchtete ich, er hätte sich Hals und Beine gebrochen.

PALAESTRIO: Der Mann ist ein großes Vermögen und ein langes Leben wert, denn er hält seine Habe zusammen, fühlt sich wohl dabei und ist seinen Freunden nützlich.

PLEUSICLES: Ein reizender Mensch! Bei allen Göttern und Göttinnen! Es wäre ja nur eine gerechte Fügung, daß nicht alle Menschen auf eine Weise lebten! So wie ein rechtschaffener Marktaufseher für jede Ware ihren Preis festlegt – eine gute Ware taxiert er so, daß sie entsprechend ihrer Qualität verkauft wird, eine schlechte Ware bringt den Händler um den Verdienst –, so sollten die Götter gerechterweise auch das menschliche Leben verschieden festlegen: Einem netten Menschen sollten sie langes Leben verleihen, elenden Halunken dagegen beizeiten die Luft abdrehn. Wenn es die Götter so eingerichtet hätten, gäbe es viel weniger Schurken, weniger dreiste Gaunerstreiche, und folglich wären für die ehrlichen Menschen die Lebensmittel billiger.

PERIPLECTOMENUS: Wer der Götter Ratschluß bemäkelt und kritisiert, ist töricht und dumm. Jetzt aber Schluß mit diesen Dingen! Ich will nun was zu essen einkaufen, um dich, mein Freund, so wie wir beide es wert sind, in meinem Hause gut, nett und mit leckeren Speisen zu bewirten.

PLEUSICLES: Es ist mir schon unangenehm, daß ich dir so viel Aufwand verursachte. Keiner kann sich doch bei einem Freund als Gast aufhalten, ohne nach drei Tagen unbeliebt zu sein. Bleibt er gar zehn Tage lang, dann trifft ihn der ganze Zorn der Ilias. Selbst wenn der Herr einverstanden und geduldig ist, so knurren doch die Sklaven.

PERIPLECTOMENUS: Ich habe meinen Sklaven beigebracht, sich wie Sklaven zu benehmen, mein Freund, und nicht wie Leute, die mir Befehle erteilen oder denen ich verpflichtet bin. Paßt ihnen etwa nicht, was mir Freude macht – denn schließlich bin ich der Obersteuermann –, so wird doch das getan, was sie erbittert, und zwar zu ihrem allergrößten Ärger. Nun geh ich aber einkaufen, das hatte ich ja vor.

PLEUSICLES: Wenn du nun einmal fest entschlossen bist, so

kaufe wenigstens nur das Nötigste, ohne großen Aufwand. Mir genügt alles.

PERIPLECTOMENUS: Nun laß aber diese alten Redensarten! Denn du sprichst wirklich wie ein Mensch zweiter Klasse, mein Freund. Die sagen gewöhnlich, wenn man am Tisch sitzt und das Essen aufgetragen ist: „War das nötig? So viel Aufwand unseretwegen? Du bist wohl nicht gescheit? Das reicht ja für zehn Mann aus!" Was man ihretwegen eingekauft hat, mißbilligen sie und essen's doch.

PALAESTRIO: Weiß Gott, auf die Tour wird's gemacht. Wie er gründlich Bescheid weiß!

PERIPLECTOMENUS: Doch niemals sagen diese Leute, wenn der Tisch auch reich gedeckt ist: „Laß dies forttragen! Jene Platte auch! Schaff den Schinken weg, ich mag ihn nicht. Räume das Schweinegulasch ab. Der Aal hier schmeckt auch kalt ganz gut. Laß es hinausschaffen, abräumen, wegbringen!" So hörst du keinen dieser Leute im Ernst sprechen. Vielmehr legen sie sich halb auf den Tisch und langen schon zu.

PALAESTRIO: Wie treffend beschreibt der gute Mann die schlechten Sitten!

PERIPLECTOMENUS: Nicht den hundertsten Teil habe ich angeführt und könnte es auch nicht, selbst wenn ich Zeit dazu hätte.

PALAESTRIO: Doch nun zur Sache. Paßt jetzt auf, ihr beiden. Ich brauche deine Hilfe, Periplectomenus. Ich habe nämlich eine reizende Gaunerei erfunden, wie man den Offizier mit seiner stolzen Lockenpracht gründlich rupfen und für diesen verliebten jungen Mann und für Philocomasium eine Fluchtmöglichkeit anzetteln kann.

PERIPLECTOMENUS: Rücke mit deinem Plan heraus, los!

PALAESTRIO: Und du rücke mit deinem Ring heraus, los!

PERIPLECTOMENUS: Wozu brauchst du ihn?

PALAESTRIO: Wenn ich ihn erst habe, werde ich auch mit meinem Projekt herausrücken.

PERIPLECTOMENUS: Da nimm ihn; verwende ihn gut.

PALAESTRIO: Vernimm von mir dafür den Gaunerplan, den ich ausgedacht habe.

PLEUSICLES: Unsere Ohren sind ganz sauber. Wir beide stehn dir ganz zu Diensten.

PALAESTRIO: Mein Herr ist so ein großer Weibernarr, wie niemand seinesgleichen war noch sein wird, glaube ich.

PLEUSICLES: Da bin ich ganz deiner Meinung.

PALAESTRIO: Und er behauptet, noch schöner zu sein als Paris, und prahlt daher, daß ihm alle Frauen in Ephesus nachlaufen.

PERIPLECTOMENUS: Zum Kuckuck auch, wie viele wünschen, daß das, was du da von ihm sagst, nicht stimmt; doch ich bin von der Wahrheit deiner Worte völlig überzeugt. Also, fasse dich so kurz wie du nur irgend kannst.

PALAESTRIO: Kannst du ein Frauenzimmer auftreiben mit hübscher Figur, einem Kopf voll toller Streiche, einem Herz voll Übermut?

PERIPLECTOMENUS: Eine Freie oder eine Freigelassene?

PALAESTRIO: Das ist mir gleich, wenn du nur eine anbringst, die auf Geld aus ist, ein Hürchen mit viel Raffinesse in der Brust, im Herzen nicht, denn Herz hat keine Frau.

PERIPLECTOMENUS: Willst du eine, die perfekt ist oder eine unerfahrene?

PALAESTRIO: So recht im Saft, so keß und jung wie möglich.

PERIPLECTOMENUS: Ich habe grade eine solche als Klientin, ein ganz junges Ding. Doch was soll's damit?

PALAESTRIO: Du sollst sie schleunigst in dein Haus schaffen und dann schön herausgeputzt hierherbringen, ganz wie eine verheiratete Frau, das Haar frisiert, mit Locken und mit Bändern. Sie soll so tun, als ob sie deine Gattin sei. Das muß man ihr beibringen.

PLEUSICLES: Ich kann mir gar nicht denken, wo du hinauswillst.

PALAESTRIO: Ihr werdet es erfahren. Hat das Mädchen etwa auch eine Sklavin?

PERIPLECTOMENUS: Natürlich – und schlau nur einmal.

PALAESTRIO *im Verlauf seiner Rede immer lauter und lebhafter werdend*: Die brauch ich auch. Diese Dame und ihr Mädchen sind folgendermaßen zu instruieren: Sie soll so tun, als ob sie deine Gattin und in den Offizier total verschossen sei und als ob sie diesen Ring ihrer vertrauten Sklavin gegeben habe, die ihn an mich weiterreichte, um ihn dem Offizier auszuhändigen, gewissermaßen, als sei ich der Mittelsmann in dieser Angelegenheit.

PERIPLECTOMENUS *sich die Ohren zuhaltend*: Ich höre schon, ich bin doch nicht taub. Ich sperre meine Ohren schon auf.

PALAESTRIO *wieder leiser*: Den Ring gebe ich dem Offizier und sage, er sei mir von deiner Gattin überreicht, um sie bei ihm einzuführen. Und der ist nun einmal so: gleich lüstern, das Scheusal. Nur wenn es um fremde Frauen geht, ist er unermüdlich, zu keiner anderen Sache taugt er was.

PERIPLECTOMENUS: Selbst wenn du den Sonnengott auf die Suche geschickt hättest, er hätte keine geeigneteren Typen finden können als ich. Du kannst ganz beruhigt sein!

PALAESTRIO: Also los und ein bißchen fix. *Zu Pleusicles gewendet:* Nun höre du mal zu, Pleusicles.

PLEUSICLES: Ich bin ganz Ohr.

PALAESTRIO: Paß auf, daß du Philocomasium nicht bei ihrem Namen nennst, wenn der Offizier nach Hause kommt.

PLEUSICLES: Welchen Namen soll ich denn benützen?

PALAESTRIO: Fräulein „Ehrlich".

PLEUSICLES: Natürlich, das hatten wir ja vorhin ausgemacht.

PALAESTRIO: Na also, und nun fort!

PLEUSICLES: Ich denke schon dran. Aber ich muß dich trotzdem fragen: Wozu soll ich dran denken?

PALAESTRIO: Ich werde es dir sagen, wenn es nötig ist. Unterdessen sei still, jetzt ist d e r – *auf sich zeigend* – dran. Dann verteidige du deine Stellung.

PLEUSICLES: Ich gehe also ins Haus hinein.

PALAESTRIO: Und halte dich ja an die Vorschrift!

Zweite Szene

Palaestrio, Lucrio.

PALAESTRIO *in den Vordergrund tretend*: Was rühr ich da für Sachen ein! Ich setze alle Hebel in Bewegung! Heute schleppe ich dem Offizier sein Liebchen weg, wenn meine Mannschaft richtig auf dem Posten ist. – Jetzt muß ich erst mal den da drinnen rufen. Sceledrus, falls du ein bißchen Zeit hast, komm doch mal heraus, ich ruf dich, ich, Palaestrio.

LUCRIO: Der ist beschäftigt.

PALAESTRIO: Was?

LUCRIO: Er schlürft und schläft.

PALAESTRIO: Was soll das heißen? Schlürft?

LUCRIO: Ich wollte sagen schnarcht. Weil doch das Schnarchen und das Schlürfen ähnlich sind.

PALAESTRIO: Ah, so, der Sceledrus ist drin im Haus und schläft.

LUCRIO: Mit seiner Nase freilich nicht, denn damit macht er mächtigen Radau. Er ist ja Kellerchef, und als er Nardenöl in die Amphoren tat, da hat er sachte, sachte aus dem Krug genippt.

PALAESTRIO: Aha, du Schuft, bist bei ihm Vizekellermeister, was?

LUCRIO: Was ist?

PALAESTRIO: Wie kann der Mensch jetzt schlafen?

LUCRIO: Vermutlich mit den Augen.

PALAESTRIO: Das mein ich nicht, du Bursche. Komm hierher! Du bist geliefert, wenn du nicht dic Wahrheit sagst! Hast du ihm Wein gezapft?

LUCRIO: Ich nicht.

PALAESTRIO: Du lügst?

LUCRIO: Weiß Gott, ich leugne, ja. Denn er verbot mir, etwas zu erzählen. Drum goß ich n i c h t acht halbe Liter in den Krug, und er hat sie auch n i c h t gewärmt zum Frühstück dort getrunken.

PALAESTRIO: Und du hast nicht getrunken?

LUCRIO: Der Teufel soll mich holen, wenn ich trank, ja wenn ich hätte trinken können!

PALAESTRIO: Wieso?

LUCRIO: Weil ich doch schlürfte. Denn das Zeug war elend heiß, verbrannte mir die Gurgel.

PALAESTRIO: Die einen sind besoffen, und wir andern trinken Essigwasser! O welch feinem Kellermeisterpaar sind unsre Fässer anvertraut!

LUCRIO: Du würdest es genauso machen, wenn man nur den Keller dir gegeben hätte. Doch da du nicht konkurrieren kannst, packt dich der Neid.

PALAESTRIO *auf sich selbst zeigend*: Mein lieber Mann, hat der denn jemals vorher etwas ausgeschenkt? Gib Antwort, Kerl! Und daß du's hinter deine Ohren schreibst, ich sage dir: Ein falsches Wort, mein Lucrio, und dir geht's an den Kragen!

LUCRIO: So wird gespielt? Daß du mich denunzieren kannst mit meinem eignen Wort. Ich fliege dann aus meinem fetten Kellermeisteramt hinaus, du machst den Boß und suchst dir einen andern Stellvertreter.

PALAESTRIO: Bei Gott, das tu ich nicht. Du kannst mir's ruhig sagen.

LUCRIO: Ich sah ihn wirklich niemals selber zapfen. Freilich, es war so: Er gab mir den Befehl, und dann hab ich gezapft.

PALAESTRIO: Aus diesem Grunde also standen bei ihm oft die Krüge auf dem Kopf?

LUCRIO: O nein, aus diesem Grunde schwankten unsre Krüge nicht so sehr. *Geheimnisvoll:* Im Keller war vielmehr ein Eckchen feucht und schlüpfrig. Und da stand ein Litermaß, direkt dort bei den Krügen. Dieses füllte sich wohl zehnmal täglich voll bis an den Rand und leerte sich dann wieder aus. Und von dem Saufgelage dieses Literkruges neigten sich die Weinbehälter, leerten sich und standen Kopf.

PALAESTRIO: Nun aber auf der Stelle fort, hinein mit dir! Ihr feiert ja im Keller richtige Orgien! Verlaß dich drauf, gleich hole ich den Herrn vom Markt und bring ihn hin!

LUCRIO: O je, der schlägt mich tot, wenn er nach Hause kommt und hört, was sich hier tut und daß ich ihm kein Wort erzählte. Gut, ich reiße irgendwohin aus und hebe mir mein Ende auf für einen andren Tag. Verehrtes Publikum, ich bitte und beschwöre euch: Sagt es ihm nicht!

PALAESTRIO: Wohin des Wegs?

LUCRIO: Man schickte mich wohin. Gleich bin ich wieder da.

PALAESTRIO: Wer schickte dich?

LUCRIO: Philocomasium.

PALAESTRIO: Dann geh! Doch komm mir gleich zurück!

LUCRIO: Nur eine Bitte hab ich noch: Im Falle, daß man Prügel austeilt, wenn ich weg bin, sei so gut, kassiere meinen Teil mit ein. *Ab.*

PALAESTRIO: Ja, jetzt kapier ich erst, was dieses Mädchen will. Weil unser Sceledrus im Schlafe liegt, schickt sie den Vizewächter auch noch fort und schlüpft indessen selbst zu ihrem Schatz. Famos! Da bringt Periplectomenus, ganz wie bestellt, ein Mädchen an. Die hat weiß Gott Figur! Der Götter Segen ist mit unsrem Werk.
Voll Würde ist ihr Schmuck und auch ihr Gang,
nicht wie ein Hürchen.
Wie nett die Arbeit heute mir gelang,
ganz wie am Schnürchen.

Tritt behend beiseite.

Dritte Szene

Periplectomenus, Acroteleutium, Milphidippa.

PERIPLECTOMENUS: Die ganze Angelegenheit habe ich dir, Acroteleutium, und dir, Milphidippa, zu Hause Punkt für Punkt auseinandergesetzt. Wenn ihr die Kniffe und Intrigen noch nicht richtig begriffen habt, will ich's euch noch mal erklären. Wenn ihr aber ganz im Bilde seid, sprechen wir lieber von etwas anderem.

ACROTELEUTIUM: Es wäre ja albern und dumm von mir, mein Herr, mich in eine fremde Angelegenheit einzulassen oder meine Hilfe zu versprechen, wenn ich nicht wüßte, daß ich in diesem Metier schlau und gerissen genug bin.

PERIPLECTOMENUS: Na, eine Belehrung ist immer gut.

ACROTELEUTIUM: Es ist doch kein Geheimnis, wie zwecklos

es ist, Mädchen aus meiner Branche zu belehren. Vielmehr sagte ich dir ja, als meine Ohren gerade das erste Schlückchen von deiner Rede kosteten, wie sich der Offizier behämmern läßt.

PERIPLECTOMENUS: Wennschon. Niemand ist von sich allein gescheit genug. Schon manche sah ich auf Rat verzichten, die dann ratlos waren.

ACROTELEUTIUM: Wenn eine Frau eine schlimme, freche Gaunerei ausführen soll, dann hat sie ein Gedächtnis – unverwüstlich, unendlich. Doch gibt es mal etwas Gutes, Ehrliches zu tun, dann wird sie sogleich vergeßlich, kann sich an nichts erinnern.

PERIPLECTOMENUS: Da haben wir's, was ich befürchte. Denn heute sollt ihr beides tun. Der Schlag gegen den Soldaten ist mein Vorteil.

ACROTELEUTIUM: Keine Angst! Hauptsache, das Gute bleibt uns unbekannt.

PERIPLECTOMENUS: Ein Weib ist eine schlimme Sache.

ACROTELEUTIUM: Keine Sorge, die Weiber haben mit Leuten zu tun, die noch schlimmer sind.

PERIPLECTOMENUS: Das paßt zu euch. Nun kommt!

PALAESTRIO *der bis dahin abseits gestanden hatte, tritt jetzt hervor*: Also los, was zögre ich, zu ihnen hinzugehen? – Ich freue mich, daß dir's gut geht und du so reizende Begleitung hast.

PERIPLECTOMENUS: Palaestrio, du kommst mir gerade recht. Da sind die Damen, die ich holen sollte, gekleidet wie ausgemacht.

PALAESTRIO: Famos, du bist unser Mann! – Palaestrio entbietet Acroteleutium seinen Gruß.

ACROTELEUTIUM: Wer ist das, bitte sehr? Er grüßt mich wie eine alte Bekannte.

PERIPLECTOMENUS: Das ist unser Baumeister.

ACROTELEUTIUM: Ich wünsche einen guten Tag, Herr Baumeister.

PALAESTRIO: Danke schön! Doch sag mir, hat dieser dich mit Instruktionen vollgepackt?

PERIPLECTOMENUS: Beide sind vortrefflich instruiert.

PALAESTRIO: Ich möchte hören, wie: mir ist bange, daß ihr was verseht.

PERIPLECTOMENUS: Nach deiner Vorschrift; ich hab nichts hinzugefügt.

ACROTELEUTIUM: Du willst also den Offizier, deinen Herrn, hereinlegen?

PALAESTRIO: So ist's.

ACROTELEUTIUM: Fein schlau und richtig drollig ist die Sache angelegt.

PALAESTRIO: Und du tust so, als ob du seine Gattin seist!

ACROTELEUTIUM: Natürlich.

PALAESTRIO: Und in den Offizier verschossen.

ACROTELEUTIUM: Wird besorgt.

PALAESTRIO: Und als ob ihm diese Sache durch mich und deine Sklavin als Mittelsleute beigebracht wird.

ACROTELEUTIUM: Du könntest gut Zeichendeuter sein, denn du sagst alles voraus, was kommen wird.

PALAESTRIO: Und als ob deine Sklavin diesen Ring zu mir gebracht habe, daß ich ihn dem Offizier in deinem Auftrag gebe.

ACROTELEUTIUM: Die reine Wahrheit.

PERIPLECTOMENUS: Wozu noch über Sachen reden, die sie wissen?

ACROTELEUTIUM: Es ist doch besser. Denn, verehrter Herr, bedenke dies: Wenn ein solider Schiffsbaumeister da ist, der den Kiel erst einmal schnurgerade gelegt hat, dann ist es leicht, das Schiff zu bauen. Wenn nur das Fundament recht fest ist. In unserem Falle nun ist dieser Schiffskiel solide und stabil angelegt. Und dem Baumeister stehen erfahrene Zimmerleute zur Verfügung. Wenn uns unser Bauholzlieferant, der Offizier, nicht sitzenläßt, dann ist – bei unserer Begabung – das Schiff bald fertig.

PALAESTRIO: Du kennst doch gewiß meinen Herrn, den Offizier?

ACROTELEUTIUM: Komische Frage! Wie sollte ich diesen Kerl nicht kennen, der aller Welt zuwider ist? Diesen großmäuligen Gecken, den parfümierten Weiberhelden!

PALAESTRIO: Kennt er dich etwa auch?

ACROTELEUTIUM: Er sah mich nie. Wie sollte er mich kennen?

PALAESTRIO: Das hört man gern. Desto netter wird es gehn, weiß Gott.

ACROTELEUTIUM: Hol mir nur den Menschen her und scher dich sonst um nichts. Wenn ich den heute nicht ganz herrlich an der Nase herumführe, mag mich die ganze Schuld treffen.

PALAESTRIO: Also los, hinein mit euch! Und dann schlau die Arbeit angefaßt!

ACROTELEUTIUM: Kümmere dich um deine Sachen!

PALAESTRIO: Nun rasch, Periplectomenus, nimm sie mit dir hinein. Ich gehe zum Forum, werde dort den Offizier treffen und ihm diesen Ring geben und ihm sagen, er sei mir von deiner Gattin überreicht, die total in ihn verschossen sei. Wenn wir vom Forum zurück sind, sende die Milphidippa sofort zu uns heraus, als ob sie einen heimlichen Auftrag an den Offizier hätte.

PERIPLECTOMENUS: Wird ausgeführt, ganz meine Sache.

PALAESTRIO: Paßt mir nur schön auf! Ich lüge ihm die Hucke voll und bringe ihn hierher. *Ab.*

PERIPLECTOMENUS *ihm nachrufend*: Komm gut hin und viel Erfolg! – Wenn es mir heute gelingt, daß mein Gast sein Mädchen, die Offiziersbraut, kriegt und mit nach Athen nimmt, wie gesagt, wenn wir heute diesen Streich spielen – Palaestrio, wie will ich dich da beschenken!

ACROTELEUTIUM: Hilft das Mädchen denn nicht auch mit?

PERIPLECTOMENUS: Und wie, mit größter Raffinesse!

ACROTELEUTIUM: Dann bin ich ganz beruhigt. Wenn wir erst unsre gemeinsam ausgeheckten Streiche ausgeführt haben, fürchte ich nicht, daß wir von einer andern Gaunerei geschlagen werden.

PERIPLECTOMENUS: So, gehn wir denn hinein, um alles gründlich zu üben, damit unser Vorhaben genauestens klappt, damit es keine Panne gibt, wenn der Offizier kommt.

ACROTELEUTIUM: Du hältst uns ja nur auf.

Beide ab.

VIERTER AKT

Erste Szene

Pyrgopolinices, Palaestrio.

PYRGOPOLINICES *polternd*: Es ist doch wunderbar, wenn alles wie am Schnürchen läuft. Heute hab ich meinen Parasiten zu König Seleucus gesandt, damit er die Söldner hinbringt, die ich hier angeworben habe. Sie sollen sein Königreich schützen, wenn mir nur etwas Ruhe bleibt!

PALAESTRIO: Laß doch den Seleucus sein! Kümmere dich lieber um deine eigenen Angelegenheiten. Ich kann dir nämlich zu einem neuen verlockenden Erlebnis verhelfen.

PYRGOPOLINICES: Nun ja, da stell ich alles andere zurück und bin ganz bei der Sache. Sprich nur! Ich bin ganz Ohr.

PALAESTRIO: Sieh dich rings im Kreise um, daß kein Lauscher unsere Rede aufschnappt. Ich habe nämlich Anweisung, die Angelegenheit ganz heimlich zu erledigen.

PYRGOPOLINICES: Niemand da!

PALAESTRIO: So nimm erst einmal dieses Liebespfand von mir.

PYRGOPOLINICES: Was ist das? Woher kommt es?

PALAESTRIO: Von einer phantastisch schönen Frau. Sie liebt dich und sehnt sich nach deiner wunderschönen Schönheit. Ihre Sklavin gab mir den Ring, damit ich ihn an dich weiterleite.

PYRGOPOLINICES: Wie steht's mit ihr? Freigeboren? Oder war sie Sklavin und wurde erst durch den Prätorstab freigelassen?

PALAESTRIO: Da muß ich aber bitten! Ich sollte wagen, mich für die Vermittlung einer Freigelassenen herzugeben? Du kannst ja nicht einmal all die Freigeborenen befriedigen, die dich haben wollen!

PYRGOPOLINICES: Verheiratet oder Witwe?

Palaestrio: Verheiratet und Witwe.

Pyrgopolinices: Wie kann sie denn verheiratet und Witwe sein!

Palaestrio: Weil sie, ein junges Ding, vermählt mit einem alten Knacker ist.

Pyrgopolinices: Gut, gut!

Palaestrio: Und die Figur, so nett und edel.

Pyrgopolinices: Sieh dich vor, belüg mich nicht!

Palaestrio: Einzig sie allein ist würdig deiner herrlichen Statur.

Pyrgopolinices: Alle Wetter, da kannst du sie wirklich eine Schönheit nennen! Wer ist die Dame denn?

Palaestrio: Die Gattin dieses alten Periplectomenus von hier nebenan. Sie siecht dahin aus Sehnsucht nach dir und will dem Alten, den sie gar nicht mag, durchbrennen. Nun soll ich dich flehentlich bitten, ihr eine Gelegenheit zu geben, die Deine zu werden.

Pyrgopolinices: Bei Gott, ich möchte schon, wenn die nur Lust hat.

Palaestrio: Sie, die sich nach dir sehnt?

Pyrgopolinices: Was machen wir aber mit der Kleinen, die ich bei mir habe?

Palaestrio: Laß sie sich doch zum Teufel scheren. Ihre Zwillingsschwester ist sowieso hierher nach Ephesus gekommen und ihre Mutter auch. Die suchen sie.

Pyrgopolinices: Was? Ihre Mutter kam nach Ephesus?

Palaestrio: Ich hörte es von Leuten, die es wissen.

Pyrgopolinices: Zum Kuckuck auch, großartige Gelegenheit, das Weibsbild rauszuschmeißen!

Palaestrio: Ja, aber möchtest du's nicht lieber vornehm machen?

Pyrgopolinices: Sag bloß, wie. Berate mich!

Palaestrio: Möchtest du sie auf der Stelle los sein, doch so, daß sie noch „Danke" sagt?

Pyrgopolinices: Ganz mein Wunsch.

Palaestrio: Dann mußt du dich so verhalten: Geld hast du ja genug. Befiehl ihr, alles Gold und alle Kostbarkeiten, die du ihr angeschafft hast, als Geschenk zu behalten und mitzunehmen, wohin sie will.

Pyrgopolinices: Gut gesprochen! Doch halt! Vielleicht laß

ich die eine laufen, und die andere ändert ihre Absicht. Bedenke das!

PALAESTRIO: Ach was, du bist zu ängstlich. Sie liebt dich ja wie ihre eignen Augen.

PYRGOPOLINICES: Ja, Venus liebt mich!

PALAESTRIO: Pst, den Mund gehalten! Die Tür geht auf, tritt vorsichtig hierher zur Seite. Die Kleine, die dort herauskommt, ist eine Jacht, die Verhandlungen anknüpfen will.

PYRGOPOLINICES: Wo ist denn die Jacht?

PALAESTRIO: Ihre Sklavin ist das, die dort aus der Tür tritt. Sie hatte mir diesen Ring gebracht, den ich dir gab.

PYRGOPOLINICES *zeigt sich sehr beeindruckt*: Ei Gott, ei Gott, ist das ein hübsches Kind.

PALAESTRIO: Ein Affe und ein Uhu ist das im Vergleich zu ihr. Merkst du, wie sie mit den Augen auf die Jagd geht, wie sie mit den Ohren Vogelnetze stellt?

Zweite Szene

Die Vorigen, Milphidippa.

MILPHIDIPPA *für sich*: Vor diesem Hause also ist der Zirkus, wo ich meine Galavorstellung zu geben habe. Jetzt will ich so tun, als ob ich die beiden dort nicht sähe und von ihnen gar nichts wüßte.

PYRGOPOLINICES: Pst, still! Wir lauschen! Vielleicht ist irgendwie von mir die Rede.

MILPHIDIPPA: Ist hier jemand, der seine Nase lieber in fremde als in eigene Sachen steckt, der mir nachspioniert, weil er sonst nichts zu tun hat? Wie bange ist mir, daß mir solche Kerle irgendwie den Weg verbaun, wenn meine Herrin von uns nach dort hinübergeht, in wilder Gier nach seinem Körper, in Liebe nach dem reizendsten, dem allerschönsten Menschen, dem Offizier Pyrgopolinices.

PYRGOPOLINICES: Ist die nicht auch schon ganz weg in mich? Sie rühmt mein glänzendes Aussehn.

PALAESTRIO: Bei allen guten Geistern, ihre Rede braucht kein Körnchen Scheuersand.

PYRGOPOLINICES: Wie meinst du das?

PALAESTRIO: Weil ihre Rede sauber ist und ohne ein Quentchen Schmutz. Tatsächlich! Sie spricht von dir und verwendet kein einziges schmutziges Wort.

PYRGOPOLINICES: Doch ihre Herrin selbst erst, die ist einfach zuckersüß, ein ganz adrettes Weibchen! Verflixt noch mal, ich werde schon richtig scharf, Palaestrio.

PALAESTRIO: Schon bevor du sie mit eignen Augen sahst?

PYRGOPOLINICES: Ich glaube deinen Worten, und darum seh ich sie. Doch diese Jacht da bringt mich ganz von Sinnen, solange die andre noch nicht zu sehn ist.

PALAESTRIO: He, he, von der laß bloß die Finger weg, das ist meine Braut. Wenn du heute die andre nimmst, nehme ich unverzüglich diese.

PYRGOPOLINICES: Was trödelst du denn und sprichst sie nicht an?

PALAESTRIO: Na schön, komm mit!

PYRGOPOLINICES: Ich folge auf dem Fuße.

Beide nähern sich Milphidippa, doch während Palaestrio zu ihr hingeht, bleibt Pyrgopolinices auf halbem Weg etwas abseits stehen.

MILPHIDIPPA: Oh, seinetwegen kam ich hierher, oh, wenn ich ihn doch treffen könnte!

PALAESTRIO: Das wird geschehn, dein Wunsch wird in Erfüllung gehn. Nur Mut und keine Angst! Es gibt einen Menschen, der weiß, wo das ist, was du suchst.

MILPHIDIPPA: Wen höre ich da?

PALAESTRIO: Den Kompagnon all deiner Intrigen.

MILPHIDIPPA: Dann halte ich nicht länger geheim, was ich geheimhalte.

PALAESTRIO: Nun ja, du behältst es, und du behältst es nicht für dich.

MILPHIDIPPA: Wieso?

PALAESTRIO: Vor Unzuverlässigen hältst du es verborgen, ich aber bin für dich durch und durch zuverlässig.

MILPHIDIPPA: Gib die Parole, wenn du zu unserer Partei gehörst.

PALAESTRIO: Es liebt eine gewisse Frau einen gewissen Mann.

MILPHIDIPPA: Das tun sehr viele Frauen.

Palaestrio: Doch nur wenige senden ein Geschenk vom eigenen Finger.

Milphidippa: Jetzt erkenn ich dich, du schaffst mir festen Boden unter den Füßen. Doch sag mir, ist noch jemand da?

Palaestrio: Ja und nein.

Milphidippa: Zunächst ein Wort unter vier Augen.

Palaestrio: Hast du viel oder wenig zu sagen?

Milphidippa: Nur drei Worte.

Palaestrio: Moment, gleich bin ich wieder da. *Geht zur Seite zu Pyrgopolinices, der allmählich unruhig wird.*

Pyrgopolinices: Also was ist? Da steh ich nun wer weiß wie lange, bei meiner Figur und meinem Schlachtregister, und alles für nichts und wieder nichts?

Palaestrio: Geduld, Geduld und bleib schön stehn. Ich setz mich mächtig für dich ein.

Pyrgopolinices: Ein bißchen fix, dies Warten ist mir lästig.

Palaestrio: Du weißt, Geschäfte dieser Art soll man lieber Schritt für Schritt bewältigen.

Pyrgopolinices: Mach nur, mach, wie es dir gefällt.

Palaestrio *der inzwischen zu Milphidippa zurückgekehrt ist*: Kein Klotz ist dümmer als der. Da bin ich wieder. Was wolltest du?

Milphidippa *leise*: Wie soll ich diese Festung Troja angreifen? Gib mir bitte deinen Rat.

Palaestrio: Tu, als ob deine Herrin vor Sehnsucht nach ihm vergeht.

Milphidippa: Das weiß ich doch.

Palaestrio: Lobe seine stattliche Erscheinung, erwähne seine Heldentugend.

Milphidippa: Darauf konzentriere ich den Hauptangriff, wie ich dir soeben vorgeführt habe.

Palaestrio: Kümmre dich um die übrigen Dinge auch, paß auf und halte dich an meine Weisung.

Pyrgopolinices: Befasse dich endlich mal wieder mit mir! Nun komm doch schon! Ich brauche dich!

Palaestrio *eilig zu Pyrgopolinices hintretend*: Da bin ich. Befiehl mir, was du willst.

Pyrgopolinices: Was sagte sie dir nun?

Palaestrio: Sie berichtet mir vom Jammer ihrer Herrin, die sich elend fühlt, sich abhärmt, heult, zerfleischt, weil sie dich nicht hat, nicht die Deine ist. Und deshalb sei sie auch hierher zu dir gesandt.

Pyrgopolinices: Laß sie vor!

Palaestrio *vertraulich, leise*: Doch – weißt du, wie du dich benehmen mußt? Stell dich unnahbar, als ob du ganz und gar nicht willst; und schnauz mich an, weil ich dich derart ordinärem Pöbel konfrontiere.

Pyrgopolinices: Ganz richtig. Das werde ich tun.

Palaestrio *laut*: Soll ich also das Mädchen rufen, die dich zu sprechen wünscht?

Pyrgopolinices: Führe sie her, wenn sie mag.

Palaestrio: Wenn du magst, Mädchen, tritt heran!

Milphidippa: O schöner Mann, sei mir gegrüßt!

Pyrgopolinices *zu Palaestrio*: Sie spricht mich mit dem richtigen Namen an. *Laut zu Milphidippa:* Die Götter seien deinen Wünschen gnädig.

Milphidippa: Mit dir des Lebens Tage verbringen zu dürfen – –

Pyrgopolinices *ihr ins Wort fallend*: Zuviel verlangt!

Milphidippa: Nicht spreche ich von mir, sondern von meiner Herrin, die aus Sehnsucht nach dir verschmachtet.

Pyrgopolinices: Viele andere begehren dasselbe, und ich kann es ihnen nicht gewähren.

Milphidippa: Bei meiner Seligkeit, kein Wunder, wenn du dich so rar machst. Ein Mensch, so schön, so berühmt durch seine Tugend, seine Schönheit, seine Taten. Welcher Mensch wäre würdiger, ein Gott zu sein?

Palaestrio: Wahrhaftig, der ist ja auch kein Mensch – *zum Publikum –,* denn jeder Geier hat mehr Menschliches an sich als der.

Pyrgopolinices *zu Palaestrio*: Ich mach mich jetzt recht groß, da sie mich gar so lobt.

Palaestrio *zu Milphidippa*: Siehst du den feigen Kerl, wie er sich brüstet? *Zu Pyrgopolinices:* Doch nun gib ihr eine Antwort, sie kommt von jener Dame, die ich dir vorhin nannte.

Pyrgopolinices: Von welcher denn? Es kommen ja so viele zu mir! Ich weiß nicht mehr.

Milphidippa: Von jener Dame, die ihre eigenen Finger plündert, um die deinen zu zieren. Denn diesen Ring meiner Herrin, die nach dir vergeht, gab ich deinem Sklaven, und der gab ihn dir.

Pyrgopolinices: Was willst du also, Weib? Berichte!

Milphidippa: Erhöre sie, die sich so nach dir sehnt. Sie lebt jetzt nur noch durch d e i n Leben. Sein oder Nichtsein: nur in dir allein liegt ihre Hoffnung.

Pyrgopolinices: Also was will sie?

Milphidippa: Deine Unterhaltung, Umarmung und intime Zärtlichkeit. Und wenn du ihr nicht Hilfe bringst, dann gibt sie bald ihren Geist auf. Darum, mein Achilles, erfülle meine Bitte, errette die Schöne auf schöne Art, spende die Güte deiner großen Natur, du Städtebezwinger, du Königswürger.

Pyrgopolinices: Herrgottnochmal, widerlich ist das! Wie oft habe ich dir verboten, du Schuft, meine Dienste dem gemeinen Volk zu versprechen.

Palaestrio: Hörst du es, Weib? Ich habe es dir schon längst gesagt und sage es dir jetzt noch einmal: Wenn man diesen Eber nicht glänzend honoriert, deckt er nicht mal eine x-beliebige Sau.

Milphidippa: Es wird alles gezahlt, gleich, welchen Preis er auch fordert.

Palaestrio: Tausend Mark muß er haben, und zwar in barem Gold. Weniger nimmt er gar nicht erst an, von keinem.

Milphidippa: Du lieber Himmel, wie billig ist er da noch.

Pyrgopolinices: Geiz war noch niemals meine Art. Ich habe Geld genug: mehr als tausend Sack philippische Gulden.

Palaestrio: Außerdem in den Schatzkammern Berge von Silber, nicht nur Stücke, höher als der Ätna!

Milphidippa *beiseite*: Menschenskinder, gibt der an.

Palaestrio *zu Milphidippa*: Wie geh ich mit dem um?

Milphidippa *zu Palaestrio*: Und ich erst, wie leg ich ihn herein? Doch laß mich nun bitte gleich fort.

Palaestrio: Gib ihr doch eine Antwort, ob ja oder nein?

Milphidippa: Was quälst du die arme Frau? Sie hat dir niemals was Böses getan.

PYRGOPOLINICES: Heiße sie zu uns herüberkommen! Sag, ich tue alles, was sie will.

MILPHIDIPPA: Nun handelst du, wie's deiner würdig ist. Du begehrst sie, die dich begehrt ...

PALAESTRIO *beiseite*: Ein pfiffiges Mädchen!

MILPHIDIPPA: ... und du hast meine Bitte nicht verschmäht und hast dich erweichen lassen. *Beiseite zu Palaestrio:* Ha, wie mache ich meine Sache?

PALAESTRIO: Mein Gott, ich platze bald vor Lachen.

MILPHIDIPPA: Ich auch, drum kehre ich dir schon meinen Rücken zu.

PYRGOPOLINICES: Ihr Götter, nein, du weißt nicht, Weib, wie hohe Ehre ich deiner Herrin widerfahren lasse.

MILPHIDIPPA: Ich weiß es, und ich richte es ihr aus.

PALAESTRIO: Für gutes Gold hätte er seine Bemühungen auch an manche andere verkaufen können.

MILPHIDIPPA: O ja, das glaube ich dir.

PALAESTRIO: Und jede, die er liebte, bringt echte Recken zur Welt; die Bürschchen werden achthundert Jahre alt.

MILPHIDIPPA: Geh mir ab, du Witzbold.

PYRGOPOLINICES: Ha! Sie leben tausend Jahre lang ununterbrochen, von Generation zu Generation!

PALAESTRIO: Ich habe weniger genannt, damit sie nicht glaubt, ich hätte sie belogen.

MILPHIDIPPA: Mich trifft der Schlag, wie alt wird er erst selbst, wenn seine Söhne schon so lange leben?

PYRGOPOLINICES: Weib! Ich bin unmittelbar am Tag nach Jupiter geboren.

PALAESTRIO: Wäre er nur einen Tag früher dagewesen, dann hätte er das Regiment im Himmel.

MILPHIDIPPA *beiseite*: Genug, genug, ich bitte dich. Laßt mich, wenn irgend möglich, lebendig von euch fort.

PALAESTRIO *zu Milphidippa*: Warum gehst du nicht? Die Antwort hast du ja.

MILPHIDIPPA *laut*: Ich gehe nun und bringe meine Herrin her – *leise* –, für die ich dies hier mitmache. *Laut zu Pyrgopolinices:* Noch ein Wunsch?

PYRGOPOLINICES *der bei seinem Lieblingsthema kein Ende finden kann*: Nur den – ja nicht noch schöner zu sein, als ich jetzt schon bin. Meine Schönheit bereitet mir so schon manche Mühe.

PALAESTRIO *der nun auch selbst aus Überdruß unruhig wird, leise zu Milphidippa*: Was stehst du noch hier herum? Was gehst du nicht?

MILPHIDIPPA: Ich gehe nun.

PALAESTRIO: Doch hörst du? Richte alles klug und sinnig aus, daß ihr das Herz im Leibe hüpft. *Leise fortfahrend:* Und Philocomasium bestelle, sie solle herübergehen, falls sie in diesem Hause ist. Denn der Offizier sei jetzt da!

MILPHIDIPPA: Philocomasium ist hier bei meiner Herrin. Beide haben hinter der Tür heimlich unser Gespräch belauscht.

PALAESTRIO: Geschickt gemacht. Nach unserer Unterhaltung werden sie noch klüger handeln können.

MILPHIDIPPA *laut*: Du hältst mich auf. Ich gehe jetzt.

PALAESTRIO *will zärtlich werden, wendet sich dann aber von ihr ab*: Ich halte dich nicht auf, ich rühre dich nicht an, und ich – schweige.

PYRGOPOLINICES *der Milphidippa nachrufend*: Sag ihr, sie soll sich beeilen und herkommen. Wir werden sie vorrangig behandeln.

Dritte Szene

Pyrgopolinices, Palaestrio.

PYRGOPOLINICES: Palaestrio, was rätst du mir denn nun? Was soll ich mit der Konkubine tun? Unmöglich kann das eine Weib in meinem Hause aufgenommen werden, eh das andere entlassen ist.

PALAESTRIO: Was fragst du mich um guten Rat? Ich habe dir ja schon gesagt, wie diese Angelegenheit am nobelsten zu lösen ist. Gold und Gardrobe soll sie ganz und gar behalten, alles das, was du für sie erwarbst: sie soll es einkassieren, requirieren, deportieren. Obendrein verkünde ihr, es sei die höchste Zeit, sich endlich heimzuscheren. Grade sei auch ihre Zwillingsschwester da und ihre Mutter, die sie wohlgeleitet graden Wegs nach Hause brächten. Sag ihr das.

PYRGOPOLINICES: Wie weißt du, daß die beiden hier sind?

PALAESTRIO: Nun, ich sah mit eignen Augen ihre Schwester hier.

PYRGOPOLINICES: Sie trafen dich?

PALAESTRIO: Gewiß.

PYRGOPOLINICES: Ein strammer Racker?

PALAESTRIO: Du willst auch alles haben.

PYRGOPOLINICES: Sagte diese Schwester, wo die Mutter ist?

PALAESTRIO: Der Kapitän, der sie hierher gebracht, erklärte mir, sie liege auf dem Schiffe krank mit triefen, dicken Augen. Dieser Seemann hat sich dort beim Nachbarn einlogiert.

PYRGOPOLINICES: Wie steht's mit dem? Wohl auch ein strammer Racker?

PALAESTRIO: Bleib mir vom Leibe, he! Du bist ein routinierter Deckhengst, stellst den Männern wie den Frauen nach. Doch nun ans Werk!

PYRGOPOLINICES: Was deinen Rat betrifft, so wünsche ich, daß du mit ihr darüber selbst verhandelst, denn du hast es raus, das Wort mit ihr zu führen.

PALAESTRIO: Wer könnte besser als du selbst zu ihr gehn, deine Sache zu vertreten? Sag, du seist gezwungen, eine Frau zu nehmen, deine Freunde und Verwandten hätten dir's geraten und dich unter Druck gesetzt.

PYRGOPOLINICES: So, denkst du?

PALAESTRIO: Wieso nicht?

PYRGOPOLINICES: Nun gut, ich geh hinein. Du bleibst indessen hier vor unserm Haus, paßt auf und rufst mich, wenn die Neue etwa kommt.

PALAESTRIO: Hab du nur acht auf deine eignen Sachen!

PYRGOPOLINICES: Ist schon besorgt. Und geht sie nicht freiwillig fort, so schmeiß ich sie im hohen Bogen auf die Straße.

PALAESTRIO: Um Gottes willen, tu das bloß nicht! Sieh nur zu, daß sie im Guten von dir scheidet. Gib ihr alles das, was ich dir nannte; Gold und Schmuck, den du ihr angeschafft hast, soll sie nur behalten.

PYRGOPOLINICES: Ja, es ist mir recht.

PALAESTRIO: Bestimmt wirst du es leicht erreichen. Doch nun geh ins Haus und steh nicht länger hier.

PYRGOPOLINICES: Ja, ich gehorche dir. *Ab.*

PALAESTRIO: Ist er nicht ein alter Wüstling, wie ich euch schon längst erzählte? Doch jetzt möchte ich Acroteleutium begegnen oder ihrer Sklavin oder Pleusicles. – O Jupiter, ist mir das Glück nicht hold? Denn die drei, die ich eben sehnlichst herwünschte, die sehe ich gemeinsam aus dem Nachbarhaus treten.

Vierte Szene

Acroteleutium, Milphidippa, Pleusicles, Palaestrio.

ACROTELEUTIUM: Mir nach! Doch seht euch nach allen Seiten um, daß uns niemand bespitzelt!

MILPHIDIPPA: Ich sehe niemand, nur den, den wir treffen wollen.

PALAESTRIO: Und ich euch auch.

MILPHIDIPPA: Wie stehn die Aktien, Herr Baumeister?

PALAESTRIO: Ich wäre Baumeister? Oje!

MILPHIDIPPA: Was ist?

PALAESTRIO: Im Vergleich mit dir bin ich nicht wert, einen Nagel in die Wand zu schlagen.

ACROTELEUTIUM: Erlaub mal!

PALAESTRIO *auf Milphidippa deutend*: Erstaunlich gewitzt und gewandt ist der kleine Teufel. Wie schlau hat sie den Kriegsmann übers Ohr gehaun.

MILPHIDIPPA: Aber immer noch zuwenig.

PALAESTRIO: Keine Bange, die ganze Angelegenheit läuft prächtig. Ihr braucht auch weiterhin nur Hilfsdienste zu leisten, so wie bisher. Denn der Offizier ging selber in sein Haus hinein zu seiner Liebsten, um sie zu bitten, sie solle samt ihrer Schwester und ihrer Mutter nach Athen verschwinden.

PLEUSICLES: Großartig!

PALAESTRIO: Ja, sogar Gold und Gewänder, die er angeschafft hat, gibt er allesamt Philocomasium zum Geschenk, damit sie nur weggeht. Ich gab ihm diesen Rat.

PLEUSICLES: Das läßt sich ja leicht machen, wenn sie es will und er es wünscht.

PALAESTRIO: Hast du noch nichts davon gehört, daß dann, wenn man aus einem tiefen Brunnen bis zum Rand hoch geklettert ist, die Gefahr wieder runterzufallen am größten ist? Unser Streich ist jetzt oben am Brunnenrand. Wenn der Offizier Verdacht schöpft, kriegen wir nichts über den Rand. Darum ganz besonders aufgepaßt!

PLEUSICLES: Ich sehe, wir haben für unser Vorhaben genug Material vorrätig: Drei Frauen, Nummer vier du, Nummer fünf ich, sechs der Alte. Soweit es auf unsere Tricks ankommt, bin ich sicher, daß wir jede Stadt mit List erobern können.

PALAESTRIO: Strengt euch nur an!

ACROTELEUTIUM: Deshalb kommen wir ja zu dir, um zu hören, ob du etwas willst.

PALAESTRIO: Nett von euch. *Zu Acroteleutium:* Ich befehle dir nun folgende Aufgabe.

ACROTELEUTIUM: Zu Befehl, Herr Imperator, man tut, was man kann!

PALAESTRIO: Ich wünsche also, daß man den Offizier mit Schwung, nach Noten und anständig zum Narren hat.

ACROTELEUTIUM: Du liebe Zeit, du kommandierst mich geradewegs ins Vergnügen.

PALAESTRIO: Weißt du, wie du vorgehen mußt?

ACROTELEUTIUM: Natürlich, ich stelle mich, als ob ich aus Liebe zu ihm zerplatze.

PALAESTRIO: Ganz recht.

ACROTELEUTIUM: Als ob ich aus Liebe zu ihm meinen Mann verlassen hätte und ihn heiraten wollte.

PALAESTRIO: Stimmt alles bis auf eins: Erkläre noch, dies Haus hier gehöre zu deiner Mitgift; und der Alte habe dich verlassen nach der Scheidung. Das ist nötig, damit er nicht Bedenken hat, ein fremdes Haus zu betreten.

ACROTELEUTIUM: Ein guter Rat.

PALAESTRIO: Und sobald er heraustritt, sollst du ferne stehenbleiben und so tun, als ob du dich im Vergleich zu seiner Erscheinung für ganz erbärmlich hältst, als ob du vor seinem Reichtum scheu vergehst. Und außerdem himmle ihn an, seine Figur, seinen Liebreiz, sein holdes Antlitz, seine Schönheit! Kapiert?

ACROTELEUTIUM: Natürlich. Genügt dir's, wenn ich ein derart ausgefeiltes Meisterstück liefere, daß du gar nichts kritisieren kannst?

PALAESTRIO: Das genügt. *Zu Pleusicles:* Und nun zu dir. Hör auf meine Anweisung. Im selben Augenblick, wo das, was wir eben besprachen, abgewickelt und Acroteleutium ins Haus verschwunden ist, da mußt du – plitz, platz – hier bei uns erscheinen, in Seemannsuniform: Den Südwester auf, die Binde vor den Augen, einen festen Mantel an und alles schön marineblau, denn das ist ja die Meeresfarbe. Den Mantel auf der linken Schulter geknotet, den Arm entblößt, um den Bauch irgendein Koppel, und so spielst du den Steuermann. Alle diese Klamotten findest du bei unserem Alten, der hat nämlich Fischer unter seinen Leuten.

PLEUSICLES: Was weiter? Warum sagst du mir nicht, was ich tun soll, wenn ich verkleidet bin?

PALAESTRIO: Komm hierher und melde den Auftrag der Mutter an Philocomasium: Wenn sie mit nach Athen reisen wolle, solle sie mit dir zum Hafen kommen, und zwar rasch, und falls sie Gepäck habe, solle es mit zum Schiff gebracht werden, falls sie aber nicht komme, wollest du das Schiff in See stechen lassen, der Wind sei günstig.

PLEUSICLES: Ausgezeichnete Phantasie! Gefällt mir! Nur weiter so!

PALAESTRIO: Der Offizier wird sie sofort drängen zu gehn, sich zu sputen, die Mutter ja nicht aufzuhalten.

PLEUSICLES: Du bist mit allen Wassern gewaschen.

PALAESTRIO: Ich werde ihr sagen, sie soll bitten, daß ich dir das Gepäck trage. Daraufhin wird er mich mit ihr zum Hafen gehen heißen, und ich begebe mich mit dir, bloß daß du's weißt, Hals über Kopf in Richtung Athen.

PLEUSICLES: Und dort angekommen, bist du ein freier Mann, noch früher, als drei Tage um sind.

PALAESTRIO: Verschwinde rasch und ziehe dein Kostüm an.

PLEUSICLES: Sonst noch was?

PALAESTRIO: Nur das eine, daß du alles schön im Kopf behältst.

PLEUSICLES: Dann gehe ich also. *Ab.*

PALAESTRIO: Und auch ihr Mädchen geht sofort ins Haus. Denn ich weiß genau, der Offizier kommt gleich heraus.

ACROTELEUTIUM: Dein Befehl ist uns immer gegenwärtig.

Milphidippa und Acroteleutium ab.

PALAESTRIO *ihnen nachrufend*: Also los, hinein mit euch! – Seht da, das paßt ja fein, die Tür geht auf. Zufrieden lächelnd tritt er heraus. Er hat erreicht, was er wollte. Der erbärmliche Wicht, er schnappt nach einem Nichts.

Fünfte Szene

Palaestrio. Pyrgopolinices.

PYRGOPOLINICES: Was ich wollte, wie ich's wollte, habe ich bei Philocomasium erreicht, durch Freundlichkeit und Milde.

PALAESTRIO: Was hast du so lange drin gemacht?

PYRGOPOLINICES: Niemals habe ich die Liebe dieses Mädchens so gespürt wie in diesem Augenblick.

PALAESTRIO: Wieso das?

PYRGOPOLINICES: Wieviel Worte mußte ich machen, wie zäh war die Materie. Aber schließlich hat es doch geklappt: ich habe sie beschenkt, ich gab ihr, was sie wollte, was sie verlangte. Auch dich habe ich ihr geschenkt.

PALAESTRIO: Auch mich? Wie soll ich weiterleben ohne dich?

PYRGOPOLINICES: Na ja, sei nur nicht traurig, die Freiheit verschaffe ich dir auch dort. Ich gab mir die größte Mühe, irgendwie zu erreichen, daß sie ohne dich abreist; aber sie hat's durchgesetzt.

PALAESTRIO: Ich setze meine Hoffnung in die Götter und in dich. Dennoch, wenn es mir auch sauer wird, dich, den allerbesten Herrn, zu missen, so bleibt mir wenigstens die eine Freude, daß du mit deiner exzellenten Statur durch meine Hilfe die Nachbarin bekommst, die ich dir jetzt gleich herhole.

PYRGOPOLINICES: Was sind da viele Worte nötig? Ich schenke dir die Freiheit und viel Geld dazu, wenn du das zustande bringst.

PALAESTRIO: Ja, ja, ich schaffe es schon.

PYRGOPOLINICES: Hach, ich habe Appetit!

PALAESTRIO: Immer maßvoll, das gehört sich. Zügle deine Lüste. Nicht zu stürmisch. Doch sieh, dort ist sie ja, sie tritt heraus.

Sechste Szene

Die Vorigen, Milphidippa, Acroteleutium.

MILPHIDIPPA *leise*: Herrin seht, hier ist der Offizier.

ACROTELEUTIUM: Wo ist er?

MILPHIDIPPA: Hier linker Hand.

ACROTELEUTIUM: Ja, richtig.

MILPHIDIPPA: Schiele vorsichtig zu ihm hin, damit er nicht merkt, daß wir ihn sehen.

ACROTELEUTIUM: Ich sehe schon. Jetzt ist's soweit, daß wir noch schlimmer werden, als wir sowieso schon sind.

MILPHIDIPPA: Mach du den Anfang.

ACROTELEUTIUM *laut*: O bitte, sage mir, hast du ihn selbst getroffen? *Leise zu Milphidippa hinzufügend:* Rede laut, damit er's hört.

MILPHIDIPPA *laut*: O ja, mein Gott, ich sprach mit ihm, in aller Ruhe und Muße, so lange, wie ich wollte.

PYRGOPOLINICES: Hörst du, was sie sagt?

PALAESTRIO: Natürlich, sie ist begeistert, daß sie dich traf.

ACROTELEUTIUM: Oh, bist du doch ein glückliches Frauenzimmer!

PYRGOPOLINICES: Man liebt mich, scheint mir.

PALAESTRIO: Du bist es ja auch wert.

ACROTELEUTIUM: Ihr Götter, was sagst du da! Es ist ja ganz außergewöhnlich, daß du zu ihm gegangen bist und persönlich mit ihm gesprochen hast. Es heißt, daß man mit ihm nur schriftlich oder durch Boten verkehren kann, wie mit einem König.

MILPHIDIPPA: Ja freilich, es war mir auch kaum möglich, vor ihn zu kommen und zu erreichen, was ich wollte.

PALAESTRIO: Wie bist du bei den Frauen doch berühmt!

PYRGOPOLINICES: Ich nehme es auf mich, denn Venus will es so.

ACROTELEUTIUM: O Himmel, der Venus sage ich Dank, zu Venus bitte und flehe ich, daß ich ihn kriege, den ich liebe, den ich begehre, daß er gütig zu mir ist, daß er meinen Wunsch nicht abschlägt.

MILPHIDIPPA: Ich hoffe, daß es gelingt, obgleich ihn viele für sich haben möchten. Er verschmäht sie, weist alle von sich, außer dir allein.

ACROTELEUTIUM: Ja, diese Angst quält mich gerade, daß er, weil er so wählerisch ist, die Meinung ändern könnte, sobald er mich nur sieht, und daß sein verwöhnter Geschmack mein Äußeres verabscheut.

MILPHIDIPPA: Kopf hoch, das macht er nicht.

PYRGOPOLINICES *stolz*: Wie die sich selbst herabsetzt!

ACROTELEUTIUM: Ich fürchte, du hast mich schöner geschildert, als ich bin.

MILPHIDIPPA: Ich habe im Gegenteil dafür gesorgt, daß deine Schönheit seine Erwartung übertrifft.

ACROTELEUTIUM: O Himmel, wenn er mich nicht als Frau mag, dann umklammere ich seine Knie und beschwöre ihn. Anderenfalls, wenn ich nichts erreichen kann, bringe ich mich um. Ich weiß, daß ich ohne ihn nicht leben kann.

PYRGOPOLINICES: Ich muß die Frau vom Selbstmord abhalten, sehe ich. Geh ich also hin?

PALAESTRIO: Auf keinen Fall! Du wirfst dich ja weg, wenn du dich so verschenkst. Sie soll nur herankommen, bitten, schmachten; laß sie nur warten. Willst du diesen Ruhm, den du besitzt, zerstören? Mach das ja nicht! Denn meines Wissens war Frauenliebe in solchem Grade nur zwei Sterblichen beschieden: dir und Phaon, Sapphos Freund, aus Lesbos.

ACROTELEUTIUM: Ich gehe zu ihm hinein. – Oder ruf du ihn doch heraus, teure Milphidippa.

MILPHIDIPPA: Nein, wir warten lieber, bis jemand kommt.

ACROTELEUTIUM: Ich kann es nicht ertragen, ich muß hinein zu ihm.

MILPHIDIPPA: Die Tür ist zu.

ACROTELEUTIUM: Ich brech sie auf.

MILPHIDIPPA *hält sie fest*: Du bist wohl nicht gescheit!

ACROTELEUTIUM: Wenn er jemals Liebe fühlte oder wenn er so klug ist wie schön, dann wird er mir gnädig verzeihen, wenn ich mich aus Liebesleidenschaft verging.

PALAESTRIO: Meine Güte, wie ist das arme Kind aus Liebe zu dir schon ganz verrückt.

PYRGOPOLINICES: Ich auch.

PALAESTRIO: Bloß still, daß sie es ja nicht hört.

MILPHIDIPPA: Was stehst du so verdattert da? Warum klopfst du denn nicht an?

ACROTELEUTIUM: Weil mein Herzwunsch nicht zu Hause ist.

MILPHIDIPPA: Wie weißt du das?

ACROTELEUTIUM: Bei meiner Seele, ich weiß es. Ich rieche es! Denn wenn er drin wäre, würde meine Nase seinen Duft spüren.

PALAESTRIO: Sie prophezeit.

PYRGOPOLINICES: Das macht die Liebe. Venus hat ihr die Sehergabe verliehen.

ACROTELEUTIUM *nach allen Richtungen schnüffelnd*: Ich weiß gar nicht – wo denn nur – hier ist er doch – den ich treffen möchte. Der Geruch ist eindeutig.

PYRGOPOLINICES: Sakrament, die sieht mit ihrer Nase mehr als mit den Augen.

PALAESTRIO: Ist blind vor Liebe.

ACROTELEUTIUM *schreiend*: Halt mich fest, ich bitte dich!

MILPHIDIPPA: Warum?

ACROTELEUTIUM: Daß ich nicht falle.

MILPHIDIPPA: Wieso denn?

ACROTELEUTIUM: Ich kann nicht mehr stehn. Die Sinne entschwinden mir durch die Augen.

MILPHIDIPPA: O Himmel, du hast den Offizier gesehen!

ACROTELEUTIUM: So ist es.

MILPHIDIPPA: Ich seh ihn nicht. Wo ist er denn?

ACROTELEUTIUM: Du würdest ihn sehen, wenn du liebtest.

MILPHIDIPPA: Nein, du liebst ihn auch nicht mehr als ich, Herrin, wenn du mich nur ließest.

PALAESTRIO: In dich sind ohne Frage alle Frauen verknallt, sobald dich eine sieht.

PYRGOPOLINICES: Ich weiß nicht, ob du es von mir schon einmal hörtest: Ich bin ein Enkel der Venus.

ACROTELEUTIUM: Meine Milphidippa, ich flehe dich an: Geh zu ihm hin, rede mit ihm.

PYRGOPOLINICES *beeindruckt*: Diese Ehrfurcht vor mir.

PALAESTRIO: Sie kommt zu uns.

MILPHIDIPPA: Ich suche euch.

PYRGOPOLINICES: Und ich dich.

MILPHIDIPPA: Wie du mir befahlst, so brachte ich meine Herrin hier heraus.

PYRGOPOLINICES: Das sehe ich. Laß sie herantreten! *Hochnäsig von oben herab:* Ich habe es mir, durch deine Fürsprache veranlaßt, in den Kopf gesetzt, ihr nicht wie all den anderen Fraun mit Haß zu begegnen.

MILPHIDIPPA: Sie ist keines Wortes fähig, wenn sie erst vor dir steht. Bei deinem bloßen Anblick schnitten ihr die Augen das Wort vom Munde ab.

PYRGOPOLINICES: Ich sehe, daß man dem Weib sein Leiden erleichtern muß.

MILPHIDIPPA: Wie sie zittert und bebt, seitdem sie dich sah.

PYRGOPOLINICES: Auch bewaffnete Recken benehmen sich so. Wundere dich nicht, sie ist nur ein Weib. Aber was will sie denn von mir?

MILPHIDIPPA: Du sollst zu ihr kommen. Sie will mit dir leben, mit dir gemeinsam das Leben verbringen.

PYRGOPOLINICES: Ich soll zu ihr kommen? Sie ist doch verheiratet. Da kriege ich es mit ihrem Alten zu tun.

MILPHIDIPPA: Deinetwegen hat sie sogar ihren Mann hinausgeworfen.

PYRGOPOLINICES: Wie konnte sie das?

MILPHIDIPPA: Das Haus gehört ja zu ihrer Mitgift.

PYRGOPOLINICES: Ach, wirklich?

MILPHIDIPPA: Ja, wirklich.

PYRGOPOLINICES: Befehl von mir: Nach Hause gehn! Ich bin gleich dort.

MILPHIDIPPA: Aber laß sie bitte nicht warten, du quälst sie sonst.

PYRGOPOLINICES: Nein, nein, verlaß dich drauf. Nur fort!

MILPHIDIPPA: Wir gehn. *Mit Acroteleutium ab.*

PYRGOPOLINICES: Was sehe ich denn da?

PALAESTRIO: Was siehst du denn?

PYRGOPOLINICES: Da kommt einer in Seemannskluft.

PALAESTRIO: Der kommt zu uns, sicher will er was von dir. Ist bestimmt ein Seemann.

PYRGOPOLINICES: Wahrscheinlich sucht er schon die andere.

PALAESTRIO: Glaub ich auch.

Siebente Szene

Die Vorigen, Pleusicles.

PLEUSICLES *für sich*: Wüßt ich nicht, daß auch manch andrer Mann aus Liebe manchen Schelmenstreich getan, dann wär es mir noch peinlicher, der Liebe wegen hier in diesem Seemannsaufzug rumzulaufen. Aber ich vernahm, daß viele Menschen schon aus Liebe schlimme Gaunerein verübten. Nicht zu reden von Achill, der bloß aus Liebestorheit ruhig zusah, wie man seine Griechenmannschaft niedermachte. – Aber seht doch an, da steht Palaestrio zusammen mit dem Offizier, da muß ich eine andre Tonart wählen. *Laut:* Das Frauenzimmer ist doch effektiv ein Abkömmling der Langsamkeit. Denn jede andere Verzögerung, die ebenfalls so lange dauert, kommt uns kürzer vor, als wenn ein Weib dran schuld ist, das gewohnheitsmäßig, scheint mir, niemals fertig wird. Nun komme ich und hol Philocomasium. Erst klopf ich an die Türe. *Klopft an, recht stürmisch.* Hallo, he, ist jemand hier?

PALAESTRIO: Junger Mann, was gibt's, was hast du, warum klopfst du an die Tür?

PLEUSICLES: Philocomasium wird gesucht. Ich komm im Auftrag ihrer Mutter. Wenn sie mit will, soll sie kommen, alles wird nur aufgehalten, unser Schiff soll bald in See!

Pyrgopolinices *sich plötzlich sehr interessiert einschaltend*: Alles ist ja längst schon fertig. He, Palaestrio, nun geh! Gold, Schmuck, Schätze, Garderobe, fort damit! Nimm dir doch Leute, die das Zeug zum Schiff bringen. Alles, was ich ihr mal schenkte, liegt auf einem großen Haufen, und nun dalli weggeschafft!

Palaestrio: Ja, ich geh schon.

Pleusicles: Doch ich bitte um Beeilung.

Pyrgopolinices: Nein, bei mir wird nicht gebummelt. – Bitte sag mir, was das ist. Was geschah mit deinem Auge?

Pleusicles: Lieber Gott, das ist mein Auge!

Pyrgopolinices: Ach, ich meine doch das linke.

Pleusicles: Nun, das will ich dir erzählen:
Mensch! Der Liebeshändel wegen
hab ich hier im Kopf ein Loch.
Hätt mir Amor fern gelegen,
säh ich mit dem Auge noch. –
Barsch fortfahrend: Welche Riesenbummelei!

Pyrgopolinices: Sieh, da kommt man schon herbei.

Achte Szene

Die Vorigen, Philocomasium.

Palaestrio: Wieviel willst du heute bloß noch weinen?

Philocomasium: Was? Soll ich etwa nicht weinen? Ach, ich scheide von diesem Orte höchsten Lebensglücks!

Palaestrio: Da ist der Mann, der von deiner Mutter und deiner Schwester kam.

Philocomasium: Ja, ja.

Pyrgopolinices: He, Palaestrio!

Palaestrio: Ja, bitte?

Pyrgopolinices: Warum läßt du nicht das Zeug rausbringen, das ich ihr gegeben habe?

Pleusicles: Philocomasium, sei mir gegrüßt!

Philocomasium: Du ebenfalls.

Pleusicles: Auch von Mutter und Schwester soll ich dir Grüße bestellen.

PHILOCOMASIUM: Danke schön.

PLEUSICLES: Sie bitten dich, zum Schiff zu gehn, solange der Wind für die Segel günstig steht. Sie wären mitgekommen, dich zu holen, aber deine Mutter hat es mit den Augen.

PHILOCOMASIUM: Ich komme, wenn auch ungern. Es wäre lieblos gegen meine Mutter, nicht zu gehn.

PLEUSICLES: Du bist gescheit.

PYRGOPOLINICES: Wenn sie nicht bei mir gelebt hätte, wäre sie heute noch eine dumme Gans.

PHILOCOMASIUM: Das ist ja grad mein Jammer, daß ich mich von einem so hervorragenden Mann trennen muß. Ein jeder gelangt durch dich zu einem Überfluß an Geist. Und weil ich um dich war, wurde mein Geist erst so recht gewappnet. *Laut losheulend:* Und nun sehe ich, daß ich diesen edlen Mann verlieren muß.

PYRGOPOLINICES: Nun weine nicht!

PHILOCOMASIUM: Ich kann ja nicht anders, wenn ich dich sehe. *Laut immer weiterheulend.*

PYRGOPOLINICES: Kopf hoch!

PHILOCOMASIUM: Ich weiß allein, wie weh das tut.

PALAESTRIO: Ja, ich wundere mich gar nicht, wenn du gern hier weiltest, Philocomasium, wenn seine Schönheit, sein Benehmen, sein Charakter dein Herz fesselten, da ja schon ich als Sklave bei seinem bloßen Anblick in Tränen ausbreche, wenn es ans Scheiden geht.

PHILOCOMASIUM: O bitte, darf ich dich vor dem Aufbruch noch einmal umarmen?

PYRGOPOLINICES: Du darfst.

PHILOCOMASIUM *breitet die Arme aus und läßt sich fallen, ohne freilich dem Pyrgopolinices näher zu treten:* O mein Augapfel, o meine Seele!

PALAESTRIO: Du liebe Zeit, Seemann, fang die Frau auf, daß sie nicht niederschlägt!

Philocomasium landet in den Armen des Pleusicles. Beide küssen sich [illegible]gleich ganz ungeniert.

PYRGOPOLINICES: Was soll denn das?

PALAESTRIO *versucht zwischen Pyrgopolinices und die sich Küssenden zu treten:* Weil sie von dir fort muß, hat das arme Kind soeben einen Ohnmachtsanfall erlitten.

PYRGOPOLINICES: Lauf hinein und hole Wasser!

PALAESTRIO: Nein, mit Wasser halte ich mich nicht erst auf. Lieber soll sie Ruhe haben. Stör sie bitte nicht, bis sie wieder zu sich kommt.

PYRGOPOLINICES *bemüht, über Palaestrios Schulter oder an ihm seitlich vorbeizublicken*: Die halten ihre Köpfe zu eng aneinander, das gefällt mir nicht. Nimm deinen Mund von ihrem weg, Steuermann, paß bloß auf, gleich passiert was!

PLEUSICLES: Ich hab nur probiert, ob sie noch atmet oder ob sie schon tot ist.

PYRGOPOLINICES: Da muß man das Ohr dranhalten.

PLEUSICLES: Wenn dir's lieber ist, schmeiß ich sie hin.

PYRGOPOLINICES: Nein, nein, halt sie fest!

PLEUSICLES: Ach, ich Armer.

PYRGOPOLINICES *den das Intermezzo schon nicht mehr interessiert*: Nun kommt heraus und bringt alles herbei, was ich ihr gegeben habe.

PALAESTRIO: Ein letztes Mal, bevor ich scheide, grüß ich dich, Schutzgott des Hauses. Ihr Kollegen und Kolleginnen aus dem Sklavenstand, lebt alle wohl und laßt es euch gut gehn. Noch eine Bitte: Sprecht gut von mir, wenn ich fort bin.

PYRGOPOLINICES: Na, Palaestrio, laß den Kopf nicht hängen!

PALAESTRIO: Hu, hu, hu, ich muß einfach heulen, da es an den Abschied geht.

PYRGOPOLINICES: Trag es mit Fassung!

PALAESTRIO: Ich weiß allein, wie weh das tut.

PHILOCOMASIUM *wieder zu sich kommend*: Was ist das? Was geht hier vor sich? Was sehe ich? O Himmelslicht, sei mir gegrüßt!

PLEUSICLES: Schon wieder bei Sinnen?

PHILOCOMASIUM: O steht mir bei! Welchen Menschen halte ich im Arm? Hilfe! Bin ich denn bei mir?

PLEUSICLES: Keine Angst, mein Schätzchen.

PYRGOPOLINICES *im folgenden immer mißtrauischer*: Was geht hier vor?

PALAESTRIO: Sie hatte eben die Besinnung verloren. *Zu Pleusicles:* Mir wird angst und bange, daß zu guter Letzt alles herauskommt.

PYRGOPOLINICES *zu Palaestrio*: Was denn?

PALAESTRIO *auf eine Antwort sinnend*: Daß nun – hinter uns her – alle diese Sachen Stück für Stück durch die Stadt getragen werden. Wenn das nur den Leuten nicht mißfällt!

PYRGOPOLINICES *schnauzend*: Was ich gab, ist von meinem Geld und nicht von ihrem. Ich mache mir gar nichts aus den Leuten! Und nun fort, und verschwindet mit der Götter Segen!

PALAESTRIO: Ich sage es ja nur deinetwegen.

PYRGOPOLINICES: Glaub schon.

PALAESTRIO: Also dann leb wohl!

PYRGOPOLINICES: Du auch!

Philocomasium und Pleusicles ab.

PALAESTRIO *ihnen nachrufend*: Schnell, geht! Ich folge euch gleich nach. Hab nur noch ein paar Worte mit dem Herrn zu reden. *Zu Pyrgopolinices:* Obgleich du die anderen stets für treuer hieltest als mich, möchte ich dir dennoch tausend Dank sagen für all das Gute. Und wenn ich die Wahl hätte, so wollte ich weit lieber dein Sklave sein als der Freigelassene eines anderen.

PYRGOPOLINICES: Sei nur getrost!

PALAESTRIO: O weh, o weh! Wenn ich dran denke, daß ich meine Lebensgewohnheiten ändern muß: studieren Weiberart, vergessen Feldherrnart!

PYRGOPOLINICES: Gib dir nur Mühe!

PALAESTRIO: Ich kann nicht, habe alle Lust verloren.

PYRGOPOLINICES: Los nun, geh ihnen nach, halt sie nicht auf!

PALAESTRIO: Leb wohl!

PYRGOPOLINICES: Ja, leb wohl!

PALAESTRIO: Und bitte denk an mich, wenn ich vielleicht einmal frei werden sollte – ich werde dich benachrichtigen – dann verlaß mich nicht.

PYRGOPOLINICES: Das ist nicht meine Art.

PALAESTRIO: Denke immer wieder dran, wie treu ich dir gewesen bin, dann wird dir auch klarwerden, wer's mit dir gut, wer's schlecht meint.

PYRGOPOLINICES: Ich weiß. Hab das oft gemerkt.

PALAESTRIO: Bisher magst du's gemerkt haben, heute wird dir's völlig klar. Ja, heute wirst du noch mehr sagen, daß ich ein treuer Diener bin.

PYRGOPOLINICES: Fast möchte ich befehlen, daß du bleibst.

PALAESTRIO: Tu das bloß nicht! Man sagt dann von dir, du seist ein Lügner, unaufrichtig, ohne Zuverlässigkeit. Und man würde meinen, unter allen deinen Sklaven sei außer mir keine zuverlässige Seele. Wenn ich glaubte, daß es sich mit Anstand machen ließe, würde ich dir zureden. Aber es geht nicht. Tu es nicht!

PYRGOPOLINICES: Also nun geh!

PALAESTRIO: Ich ertrage es, komme, was will.

PYRGOPOLINICES: Also leb wohl!

PALAESTRIO *beiseite*: Es ist doch besser, mich schleunigst aus dem Staube zu machen. Also leb wohl!

PYRGOPOLINICES *für sich*: Vordem hielt ich ihn immer für den niederträchtigsten Burschen. Doch ich finde, er ist mir treu. Wenn ich es recht bedenke, war es dumm, ihn fortzuschicken. Jetzt aber stracks zu meinem Liebchen. Ja, ich höre, die Tür knarrt.

Neunte Szene

Sklave des Periplectomenus, Pyrgopolinices.

SKLAVE *in das Haus zurückrufend*: Ermahnt mich nicht, ich kenne mein Geschäft! Ich find den Kerl, wo er auch stekken mag. Ich spür ihn auf und scheue keine Mühn.

PYRGOPOLINICES: Der Bursche sucht mich, darum will ich ihm entgegengehn.

SKLAVE *monoton in einem Atemzug*: Hallo, ich suche dich und wünsch dir guten Tag, du Mensch, so weltgewandt und alldieweil zur rechten Zeit zur Hand, du Schützling zweier Götter – von den andern abgesehn.

PYRGOPOLINICES: Wie zwei?

SKLAVE: Nun, Mars und Venus.

PYRGOPOLINICES: Helles Bürschlein das!

SKLAVE: Sie bittet dich hineinzukommen, wünscht, begehrt,

erwartet dich voll Sehnsucht. Bringe Trost dem liebeskranken Herzen. Was stehst du da? Nun tritt doch endlich ein!

PYRGOPOLINICES: Ich komme schon. *Ab.*

SKLAVE: Der hat sich selbst ins Netz geliefert. Unsre Falle ist gestellt: Der Alte steht auf seinem Posten, um den Ehebrecher anzufallen, der sich wild gebärdet und auch glaubt, daß alle Fraun, die ihn zu sehen kriegen, gleich in ihn verschossen sind.

In Wahrheit mag ihn niemand leiden,
keine Männer, keine Frau.
Nun hinein in den Tumult,
denn drinnen hör' ich schon Radau.

Ab in das Haus des Periplectomenus.

FÜNFTER AKT

Erste Szene

Periplectomenus, Pyrgopolinices, mehrere Sklaven.

PERIPLECTOMENUS: Bringt ihn her! Und wenn er nicht von selber geht, dann zerrt ihn hoch, daß er zwischen Himmel und Erde schwebt, und reißt ihm die Beine auseinander!

PYRGOPOLINICES: O Himmel, ich fleh dich an, Periplectomenus!

PERIPLECTOMENUS: O Himmel, du flehst umsonst. Cario, sieh sofort nach, ob dein Messer dort richtig scharf ist!

CARIO: Ja, ja, es ist schon lange drauf versessen, diesen Ehebrecher zu kastrieren und ihm den abgeschnittnen Körperteil, wie einem Säugling die Klapper, um den Hals zu binden.

PYRGOPOLINICES: Ich bin verloren!

PERIPLECTOMENUS: Noch nicht. Zu früh sprichst du das Wort.

CARIO *das Messer hoch schwingend*: Also mach ich mich an den Burschen.

PERIPLECTOMENUS: Zunächst noch eine Tracht mit den Fäusten.

Man prügelt kräftig los.

CARIO: Und nicht zu knapp.

PERIPLECTOMENUS: Wie konntest du es wagen, dir eines anderen Frau vorzunehmen, unverschämter Kerl?

PYRGOPOLINICES: So wahr mich die Götter lieben, sie kam freiwillig zu mir.

PERIPLECTOMENUS: Die reine Lüge, Prügel!

PYRGOPOLINICES: Halt ein, ich erzähle alles!

PERIPLECTOMENUS *zu den Prügelmeistern, die bei den letzten Worten eingehalten haben*: Warum hört ihr auf?

PYRGOPOLINICES: Darf ich denn gar nichts sagen?

PERIPLECTOMENUS: Also sprich.

PYRGOPOLINICES: Man bat mich, zu ihr zu kommen.

PERIPLECTOMENUS: Und du wagtest es, zu gehn? Dafür das!
Gibt ein Zeichen weiterzuprügeln.

PYRGOPOLINICES: Oje, oje, ich bin genug geprügelt, hab Erbarmen.

CARIO: Wann darf ich denn nun endlich losschneiden?

PERIPLECTOMENUS: Wie du willst. Spannt den Menschen auseinander und streckt ihn aus.

PYRGOPOLINICES: O Himmel, erbarm dich meiner und höre meine Worte an, bevor er schneidet!

PERIPLECTOMENUS: Also sprich.

PYRGOPOLINICES: Es geschah nicht ohne Grund: Weiß Gott, ich glaubte, sie sei geschieden, so sagte mir ihre Sklavin, die Kupplerin.

PERIPLECTOMENUS: Schwöre mir, daß du dich an keinem Menschen rächen willst für die Prügel, dic du heute hier erhieltest oder noch erhalten wirst, für den Fall, daß wir dich heilen Leibes ziehen lassen, du Enkelchen der Venus!

PYRGOPOLINICES: Ich schwöre bei Jupiter und bei Mars, daß ich mich an niemandem rächen will für die Schläge, die ich heute hier erhielt. Ich betrachte es als gerechte Strafe; wenn ich mit heiler Haut davonkomme, läßt man Gnade vor Recht ergehen.

PERIPLECTOMENUS: Und wenn du dein Wort nicht hältst?

PYRGOPOLINICES: Dann will ich ewig leben, ohne Ehrenmann zu sein.

CARIO: Noch eine Tracht, mein ich, dann soll er laufen.

PYRGOPOLINICES: Der Götter Segen sei ewig mit dir, da du mir als Verteidiger zu Hilfe kommst.

CARIO: Dann zahle uns noch einen Sack Dukaten.

PYRGOPOLINICES: Warum das?

CARIO: Für den wohlbehaltenen Körperteil, mit dem wir dich heute von hier ziehen lassen, du Venusbüblein. Anders kommst du von hier nicht fort, damit du dir keine Illusionen machst.

PYRGOPOLINICES: Ich zahle.

CARIO: Sehr verständig! Und was deine Uniform betrifft, Hemd, Mantel, Schwert, so mach dir keine Hoffnung. Das bleibt da.

SKLAVE: Soll ich noch prügeln, oder läßt du ihn laufen?

PYRGOPOLINICES: Ich bin ja schon windelweich von den Fäusten. Bitte habt Erbarmen.

PERIPLECTOMENUS: Laßt ihn los.

PYRGOPOLINICES: O vielen Dank.

PERIPLECTOMENUS: Wenn ich dich in Zukunft noch einmal hier erwische, kommt das Messer.

PYRGOPOLINICES: Ich erhebe keinen Einspruch.

PERIPLECTOMENUS: Gehn wir also hinein, Cario. *Ab mit seinen Sklaven.*

PYRGOPOLINICES: Ah, da sehe ich meine Leute. Ist Philocomasium schon fort, sag mal?

SKLAVE: Schon längst.

PYRGOPOLINICES: O weh.

SKLAVE: Du könntest das noch öfter sagen, wenn du wüßtest, was ich weiß. Denn der mit der Binde war gar kein Seemann.

PYRGOPOLINICES: Wer denn sonst?

SKLAVE: Philocomasiums Geliebter.

PYRGOPOLINICES: Woher weißt du das?

SKLAVE: Ich weiß es genau: Kaum waren sie zum Tor hinaus, da küßten und umarmten sie sich, ohne aufzuhören.

PYRGOPOLINICES: Ach, ich Ärmster! Man hat mich an der Nase herumgeführt. Der Schuft Palaestrio hat mir die Sache eingebrockt. Doch muß ich sagen: Recht geschehen. Wenn alle Ehebrecher so behandelt würden, gäb es nicht so viel von dieser Sorte. Furcht verminderte die Lust zu bösen Streichen. Gehn wir also. Klatscht uns Beifall zu.

Mostellaria

PERSONEN

TRANIO, *Sklave des Philolaches*
GRUMIO, *Sklave auf einem Gut des Theopropides*
PHILEMATIUM, *eine Freigelassene, Hetäre*
SCAPHA, *ihre Sklavin*
PHILOLACHES, *Sohn des Theopropides*
CALLIDAMATES, *Freund des Philolaches*
PHANISCUS, *Sklave des Callidamates*
PINACIUM, *Sklave des Callidamates*
DELPHIUM, *eine Hetäre, dessen Geliebte*
SPHAERIO, *Sklave des Philolaches*
WEITERER SKLAVE DES PHILOLACHES
THEOPROPIDES
ZWEI SKLAVEN DES THEOPROPIDES
DREI SKLAVEN DES SIMO *(Prügelknechte)*
WUCHERER
SIMO, *Nachbar des Theopropides*

Eine Straße in Athen. Links das Haus des Theopropides, rechts das Haus Simos. Im Vordergrund ein Opferaltar, der zum Haus des Theopropides gehört

ERSTER AKT

Erste Szene

Grumio, Tranio.

GRUMIO: Komm doch gefälligst aus der Küche raus, du Strolch! Nur Unfug stellst du mit den Töpfen an. Komm her, Verderben deines Herrn, und mach dich aus dem Hause raus! Wenn du erst auf dem Lande bist, dann will ich dich, so wahr ich lebe, gründlich schikanieren. Mach dich aus der Küche raus, du Fettdampf, was versteckst du dich?

TRANIO: Was machst du Blödling hier vor unserm Haus für ein Geschrei? Du denkst wohl, daß du auf dem Lande bist? Mach dich von unserm Hause weg. Scher dich aufs Land, und zwar schnurstracks, und geh von unsrer Türe fort! Hier! Da! *Schlägt ihn.* Du willst wohl das?

GRUMIO: Au! Hilfe! Warum schlägst du mich?

TRANIO: Weil du noch lebst.

GRUMIO: Ich muß es schlucken. Warte nur, wenn unser Alter kommt! Laß ihn erst heil zurück sein! Weil er nicht zu Hause ist, frißt du ihn auf.

TRANIO: Das ist mir nicht plausibel, Bauernkerl, als ob man jemand, der nicht da ist, fressen könnte.

GRUMIO: Du Stadthanswurst, des Pöbels Zeitvertreib, du wirfst das Land mir vor? Ich glaube sicher, Tranio, du weißt, daß man dich schnellstens in die Mühle wirft. Im Handumdrehn wirst du die Zahl der Leute, die mit ihren Ketten klirren, auf dem Land vergrößern. Jetzt, da dir's gefällt und du es kannst, versauf, vergeude! Ruiniere nur den allerbesten Sohn des Herrn; durchzecht die Tage und die Nächte, treibt es weibisch wie die Griechen, kauft euch Mädchen, laßt sie frei und unterhaltet Parasiten, freßt drauflos. *Höhnisch:* Das hat der Alte dir wohl aufgetragen, als er in die Ferne zog? Auf diese Weise soll er hier sein Hab und Gut verwaltet finden? Glaubst du denn, es sei des guten Sklaven Pflicht, daß er des Herren Hab und Gut vernichtet und den Sohn dazu? Ich halt ihn für verloren, da er solchem Lebenswandel sich ergibt! Ein junger Mensch, wie es im ganzen Attika nicht einen zweiten gibt, der früher derart sparsam und enthaltsam aufgezogen wurde, dieser kriegt den Siegespreis – jetzt für sein Lotterleben. Das geschah durch deine „Tugendhaftigkeit" und deine „Meisterschaft".

TRANIO: Was geh denn ich dich Trottel an und was ich treibe? Hast wohl auf dem Lande keine Ochsen zu versorgen? Nun, mir paßt es halt, zu saufen, lieben, huren. Dafür halte ich auch meinen Buckel hin und nicht den deinen.

GRUMIO: Was der für eine kesse Schnauze hat!

TRANIO: Du sollst dafür bei allen Göttern und bei Jupiter verrecken, pfui, du stinkst nach Knoblauchsaft, du Rotzperson, du Bauernkerl, du Bock, du Schweinestall, du Ziegenhund!

GRUMIO: Na und? Nicht jeder kann nach fremden Salben duften, so wie du, bei Tisch am besten Platze ruhn und sich von Leckerbissen nähren – auch wie du. Behalte diese Turteltauben, Fische, Krammetsvögel nur für dich und lasse mir mein knoblauchfressendes Geschick. Du lebst im Glück, und ich bin ärmlich dran, man muß das eben schlucken. Doch – mir sei mein Glück und dir dein jämmerliches Ende sicher.

TRANIO: Mir will doch scheinen, Grumio, als ob du darauf neidisch wärst, daß es mir gut, dir dreckig geht; so paßt es für uns beide ganz famos: Ich brauch den Liebesdienst und du den Ochsendienst, ich muß in Freuden leben, du im Elend.

GRUMIO: O du Sieb der Henkersknechte, das du, glaub ich, werden wirst. So wird man dich am Kreuzesbalken durch die Straßen prügeln, wenn der Alte erst nach Hause kommt.

TRANIO: Wie willst du wissen, ob dies nicht viel früher dir passiert als mir?

GRUMIO: Weil ich das niemals je verdiente; du jedoch hast es verdient, und du verdienst es auch noch jetzt.

TRANIO: Nun gib dir Mühe, den Sermon ein bißchen zu

verkürzen, wenn du nicht erbärmlich durchgeprügelt werden willst.

GRUMIO: Gebt ihr mir nun die Futtererbsen, die ich meinen Ochsen bringen kann? Her damit, wenn ihr's nicht selber freßt! Macht nur weiter, immer weiter, wie ihr angefangen habt, und sauft, verlottert, freßt und stopft euch voll und schlachtet das, was wir gemästet haben.

TRANIO: Halt dein Maul und scher dich auf das Land. Ich will jetzt zum Piraeus gehn und mir zum Abendbrot was Fischernes verschaffen. Deine Erbsen laß ich dir von einem andern morgen auf das Landgut bringen. Mensch, was ist? Was stierst du mich denn noch so an, du Strolch?

GRUMIO: Ich glaube, diesen Namen wirst du recht bald selber tragen.

TRANIO: Wenn es mir nur unterdessen gut geht, mach ich mir aus dem „recht bald" nichts draus.

GRUMIO: Schon gut. Doch dieses eine merke dir: Was du nicht wünschst, tritt viel, viel schneller ein als das, was du mit Leidenschaft ersehnst.

TRANIO: Nun fall mir bloß nicht länger auf die Nerven, geh aufs Land und scher dich! Mensch, und halt mich künftig nicht mehr auf! *Ab.*

GRUMIO: Ist der nun fort und schert sich einen Quark um meine Worte? O ihr Götter, ihr unsterblichen, ich flehe euch bei eurer Treue an: O daß doch unser alter Herr recht schnell nach Hause kommt, bevor noch alles, Haus und Land, verkommt. Drei Jahre ist er nun schon fort von hier. Wenn er nicht j e t z t zurückkehrt, reicht der Rest nur noch für ein paar Monate. Jetzt geh ich auf das Land. Denn dort erblicke ich den Sohn des Herrn, der einst der beste Jüngling war. Jetzt ist er völlig korrumpiert. *Ab.*

Zweite Szene

Philolaches.

PHILOLACHES:

Schon viel und lange hab ich hin und her erwogen,
in meiner Brust Motive mir zurechtgebogen,
in meinem Herzen – falls ich eins besitze – hab ich dann getagt,
den Fall beraten, diskutiert und mich befragt.
Was kann es denn im Leben
für ein passables Beispiel geben?
Dies Gleichnis fand ich nun heraus:
Der Mensch ist ähnlich, glaub ich, einem neuen Haus
sobald er in sein Leben tritt.
Die Gründe teil ich euch jetzt mit.
Es scheint, das Gleichnis ist euch nicht vertraut?
Ich bring's euch bei, so daß ihr's glaubt.
Die Wahrheit fördre ich zutage,
daß es so ist, wie ich euch sage.
Ich weiß, ihr werdet sicherlich
in Kürze denken grad wie ich,
denn wenn ihr meine Worte hört,
erscheint euch alles andere verkehrt.
Paßt auf, wenn ich den Fall begründe.
Ich wünsch, daß ich in diesem Punkt
euch mit mir einig finde.
Sobald ein Haus vollendet ist,
verputzt und alles ganz genau,
da nimmt es jeder sich zum Vorbild,
lobt den Bauherrn, lobt den Bau.
Ein jeder wünscht, sein eignes Haus
soll diesem gänzlich ähnlich sehn,
ganz gleich, wieviel an Kapital
dabei auch mag zum Teufel gehn.
Doch zieht ein Taugenichts hinein,
mit Personal faul, dreckig, schlimm,
dann wird das Gute schlecht versorgt –
schon ist im Haus der Wurm mit drin.
Und oft tritt dieser Fall auch ein:
Ein Sturm bricht Dach und Traufen ein.

Der Herr ist träg, gibt keine Acht,
daß man es wieder heile macht.
Der Regen kommt, durchspült die Wände,
die Balken faulen dann am Ende;
das ruiniert des Meisters Werk,
das Haus verliert an Nutz und Wert.
Doch darf man nicht die Schuld dem Produzenten geben.
Nach dieser Art sieht man heut viele leben.
Wo man mit Geld noch manches reparieren kann,
da wartet man und rührt nicht dran,
und stürzen erst die Mauern nieder,
baut man das Haus von neuem wieder.
Das wäre von den Häusern vorzutragen.
Nun will ich aber auch noch sagen,
wieso sich Mensch und Häuser ähnlich sind:
Die Eltern sind zunächst der Produzent vom Kind.
Für ihre Kinder legen sie das Fundament,
es folgt, daß man die Kinder anerkennt,
dann sorgt man für des Kindes Sicherheit,
daß es zum eignen und des Staates Wohl gedeiht,
die Eltern sparen nicht mit Spesen,
was sie für ihre Kinder zahlen, ist so gut wie nicht gewesen.
Sie geben ihren Kindern Schliff, und dann
kommt Literatur- und Jurastudium dran,
gestützt auf eigne Mittel, eigne Mühn,
daß andre wünschen, ihre Kinder auch so gut zu sehn.
Ist dann die Bildung soweit gut geraten,
schickt man das Kind zu den Soldaten,
und zwar als Adjutanten
zu einem Blutsverwandten.
So gut, so schön:
Jetzt sieht man Kinder und Erzeuger auseinandergehn.
Sobald der Sohn den ersten Sold verdient,
bemerkt man auch, wozu das Bauwerk dient.
Ich selbst war solang brav und wunderbar,
wie ich bei meinen Produzenten in der Fuchtel war.
Doch als mir später dann
erst mein Charakter kam,
da waren alle Mühn

der Produzenten hin.
Die T r ä g h e i t kam heran,
sie ward mein Sturm und Drang,
sie warf mir Graupel, Regen,
als sie erschien, entgegen,
sie nahm mir meine Sittsamkeit,
die tugendsame Mäßigkeit,
und dieserart zerbrach
die Trägheit mir das Dach.
Ich wurde gegen mich
vollständig nachlässig.
Dann füllt statt Regen Liebesschmerz
die Brust und unterspült mein Herz.
Nun fliehen Hab und Gut, mein Ruf und Ehrenwort,
die Tugend, Ansehn gleich auf einmal fort.
Und ich, im praktischen Tagewerk,
verliere gänzlich Nutz und Wert.
Beim Zeus, mir faulen schon die Balken an,
es gibt, scheint's nichts, wie ich dies Haus noch retten kann.
Es stürzt total zusammen und
geht samt dem Fundament zugrund;
und keinem wird gelingen,
noch Hilfe beizubringen.
Ich fühle Schmerz
in meinem Herz,
wenn ich so sehe,
wie ich jetzt bin und wie ich war, o wehe.
Kein andrer junger Mann
kam in dem Sportkampf an mich ran.
Mit Diskus, Ball, Lauf, Reiten, Spießen,
im Waffenkampf und Lanzenschießen
blieb ich als Sieger spielend leicht
unerreicht.
An Lebenshärte, Sparmoral
galt ich als Zucht-Ideal.
Und stets die Besten baten,
ich solle sie beraten.
Jetzt, wo ich ganz vernichtet bin,
begreif ich dies mit meinem Sinn.

Dritte Szene

Philematium, Scapha, Philolaches (abseits stehend).

PHILEMATIUM: Schon lange, beim Castor, habe ich mich nicht mehr so vergnügt mit kaltem Wasser gewaschen. Niemals, glaube ich, mich gründlicher gereinigt zu haben, Scapha.

SCAPHA: So groß ist bei allen Dingen der Erfolg, wie im Herbst die Ernte war.

PHILEMATIUM: Was hat die Ernte denn mit meinem Bad zu tun?

SCAPHA: Nicht mehr als dein Bad mit der Ernte.

PHILOLACHES: O du wunderschöne Venus; diese da ist mein „Sturm und Drang", der mir meine tugendhafte Mäßigkeit, die gewissermaßen mein Dach war, abgedeckt hat. Dann drangen Amor und Cupido wie der Regen in meine Brust, und ich kann nichts mehr dagegen tun. Schon sind in meinem Herzen die Mauern tropfnaß, das Haus ist praktisch schon erledigt.

PHILEMATIUM: Ach liebe Scapha, sieh doch bitte zu, ob mir dieses Kleid auch gut steht. Ich möchte meinem Philolaches gefallen, meinem Augenstern, meinem Schutz und Gebieter.

SCAPHA: Warum schmückst du dich, wo du durch deine reizenden Sitten schon reizend bist? Nicht das Kleid lieben die Verehrer, sondern was drinsteckt.

PHILOLACHES: So wahr mich die Götter mögen, die Scapha ist selber reizend, das Biest ist wirklich schlau. Wie geschickt sie alle ureigensten Ansichten der Liebhaber erfaßt.

PHILEMATIUM: Wie denn nun?

SCAPHA: Was ist?

PHILEMATIUM: Schau doch mal her, sieh, wie mir das steht!

SCAPHA: Durch den Adel deiner Figur kommt es, daß dir alles steht, was du trägst.

PHILOLACHES: Für dieses Kompliment schenke ich dir heute noch was, Scapha. Du sollst mein Liebchen nicht umsonst gepriesen haben.

PHILEMATIUM: Du sollst mir nicht nach dem Munde reden.

SCAPHA: Du bist doch ein gar zu dummes Frauenzimmer. Willst du lieber zu Unrecht getadelt als zu Recht gelobt werden? Ich jedenfalls möchte viel, viel lieber zu Unrecht gelobt als zu Recht getadelt oder für mein Aussehen von anderen ausgelacht werden.

PHILEMATIUM: Ich liebe die Wahrheit, und die Wahrheit soll man mir auch sagen. Die Lüge hasse ich.

SCAPHA: So groß wie deine Liebe zu mir und wie die Liebe des Philolaches zu dir, so schön bist du auch.

PHILOLACHES: Was sagst du Lumpenweib? Was schwörst du da? *Sie nachäffend:* „Wie ich sie liebe?" Was ist mit ihrer Liebe zu mir? Warum ist davon nicht die Rede? Die Geschenke, die ich versprach, sind annulliert. Zum Teufel mit dir! Was ich dir schenken wollte, hast du verscherzt.

SCAPHA: Ihr Götter, mich wundert doch, wie ein so schlaues, so gelehriges, so gebildetes Mädchen wie du sich jetzt so dumm anstellt.

PHILEMATIUM: Ja bitte, gib mir deinen Rat, wenn ich im Irrtum bin.

SCAPHA: Beim Kastor, natürlich bist du im Irrtum. Warum? Weil du einzig und allein nach ihm Ausschau hältst, ihm allein zu Willen bist und alle anderen links liegenläßt. Einer Matrone, aber nicht den Dirnen steht es an, nur einem Liebhaber zu dienen.

PHILOLACHES: Beim Jupiter, welches Ungeheuer hält sich da in meinem Hause auf? Ihr Götter und Göttinnen alle, straft mich mit den schlimmsten Strafen, wenn ich diese Alte nicht umbringe mit Hunger, Durst und Frost.

PHILEMATIUM: Du sollst mich nicht zum Schlechten anhalten, Scapha!

SCAPHA: Du bist doch völlig dumm. Du bildest dir ein, daß er für alle Ewigkeit dein Freund und Gönner bleibt. Ich warne dich! Er wird dich verlassen, wenn du erst älter bist und er dich satt hat.

PHILEMATIUM: Ich hoffe nicht.

SCAPHA: Das Nichterhoffte trifft oft viel früher ein als das Erhoffte. Doch wenn du dich mit Worten nicht bewegen läßt, mir Glauben zu schenken, dann wirst du vielleicht durch ein praktisches Beispiel klug. Du siehst, wer ich bin und wer ich war. Ich wurde einst nicht weniger geliebt als du jetzt. Nur an einen Mann hängte ich mich. Doch als sich mit dem Alter die Farbe meines Haars änderte, verschwand er und ließ mich sitzen. Ich glaube, dir wird es auch einmal so gehn.

PHILOLACHES: Kaum halte ich an mich, dieser Aufwieglerin in die Augen zu fahren.

PHILEMATIUM: Mich allein hat er für sich allein auf eigene Kosten freigekauft, und darum, glaub ich, muß ich auch ihm allein gehören.

PHILOLACHES: Ihr unsterblichen Götter, welch reizende Frau und mit welch einem anständigen Charakter. Beim Herkules, ich habe recht gehandelt, und ich freue mich, daß ich ihretwegen ruiniert bin.

SCAPHA: Beim Castor, du bist freilich unerfahren.

PHILEMATIUM: Wieso?

SCAPHA: Weil du dich um seine Liebe kümmerst.

PHILEMATIUM: Ich bitte, warum sollte ich das nicht?

SCAPHA: Du bist doch frei. Du hast doch, was du suchtest. Wenn er dich nicht mehr liebt, dann ist der Haufen Silber, den er für deinen Kopf zahlte, eben futsch.

PHILOLACHES: Verdammt! Wenn ich die nicht mit den härtesten Strafen mausetot mache! Die verdirbt mir dieses Mädchen mit ihrer hinterhältigen Kupplerzunge.

PHILEMATIUM: Niemals kann ich ihm so dankbar sein, wie er es um mich verdient hat. Scapha, rate mir ja nicht, ihn weniger zu achten.

SCAPHA: Doch bedenke dies eine: Wenn du dich ihm allein ergibst, solange du noch dies zarte Jugendalter hast, wirst du dich im Alter sehr darüber beklagen.

PHILOLACHES: Ich wünschte, ich würde auf der Stelle zu einer Mandelentzündung, um dieser Kräuterhexe in die Gurgel zu fahren und die verteufelte Aufwieglerin umzubringen.

PHILEMATIUM: Ich muß ihm jetzt, wo ich mein Ziel erreicht habe, die gleiche Dankbarkeit bewahren wie früher, als ich mich noch darum bemühte und ihn umschmeichelte.

PHILOLACHES: Die Götter sollen mit mir machen, was sie wollen, wenn ich dich für deine Worte nicht ein zweites Mal freilasse und Scapha umbringe.

SCAPHA: Wenn dir der Lebensunterhalt für alle Zeit ausreichend und jener Liebhaber für das ganze Leben sicher ist, dann, glaub ich, darfst du ihm allein gehören und die Haare (zur Hochzeit) herrichten.

PHILEMATIUM: Wie der Ruf des Menschen ist, so fließt ihm das Geld zu. Wenn ich mir meinen guten Ruf bewahre, bleib ich reich genug.

PHILOLACHES: Beim Herkules, selbst wenn ich meinen Alten verschleudern muß, wird das eher passieren, als daß ich dich lebendigen Leibes darben oder betteln lasse.

SCAPHA: Und welches Los ist den anderen beschieden, die dich lieben?

PHILEMATIUM: Sie werden mich noch mehr lieben, wenn sie sehen, daß ich dankbar bin.

PHILOLACHES: O daß doch die Rückkehr meines toten Vaters gemeldet würde! Ich würde es durchsetzen, daß ich mich enterbe und sie als Erbin einsetze.

SCAPHA: Schon ist ja sein Hab und Gut aufgebraucht, Tage und Nächte hindurch wird geschlemmt und gezecht, keiner übt Sparsamkeit: Die reine Mastanstalt.

PHILOLACHES: Beim Herkules, soviel ist sicher: Zuerst einmal probiere ich die Sparsamkeit an dir aus, denn weder Essen noch Trinken erhältst du bei mir in den nächsten zehn Tagen.

PHILEMATIUM: Wenn du etwas Gutes über ihn sagen willst, dann darfst du es sagen. Doch wenn du schlecht sprichst – beim Kastor, gleich gibt es Schläge!

PHILOLACHES: Ihr Götter, wenn ich dem höchsten Jupiter einen Ochsen geopfert hätte im Werte des Silbers, das ich für ihr Haupt gezahlt habe, so wäre das Geld ungleich schlechter angelegt. Man sieht, sie liebt mich von ganzem Herzen. Oh, ich bin ein ordentlicher Mensch: Einen Patronus habe ich freigekauft, der stets für mich Partei ergreift.

SCAPHA: Ich sehe, daß dir außer Philolaches alle anderen Menschen nichts wert sind. Da will ich lieber dir nach dem Munde reden, um nicht noch Schläge zu kassieren:

Wenn du die Gewißheit hast, wird dir jener also für alle Ewigkeit ein treuer Freund sein.

Philematium: Gib mir doch gleich den Spiegel und das Kästchen mit dem Schmuck, Scapha, damit ich geschmückt bin, wenn Philolaches kommt, mein Schatz.

Scapha: Eine Frau, die auf sich und ihre Jugend nicht vertraut, braucht einen Spiegel. Was brauchst du ihn, die du selbst dem Spiegel der beste Spiegel bist?

Philolaches: Dies Wort, Scapha, sollst du nicht umsonst so reizend gesagt haben. Dafür erhältst du heute ein Sonderhonorar, meine Philematium.

Philematium: Liegt auch jedes Haar manierlich an seinem Platz?

Scapha: Wenn nur du selbst manierlich bist, ist es dein Haar auch, verlaß dich drauf.

Philolaches: Menschenskinder, was gibt es noch Schlimmeres als dieses Weib? Jetzt redet sie ihr genauso verschlagen zu wie erst dagegen.

Philematium: Gib mir das Bleiweiß, bitte.

Scapha: Was brauchst du denn Bleiweiß?

Philematium: Ich will mir die Wangen bestreichen.

Scapha: Da versuchst du Elfenbein mit Ofenschwärze zu bleichen.

Philolaches: Herrlich gesagt, das mit der Ofenschwärze und dem Elfenbein. Bravo, bravo, Scapha!

Philematium: Dann gib mir jedenfalls die rote Schminke.

Scapha: Niemals! Sei endlich gescheit! Mit solcher Malerei willst du das reizendste Naturwerk verfälschen? Für jemand in deinem Alter gehört es sich überhaupt nicht, Schminken anzufassen, weder Bleiweiß, Melinerweiß noch sonst welche Schmieralien.

Philematium: Dann nimm den Spiegel. *Sie nimmt ihn in die Hand und küßt ihr Spiegelbild.*

Philolaches: O weh, ich armer Mensch, sie küßt das Spiegelbild. Hätte ich doch einen Stein. Ich möchte das Spiegelbild zertrümmern.

Scapha: Nimm die Schüssel und wasch dir die Hände.

Philematium *entrüstet*: Ich bitte dich, warum denn das?

Scapha: Du hast den Spiegel gehalten. Ich fürchte, daß deine Hände nach Silber riechen. Philolaches könnte

Verdacht schöpfen, du habest von einem Mann Silber erhalten.

PHILOLACHES: Ich besinne mich nicht, daß ich irgendwo eine gerissenere Kupplerin sah. Wie geschickt und raffiniert dem Biest die Sache mit dem Spiegel einfiel.

PHILEMATIUM: Meinst du, daß ich Parfüm nehme?

SCAPHA: Am allerwenigsten.

PHILEMATIUM: Warum?

SCAPHA: Weil eine Frau richtig riecht, wenn sie – gar nicht riecht. Denn diese Alten, die sich einbalsamieren, aufgedonnerte Vetteln, ohne Zähne, die die Mängel ihres Körpers zu verkleistern suchen, die stinken, wenn sich der Schweiß mit den Salben vermengt, gradso, als ob ein Koch verschiedene Brühen zusammengießt. Man weiß nicht, wonach es riecht, sondern nur, daß es schlecht riecht.

PHILOLACHES: Die ist in allem grundgescheit. Es gibt nichts Schlaueres. *Zum Publikum:* Aber der größte Teil von euch versteht, daß es stimmt, nämlich ihr, die ihr eine alte Frau daheim sitzen habt, die sich euch mit fetter Mitgift eingekauft hat.

PHILEMATIUM: Aber nun betrachte meinen Goldschmuck und mein Gewand, ob es mir gut steht, Scapha.

SCAPHA: Die Sorge geht mich nichts an.

PHILEMATIUM: Aber bitte, wen dann?

SCAPHA: Das will ich dir sagen, den Philolaches. Damit er nur kauft, wovon er glaubt, daß es dir gefällt. Denn ein Liebhaber kauft sich die Neigung seines Mädchens mit Gold und Purpur. Warum muß ihm erst gezeigt werden, was er gar nicht besitzen will? Purpur soll für das Alter, Gold für die häßliche Frau bleiben. Eine schöne Frau ist nackt viel schöner als die im Purpurkleid. Und dann: Schlechte Sitten sind ganz und gar kein Schmuck. Häßliche Sitten besudeln schönen Schmuck mehr als Kot. Wenn eine Frau schön ist, ist sie geschmückt genug.

PHILOLACHES: Schon viel zu lange lasse ich meine Finger aus dem Spiel. *Hervortretend und jetzt laut:* Was macht ihr denn hier?

PHILEMATIUM: Ich schmücke mich für dich, um dir zu gefallen.

PHILOLACHES: Du bist geschmückt genug. *Zu Scapha:* Geh du hinein und bring die Pomadenbüchsen weg. Mein Schatz, meine Philematium, mit dir zu trinken ist mein ganzer Wunsch!

PHILEMATIUM: Und ich mit dir, denn was dir gefällt, gefällt mir auch, mein Liebling.

PHILOLACHES: Dies Wort ist zwanzig Minen wert.

PHILEMATIUM: Gib zehn, bitte. Du sollst dieses Wort günstig gekauft haben.

PHILOLACHES: Dann hast du jetzt noch zehn Minen gut. Rechne nach. Dreißig zahlte ich ja für deinen Kopf.

PHILEMATIUM: Warum wirfst du mir das vor?

PHILOLACHES: Ich vorwerfen? Ich wünsche nur, daß man es mir vorwirft. Längst habe ich Silber nicht mehr so gut angelegt wie dieses.

PHILEMATIUM: Und sicher konnte auch ich meine Mühen nicht besser anlegen als in meiner Liebe zu dir.

PHILOLACHES: Prächtig! Soll und Haben stimmen bei uns ganz genau: Du liebst mich, ich liebe dich, und jeder glaubt, daß es so richtig ist. Wen das erfreut, der freue sich in Ewigkeit des eignen Glücks. Wer dabei Neid empfindet, dem mag es derart schlecht gehn, daß ihn keiner je beneidet.

PHILEMATIUM, *die Stimmung wird zusehends ausgelassener*: Nun leg dich nur zu mir. Bring Wasser für die Hände, Bursche, und stelle das Tischchen dahin. Sieh nach, wo die Würfel sind. Möchtest du Salbe?

PHILOLACHES: Wozu? Ich liege ja bei der Myrrhe selbst. Doch ist das nicht mein Kamerad, der dort mit seinem Liebchen kommt? Er ist es! Callidamates kommt mit seinem Liebchen an! Hurra, mein Augenstern, die Waffenbrüder treffen ein. Sie wollen ihren Anteil von der Beute!

Vierte Szene

Callidamates, Delphium.

CALLIDAMATES *stark betrunken. Er schreit zunächst einen Sklaven an, dann zum Publikum gewendet. Die ganze Szene wüst, übertrieben, ausgelassen:*

Ja, bei Philolaches soll man mich holen,
zur rechten Zeit. Hör zu! Ich hab es dir befohlen! –
Denn wo ich war, war es zum Grausen.
Dort riß ich einfach aus nach draußen.
Die blöde Rederei, die Gästeschaft
war mir dort einfach ekelhaft.
Jetzt laßt uns zu Philolaches hinlaufen,
um uns gewaltig zu besaufen,
wo man uns wirklich frohgesinnt
und nett gleich in die Runde nimmt. –
Du, hat es etwa gar den Schein,
ich würde be-betrunken sein?

DELPHIUM:

Oho,
das war bei dir schon immer so.

CALLIDAMATES:

Willst du mich –
soll ich dich –
vor allen Dingen
mit dem Arm umschlingen?

DELPHIUM:

Wenn du Lust hast, kann's geschehn.

CALLIDAMATES:

Reizend, führ mich weiter, schön!

DELPHIUM:

Paß auf, daß du nicht fällst
und dich schön grade hältst!

CALLIDAMATES:

Mein Äuge-Äu-Äu-Äuge-lein,
ich bin dein Säugling, du mein Honigseim.

DELPHIUM:

Paß auf, daß du nicht fliegst
und auf der Straße liegst,
bevor wir in den aufgestellten Betten

die ordentliche Position bezogen hätten.

CALLIDAMATES:
Ach laß mich fallen, laß mich gehn.

DELPHIUM:
Ja, ja, ist schön.

CALLIDAMATES:
Doch dies in meinen Händen hier –

DELPHIUM:
Schon gut, wenn du fällst, falle ich mit dir.

CALLIDAMATES:
Und liegen wir auf einem Fleck,
nimmt uns hernach schon jemand wieder weg.

DELPHIUM:
Der Mensch ist blau.

CALLIDAMATES:
Du sagst, ich wäre b-b-blau?

DELPHIUM:
Gib mir die Hand doch her,
ich möchte für dich kein Malheur.

CALLIDAMATES:
Da nimm!

DELPHIUM:
Nun tummle dich!

CALLIDAMATES:
Wo soll ich hin?

DELPHIUM:
Das weißt du nicht?

CALLIDAMATES:
Ich weiß, jetzt fällt mir's ein,
zum Schmause wollte ich zu Hause sein.

DELPHIUM:
Nein, dort willst du doch hin!

CALLIDAMATES:
Jetzt kommt mir's wieder in den Sinn.

PHILOLACHES:
Mein Liebling, willst du nicht, daß ich entgegengehe,
dem Freund, den ich vor aller Welt am liebsten sehe?
Gleich bin ich wieder da, nur keine Bange.

PHILEMATIUM:
Das dauert mir ja viel zu lange.

CALLIDAMATES:
Ist jemand da?
PHILOLACHES:
O ja.
CALLIDAMATES:
Philolaches, sei mir gegrüßt, du bester Mann,
den's auf der ganzen Welt nur geben kann.
PHILOLACHES:
Sei selbst willkommen, Callidamates, und Platz genommen!
Von wo bist du denn hergekommen?
CALLIDAMATES:
Von dort, woher ein Mann,
der völlig blau ist, halt nur kommen kann.
PHILOLACHES:
Was legst du, Delphium, bitte,
dich nicht in unsre Mitte?
Gebt dem doch was zu trinken.
CALLIDAMATES:
Ich will in Schlummer sinken.
PHILOLACHES:
Als ob das bei ihm etwa neu
oder gar ein Wunder sei?
DELPHIUM:
Was soll ich später mit ihm tun?
PHILEMATIUM:
Ach, meine Liebe, laß ihn einfach ruhn. –
Doch, Bursche, du schenk Delphium unterdessen ein
und lasse kreisen, schnell, den Krug voll Wein!

ZWEITER AKT

Erste Szene

Tranio, Philolaches, Callidamates, Delphium, Philematium, Sphaerio.

TRANIO:

Jupiter, der höchste, hat mit
  allem Nachdruck festgelegt,
daß Philolaches und ich
  radikal zugrunde geht.
Fort ist unsre Hoffnung, nirgends
  gibt's noch etwas Zuversicht,
selbst wenn Göttin Salus wollte,
  hilft uns das am Ende nicht.
Grad erblickte ich am Hafen
  einen Berg von Schmerz und Not:
Unser Herr ist heimgekehrt!
Tranio, das ist dein Tod!

Zum Publikum:

He, ihr Menschen, braucht hier einer
  schnell ein bißchen Silbergeld,
der dafür für mich beim Foltern
  heute seinen Kopf hinhält?
He, wo sind die Prügelleider,
wo sind denn die Kettenreiber
oder jene, die es wagen,
für drei Groschen sich zu schlagen
vor der Feinde Wehr und Türmen
(die am schwersten sind zu stürmen),
wo gewöhnlich ihren Rücken
dann gleich fünf, zehn Lanzen spicken?
Dem spendier ich ein Talent,
der für mich zum Kreuze rennt,
doch nur unter dem Beding,
daß er fest am Kreuze hing,

beiderseits an Arm und Bein.
Dies muß erst erledigt sein!
Dann kassiere er das Geld,
das ich ihm bereitgestellt.
Ach, was schwatz ich – ich bin eine lahme Memme,
daß ich nicht spornstreichs nach Hause renne!

Will ins Haus laufen.

PHILOLACHES *schon in Stimmung*: Aha! Da kommt ja unser Schmaus. Seht, dort ist Tranio, er kehrt vom Hafen zurück!

TRANIO: Philolaches!

PHILOLACHES: Was ist los?

TRANIO: Ich und du …

PHILOLACHES: Was ist mit ich und du?

TRANIO: Wir sind vernichtet!

PHILOLACHES: Wieso?

TRANIO: Dein Vater ist wieder da.

PHILOLACHES: Was hör ich da von dir?

TRANIO: Wir sind vernichtet! Dein Vater ist wieder da.

PHILOLACHES: Wo ist er, um Himmels willen?

TRANIO: Nun eben da.

PHILOLACHES: Wer sagt das, wer hat ihn gesehen?

TRANIO: Ich hab ihn gesehen.

PHILOLACHES: O weh. Was tue ich?

TRANIO: Was fragst du Unglücksmensch mich, was du da tust? Das sieht man doch: Du liegst hier!

PHILOLACHES: Hast du ihn gesehen?

TRANIO: Natürlich, sag ich doch.

PHILOLACHES: Bestimmt?

TRANIO: Ich sag es ja.

PHILOLACHES: Das ist mein Tod, wenn du wahr sprichst.

TRANIO: Was hätte ich denn davon, zu lügen.

PHILOLACHES: Was soll ich nun tun?

TRANIO: Laß das alles wegbringen. Wer schläft denn da?

PHILOLACHES: Das ist Callidamates.

TRANIO: Weck ihn, Delphium!

DELPHIUM: Callidamates! Callidamates! Aufwachen!

CALLIDAMATES: Ich bin ja schon munter. Gib mir was zu trinken.

DELPHIUM: Wache auf! Philolaches' Vater ist aus der Fremde zurückgekommen.

CALLIDAMATES: Mag's dem Vater gut gehn.

PHILOLACHES: Ja, dem geht's freilich gut, aber ich bin tot und elendig.

CALLIDAMATES: Tot und lebendig? Wie ist das möglich?

PHILOLACHES: Ich bitte dich: Steh auf, mein Vater kommt.

CALLIDAMATES: Dein Vater kommt? Ach, heiß ihn wieder fortgehn. Warum ist er denn auch wiedergekommen?

PHILOLACHES: Was soll ich tun? Mein Vater trifft mich Armen bei seiner Ankunft gleich betrunken an, das Haus ist voller Zechkumpane und Weiber. Es ist doch eine elende Geschichte, wenn man den Brunnen erst gräbt, wenn einem der Durst schon in der Gurgel steckt. Genauso frag ich mich jetzt bei der Ankunft meines Vaters, was ich tun soll.

TRANIO: Seht doch, der neigt sein Haupt schon wieder zur Seite und schläft. He, aufgewacht!

PHILOLACHES: Wirst du endlich munter? Gleich ist mein Vater hier!

CALLIDAMATES: Sagst du Vater? *Er wacht endlich auf, erhebt sich und brüllt:* Mensch, gib mir die Sandalen her! Ich rüste mich und schlage diesen Vater, beim Pollux, kurz und klein. *Bricht bei den letzten Worten in sich zusammen.*

PHILOLACHES: Du verdirbst alles.

DELPHIUM: Sei doch bitte still!

TRANIO: Schafft ihn auf der Stelle in das Haus hinein!

CALLIDAMATES: Gleich werde ich euch als Nachttopf verwenden, wenn ihr mir nicht einen Nachttopf bringt. *Wird ins Haus geführt.*

PHILOLACHES: O weh, o weh.

TRANIO: Kopf hoch! Ich hab ein Mittel – reizend! – gegen deine Angst.

PHILOLACHES: Ich bin erledigt.

TRANIO: Sei doch still. Ich denke für dich nach, wie ich den Sturm besänftige. – Genügt es dir, wenn ich deinen Vater bei seiner Ankunft beschwatze, das Haus nicht zu betreten und obendrein vom Hause fluchtartig weit wegzurennen? – Ihr alle geht nur in das Haus hinein, und bringt dies Zeug da weg, und zwar flott.

PHILOLACHES: Wo soll ich hin?

TRANIO: Wohin du am liebsten willst, zu der oder zu der.

DELPHIUM: Was hältst du davon, wenn wir beide weggingen?

TRANIO: Keinen Finger breit weg, Delphium! Drinnen zecht nur ruhig weiter und ohne Hemmungen.

PHILOLACHES: O weh, ich schwitze Blut vor Angst (solange ich nicht weiß), worauf dein reizendes Gerede abzielt.

TRANIO: Kannst du nicht die Fassung behalten und tun, was ich dich heiße?

PHILOLACHES: O ja.

TRANIO *drängt zur Eile*: Zuerst einmal, Philematium, geh du hinein und du, Delphium.

DELPHIUM: Wir beide machen alles mit, was du von uns verlangst.

TRANIO: Geb's Jupiter! – Und nun paß d u auf und laß alles gewissenhaft besorgen. Vor allen Dingen laß sofort das Haus verschließen! Und hüte dich, daß drinnen einer muckst.

PHILOLACHES: Wird besorgt.

TRANIO: ... als ob kein Sterblicher in dem Haus wohnt.

PHILOLACHES: Ist gut.

TRANIO: Und keiner soll antworten, wenn der Alte an die Tür pocht.

PHILOLACHES: Noch was?

TRANIO: Dann laß mir noch den Sicherheitsschlüssel zu diesem Haus bringen. Damit schließ ich die Tür von außen zu.

PHILOLACHES: In deinen Schutz lege ich mich und alle meine Hoffnungen, Tranio.

TRANIO: Da ist kein Hauch Unterschied, ob der Patron oder der Klient der bravere Mann ist.
Für einen Mensch mit Kühnheit in der Brust
ist auch ein Handstreich eine reine Lust.
Das gilt für alle Menschenkinder,
den Besten wie den schlimmsten Sünder.
Doch sei man drauf bedacht – und unbedingt! –,
daß jeder Streich, den man vollbrachte und vollbringt,
in Ruh und ungefährlich sich vollzieht
(– denn das markiert den s c h l a u e n Menschentyp! –),
damit man alles das vermeidet,

was einem dann den Spaß am Streich verleidet.
Drum möchte ich vor allen Dingen,
daß alles, was wir hier vollbringen,
in Ruh und glatt zu Ende geht
und uns kein Nachteil draus entsteht.

Sphaerio tritt auf.

Doch was willst du, Sphaerio, habt ihr meine Anweisungen genauestens befolgt?

SPHAERIO: Philolaches befahl mir, mit allem Nachdruck darum zu bitten, du solltest den Vater irgendwie davonjagen, damit er ja nicht zu ihm hereinkommt.

TRANIO: Sag ihm, daß ich seinem Vater sogar so zusetze, daß er das Haus nicht einmal anzusehen wagt, sondern in höchster Furcht mit verhülltem Haupt davonstürzt. Nun gib den Schlüssel her, scher dich hinein – *gibt ihm einen Fußtritt* – und verriegle die Tür von innen, ich schließe von außen zu.

Sphaerio ab.

Und nun heran!
Komödie spiel ich mit dem alten Mann,
gewiß noch viel
famoser als bei seinem Leichenspiel,
obgleich er lebt
und heute hier direkt daneben steht.
Ich will jetzt von der Tür verschwinden
und blicke sachte von dort hinten,
daß ich den Alten mit dem Sacke,
sobald er ankommt, schwer bepacke.

Versteckt sich.

Zweite Szene

Theopropides, Tranio.

THEOPROPIDES *pathetisch*:
Neptunus, du, ich sage dir
den allerschönsten Dank dafür,

daß du mich als Halbtoten aus
dem Reich des Wassers schickst nach Haus.
Doch wenn du glaubst, ich würde je
nur einen Fußbreit in die See
hinausgehn: nein! Ganz sicher, dann
tust du mir all die Leiden an,
den' ich für diesmal um ein Haar
gerade noch entgangen war.
Hinweg, hinweg von meinem Leib,
und zwar sofort für alle Zeit!
Denn was ich je in deine Macht
zu legen wünschte, ist vollbracht.

Wirft seinen Geldbeutel triumphierend in die Luft.

Tranio *beiseite*:
Beim Pollux, o Neptun,
was warst du reichlich dumm!
Welch einen Zufall hast
du dieses Mal verpaßt.

Theopropides:
Ich kehre von Ägypten heim
– drei Jahre muß das nun wohl sein –
und denk, daß jeder meiner Leute
sich über meine Rückkehr freute.

Tranio *beiseite*:
Erwünschter käme uns ein Bote,
der uns erzählt von deinem Tode.

Theopropides:
Was ist? Nanu?
Die Tür ist zu?
Bei Tageslicht?
Was klopf ich nicht?
Hallo, ist jemand hier?
Wer öffnet mir die Tür?

Pocht.

Tranio:
Wo ist der Mensch, der unverzagt
sich nah an unsre Türe wagt?

Theopropides: Ei, das ist doch mein Sklave Tranio.

Tranio: O Theopropides, mein Herr, guten Tag, wie schön, daß du gesund wieder da bist. Ging dir's soweit immer gut?

Theopropides: So weit, wie du siehst.

Tranio: Das ist ja sehr fein.

Theopropides: Was ist mit euch los? Seid ihr verrückt?

Tranio: Wieso?

Theopropides: Weil ihr draußen umherspaziert, kein Mensch im Hause seine Pflicht erfüllt, niemand öffnet und niemand antwortet. Und ich poche mit den Füßen an, daß beide Torflügel fast in Stücke gehn.

Tranio: Du liebe Zeit, hast du das Haus angefaßt?

Theopropides: Warum nicht? Ich sagte doch, ich pochte, daß die Türe fast in Stücke ging.

Tranio: Du hast angefaßt?

Theopropides: Ja, sag ich, geklopft.

Tranio: Oje.

Theopropides: Was ist?

Tranio: O Gott, wie furchtbar!

Theopropides: Was ist denn los?

Tranio: Das läßt sich gar nicht aussprechen, eine Untat, ein Verbrechen hast du begangen.

Theopropides: Wieso denn?

Tranio: Reiß aus! Ich fleh dich an, tritt von dem Hause weg. Reiß aus, und mach dich näher an mich ran! Sprich, du hast die Tür angefaßt?

Theopropides: Wie hätte ich anklopfen können, ohne die Tür anzufassen?

Tranio: Himmel, dann bist du der Mörder –

Theopropides: Wessen Mörder?

Tranio: Aller deiner Leute.

Theopropides: Alle Götter und Göttinnen sollen dich für diese Prophezeiung –

Tranio *ihm ins Wort fallend*: Ich fürchte, daß du dich und deine Angehörigen gar nicht mehr entsühnen kannst.

Theopropides: Wieso denn das? Welche Neuigkeit wirfst du mir denn gleich an den Kopf?

Tranio: Um Himmels willen, laß auch jene Leute von dort verschwinden!

Theopropides: Geht weg da!

TRANIO: Faßt ja das Haus nicht an! Berührt auch ihr zur Entsühnung lieber die Erde! *Er bückt sich bei diesen Worten und berührt den Boden selbst.*

THEOPROPIDES: Beim Herkules, ich beschwöre dich, warum sprichst du nicht?

TRANIO: Weil schon sieben Monate kein Mensch mehr in dieses Haus einen Fuß setzte, seit wir cinmal ausgezogen waren.

THEOPROPIDES: Nun sag doch schon, warum?

TRANIO *geheimnisvoll*: Nun gut, sieh dich um, ob jemand unser Gespräch hört.

THEOPROPIDES: Alles völlig sicher.

TRANIO: Sieh dich noch mal nach allen Seiten um.

THEOPROPIDES: Kein Mensch da. Also nun sag schon.

TRANIO *noch geheimnisvoller*: Ein Todesverbrechen …

THEOPROPIDES: Was ist denn? Ich versteh das noch nicht.

TRANIO: Ein Verbrechen, sag ich, ist begangen worden, längst, vor alter, alter Zeit.

THEOPROPIDES: Alter Zeit?

TRANIO: Diese Tat haben wir jetzt entdeckt.

THEOPROPIDES: Was für ein Verbrechen ist das? Wer ist der Täter? Sag schon!

TRANIO: Ein Fremder brachte einen andern Fremden gewaltsam um. Ich glaube, der war's, der dir das Haus verkaufte.

THEOPROPIDES: Mord?

TRANIO: Gold nahm er dem Fremden ab und vergrub die Leiche hier im Haus.

THEOPROPIDES: Wie kam euch der Verdacht auf diese Tat?

TRANIO *bewußt umständlich schildernd*: Ich sag dir's. Paß auf! Als dein Sohn einmal woanders zu Abend gegessen hatte, kehrte er schließlich vom Mahl nach Hause zurück, und dann gingen wir alle zur Ruhe. Wir schliefen ein. Zufällig hatte ich vergessen, die Laterne zu löschen. Da schrie er plötzlich ungeheuer auf.

THEOPROPIDES: Wer? Etwa mein Sohn?

TRANIO: Pst, still, paß nur auf! Er sagt, ihm sei im Traum ein Toter erschienen.

THEOPROPIDES: Also doch wohl im Traum?

TRANIO: So ist's. Aber paß nur auf! Er sagte mir, der Tote habe ihn so angesprochen ...

THEOPROPIDES: Im Traum?

TRANIO *frech*: Ein Wunder wär's, wenn er es ihm im Wachen gesagt hätte, schließlich ist er ja schon sechzig Jahre tot. Also manchmal bist du doch ein bißchen dumm, Theopropides.

THEOPROPIDES: Ich bin schon still.

TRANIO: Nun höre, was dieser Tote ihm sagte: „Ich bin ein Fremder, namens Diapontius, aus Übersee. Ich bin hier zu Hause. Diese Wohnung ist mir angewiesen worden. Der Todesgott wollte mich drunten nicht aufnehmen, weil ich vorzeitig ums Leben gekommen bin. Treulos hat man mich getäuscht. Ein Fremdling ermordete mich hier und verscharrte mich ohne Begräbnis und heimlich in diesem Hause. Ein Verbrechen, nur meines Goldes wegen. Doch du, weiche von hier! Das Haus ist blutbefleckt, verflucht sei, wer hier wohnt!" – *Man hört Geräusche im Innern des Hauses.* – Welche Geister hier umgehn, kann ich innerhalb eines ganzen Jahres nicht erzählen.

THEOPROPIDES: Pst, pst!

TRANIO: Um Himmels willen, was ist geschehen?

THEOPROPIDES: Die Türe ging.

TRANIO: Er hat dagegengeschlagen!

THEOPROPIDES: Ich habe keinen Tropfen Blut mehr in den Adern. Lebendig schleppen mich die Abgeschiedenen zur Unterwelt.

TRANIO *für sich*: Ich bin erledigt, auf die Art werden sie mir meine ganze Gespenstergeschichte durcheinanderbringen. Ich habe schreckliche Angst, daß er mich auf frischer Tat ertappt.

THEOPROPIDES: Was brummst du da so vor dich hin?

TRANIO: Ach geh doch von der Türe weg! Reiß aus! Um Himmels willen, ich bitte dich!

THEOPROPIDES: Wo soll ich denn hin? Reiß du doch auch aus.

TRANIO: Ich fürchte mich nicht. Ich vertrage mich mit den Toten.

STIMME IM HAUS: He, Tranio!

TRANIO *theatralisch*: Rufe mich nicht, wenn du schlau bist.

Ich kann nichts dafür, ich habe ja nicht an die Tür gepocht.

STIMME IM HAUS: Ich bitte dich …

TRANIO *halblaut in das Haus rufend*: Halt's Maul!

THEOPROPIDES: Was führst du für Selbstgespräche?

TRANIO: Geh weg von hier!

THEOPROPIDES: Was fällt dir ein, Tranio? Mit wem sprichst du denn?

TRANIO: Ich bitte dich, hattest du mich etwa gerufen? So wahr mich die Götter lieben, ich glaubte schon, jener Totengeist fordere mich vor sich, bloß weil du an die Tür geklopft hast. Doch du stehst noch immer da und tust nicht, was ich dir sage?

THEOPROPIDES: Was soll ich tun?

TRANIO: Sieh dich ja nicht um und fliehe mit verhülltem Haupt!

THEOPROPIDES: Warum fliehst du nicht?

TRANIO: Ich stehe mich mit den Toten gut.

THEOPROPIDES: Ich weiß schon. Aber was war das nur? Warum hattest du solche schreckliche Furcht?

TRANIO: Habe nur keine Sorgen um mich, sag ich dir, ich sehe mich schon vor. Doch du lauf weiter, wie du schon begonnen hast, sosehr du kannst, und rufe den Herkules an!

THEOPROPIDES *davonstürzend*: O Herkules, ich rufe dich an …

TRANIO *ihm nachrufend*: Ich auch, daß er dir heute den Garaus macht, Alter. O ihr unsterblichen Götter, ich bitte um euren treuen Beistand für die Gaunerei, die ich heute angezettelt habe.

DRITTER AKT

Erste Szene

Wucherer, Tranio, Theopropides.

WUCHERER:
Noch niemals ging ein Jahr vorbei,
das sich für irgendwelche Wucherei
so hundeschlecht für mich erwies
wie dies.
Vom Morgen bis zur tiefen Nacht
hab ich die Tage auf dem Markt verbracht,
doch keinen Heller bring ich an
den Mann.

TRANIO:
Jetzt bin ich aber restlos Pleite,
und zwar für alle Ewigkeite,
da kommt der Beutelschneider, der
das Geld uns pumpte, auch noch her.
(Wovon wir uns das Mädchen kauften
und was wir sonst noch so verbrauchen.)
Wir sind entdeckt, o wehe,
wenn ich ihm nicht entgegengehe,
damit der alte Mann
bloß nichts erfährt. Jetzt geh ich ran.

Beabsichtigt an den Wucherer heranzutreten, da bemerkt Tranio, daß Theopropides zurückkommt.

Was ist der Alte bloß so schnell zurückgekehrt?
Ich fürchte gar, er hat schon was gehört.
Ich sprech ihn an und gehe hin.
Ach, wie ich Armer doch voll Furcht und Schrecken bin.
Was auf der Welt ist so gerissen
wie m e i n verschlagenes Gewissen!
Doch sei's, wie's sei,
ich bleib dabei,

Verwirrung zu betreiben:
Es läßt sich nicht vermeiden.

Er wendet sich jetzt dem Theopropides zu und geht ihm entgegen.

He, woher kommst du?

THEOPROPIDES: Ich traf den Mann, von dem ich das Haus kaufte.

TRANIO: Hast du etwa etwas von der Geschichte gesagt, die ich dir erzählte?

THEOPROPIDES: Zum Kuckuck, ich sagte ihm wirklich alles.

TRANIO *beiseite*: Ach ich Ärmster, ich fürchte, daß meine Techniken restlos zum Teufel sind.

THEOPROPIDES: Sagtest du was?

TRANIO: Nichts, nichts. Doch sag du mir bitte, du hast es ihm gesagt?

THEOPROPIDES: Alles, mein Lieber, Stück für Stück.

TRANIO: Und er gibt die Geschichte mit dem Fremden zu?

THEOPROPIDES: Nein, ganz im Gegenteil, er leugnet.

TRANIO: Er leugnet? So ein Lump!

THEOPROPIDES: Er leugnet, wirklich wahr.

TRANIO: Überleg dir's gut! Er leugnet wirklich?

THEOPROPIDES: Ich würde es doch sagen! Was meinst du, wie soll man sich da verhalten?

TRANIO: Du meinst, was ich meine? Paß auf, ich rate dringend, nehmt euch beide einen Richter – *für sich* –, aber ja einen solchen, der auf mich hört, dann gewinnst du deinen Prozeß so leicht, wie der Fuchs die Birne frißt.

WUCHERER: Sieh an, da ist ja Tranio, der Sklave des Philolaches. Die beiden zahlen mir weder die Zinsen noch das Kapital zurück.

THEOPROPIDES *zu Tranio, der sich vorsichtig zur Seite wegschleichen will*: Wo willst du hin?

TRANIO *harmlos*: Nirgendwohin. *Beiseite:* O wie sitz ich doch in der Tinte, verdammt, geboren unter dem Zeichen aller niederträchtigen Götter. Gleich kommt er zu mir, und der Alte steht dabei! Ach, ich bin doch wirklich elend dran, von allen Seiten verschafft man mir neue Arbeit; doch ich will dem Alten lieber zuvorkommen und zu dem Wucherer gehn.

WUCHERER: Ah, er kommt zu mir, ich bin gerettet, da kann ich auf mein Geld hoffen.

TRANIO: Der freut sich schon: Der Kerl irrt sich gewaltig. *Laut:* Sei mir bestens gegrüßt, Freund Beutelschneider.

WUCHERER: Du auch. Wie steht's mit meinem Geld?

TRANIO: Nun aber fort, du Vieh! Kaum bist du da, da hast du mir den Speer schon in den Leib gebohrt.

WUCHERER: Der Mensch hat keinen Heller.

TRANIO: Der Mensch ist sicher ein Prophet.

WUCHERER: Also gut, läßt du diese Albernheiten sein?

TRANIO *will Aufsehen vermeiden*: Also gut, nun sag schon, was du willst.

WUCHERER: Wo ist Philolaches?

TRANIO: Nie konntest du mir willkommener erscheinen als jetzt.

WUCHERER: Was wird nun?

TRANIO: Tritt ein bißchen zur Seite.

WUCHERER: Warum bekomme ich nicht meine Zinsen?

TRANIO: Ich weiß schon, daß du eine gute Stimme hast, schrei nicht so!

WUCHERER: Ja, ja, ich schreie aber.

TRANIO *freundlich*: Ei, tu mir doch einmal einen Gefallen.

WUCHERER: Welchen Gefallen soll ich dir tun?

TRANIO: Geh ein bißchen weg von hier und mach dich nach Hause.

WUCHERER: Ich soll fortgehn?

TRANIO: Und komm so gegen Mittag noch mal her.

WUCHERER: Dann bekomme ich also meine Zinsen?

TRANIO: Ganz gewiß, und nun geh.

WUCHERER: Was soll ich erst noch mal herkommen, mir Mühe machen und die Zeit vergeuden? Was meinst du, wenn ich gleich bis Mittag bleibe?

TRANIO: Nein, nein, geh nur nach Hause, wirklich wahr, ihr Götter im Himmel, ich sage dir, geh nach Hause!

WUCHERER: Gebt mir jetzt die Zinsen her! Was sollen diese Späße?

TRANIO: Zum Kuckuck, Mensch du … Geh doch und hör auf mich!

WUCHERER: Gleich wende ich mich an den dort.

TRANIO: Bravo, tüchtiger Kerl, besonders jetzt mit deinem Geschrei.

WUCHERER: Ich will ja nur mein Eigentum. Auf diese Weise vertrödelt ihr mir schon viele Tage. Wenn ich euch lästig bin, braucht ihr nur das Geld zu zahlen, schon bin ich fort. Mit deiner Zusage ersparst du alles Hinundhergerede.

TRANIO: Ich gebe dir das Kapital.

WUCHERER: Nein, den Zins, ich will erst die Zinsen.

TRANIO *die Fassung verlierend*: Was sagst du, du ekelhaftester Dreckskerl? Kommst du hierher, um dich aufzublasen? Behalte, was du in der Hand hast. Von uns kriegst du nichts, und schuldig sind wir dir auch nichts.

WUCHERER: Nichts schuldig?

TRANIO: Kein Körnchen schleppst du von hier weg. Du fürchtest wohl, er könnte irgendwohin verschwinden und wegen deiner Zinsen ins Exil gehen? Die Möglichkeit, das Kapital zu erhalten, hast du ja.

WUCHERER: Das Kapital will ich ja gar nicht. Als erstes will ich mal die Zinsen, d i e will ich haben.

TRANIO: Falle mir nicht auf die Nerven! Hier gibt es nichts, und nun mach, was du willst. Schließlich bist du es ja, der sein Silber auf Zinsen anlegt.

WUCHERER: Gib die Zinsen, gib meine Zinsen her, gib mir meine Zinsen her! Wollt ihr mir auf der Stelle die Zinsen zahlen? Krieg ich nun meine Zinsen?

TRANIO: Zinsen hin, Zinsen her, der Kerl versteht bloß von Zinsen zu schwatzen. Fort mit dem Menschen. Ein abscheulicheres Vieh als dich sah ich nie, glaube ich.

WUCHERER: Dein Fluchen macht mir gar nichts.

THEOPROPIDES, *der sich jetzt einmischt und offenbar zunächst einmal die Partei Tranios ergreift und den letzten Bemerkungen Tranios assistiert*: Nicht dumm, was du da sagst. Da juckt einem die Hand, auch wenn man abseits steht. Doch bitte, sag, was sind das für Zinsen, von denen der spricht?

TRANIO *zum Wucherer*: Sieh her, das ist sein Vater, er kam von einer weiten Reise soeben zurück, der gibt dir die Zinsen und auch das Kapital wieder. Und nun falle uns nicht länger zur Last. Wirst ja sehen, ob er sich lange besinnt.

WUCHERER: Ich nehme das Geld bestimmt, wenn er welches gibt.

THEOPROPIDES: Was meinst du?

TRANIO: Was willst du?

THEOPROPIDES: Wer ist der Mensch? Was will er denn haben? Warum zieht er so gegen meinen Sohn Philolaches los? Warum streitet er sich mit dir? Was ist man ihm denn schuldig?

TRANIO: Beim Herkules, ich bitte dich dringend, lasse doch diesem dreckigen Ungeheuer das Maul mit Silber stopfen.

THEOPROPIDES: Ich soll veranlassen....?

TRANIO: Läßt du diesem Menschen nicht ein paar mit Silber übers Maul ziehen?

WUCHERER: Mit Vergnügen schlucke ich silberne Schläge.

THEOPROPIDES: Von welchem Silber ist die Rede?

TRANIO: Es ist – gewissermaßen – eine Kleinigkeit, die Philolaches dem noch schuldig ist.

THEOPROPIDES: Auf wieviel beläuft sich diese Kleinigkeit?

TRANIO: So etwa – vierzig Minen. Glaub nicht etwa, das sei viel!

THEOPROPIDES *spöttisch*: Das ist auf jeden Fall nur eine Kleinigkeit.

TRANIO *zum Wucherer*: Hörst du das? *Zu Theopropides:* Ich bitte dich um alles in der Welt, paßt er dir nicht, weil er Wucherer ist, von der Zunft der schlimmsten Halsabschneider?

THEOPROPIDES: Was geht mich dieses Wer, Was, Wo an? Das will ich erfahren, das will ich wissen: Da höre ich gar, man schuldet ihm Zinsen für gepumptes Silbergeld?

TRANIO: Vierundvierzig Minen Schulden macht es genau, Kapital und Zinsen zusammen.

WUCHERER *eifrig*: Genau! Und keinen Heller mehr.

TRANIO: Verdammt noch mal, ich wünschte, du würdest einen Heller mehr verlangen. *Zu Theopropides:* Sag ihm doch, daß du's bezahlst, dann haut er ab.

THEOPROPIDES: Bezahlen, ich?

TRANIO: Ja, sag schon!

THEOPROPIDES: Ich?

TRANIO: Du höchstpersönlich. Sag es ihm nur, hör auf mich. Versprich es ihm, los doch, ich sage es dir, ich befehle es dir!

THEOPROPIDES: Gib Antwort! Was hat man mit dem Geld angestellt?

TRANIO *unsicher*: Es ist – gut – aufgehoben.

THEOPROPIDES: Dann bezahlt doch eure Schulden selbst, wenn das Geld so gut aufgehoben ist.

TRANIO *nach längerem Zögern, kurz entschlossen*: Ein Haus – hat dein Sohn gekauft!

THEOPROPIDES: Ein Haus?

TRANIO: Ein Haus!

THEOPROPIDES: Bravo, Philolaches! Er kommt nach seinem Vater. Der Bursche treibt schon Handel. *Zu Tranio:* Sagtest du – ein Haus?

TRANIO: Ein Haus – sagte ich. – Und weißt du, was für eins?

THEOPROPIDES: Wie könnte ich das wissen?

TRANIO: Pahh.

THEOPROPIDES: Was ist denn?

TRANIO: Frag mich nicht.

THEOPROPIDES: Wieso?

TRANIO: Hell-durchsichtig wie ein Spiegel. Der reine Glanz in Natur!

THEOPROPIDES *einfältig wie bisher*: Das hat er ja großartig gemacht. Wie steht's, welcher Preis ist dafür festgesetzt?

TRANIO: Genauso viele große Talente, wie ich und du zusammen wert sind. Und diese vierzig Minen zahlte er als Kaufgeld. Von diesem Wucherer nahm er das Geld, das wir dem Verkäufer zahlten. Verstehst du? Denn nachdem dieses Haus verhext war, wie ich dir schon sagte, kaufte er sofort jenes andere Haus für sich.

THEOPROPIDES: Das ist ja wirklich wunderbar.

WUCHERER: Verflixt, gleich ist der Mittag da.

TRANIO: Ach bitte, gib ihm doch sein Geld, damit uns der Kerl mit seinem Dreck nicht umbringt.

THEOPROPIDES: Freundchen, halte dich in Zukunft an mich.

WUCHERER: Also ich kriege mein Geld von dir?

THEOPROPIDES: Hol's morgen.

WUCHERER: Nun gehe ich. Es genügt mir, wenn ich es morgen bekomme. *Ab.*

TRANIO: Den Untergang sollen alle Götter diesem Menschen bringen! Um ein Härchen hätte der Kerl meine Pläne durchkreuzt. Zum Kuckuck, heutzutage ist unter den Menschen keine Zunft ekelhafter und verfluchter als diese Wucherer.

THEOPROPIDES: In welcher Gegend hat denn mein Sohn dieses Haus gekauft?

TRANIO: Jetzt geht's schon wieder los. Zum Teufel!

THEOPROPIDES: Gibst du keine Antwort?

TRANIO: Moment. Ich überlege grad wie der Name des Besitzers war.

THEOPROPIDES: Schon gut, denk nur nach.

TRANIO: Was tu ich bloß? Am besten gehe ich gleich auf die nächste Nachbarschaft aus und sage, daß sich der Sohn das Haus dieses Nachbarn kaufte. Ein Sprichwort sagt: Eine schlaue Lüge ist die beste Lüge. Was mir die Götter eingeben, das sag ich auch, ganz klar.

THEOPROPIDES: Also was ist nun? Fällt dir's ein?

TRANIO: Tod und Hölle über diesen Nachbarn – nein lieber über diesen Alten dort *Laut:* Von diesem allernächsten Nachbarn kaufte dein Sohn das Haus.

THEOPROPIDES: Na, ob das wohl stimmt?

TRANIO: Wenn du das Geld hergibst, dann stimmt's, wenn du es nicht hergibst, dann stimmt's nicht. Ist die Lage nicht ausgezeichnet?

THEOPROPIDES: Gewiß, die denkbar beste. Tatsächlich, ich möchte dieses Haus besichtigen. Klopf nur an die Tür und rufe jemanden heraus, Tranio.

TRANIO: Verdammt, jetzt ist es aber wirklich aus. Was sag ich bloß. Schon wieder spülen mich die Fluten gegen ein Riff. Was nun? Jetzt finde ich wirklich keinen Ausweg. Ich bin auf frischer Tat ertappt.

THEOPROPIDES: Ruf doch rasch mal jemand und bitte ihn, uns herumzuführen.

TRANIO: Verteufelt, du, da sind doch Frauen drin. Da muß ich erst mal nachsehen, ob es ihnen paßt oder nicht.

THEOPROPIDES: Die Bitte ist nur recht und billig. Geh nur, sieh nach und bitte sie. Ich warte ein Weilchen hier draußen, bis du wiederkommst. *Er tritt etwas beiseite.*

TRANIO *in den Vordergrund kommend*:
Die Göttinnen und Götter alle
mögen dich total vernichten!
Mir alle meine Pläne derart
heimtückisch zugrund zu richten.
Herrje, vortrefflich, dort tritt aus
dem eignen Haus
der Alte Simo selber raus.
Da muß ich erst mal meinen Schritt zur Seite lenken
und mir in meinem Kopfe überdenken,
so wie sich der Senat berät,
was mir für diesmal nötig tät.
Und kommt mir etwas in den Sinn,
geh ich zu diesem Alten hin.

Zweite Szene

Simo, Tranio, Theopropides.

SIMO:
Nie kriegte ich seit Anno dazumal
bei mir zu Haus ein beßres Mahl
als diese Speise, die mich heute
weit mehr als andres je erfreute.
Ein Essen – delikat! – ward mir serviert:
Danach hat meine Alte mich ins Bett zitiert.
Um Himmels willen! Niemals! Nein!
Was fiel es mir auch nicht gleich ein,
warum das Mahl so wunderbar
und besser als sonst üblich war.
Die alte Wachtel wollte mich
mit in die Kammer ziehn, zu sich. –
Nach gutem Essen gleich ins Bett
ist nicht gesund. Drum leck mich fett.
So schlich ich leise mich hinaus
erst aus der Tür, dann aus dem Haus.
Doch meine Alte schwillt vor Wut

im Hause drin. Das weiß ich gut.

TRANIO *beiseite*: Na, dem blüht ja was Schönes heut abend, diesem Alten, sowohl im Hinblick auf das Essen als auch auf die Nachtruhe.

SIMO:

Je mehr ich es mir überlege
und denkend hin und her erwäge,
begreife ich den Sachverhalt:
Wer eine Frau mit Mitgift hat und alt,
der macht sich nichts aus Schlafen draus,
dem hängt der Schlaf zum Halse raus.
So steht's zum Beispiel jetzt bei mir.
Ganz sicher werd ich mich von hier
weit besser auf den Markt begeben,
als mich daheim ins Bett zu legen.
Natürlich kann ich jetzt nicht sagen,
wie eure Frauen sich betragen.
Ich weiß nur, daß es für mich übel steht
und daß mir's morgen noch viel schlimmer geht.

TRANIO *beiseite*:

Für dieses Kneifen, Alter, geht dir's an den Kragen,
und ohne Möglichkeit, die Gottheit zu verklagen.
Du hast das sehr verdient, klag dich nur selber an.
Doch es wird Zeit, ich sprech mit ihm und gehe ran.
Das sitzt. Ich kam auf eine List,
mit der der Alte gut zu hintergehen ist.
Dadurch auch werden Folter (und Verdacht)
besonders weit von mir hinweggebracht.
Ich gehe hin. *Laut:* Sei mir bestens gegrüßt, Simo!

SIMO: Sei gegrüßt, Tranio!

TRANIO: Wie geht's? *Er faßt ihn an.*

SIMO: Nicht schlecht. Was machst du denn?

TRANIO: Ich halte den allerbesten Menschen.

SIMO: Wie nett, mich so zu loben.

TRANIO: Das gehört sich schon.

SIMO: Ja, ja. Und ich halte einen schlechten Sklaven an der Hand.

THEOPROPIDES: He, du Halunke, komm endlich wieder zu mir!

TRANIO: Gleich, gleich.

THEOPROPIDES: Was denn? Wird's endlich?
TRANIO *wieder zu Simo*: Was hast du denn?
SIMO: Denk nur dran, was hier in eurem Haus sich abzuspielen pflegt.
TRANIO *harmlos*: Was meinst du denn?
SIMO: Du weißt ganz genau, was ich meine.
TRANIO: Gehört sich ja auch so.
SIMO: Du lebst, wie dir der Sinn steht. Doch denke dran, wie kurz das Leben ist.
TRANIO: Was? Na ja. Endlich merke ich, daß du über unsere Angelegenheiten sprichst.
SIMO: Beim Herkules, sehr amüsant verbringt ihr eure Zeit; das paßt zu euch; bei Wein, bei einem trefflichen Menü und erlesenen Gerichten lebt ihr dahin.
TRANIO: O nein, das war einmal. Jetzt ist uns das alles mit einem Schlag abhanden gekommen.
SIMO: Wieso?
TRANIO: In einer Sekunde hat es uns allesamt erwischt, Simo.
SIMO: Bist du nicht gleich still? Für euch ging doch bisher alles glatt.
TRANIO: Das streite ich auch gar nicht ab. Wir lebten, wie es uns grad paßte. Doch, Simo, jetzt hat der Wind unser Schiff im Stich gelassen.
SIMO: Wie meinst du das? Wieso?
TRANIO: Verdammt noch mal.
SIMO: War denn dieses Schiff nicht sicher auf das Land gebracht?
TRANIO: O weh, o weh!
SIMO: Was ist denn los?
TRANIO: Mich Ärmsten holt der Teufel.
SIMO: Wie?
TRANIO: Ein Schiff kam und zerbrach unser Boot.
SIMO: Tut mir leid, Tranio. Doch was ist eigentlich los?
TRANIO: Paß auf. Unser Herr kam von weiter Reise wieder heim.
SIMO: Das ist ein böses Vorzeichen für dich. Da gibt's erst eiserne Fesseln und dann das Kreuz.
TRANIO: Bei deinen Knien beschwöre ich dich: Verrate meinem Herrn bloß ja nichts.

SIMO: Von mir erfährt er nichts, sei unbesorgt.

TRANIO: Mein Schutz und Schirmherr lebe hoch!

SIMO: Aus einem Klienten von dieser Art mache ich mir nichts.

TRANIO: Doch nun zur Sache, weshalb mich unser alter Herr zu euch schickte –

SIMO: Gib mir erst Antwort auf meine Frage: Hat denn euer alter Herr von eurem Treiben schon etwas gemerkt?

TRANIO: Nicht die Spur.

SIMO: Hat er seinen Sohn schon ausgescholten?

TRANIO: Er ist so heiter wie ein heitrer Sommertag. – Doch jetzt trug er mir auf, euch recht herzlich darum zu bitten, daß ihr ihm gestatten möchtet, euer Haus zu besichtigen.

SIMO: Das ist nicht verkäuflich.

TRANIO: Das weiß ich schon. Doch unser alter Herr will einen Frauenpavillon bei sich errichten lassen, ein Bad, dazu einen Garten und einen Säulengang.

SIMO: Der träumt wohl?

TRANIO: Paß auf. Er will seinen Sohn so bald wie möglich verheiraten und muß deshalb neue Frauengemächer einrichten. Er sagte, der Architekt – ich kenne ihn nicht – habe dein Haus gepriesen, es sei unglaublich gut gebaut. Jetzt will er es sich zum Vorbild nehmen, falls du nichts dagegen hast. Und ganz besonders deshalb will er es als Vorbild, weil er hörte, daß das Haus im heißen Sommer wunderbaren Schatten hat, bis zum letzten Tagesschimmer.

SIMO: Nein, ganz im Gegenteil, wenn auf der ganzen Welt Schatten ist, dann scheint hier ohne Unterlaß die Sonne, vom Morgen bis zum Abend. Wie ein Schinderknecht steht sie an der Tür. Nein, an Schatten gibt es hier kein Deutchen, höchstens im Brunnen.

TRANIO: Nun, wenn du schon keinen Deutschen hast, hast du vielleicht einen Franzosen?

SIMO: Fall mir nicht auf die Nerven. Jedenfalls ist es so, wie ich sage.

TRANIO: Er will es aber trotzdem sehen.

SIMO: Von mir aus gern, wenn er will. Wenn ihm etwas gefällt, mag er nur danach bauen.

TRANIO: Also darf ich ihn rufen?
SIMO: Ja, ja, nur zu.
TRANIO:
Agathocles und Alexander haben
die größte Tat vollbracht, hört man die Leute sagen.
Was wird man erst von mir als drittem singen,
da ich allein Unsterbliches vollbringe?
Der eine Alte trägt den Sattel hier
genauso wie der andre, wie ein Tier.
So hab ich einen Job erwählt,
der mich – verdammt – nicht schlecht erhält.
Denn wie die Treiber Sättel auf die Esel packen,
so laß ich Menschen sich mit Sätteln placken.
Die Last ist schwer, doch einerlei,
sie schleppen ran, was es auch sei.
Jetzt sprech ich ihn am besten an und gehe hin. *Laut*:
He, Theopropides!

THEOPROPIDES: Hm, wer ruft mich?

TRANIO: Der Sklave, der dem Herrn in jeder Hinsicht treu ergeben ist.

THEOPROPIDES: Woher kommst du?

TRANIO: Von dort, wohin du mich geschickt hattest. Es ist alles geregelt.

THEOPROPIDES: Aber um Himmels willen, warum bliebst du so lange dort?

TRANIO: Der Alte hatte keine Zeit. Ich mußte warten.

THEOPROPIDES: Du bist wie immer: furchtbar langsam!

TRANIO: Ha, du solltest gefälligst überlegen, was du sagst. Man kann nicht gut zugleich blasen und schlürfen. Ich konnte nicht gleichzeitig hier und dort sein.

THEOPROPIDES: Also, was ist nun?

TRANIO: Geh hin und sieh dich ganz nach Belieben um.

THEOPROPIDES: Dann los, geh du voran!

TRANIO, *er bleibt stehen und macht auch gar keine Anstalten zu gehen*: Halte ich dich etwa auf?

THEOPROPIDES *ihn anstoßend*: Ich folge dir.

TRANIO, *der immer noch keinen Schritt gegangen ist*: Sieh, der Alte selbst erwartet dich an der Tür. Aber wie traurig ist er über den Verkauf des Hauses.

THEOPROPIDES: Was ist denn das nun wieder?

TRANIO: Er bittet, ich solle Philolaches überreden, den Kauf rückgängig zu machen.

THEOPROPIDES: Da bin ich andrer Meinung. Jeder soll seine eigene Ernte bergen. Auch wenn es sich um einen schlechten Kauf handeln würde, dürften wir ihn nicht rückgängig machen. Alles, was etwas Gewinn abwirft, muß man nach Hause tragen. Gefühlsduselei steht einem Menschen schlecht an.

TRANIO: Du liebe Zeit, was bist du langsam. Nun komm doch schon.

THEOPROPIDES: Schon gut. Ich halt mich ran.

TRANIO: Dort ist der Alte. *Laut:* Hallo, da bring ich dir den Mann.

SIMO: Wie freut mich deine wohlbehaltne Rückkehr aus der Fremde, Theopropides.

THEOPROPIDES: Der Götter Segen sei mit dir.

SIMO: Du wolltest dieses Haus besichtigen, sagte mir Tranio.

THEOPROPIDES: Wenn es dir nicht unangenehm ist.

SIMO: Ganz im Gegenteil. Geh nur hinein und sieh dich um.

THEOPROPIDES: Doch wegen der Frauenzimmer –

SIMO: Mach dir bloß nichts aus einem Frauenzimmer. Lauf überall und unverzüglich im Haus umher, ganz als ob es das deine wäre.

THEOPROPIDES: Als ob –?

TRANIO: St! halte ihm jetzt in seinem Kummer bloß nicht vor, daß du das Haus gekauft hast. Siehst du ihm nicht an, wie traurig der Alte in die Welt blickt?

THEOPROPIDES: Ja freilich.

TRANIO: Also gib ihm keinen Anlaß zu glauben, daß du dich mit Schadenfreude über ihn lustig machst. Sprich kein Wörtchen davon, daß du das Haus gekauft hast.

THEOPROPIDES: Ich verstehe. Ein guter Rat. Das ist Ausdruck deines edlen Wesens. Aber was wird nun?

SIMO: Also geh nur hinein und sieh dich in aller Ruhe um, ganz wie es dir gefällt.

THEOPROPIDES: Du zeigst dich gar zu gütig.

SIMO: Ganz recht, das wünsche ich. Soll dich jemand führen?

THEOPROPIDES: Ach was Führer, das paßt mir nicht. Lieber verlauf ich mich, als daß mich einer führt.

TRANIO: Siehst du den Vorplatz hier vor dem Haus? Und da der Wandelgang, wie geschickt!

THEOPROPIDES: Das ist wirklich wunderhübsch.

TRANIO: Weiter, sieh, wie die Säulen verfertigt sind, wie fest und stark.

THEOPROPIDES: Nie glaub ich, schönre Pfosten gesehen zu haben.

SIMO: Beim Pollux, die waren damals wirklich teuer.

TRANIO: Hast du gehört? Er sagte „waren". Kaum vermag er die Tränen zurückzuhalten.

THEOPROPIDES: Wie teuer hattest du sie gekauft?

SIMO: Drei Minen zahlte ich für diese beiden, abzüglich Transportkosten.

THEOPROPIDES: Zum Teufel, die sind ja viel schlechter, als ich anfangs dachte.

TRANIO: Wieso?

THEOPROPIDES: Weil beide durch und durch der Holzwurm zerfrißt.

TRANIO: Ich glaube, die Stämme wurden nicht zur rechten Zeit gefällt. Das schadet dem Holz. Doch sind sie auch jetzt noch gut genug, wenn man sie mit Pech bestreicht. Die sind nicht das Werk eines dahergelaufenen Makkaronifressers. Siehst du die Fugen an den Türflügeln?

THEOPROPIDES: Ganz recht.

TRANIO *mit für das Publikum unmißverständlicher Gestik auf die beiden Alten*: Seht doch, wie brav die schlafen.

THEOPROPIDES: Schlafen?

TRANIO: Nein, nein, ich wollte sagen, wie sich die Türflügel schließen. Kapiert?

THEOPROPIDES: Je mehr ich mir dies und das betrachte, desto mehr gefällt es mir.

TRANIO: Siehst du das Gemälde, wo eine Krähe zwei Geier zum besten hat?

THEOPROPIDES: Nanu, das seh ich nicht.

TRANIO: Aber ich sehe es. Zwischen zwei Geiern nämlich steht die Krähe und rupft die zwei Geier, einmal den, dann wieder den. Aber bitte, sieh m i c h an, damit du die Krähe sehen kannst. Siehst du mich?

THEOPROPIDES: Also nein, ich sehe da jedenfalls keine Krähe.

TRANIO: Na gut, dann sieh einmal euch beide an, da du die Krähe nicht sehen kannst. Vielleicht kannst du die Geier sehen?

THEOPROPIDES: Nein, und damit du dich zufriedengibst, ich sehe hier ganz und gar überhaupt kein Vogelbild.

TRANIO: Na schön, dann lassen wir das, ich verzeihe dir: Bei deinem Alter kannst du das nicht sehen.

THEOPROPIDES: Aber was ich sehen kann, das gefällt mir alles ganz außerordentlich gut.

SIMO: Wenn du erst weiter hineingehst, das lohnt die Mühe.

THEOPROPIDES: Ja, ja, dein Rat ist gut.

SIMO: He, Bursche, du, führe den alten Herrn durch das Haus und durch die Schlafgemächer. Ich würde dich ja selbst führen, wenn ich nicht auf dem Forum zu tun hätte.

THEOPROPIDES: Geh weg mit diesem Führer. Ich brauche keine Führung. Lieber verlauf ich mich, als daß mich einer führt.

SIMO: Ich meine ja nur durch das Haus.

THEOPROPIDES: Na schön, jedenfalls gehe ich ohne Führer hinein.

SIMO: Ist gut.

THEOPROPIDES: Also ich gehe.

TRANIO *rennt aus dem Haus mit deutlichen Zeichen seiner Furcht. – Hundegebell:* Wart noch, ich will nachsehn, ob der Hund –

THEOPROPIDES: Schön, sieh nach.

TRANIO, *er bleibt natürlich in respektvoller Entfernung von dem Tier*: St! Hund! Fort, Hund! Bißchen plötzlich! Scherst du dich nicht gleich ans Kreuz? Bist du immer noch da? He, fort mit dir!

SIMO: Keine Bange, der tut nichts. Der ist so sanft wie ein Neugeborenes. Du kannst ruhig hineingehn. Ich gehe jetzt zum Forum.

THEOPROPIDES: Daran tust du gut. Viel Erfolg. – Tranio, los, der Hund soll von der Türe weg, flott, auch wenn er nicht zu fürchten ist.

TRANIO: Sieh ihn doch an, wie sanft er daliegt. Wenn du nicht langweilig und feig scheinen willst …

THEOPROPIDES: Mach, was du willst, aber nun komm!

TRANIO, *er stellt sich so, daß Theopropides sich zwischen ihm und dem Hund befindet*: Ich bleibe keinen Millimeter hinter dir.

Beide ab.

VIERTER AKT

Erste Szene

Phaniscus.

PHANISCUS:
Sklaven, die die Strafe fürchten,
wenn sie keine Schuld beschwert,
sind gewöhnlich ihren Herren
ganz besonders lieb und wert.
Die sich aber strafbar machten
und trotz allem furchtlos leben,
oh, das sind die allerschlimmsten,
da sie nur nach Unfug streben.
Erst versuchen sie zu laufen,
da man Flucht für Rettung hält,
doch ergreift man sie, verwandeln
sie die Not zu barem Geld.
Selbst am Nichts gelingt es ihnen,
auch noch tüchtig zu verdienen.
Nein, ein solches Gaunerwesen
gibt's in meinem Herzen nicht.
Fort das Schlechte! Niemals laß ich
meine eigne Haut im Stich.
Rein und unbescholten leben,
war mir bisher immer lieb,
ohne Prügel auszukommen,
bleibt auch künftig mein Prinzip.
Wenn ich das dem Herrn erkläre,
schaffe ich mir Sicherheit:
Mag es auf die andren hageln,
wenn ich selbst nur trocken bleib.
Wie die Sklaven ihren Herrn sich
wünschen, pflegt er auch zu sein:
sind sie gut, ist er es gleichfalls,
sind sie schlecht, wird er gemein.
Nun, in unsrem Hause gibt's die

schlimmsten Strolche aller Zeiten,
die ihr bißchen Geld verplempern
und die dauernd Prügel leiden.
Wenn man diese Kerle anspricht
und dem Herrn entgegenschickt,
kriegt man gleich zur Antwort: „Niemals,
sei nicht lästig, bist verrückt;
denn ich weiß, worauf du abzielst –
Mensch, dir juckt es wohl am Leibe –,
ha, du Vieh, du willst dich drücken,
willst hinaus auf fette Weide.“ –
Meine Absicht war die beste:
Diese Antwort war mein Lohn!
Ganz allein von vielen Sklaven
komm ich her, den Herrn zu holn.
Aber wird die Sache morgen
erst bei meinem Herren laut,
wird er jene tüchtig prügeln
mit der Ochsenlederhaut.
Letzten Endes soll ihr Rücken
mich persönlich wenig drücken.
Lieber mag die Peitsche ihnen
als der Strick mir selber dienen.

Zweite Szene

Pinacium, Phaniscus.

PINACIUM: He du, warte, bleib mal stehen, Phaniscus. Drehst du dich endlich um?

PHANISCUS: Halt's Maul.

PINACIUM: Seht doch an, wie sich der Affe aufbläst. Bleibst du nicht endlich dort stehen, du ekelhafter Speichellekker?

PHANISCUS: Wieso denn das?

PINACIUM: Will ich dir sagen: Für ein paar Bissen kann man dich zu allem brauchen.

PHANISCUS: Ich bin ich, und mir gefällt das so, was geht das dich an?

PINACIUM: Du spielst dich auf, weil der Herr in dich vernarrt ist.

PHANISCUS: Brr, mir tun die Augen weh.

PINACIUM: Wieso?

PHANISCUS: Weil du wie Küchendampf beißt.

PINACIUM: Sei doch still, du Falschmünzer, du prägst ja doch nur bleiernes Geld.

PHANISCUS: Du kannst mich nicht zum Fluchen reizen. Mein Herr kennt mich ganz genau.

PINACIUM: Seine Matratze muß er ja wohl kennen.

PHANISCUS: Wenn du nüchtern bist, hältst du jetzt die Klappe.

PINACIUM: Ich auf dich hören? Das tust du ja auch nicht.

PHANISCUS: Doch nun komm mit, wir gehn dem Herrn entgegen, du Halunke. Beim Herkules, hör mir aber mit diesem Geschimpf auf.

PINACIUM: Na gut, ich klopfe an die Tür. *Pocht laut an die Tür:* He, ist jemand da, der diese Tür vor den allergrößten Unannehmlichkeiten behütet? Macht jemand auf? *Nach kurzer Pause:* Kein Mensch kommt raus. Wie es sich für heruntergekommene Menschen gehört, so sind sie auch. Doch um so vorsichtiger muß ich sein, daß keiner herauskommt, der mich verprügelt.

Dritte Szene

Tranio, Theopropides.

Sie kommen aus dem Haus des Simo, unterhalten sich, ohne die beiden anderen zu bemerken.

TRANIO: Was hältst du von dem Kauf?

THEOPROPIDES: Ich bin herzlich froh.

TRANIO: Scheint dir das Haus etwa zu teuer gekauft?

THEOPROPIDES: Niemals, bei den Göttern, wüßte ich, daß ein Haus so billig verschleudert wurde.

TRANIO: Es gefällt dir also?

THEOPROPIDES: Ob es mir gefällt, fragst du? O ja, beim Herkules, es gefällt mir ganz außerordentlich.

TRANIO: Was hältst du von dem Frauengemach? Und vom Säulengang?

THEOPROPIDES: Wunderbar. Wirklich wahr, im ganzen Land gibt es keinen größeren, glaub ich.

TRANIO: Ja, ja, ich selbst und Philolaches, wir haben im ganzen Lande alle Säulengänge ausgemessen.

THEOPROPIDES: Na und?

TRANIO: Mit Abstand ist dieser der längste von allen.

THEOPROPIDES: Ihr unsterblichen Götter, ein reizender Handel! Beim Herkules, wenn jetzt der alte Simo sechs große Silbertalente in bar dafür bietet, ich gehe niemals darauf ein.

TRANIO: Und wenn du beim Herkules darauf eingehen möchtest: ich werde es niemals zulassen.

THEOPROPIDES: Wie gut ist unsre Habe angelegt bei diesem Handel!

TRANIO: Auf meinen Rat und mein Betreiben ist es geschehen, das sag ich freiheraus, daß dein Sohn die Summe, die er dem Simo bezahlte, sich auf Zins vom Wucherer holte.

THEOPROPIDES: Du hast das ganze Schiff wohl behütet. Also achtzig Minen schuldet man dem Mann?

TRANIO: Und keine Münze mehr.

THEOPROPIDES: Das bekommt er noch heute.

TRANIO: Ja, ja, ganz gewiß, damit nichts dran zu rütteln ist. – Oder – zähle es – gleich mir in die Hand, ich gebe es dann an den Wucherer weiter.

THEOPROPIDES: Bloß, daß ich nicht den Dummen mache, wenn ich es dir gebe.

TRANIO: Wie könnte ich es auch nur im Scherz wagen, dich in Worten oder Taten hinters Licht zu führen?

THEOPROPIDES: Ich könnte es wagen, dir unbesorgt etwas anzuvertrauen?

TRANIO: Habe ich dich etwa jemals genarrt, seit ich bei dir als Sklave diene?

THEOPROPIDES: Ich hab mich ja auch gut in acht genommen, dafür sag ich den Göttern und meinem Herzen Dank. Ja, ja, ich bin schlau, wenn ich mich wenigstens vor dir gut hüte.

TRANIO: Mag sein.

THEOPROPIDES: Nun geh aufs Land, sag meinem Sohn, ich wäre wieder da.

TRANIO: Jawohl, wie du befiehlst.

THEOPROPIDES: Er soll mit einem Wagen zur Stadt kommen, und du kommst mit.

TRANIO: Gut. *Zum Publikum:* Ich gehe jetzt dorthin, dann durch die Hinterpforte zu meinen Kompagnons. Ich werde ihnen berichten, daß hier alles in Ordnung ist und daß ich den Alten von hier wegbefördert habe. *Ab.*

Vierte Szene

Phaniscus, Theopropides, Pinacium.

PHANISCUS: Hier jedenfalls merkt man von Sauferei nichts, wie es früher war, man hört keine Flötenspielerin und auch sonst keine Leute.

THEOPROPIDES: Was ist da los? Was haben diese Menschen bei meinem Haus zu suchen? Was wollen sie? Was gaffen sie hinein?

PINACIUM: Ich will doch noch mal an die Türe klopfen. – He, mach auf, he, Tranio, öffnest du endlich?

THEOPROPIDES: Was ist das für eine Geschichte?

PINACIUM: Machst du endlich auf? Wir wollen unseren Herrn Callidamates abholen.

THEOPROPIDES: He, ihr beiden Kerle da, was treibt ihr? Was schlagt ihr denn die Türe ein?

PHANISCUS: Mensch, Alter, was scherst du dich um Dinge, die dich nichts angehn?

THEOPROPIDES: Nichts angehn?

PHANISCUS: Es sei denn, du wärest als neuer Präfekt eingesetzt, beauftragt mit der Untersuchung, Überprüfung, Besichtigung, Erforschung von fremder Leute Angelegenheiten.

THEOPROPIDES: Hier wohnt keiner, wo ihr steht.

PHANISCUS: Was sagst du? Hat Philolaches das Haus etwa verkauft? Oder hat uns dieser Alte zum besten?

THEOPROPIDES: Was ich sage, stimmt. Aber was habt ihr hier zu schaffen?

PHANISCUS: Paß auf: Unser Herr besäuft sich da drin.

THEOPROPIDES: Euer Herr besäuft sich da drin?

PHANISCUS: Ganz genau.

THEOPROPIDES: Freundchen, du bist ja drollig.

PHANISCUS: Wir wollen ihn abholen.

THEOPROPIDES: Wen?

PHANISCUS: Unseren Herrn. Wie oft soll ich dir das noch sagen.

THEOPROPIDES: Mein Lieber, hier wohnt keiner. – Doch habe ich den Eindruck, daß du ein anständiger Mensch bist.

PHANISCUS: Hier in diesem Haus würde der junge Philolaches nicht wohnen?

THEOPROPIDES: Er hat hier gewohnt, aber er zog schon lange aus.

PINACIUM: Der Alte ist nicht recht bei Verstand.

PHANISCUS: Du bist gründlich im Irrtum, alter Herr. Denn wenn er nicht grad heute oder gestern auszog, so weiß ich sicher, daß er hier wohnt.

THEOPROPIDES: Ach was, schon seit sechs Monaten wohnt hier keiner.

PINACIUM: Du träumst.

THEOPROPIDES: Ich?

PINACIUM: Ja du.

THEOPROPIDES: Halt bloß den Mund. Laß mich mit dem da reden. – Hier wohnt keiner.

PHANISCUS: Er wohnt ganz sicher drin. Denn gestern und vor zwei, drei, vier, fünf, sechs Tagen, bis zurück zur Abreise seines Vaters, kam es nicht einmal vor, daß zwischen den Saufgelagen mehr als drei Tage vergingen.

THEOPROPIDES: Was sagst du da?

PHANISCUS: Keine drei Tage setzte man hier aus mit Trinken, Huren, Schäkerei, Lotterei und Flötenspielerinnen.

THEOPROPIDES: Und wer benahm sich so?

PHANISCUS: Philolaches.

THEOPROPIDES: Welcher Philolaches?

PHANISCUS: Der, dessen Vater meines Wissens Theopropides ist.

THEOPROPIDES: Der Teufel, das ist mein Tod, wenn es stimmt. Den muß ich noch weiter aushorchen. – Sagtest du, daß dort jener Philolaches, oder wie er heißt, gewöhnlich mit deinem Herrn zecht?

PHANISCUS: Gewiß.

THEOPROPIDES: Kerl, du bist dümmer, als du aussiehst. Denk mal nach, ob du nicht irgendwo zum Frühschoppen eingekehrt bist und mehr, als für dich gut ist, getrunken hast.

PHANISCUS: Wie kommst du darauf?

THEOPROPIDES: Nur so, damit du nicht noch vergeblich zu anderen Häusern läufst.

PHANISCUS: Ich weiß schon, warum ich komme und wohin ich zu gehen habe. Hier wohnt Philolaches, der Sohn des Theopropides, der sich, nachdem sein Vater auf Handelsreisen gegangen war, eine Flötenspielerin freikaufte.

THEOPROPIDES: Was, dieser Philolaches?

PHANISCUS: Gewiß, er kaufte die Philematium frei.

THEOPROPIDES: Wie teuer?

PHANISCUS: Für dreißig.

THEOPROPIDES: Talente?

PHANISCUS: Um Himmels willen nein, natürlich für dreißig Minen.

THEOPROPIDES: Freigekauft?

PHANISCUS: Ganz und gar freigekauft, für dreißig Minen.

THEOPROPIDES: Du sagst, das Mädchen wurde von Philolaches für dreißig Minen gekauft?

PHANISCUS: Ja, ja.

THEOPROPIDES: Und dafür freigelassen?

PHANISCUS: Ja, ja.

THEOPROPIDES: Und nach der Abreise seines Vaters wurden unentwegt Saufgelage gehalten, und zwar mit deinem Herrn?

PHANISCUS: Ja, ja.

THEOPROPIDES: Was? Hat er auch dieses Nachbarhaus gekauft?

PHANISCUS: Davon war nicht die Rede.

THEOPROPIDES: Und vierzig Minen dafür gezahlt?

PHANISCUS: Auch davon sprach ich nicht.

THEOPROPIDES: Der Teufel, du bringst mich um!

PHANISCUS: Im Gegenteil, der brachte seinen Vater um.

THEOPROPIDES: Du hast recht.

PHANISCUS: Ich wollte, ich hätte unrecht. Du bist gewiß ein Freund seines Vaters.

THEOPROPIDES: O weh, du sprichst von seinem armen Vater!

PHANISCUS: Das ist noch gar nichts, diese dreißig Minen, bei all dem andren Riesenaufwand.

THEOPROPIDES: Der hat seinen Vater erledigt.

PHANISCUS: Und einer ist dort dabei, ein ganz verfluchter Bengel, dieser Tranio: der ist in der Lage, das ganze Vermögen des Herkules zu vermöbeln. O ja, mir tut der Vater herzlich leid. Wenn der wüßte, was hier vor sich geht, würde es dem armen Mann wie mit Feuerkohlen das Herz zerbrennen.

THEOPROPIDES: Ja wirklich, wenn das alles stimmt.

PHANISCUS: Was hätte ich für einen Grund, dich zu belügen? *Er nähert sich wieder der Tür.*

PINACIUM, *der wieder zu klopfen beginnt*: He ihr da drin, macht jemand auf?

PHANISCUS: Was soll das Klopfen noch, da ja doch niemand drin ist. – Ich glaube, sie sind fortgegangen, um anderswo zu zechen. Wollen wir also gehen und weitersuchen. Komm mit.

(PINACIUM: Ich komme.)

THEOPROPIDES: He, Bursche, gehst du schon?

PHANISCUS: (Ja, ich muß, denn) deine Freiheit ist ein Schutz für deinen Rücken; für mich aber gibt es nichts, was mir den Rücken schützt, wenn ich meinen Herrn nicht fürchte und ihm gehorsam bin.

Phaniscus und Pinacium ab.

Fünfte Szene

Theopropides, Simo.

THEOPROPIDES:
O Herkules, Verderben, ach, was soll ich machen?
Ich hörte ja so viele, viele Sprachen;
auf meinen weiten Reisen fuhr
ich doch nicht nach Ägypten nur.
O nein, ich kam in alle Länder, bis zum fernsten Strand!
Jedoch wo bin ich jetzt? In welchem Land?

Ich weiß nicht. – Aber halt! Gleich krieg ich's raus.
Durch den da, der sein eignes Haus
an meinen Sohn verhökert hat. –
Wie geht's uns, Simo? (Guten Tag!)

SIMO: Vom Forum komme ich und geh nach Hause.

THEOPROPIDES: Was Neues heute auf dem Forum?

SIMO: Auch das.

THEOPROPIDES: Nun, was denn.

SIMO: Ich sah, wie man eine Leiche wegbrachte.

THEOPROPIDES: Na.

SIMO: Das ist mal wieder was: Zu sehen, wie man eine Leiche wegbrachte. Die Leute sagten, er hätte grad noch gelebt.

THEOPROPIDES: Zum Kuckuck mit dir!

SIMO: Was stehst du auch so rum und fragst nach Neuigkeiten?

THEOPROPIDES: Nur weil ich heute von einer weiten Reise wieder nach Hause kam.

SIMO: Nein, nein, ich bin schon verabredet, zum Essen lade ich dich nicht, bild dir das nicht ein!

THEOPROPIDES: Menschenskinder, das verlange ich ja gar nicht.

SIMO: Aber morgen, falls mich nicht zuvor ein anderer einlädt, speise ich gern mit bei dir.

THEOPROPIDES: Menschenskinder, das verlange ich genausowenig. – Aber falls du nichts Wichtigeres zu tun hast, dann hör doch mal einen Moment zu.

SIMO: Sehr gern.

THEOPROPIDES: Du hast, soviel ich weiß, vierzig Minen von Philolaches erhalten?

SIMO: Niemals auch nur einen Heller, soviel ich weiß.

THEOPROPIDES: Und von meinem Sklaven Tranio?

SIMO: Von dem noch viel weniger.

THEOPROPIDES: Die er dir als Anzahlung für den Kauf gab?

SIMO: Sag mal, träumst du?

THEOPROPIDES: Ich??? Du vielleicht. Du denkst wohl, du kannst durch ein bißchen Abstreiten die ganze Angelegenheit ungeschehen machen?

SIMO: Welche denn?

THEOPROPIDES: Nun den Kauf, den während meiner Abwesenheit mein Sohn mit dir abgeschlossen hat.

SIMO: Mit mir hätte jener hier während deiner Abwesenheit ein Geschäft abgeschlossen? Worum geht es denn und wann denn?

THEOPROPIDES: Aber achtzig Silberminen schulde ich dir noch?

SIMO: Mir jedenfalls nicht, beim Herkules. – Aber wenn du meinst, gibt nur her. Und was man verspricht, muß man halten, streite bloß nicht ab.

THEOPROPIDES: Ich streite meine Schuld gewiß nicht ab und zahle. Aber du streite auch nicht ab, daß du schon vierzig Minen bekommen hast.

SIMO: Alle Wetter, ich bitte dich. Sieh mich doch einmal an, und dann gib Antwort. Warum schuldete mir dein Sohn die vierzig Minen, wie du sagst?

THEOPROPIDES: Das will ich dir gern sagen. Für zwei Talente hat er nach Tranios Bericht dein Haus gekauft.

SIMO: Haus gekauft? Das hat dir Tranio erzählt? (Mir hat er ganz was anderes erzählt:) Du wolltest deinen Sohn verheiraten und hast deshalb – so sagte er – in deinem Haus Umbauten vor.

THEOPROPIDES: Hier Umbauten? Ich?

SIMO: Ja, sagte mir Tranio.

THEOPROPIDES: Zum Teufel, mich trifft der Schlag. Mir bleibt die Luft weg. O Nachbar: Himmel, Hölle, Tod, Verderben!

SIMO: Hat das Tranio eingebrockt?

THEOPROPIDES: Nein, ausgebrockt hat er alle meine Habe. An der Nase hat er mich heute herumgeführt, auf unverschämte Art und Weise.

SIMO: Wie meinst du?

THEOPROPIDES: Die Sache ist folgendermaßen: Zum Narren hat er mich gestempelt bis in alle Ewigkeit. Aber jetzt bitte ich dich, daß du mir besonders hilfreich zur Seite stehst.

SIMO: Was willst du denn?

THEOPROPIDES: Komm einmal mit, bitte, komm gleich mit in dein Haus.

SIMO: Gut.

THEOPROPIDES: ... und leihe mir die Muskelkraft deiner Sklaven und deine Riemenpeitschen.

SIMO: Gern.

THEOPROPIDES: Und dabei will ich dir auch erzählen, wie mich Tranio heute zum besten hielt.

Beide ab ins Haus des Simo.

FÜNFTER AKT

Erste Szene

Tranio, Theopropides.

TRANIO:
Wer sich im Zweifelsfall vor Furcht verzehrt,
der Mensch ist keinen Heller wert. –
Doch weiß ich freilich keinen Rat,
was „keinen Heller wert“ wohl heißen mag.
(Na schön:) Mir hatte vorhin unser Herr befohlen,
ihm seinen Sohn vom Land zu holen.
Ich ging und kam durch enge Gassen dann –
bei uns zu Haus, im Garten heimlich wieder an.
Das Gartentor, das dort in jener Gasse liegt,
hab ich natürlich aufgekriegt
und dann die ganze Legion mit Mann und Weib
aus der Belagerung befreit.
Nach solcher Rettung meiner Mannen
ruf ich die Mitganoven zum Senat zusammen. –
Doch kaum sind sie an einem Ort,
da schickt man mich von der Beratung fort.
Nun seh ich mich auf meinem Forum einsam wandern,
und da verhalt ich mich wie all die andern,
für die die Dinge fürchterlich verwickelt sind:
man treibt es weiter so, daß kein Mensch Ruhe find’t.
Denn längst schon ist mir restlos klar,
daß vor dem Alten nichts mehr zu verbergen war.
Kein Freund mehr (lebt auf dieser Welt,
der in der Not noch zu mir hält). –
Ich trödle. – Doch was ist, sieh an,
die Türe knarrt, gleich nebenan?
Das ist mein Herr, der Alte, in der Tat:
Ich will doch sehn, was er zu sagen hat.

Er versteckt sich.

THEOPROPIDES: Bleibt dort hinter der Tür stehen. Und wenn

ich euch rufe, dann springt mit einem Satz herbei. Legt ihm rasch Handeisen an. Ich werde den Strolch, der mich so genarrt hat, vor dem Haus erwarten. Aber heute treibe ich meine Späße mit seinem Fell rechtschaffen, so wahr ich lebendig bin.

TRANIO: Die Sache ist raus. Jetzt ist es besser, du siehst, wo du bleibst, Tranio.

THEOPROPIDES: Schlau und listig muß ich ihn schnappen, sobald er kommt. Nicht sofort zeig ich ihm den Angelhaken, ganz langsam geb ich Leine. Ich tu, als wüßte ich von alledem nichts.

TRANIO: O der erbärmliche Kerl. Keinen zweiten in Athen könnte man klüger nennen. Bei dem vergeudet ein jeder seine Worte heute mehr als bei einem Stein. – Ich gehe hin und sprech ihn an.

THEOPROPIDES: Wenn er bloß bald käme.

TRANIO: Falls du mich suchst, da steh ich, von Mann zu Mann.

THEOPROPIDES: Hallo Tranio, wie geht's uns denn?

TRANIO: Das Landvolk kehrt vom Land zurück. Philolaches ist gleich hier.

THEOPROPIDES: Ach, du kommst mir sehr gelegen. – Unser Nachbar da, glaub ich, ist ein ganz frecher und schlechter Mensch.

TRANIO: Wieso?

THEOPROPIDES: Er sagt, er kennt euch nicht.

TRANIO: Kennt uns nicht?

THEOPROPIDES: Und leugnet, daß ihr ihm jemals auch nur eine Silbermünze gabt.

TRANIO: Ach geh, du machst dich lustig, das glaub ich nicht.

THEOPROPIDES: Was denn?

TRANIO: Ich weiß schon, du scherzt jetzt nur. Denn der gibt alles zu.

THEOPROPIDES: Nein, nein, er leugnet ganz gewiß, und er sagt auch, er habe dieses Haus an Philolaches gar nicht verkauft.

TRANIO: Was, und er streitet ab, Geld erhalten zu haben? Ich bitte dich!

THEOPROPIDES: Ja, er verspricht mir sogar zu schwören,

wenn ich wünsche, daß er das Haus weder verkaufte noch Geld dafür empfing.

TRANIO: (Hast du dich denn nicht auf mich berufen?)

THEOPROPIDES: Auch das habe ich getan.

TRANIO: Und was erwidert er?

THEOPROPIDES: Er bot mir zum Verhör alle seine Sklaven an.

TRANIO: Dummes Zeug. Das tut der nie.

THEOPROPIDES: Doch, ganz sicher.

TRANIO: Vor Gericht mit dem! *Er läuft an Theopropides vorbei in Richtung auf den Altar.*

THEOPROPIDES: Halt, ich krieg das raus, denk ich, ganz gewiß.

TRANIO: Her mit dem Kerl! Oder laß dir dieses Haus als Eigentum übertragen.

THEOPROPIDES: Nein, nein, ich möchte erst einmal die Sklaven zur Untersuchung heranziehen.

TRANIO: Ganz recht, ich glaube, das geht auch.

THEOPROPIDES: Was meinst du, wenn ich mal diese Leute hole?

TRANIO: Das hätte schon längst geschehen müssen. *Springt auf den Altar.* Ich nehme unterdessen hier auf dem Altare Platz.

THEOPROPIDES: Was soll denn das?

TRANIO: Dein Verstand taugt doch zu nichts. Natürlich, damit sich die Sklaven nicht hierher flüchten können, die Simo zum Verhör stellt. Von hier aus führe ich den Vorsitz, damit das Verhör nicht schiefläuft.

THEOPROPIDES: Ach, steh doch auf!

TRANIO: Auf keinen Fall.

THEOPROPIDES: Du sollst den Altar wirklich nicht besetzen, ich bitte dich darum.

TRANIO: Warum?

THEOPROPIDES: Paß auf: Weil ich es ausgerechnet darauf angelegt habe, daß sich die Sklaven dorthin flüchten. Laß sie nur: Um so leichter kann ich Simo beim Richter wegen des Silbers belangen.

TRANIO: Man soll immer das Nötige tun. Warum willst du eine weitere Schwierigkeit anhäufen? Kennst du nicht die Gefährlichkeit der Justiz?

THEOPROPIDES: Steh doch endlich auf und komm hierher. Ich will etwas mit dir besprechen.

TRANIO: Ich kann dir auch von hier aus meine Ratschläge geben. Im Sitzen bin ich viel gescheiter. Ferner sind die Ratschläge zuverlässiger, die von geweihter Stätte kommen.

THEOPROPIDES: Steh auf und laß die Späße. *Mit besonders freundlicher und sanfter Miene:* Sieh mir doch einmal ins Angesicht.

TRANIO *ihn nachäffend*: Ist schon geschehen.

THEOPROPIDES: Nun, siehst du?

TRANIO: Ich sehe. Wenn hier ein dritter zwischen uns träte, er stürbe vor Hunger.

THEOPROPIDES: Wieso?

TRANIO: Weil bei uns beiden nichts zu holen ist. Wir sind einer so ein Strolch wie der andere.

THEOPROPIDES: Zum Kuckuck!

TRANIO: Fehlt dir was?

THEOPROPIDES: Du hast mich reingelegt!

TRANIO: Tatsächlich?

THEOPROPIDES: Und wie du mich angeschmiert hast!

TRANIO: Ja, ja, geschieht dir recht. Hoffentlich fließt die Schmiere schön.

THEOPROPIDES: Ja, zum Teufel, das ganze Gehirn habe ich mir schon aus dem Kopf geschneuzt. Denn alle eure Schandtaten habe ich erfahren, gründlich und nicht nur gründlich, sondern urgrundgründlich.

TRANIO: In dem Punkt möchte ich dir heute nur ungern widersprechen.

THEOPROPIDES: Wart nur, gleich laß ich Feuer und Reisig um dich anzünden, du Halunke.

TRANIO: O bitte nein, denn gekocht schmecke ich lieblicher als gebraten.

THEOPROPIDES: An dir werde ich ein Exempel statuieren.

TRANIO: Weil ich dir so gefalle, willst du mich zum Beispiel nehmen?

THEOPROPIDES: Nun gib doch selber zu: In welchem Zustand ließ ich meinen Sohn hier zurück, als ich auf Reisen ging?

TRANIO: Mit Füßen, Händen, Fingern, Ohren, Augen und Lippen.

THEOPROPIDES: Nach etwas andrem frag ich dich.

TRANIO: Und wieder etwas andres sag ich dir. – Doch guck

mal, da seh ich den Kumpan deines Herrn Sohnes herbeispazieren, den Callidamates. Wenn der da ist, magst du mit mir verhandeln, wenn du willst.

Zweite Szene

Callidamates, Theopropides, Tranio.

CALLIDAMATES: Als ich meinen handfesten Schwips gründlich ausgeschlafen hatte, erzählte mir Philolaches, daß sein Vater von weiter Reise heimgekehrt sei und wie der Sklave den Ankömmling zum besten hielt. Philolaches sagte, er traue sich nicht, seinem Vater unter die Augen zu treten. Und aus der ganzen Zechbruderschaft bin ich jetzt als einziger zum Wortführer bestellt, um den Vater um Frieden zu bitten. Aber da ist er ja, sehr gut. – Ich wünsch dir alles Gute und freue mich, daß du wohlbehalten aus der Fremde zurückgekehrt bist, Theopropides. Sei doch so gut und speise heute bei uns.

THEOPROPIDES: Callidamates, der Götter Segen sei mit dir. Und besten Dank für die Einladung.

CALLIDAMATES: Kommst du nicht?

TRANIO: Sag nur zu. Ich gehe dann für dich, wenn es dir nicht paßt.

THEOPROPIDES: Du Strolch machst immer noch Witze?

TRANIO: Weil ich bereit bin, für dich zum Mahl zu gehn?

THEOPROPIDES: Du wirst nicht gehn! Ich lasse dich tragen – ans Kreuz, wie du es verdienst.

CALLIDAMATES: Ach, laß das doch und versprich, zu uns zum Essen –

TRANIO *ihm ins Wort fallend*: Sag, daß du kommst, was schweigst du denn?

CALLIDAMATES: Warum hast du dich auf den Altar geflüchtet?

TRANIO: Kaum war dieser Oberunverstand eingetroffen, da hat er mich auch schon durch und durch erschreckt. Jetzt berichte, was ich getan habe. Sieh an, da steht für uns beide ein Schiedsrichter. Nun zeig mal deine Advokatenkunst.

THEOPROPIDES: Ich klage dich an, meinen Sohn korrumpiert zu haben.

TRANIO: Paß gut auf: Und ich gestehe alle Sünden – den

Freikauf des Mädchens in deiner Abwesenheit – daß wir auf Wucherzins gepumpt haben – ich geb auch zu, daß das Geld weg ist. Hat er da etwas anderes getan, als die Söhne aus den ersten Kreisen allgemein tun?

THEOPROPIDES: Verflixt, vor dir muß man aber auf der Hut sein, du bist ein ganz gewichster Redner.

CALLIDAMATES: Laß mich in diesem Rechtsfall richten. Steh auf, den Platz brauch ich.

THEOPROPIDES: Ich bin einverstanden. Übernimm du die Entscheidung in diesem Streit.

TRANIO *für sich*: Die Sache hat einen Haken. *Laut:* Entscheide so, daß ich mich nicht zu fürchten brauche, und du fürchte für mich.

THEOPROPIDES: Alles andre ist mir egal – außer wie mich der Kerl zum besten hatte.

TRANIO: Bravo, bravo, das war recht, das freut mich auch. In deinem weißbehaarten Lebensalter sollte man ein bißchen Grütze haben.

THEOPROPIDES: Was soll ich nun tun?

TRANIO: Wenn du mit Diphilos und Philemon befreundet bist, dann erzähle ihnen, wie dich dein Sklave angeführt hat. Du lieferst ein Musterbeispiel für den angeschmierten Alten in der Komödie.

CALLIDAMATES: Halt ein bißchen den Mund; laß mich mal reden, hör zu.

THEOPROPIDES: Ist recht.

CALLIDAMATES: Daß ich der beste Freund deines Sohnes bin, das weißt du. Er kam zu mir, weil er sich schämt, dir unter die Augen zu treten, wegen all der Dinge, die er anstellte und die du ja kennst. Deshalb bitte ich dich um Verzeihung für seine Torheit und für seinen jugendlichen Übermut. Er ist ja dein Sohn. Du weißt, daß man gewöhnlich in diesem Alter solche Scherze treibt. Was er tat, beging er mit uns gemeinsam: Wir haben gemeinsam gesündigt. Die Zinsen, das Kapital, den ganzen Aufwand, den Freikauf des Mädchens, alles erstatten wir, wir tragen es gemeinsam, aus unseren Mitteln, nicht den deinigen.

THEOPROPIDES: Kein wirkungsvollerer Sprecher konnte zu mir kommen als du. Mein Zorn auf meinen Sohn ist schon völlig verraucht. Im Gegenteil, treibt's nur in meiner Gegenwart getrost so fort und liebt und sauft, macht, was ihr wollt. Wenn er sich des vergangenen Treibens schämt, genügt mir das.

CALLIDAMATES: Er schämt sich ganz kaputt.

TRANIO: Was wird nach dieser allgemeinen Amnestie nun aus mir?

THEOPROPIDES: Mit Ruten laß ich dich Schandbuben aufgehängt durchprügeln.

TRANIO: Auch wenn ich mich schäme?

THEOPROPIDES: Beim Herkules, ich bring dich um, so wahr ich lebe.

CALLIDAMATES: Gewähre deine Gunst doch allen. Erlaß dem Tranio bitte die Strafe, mir zuliebe.

THEOPROPIDES: Alles andre kann man bei mir leichter durchsetzen, als daß ich den für seine ganz verteufelten Teufelsstreiche nicht zum Teufel schicke.

CALLIDAMATES: Erlaß es ihm, bitte.

THEOPROPIDES: Dem? Siehst du nicht, wie der Gauner dasteht?

CALLIDAMATES: Tranio, hör auf, wenn du schlau bist!

THEOPROPIDES: Hör du nur auf, das zu verlangen. Den mach ich mit Prügeln fertig, bis er Ruhe gibt.

TRANIO: Ist nicht nötig.

CALLIDAMATES: Nun mach schon, laß dich einmal bitten.

THEOPROPIDES: Hör auf zu bitten.

CALLIDAMATES: Ach bitte, doch.

THEOPROPIDES: Du sollst nicht, sage ich.

CALLIDAMATES: Das hilft dir nichts. Das eine Vergehen erlaß ihm, bitte, mir zuliebe.

TRANIO: Was erschwerst du dir die Entscheidung? Als ob ich nicht schon morgen für ein anderes Ding schuldig werde. Dann kannst du gleich beides gründlich bestrafen.

CALLIDAMATES: Ach laß dich doch erbitten!

THEOPROPIDES: Also dann fort! Straflos fort! Und bedank dich bei dem.

Verehrtes Publikum,
das Stück ist aus,
(nun geht nach Haus)
und spendet uns Applaus!

Nachwort

Seit Plautus den Tod fand, trauert das Lustspiel,
die Bühne ist leer,
und Lachen, Spiel, Scherz und die zahllosen Metren
vergossen Tränen alle zugleich.

Dieses Grabgedicht schrieb Plautus selbstbewußt sich selbst. Der römische Dichter Volcacius Sedigitus, der an der Wende vom 2. zum 1. Jahrhundert lebte, stimmt diesem Lobpreis zu, wenn er in seiner Rangliste der zehn namhaften römischen Lustspieldichter Plautus an die zweite Stelle setzt und sagt:

Den Siegespreis geb ich dem Mimendichter Statius
Caecilius,
und Plautus sticht als zweiter leicht die andern aus.
Dann Naevius, der Feuerkopf, steht auf Platz drei. ...

Anders Horaz; als Dichter der augusteischen Zeit urteilt er mitten aus der Blütezeit römischen Schrifstellertums heraus, auffällig mißgünstig in der 1. Epistel des 2. Briefe-Buches Vers 168:

Man glaubt, weil die Komödie mitten aus dem
Alltag wächst, verursacht sie nur wenig Müh',
jedoch besitzt im selben Umfang mehr sie an
Gewicht, wic weniger sie Ansehn hat.
Schau an, wie Plautus seine Rollen macht:
des jugendlichen Liebhabers, des sorgfältig
bedachten Vaters,
des hinterhältigen Kupplers und wieviel Dossennus
im gefräßigen Parasiten steckt,
wie Plautus lockren Schuhs hin über seine Bühne
gleitet.
Nur Geld will er in seinen Beutel scheffeln,
doch ob die Handlung abfällt oder steht, das sorgt
er nicht.

Das Lustspiel des Plautus besitzt die besten Voraussetzungen dafür, glänzend mißverstanden zu werden. Am Übergang Roms von der Provinzmacht zur Mittelmeergroßmacht, von der vorliterarischen zur literarischen Zeit und am Schnittpunkt des griechischen und römischen Kulturbereichs ist es schwierig, die Stränge der verknoteten Probleme auseinanderzuhalten. Da hatte schon Horaz Schwierigkeiten. Auch die neuere Forschung ging vielfach fehl. Lange Jahrzehnte galt die unangefochtene Ansicht, daß die Neue Komödie ganz allgemein, eingeschlossen Plautus, lediglich eine gattungsgeschichtlich interessante, wegen ihres feinen Humors beliebte, aber ausschließlich literarische und alles in allem unpolitische Erscheinung sei. Das ist heute kaum noch aufrechtzuerhalten; denn mit der historischen Einordnung des Autors und seines Werkes hebt sich die literarische Ausschließlichkeit ganz von selbst auf.
Um das Jahr 220 v. u. Z. – und kurz danach können wir die ältesten Stücke des Plautus ansetzen – hatte Rom die Unterwerfung Italiens längst abgeschlossen; es stand mit Karthago im Existenzkampf, der 201 ebenfalls zu Roms Gunsten sein Ende fand und zugleich den Auftakt für die römische Expansion über den gesamten Mittelmeerraum bedeutete. Nach jenem Sieg in Nordafrika wurde von Rom das Vordringen nach Kleinasien und Syrien und wenige Jahrzehnte später nach dem griechischen Mutterland vorbereitet. Die Lebenszeit des Plautus steht am Anfang eines Zeitabschnittes von 150 Jahren, in denen das Imperium Romanum seine riesige Ausdehnung erfuhr, in der die Sklaven quantitativ und qualitativ immer wirkungsvoller verwendet wurden, in der innenpolitisch die patriarchalische Gesellschaftsstruktur überwunden wurde und eine neue entstand, die durch das Aufkommen einer Klasse reicher Geschäftsleute, durch den Rückgang selbständiger Kleinbauern und durch die Ausdehnung des Großgrundbesitzes gekennzeichnet war. Ökonomische Abhängigkeitsverhältnisse begannen zu dominieren. Innenpolitische und außenpolitische Erfolge stärkten das römische Selbstbewußtsein. Ein kraftvolles Staatsinteresse war Voraussetzung für all das gewesen.
Eine in gewisser Weise umgekehrte Entwicklung hatte sich

in Griechenland vollzogen, damals, als jene Neue Komödie erblühte, die Plautus ein Jahrhundert später studiert und bearbeitet, teilweise auch umgestaltet und selbständig erweitert hat. Im Gegensatz zum Aufschwung in Rom war in Athen die Krise der Polis-Demokratie eingetreten. Das hatte sich praktisch so ausgewirkt, daß die Staatsinteressen für den einzelnen athenischen Bürger zweit- und drittrangig geworden waren gegenüber den privaten Einzelinteressen, dem Streben nach persönlichem Vorteil, Vermögensbildung und Wohlstand. Die Demokratie der alten Polis war im Hellenismus aufgegangen. Wenn es dennoch auch ein ausgeprägtes griechisches Selbstbewußtsein gab, so beruhte dies nicht auf machtpolitischen Erfolgen jener Gegenwart, sondern auf den jahrhundertealten Traditionen in der Kunst, Literatur, Philosophie und den Naturwissenschaften.

Auch in Rom war das begriffen worden. Mit einem peinlichen Gefühl mußten sich die Römer darüber klar sein, daß sie der kulturellen Größe der Griechen nichts anderes gegenüberzustellen hatten als militärische Stärke. So erscheint es ganz natürlich, wenn in plautinischer Zeit und etwas davor auch in Rom eine stürmische Kulturentwicklung einsetzte, die sich ganz am Griechischen maß. Neben ausgesprochenen Philhellenisten, Bewunderern der griechischen Kultur, an deren Spitze Scipio Africanus stand, entwickelte sich eine mehr konservative, sich an die italischen Traditionen haltende Richtung mit ihrem Interessenvertreter, dem älteren Cato. Die einen hofften, eine kulturelle Blüte am schnellsten in unmittelbarer Anlehnung an das Griechische erreichen zu können, die anderen meinten, daß gerade dadurch eine Zersetzung des Mos Maiorum eintreten würde, und glaubten, dem entgegenwirken zu müssen.

Es ist ein charakteristischer Grundzug der römischen Literatur, daß sie von der Nachahmung des Griechischen lebt, aber niemals des selbständigen römischen Elements entbehrt. Das gilt auch für die plautinische Komödie, die in der frühesten Phase der römischen Literaturentwicklung anzusetzen ist, ja uns geradezu wie deren Anfang erscheinen mag, da das andere, was um Plautus' Lebenszeit und in den wenigen Jahrzehnten vor ihm entstand, nur fragmentarisch überliefert ist und ein analytisches Verstehen in viel geringerem Maß gestattet. In der römischen Literaturgeschichte stehen Griechisches und Römisches von Anfang an nebeneinander.

In vorliterarischer Zeit hatte es auf italischem Boden bereits ein Stegreifspiel gegeben, in dem man sich einfältige Typen zur Zielscheibe des Spotts nahm: den Bauern, den Plattfüßigen, den Tölpel, den vertrottelten Soldaten. Die Handlung war geradlinig, die Späße derb und kunstlos. Man nannte dieses Stegreifspiel „Atellane", nach der kleinen, in Kampanien gelegenen Landstadt Atella, die als Ursprungsort für dieses Spiel galt. Dieses volkstümliche römische Element lag Plautus im Blut und verband sich mit dem Fundament seiner Lustspiele, das vom Griechischen her stammt: der Neuen Komödie mit ihrem spezifisch hellenistischen Charakter. Die Blütezeit dieser Neuen Komödie lag ein gutes Jahrhundert vor Plautus. Wie im griechischen Alltag, so waren damals auch im griechischen Theater die Kleinig- und Kleinlichkeiten des privaten Lebens Gegenstände des allgemeinen Interesses. Wir erleben den reichen Alten, der auf Handelsreisen Geld erwirbt, während daheim der jugendliche Sohn Hab und Gut vertut; wir erleben die Liebesaffären der jungen Leute, die gelegentlich die Konkurrenz der Väter abzuwehren haben; wir erleben Verwechslungssituationen und lernen verschrobene Käuze und außergewöhnliche Charaktere kennen, eine Typengalerie, die von der hellenistischen Philosophie, allen voran Theophrast, beeinflußt war.

Es war nicht leicht für den Römer Plautus, für die Bühne zu schreiben. Das Bühnenwesen war nicht entwickelt, Theater gab es nur in primitiver, improvisierter Form, hölzerne Gerüste wurden rasch und kostenaufwendig, auch mit guter Ausstattung aufgebaut und gleich nach der Vorstellung wieder abgerissen. Steinerne Theater entstanden erst Jahrzehnte nach Plautus. Überdies war der Schauspielerberuf in Rom anrüchig. Livius Andronicus, ein Freigelassener, hatte noch selbst bei der Aufführung seiner Stücke mitgewirkt, auch Plautus in seiner Anfangszeit. Später übernahmen Schauspielertruppen die Darbietungen, angeführt von einem dominus gregis. Politisch-kabarettistische Pointierung ist in Ansätzen erkennbar, wurde aber zumindest nicht gern gesehen, wenn nicht verboten. Eine kultivierte Lustspieltradition fehlte, die Autoren mußten ihren Weg suchen und Formen anwenden, die dem geistigen Fassungsvermögen des Publikums gemäß waren, denn auch die Zuschaukunst war gänzlich unentwickelt. Die Römer waren Bauern mit rustikalen Sitten und Gebräuchen, ohne Neigung zu Sentimentalitäten und romantischen Illusionen ganz abgewandt. Man wollte Vordergründiges, Situationskomik, Derbheiten und klare Linienführung im Sujet der Stücke. Unter diesen Bedingungen war es schon eine Pioniertat, Stücke zu schreiben, und Plautus vollzog die Synthese, indem er das alte römische Stegreifspiel, die Atellane, mit dem griechischen Lustspiel verband.

Die Adaption, die Plautus vornahm, haben wir uns etwa so vorzustellen: Eine griechische Komödie gab das Fundament ab und wurde unter Berücksichtigung der römischen Verhältnisse verändert; das heißt, Plautus griff Elemente der Atellane auf und setzte deren grobbäurische Wesensmerkmale überall dort ein, wo die feinsinnige Motivierung, die geschliffene Sprache oder die popularphilosophische Denkweise des griechischen Originals allzuwenig Verständnis beim römischen Publikum erwarten ließ.

Besonders wichtig ist, daß Plautus das musikalische Element unter ganz neuen, den Griechen ungewohnten Bedingungen in seine Spiele einbezog. Der Historiker Livius schildert uns einigermaßen ausführlich die Umstände, die es dahin brachten. Er erzählt (Buch 7, Kap. 2.3ff.), daß es im Jahr 364 eine Pest gab, und als alle Sühnemaßnahmen versagten, holte man als letzten Versuch Tänzer und Flötenspieler aus Etrurien im Interesse eines Kults. Die römische Jugend fand Geschmack daran, erweiterte das, baute Spottverse ein, und wir erfahren dann von Livius, wie sich dieses musikalische Element mit den anderen Vorformen szenischen Spiels in Italien verband, so daß sehr bald schon besonders unter dem Einfluß des Griechen Andronikós, der im Hause der Livier Sklave war, das römische Lustspiel seine endgültige Form fand, die eine Generation später mit den Plautus-Komödien für uns handgreifliche Gestalt gewonnen hat. Über das Neue, Musikalische, geben uns die

Versmaße einen Anhaltspunkt. Ganz abgesehen davon, daß es Plautus mit der Genauigkeit seiner Metrik nicht sehr genau nahm (auch hier fehlte die Tradition, und die lateinische Sprache war noch längst nicht literaturfähig, geschweige daß sie sich einer komplizierten Metrik exakt anpassen ließ), zeichnet sich ein Normativ insoweit ab, daß wir drei große metrische Komplexe unterscheiden können: 1. Sechshebige Senare, die gesprochen wurden. 2. Die Cantica, das sind Lieder, sehr lyrisch, wo die ganze Vielfalt der metrischen Möglichkeiten wahrgenommen wird, als Gesangseinlagen; also eine Art Arien. 3. Langverse mit sieben oder acht Hebungen, die in den Handschriften ebenfalls zu den Cantica gerechnet werden und vermutlich den Charakter von Rezitativen besaßen. Die musikalische Begleitung führten Flöten aus, und das Lustspiel trug so insgesamt den Charakter einer Art Operette.

Darüber hinaus griff Plautus auch in den Text seiner griechischen Originale tief ein. Er liebte es, römische Termini einzuführen, er liebte Anspielungen auf die Topographie Roms, auf römische Bräuche und Gesetze. Es kommt vor, daß er ganze Textabschnitte vollkommen selbständig verfaßte. Die Gesamttendenz gegenüber den griechischen Originalen läuft darauf hinaus, daß Plautus vergröberte, größeren Kontrastreichtum schuf und die typologisch vorgegebenen Größen seiner griechischen Originale stärker profilierte: den griechischen Handelsherrn geschäftstüchtiger, den Sklaven derber, klüger und erfindungsreicher, die Hetäre profitbedachter, den jugendlichen Liebhaber entschlossener und vergnügungssüchtiger, die uxor dotata herrschsüchtiger und stärker auf ihr Geld pochend gegenüber dem Ehemann. Die Kuppler und Wucherer werden in aller Deutlichkeit als die Außenseiter der Gesellschaft gebrandmarkt. All dies stellte große Anforderungen an die Schauspieler; sie mußten nicht nur gute Darsteller und kräftige Sänger, sondern auch artistisch trainierte Sportler und Athleten sein, um durch Mimik und sportliche Tricks den Anforderungen der Bewegungskomik gewachsen zu sein.

Die Tendenz all dieser Veränderungen resultiert aus dem Atellanenhaften; nur eines nicht: Jetzt war es nicht mehr der römische Bauerntölpel, über den man sich belustigte, sondern ein Grieche. Schließlich ist die ganze Bühnenwelt griechisch, mit der wir es hier zu tun haben. Aber noch mehr. Es ist nicht nur ein literarischer Spaß, den sich Plautus leistet, sondern die Veränderung gewinnt politischen Charakter. Inwieweit es politische Absicht ist, mag dahingestellt bleiben, aber die objektive Wirkung war die: Im plautinischen Lustspiel präsentiert sich als aktueller Zug der Gegensatz zwischen der griechischen und römischen Welt. Es ist „eine auf den Kopf gestellte römische Welt", wie einmal treffend formuliert wurde. Aber das erfaßt nur eine Seite. Eine griechische Welt ist es auch, die den Römern gegenübergestellt wird, und auch diese steht reichlich schräg. Kritisches und Selbstkritisches sind hier eingeschlossen. Plautus erfaßt brisante Problempunkte seiner Zeit, regt zum Denken an und hilft Standpunkte finden. Das alles macht seinen antiken Realismus aus, der sich in der Form und zugleich im Inhalt seiner Stücke ausdrückt. Das erklärt die Bedeutung dieses Autors in seiner Zeit und begründet seinen weltliterarischen Rang.

Plautus stammt aus Sarsina in Umbrien, einem kleinen Landstädtchen im oberen Mittelitalien. Wir lesen bei Gellius (3. 3. 11–14) über ihn: „Unter dem Namen des Plautus sollen an die 130 Komödien existiert haben. Aber der sehr gebildete L. Aelius ließ nur 25 als plautinisch gelten. Doch unterliegt es keinem Zweifel, daß die Stücke, die nicht von Plautus verfaßt zu sein scheinen, seinem Namen aber zugesprochen werden, von alten Dichtern stammen, von ihm aber vorgenommen und ausgefeilt worden sind und deswegen den Stil des Plautus spüren lassen. Varro und sehr viele andere haben überliefert, daß Plautus die Stück *Saturio* und *Addictus* sowie ein drittes, dessen Name mir nicht gegenwärtig ist, in der Mühle geschrieben hat, da er sein gesamtes Geld, das er mit Beschäftigungen für die Bühne verdient hatte, auf Handelsreisen wieder verlor und dann hilflos nach Rom zurückkehrte. Nun war er gezwungen, sich seinen Lebensunterhalt zu verdienen, ging in Dienst bei einem Bäcker und drehte die Mühle, die man Stoßmühle nennt."

Dieser Lebensbericht mutet zum Teil wie eine Mythe an, und gerade das spricht für die sagenumwobene Popularität unseres Dichters. Dies, vor allem aber die dokumentarischen Anhaltspunkte seiner Komödien gestatten uns, die Lebenszeit des Plautus etwa zwischen 250 und 186 v. u. Z. anzusetzen.

Amphitruo

Zu diesem Stück fehlen uns didaskalische Angaben über Aufführungsort und -zeit gänzlich. Daß ein griechisches Original als Vorbild verwendet wurde, ist trotzdem sicher. Da die sogenannte Mittlere Komödie (eine Übergangsgattung von der älteren Komödie der Art des Aristophanes zur Neuen hellenistischen Komödie der Art Menanders), wie wir wissen, mit Vorliebe Mythen travestierte, wurde vermutet, daß Plautus auf eine Komödie dieser Gattung zurückgriff. Der *Amphitruo* ist das einzige erhaltene Stück dieser Art. Der Stoff dieser im Altertum weitverbreiteten Sage gehört zum thebanischen Sagenkreis. Wir kennen die Zusammenhänge bereits aus Hesiods (um 700 v. u. Z.) *Schild des Herakles* ziemlich ausführlich: Amphitryon, ein Sohn des Alkaios von Tiryns, erschlug seinen Onkel Elektryon, dessen Tochter Alkmene er wegen dieser Blutschuld zunächst nicht heiraten durfte. Nach der Entsühnung durch König Kreon von Theben stellte Alkmene noch eine Forderung, die Amphitryon vor der Heirat zu erfüllen hatte (bei Plautus ist das auf die Zeit nach der Heirat verlegt): Er sollte durch den Feldzug gegen das südlich von Leukas der griechischen Westküste vorgelagerte Taphos und seinen König Pterelaos die Söhne Elektryons rächen. So etwa bei Hesiod. In Homers *Ilias* wußte man von diesem Mythos; Anspielungen darauf finden sich bei Pindar, Herodot und besonders die Tragiker nahmen sich der Gestaltung des Stoffes an, zum Beispiel Sophokles und Euripides. Später griff das hellenistische Kleinepos die Sage auf. In Theokrits ganz reizender Darstellung vom kleinen Herakles lieferte das mythologische Geschehen den Rahmen für die detaillierte Schilderung einer intimen Häuslichkeit. Jener schreckliche Morgen wird beschrieben, an dem zwei von Hera gesandte Schlangen den neugeborenen Herakles angreifen und von

dem Säugling erdrosselt werden. In szenischer Gestaltung ist nur die Plautus-Komödie erhalten.
Der Prolog enthält in einem langen Vorspann von 96 Versen mancherlei kulturgeschichtlich interessante Einzelheiten. Wir hören da zunächst etwas über die äußeren Umstände einer Komödienaufführung. Die Schauspieler hatten seinerzeit kein diszipliniertes Publikum vor sich wie heutzutage; die Zuschauer schwatzten munter drauflos, und die Sprecher auf der Bühne mußten sich lautstark Gehör und fortlaufend Respekt verschaffen. Dieses Publikum erwartet keine intellektualisierte Spritzigkeit, sondern zeigte sich bereits für harmlose Scherze dankbar, wenn diese nur mit derben Worten oder mindestens mit derben Gestikulationen vorgetragen wurden. Das ist zum Beispiel für den Amphitruo-Prolog wichtig zu wissen. Von einem guten Spaßmacher vorgetragen, ist er wesentlich kurzweiliger, als es auf das erste Lesen hin scheint. Die eigenartige Priamel der ersten sechzehn Verse ist – genauer besehn – sogar ein geschickter Anfang: Vor jedem der mehrfach parallelgeschalteten „Wie ..."-Sätze hat der Schauspieler die Möglichkeit, tief und auffällig Luft zu holen, um dann den sich anschließenden Text jedesmal konstant monoton herunterzuleiern, und zwar bei jedem neuen „wie ..." in der gleichen Weise, bis endlich Vers 15 das erlösende „so ..." und den einzigen wichtigen Gedanken bringt: daß das Publikum endlich einmal still sein soll! Auf ähnliche Effekte muß man beim weiteren Vortrag des Monologs laufend bedacht sein. Vielleicht darf man in solchen Methoden einer naiv-derben Komik volkstümlichen Geschmack und Reste vom Wesen der alten Volkskomödie sehen. Die Neigung des römischen Publikums, bei öffentlichen Darbietungen lebhaft mitzugehn, Sympathie und Antipathie leidenschaftlich zum Ausdruck zu bringen, ist durch den Amphitruo-Prolog bereits für diese frühe Zeit gut bezeugt. Zwischen den Schauspielern fand ein Wettstreit statt, und die besten Darsteller wurden durch Siegerpreise geehrt. Das führte dazu, daß der eine oder der andere sich seinen Beifall selbst organisierte und Claqueurs bestellte, die sich unter das Publikum mischten, um für ihre Partei Stimmung zu machen. Auch dagegen polemisiert der Prolog.

Auf den längsten plautinischen Prolog folgt die längste plautinische Szene, deren Höhepunkt das literarisch meisterhafte und später in den nachwirkenden Dramen der Weltliteratur nie ausgelassene Canticum des Sosia ist: der Bericht vom Verlauf der Schlacht, die Amphitruo gegen die Teleboer leitete. Sosia ist beauftragt, diesen Bericht seiner Herrin Alcumena zu erstatten, und sagt ihn zuvor probeweise einmal her. Man hat vermutet, daß wir hier einen Botenbericht vor uns haben, wie er in griechischen Tragödien häufig vorkam. Andere glaubten, Anspielungen auf historische Ereignisse der zeitgenössischen Geschichte erkennen zu können, auch auf die für die römische Armee siegreiche Entscheidungsschlacht bei Zama (202) am Ende des zweiten Punischen Krieges, in der Scipio vor allem Flügelangriffe der Reiterei anordnete, so wie sie auch in Sosias Schlachtbericht Voraussetzung für Amphitruos Sieg gewesen sind. Aber nicht nur das: Der Bericht zeugt zugleich von der großen Begeisterung, die man in Rom seinerzeit für militärische Dinge besaß. Ganz sacht verbindet sich hier die Welt der Mythologie mit aktuell römischen Vorstellungen. Der Schlachtbericht spricht vom Sieg Amphitruos und nimmt seine Emotionalität aus dem Stolz des damaligen Römers auf seine militärischen Erfolge in jener Epoche wirtschaftlichen, innen- und außenpolitischen Aufschwungs. Plautus wandte alle verfügbaren literarischen und metrischen Mittel bei dieser auch innerlich sorgfältig gegliederten Partie an. Die Übersetzung versucht die Nuancen nach Möglichkeit herauszuholen. Witzig erzählt Sosia am Ende seines Schlachtberichts: Ein besonderes Charakteristikum sei gewesen, daß er am Tage der Entscheidungsschlacht ohne Frühstück blieb. Damit ist eine geschickte Wendung gefunden, mit der Plautus zu dem eigentlichen Verwechslungsspiel überleitet, das jetzt seinen Anfang nimmt.
Was nun die handelnden Personen anbetrifft, so weiß man wirklich nicht, ob die Götter oder die Menschen die größeren Strolche sind. Im Altertum sah man das anders. Schon die griechischen Götter waren – abgesehen von ihrer Unsterblichkeit – mit ausgesprochen menschlichen und keineswegs nur positiven menschlichen Charaktereigenschaften ausgestattet. Als die Römer die griechischen Götter

übernahmen bzw. ihrem Götterhimmel anpaßten, ließen sie diese so, wie sie in den verschiedensten Vorstellungen seit jeher existierten. Deshalb ist es kein Widerspruch, daß ein Stück wie der *Amphitruo* besonders an Festen gespielt wurde, die man zu Ehren Jupiters feierte, auch noch in der Kaiserzeit. In diesem Lustspiel ist keine vordergründige Tendenz erkennbar. Seine Wirkung beruht im wesentlichen auf Verwechslungseffekten und Situationskomik. Das Auftreten von Alcumena, von zwei Amphitruos und zwei Sklaven Sosia gab die Möglichkeit zu vielfältigen Paarungskombinationen. Der Gegenstand war so reizvoll, daß er in der Weltliteratur immer wieder aufgegriffen und thematisch neu gestaltet wurde. In der Neuzeit waren es besonders die Franzosen Rotrou und Molière, die den *Amphitruo* wiederbelebten und die vielfältigen Verwechslungsmöglichkeiten noch erweiterten, der Engländer John Dryden schloß sich dem an, machte aber ein derberes Singspiel daraus, während sich Kleist stärker dem Dramatischen zuwandte. Giraudoux (1929) betonte den Pazifismus, während Georg Kaiser (1946) vor allem den Schrecken und die Unmenschlichkeiten des vergangenen Krieges in seiner Bearbeitung zum Ausdruck brachte. Witz und Tiefsinnigkeit, historische Kritik und Zeitlosigkeit, die Fülle der Fragen, die sich mit der Selbstverwirklichung des Menschen, auch der Frau, verbinden, hat Hacks in seiner *Amphitruo*-Bearbeitung dramatisch in Szene gesetzt, während Stolper mehr den Klamauk in den Vordergrund treten läßt. Auch Opern-Bearbeitungen sind versucht worden (Oboussier 1951; Klebe 1961; P. Freiheit 1977). Der *Amphitruo* ist diejenige Plautus-Komödie, die sich bis in die Gegenwart am meisten behauptet hat und immer wieder, auch in der Originalfassung des Plautus, aufgeführt worden ist.

Asinaria

Die *Asinaria fabula*, das Eselsspiel, ist in jeder Hinsicht ganz schlicht gearbeitet. Die Metrik ist einfach. Senare gibt es nur in der ersten Szene; Lieder fehlen überhaupt; im übrigen ist das Stück in Langversen, in trochäischen oder iambischen Septenaren oder Oktonaren abgefaßt. Da auch die Fabel ähnlich komplikationslos ist, gibt es mancherlei Spekulationen über den Zeitansatz. Einmal wurde versucht, es überhaupt einem späteren Nachahmer des Plautus zur Zeit Ciceros zuzuschieben, teilweise wurde es in Anlehnung an Schlachtreminiszenzen in das Jahr 212/11 datiert oder wegen der Erwähnung des Schimmelviergespanns in Vers 271 als Anspielung auf den Triumph des Livius Salinator und Claudius Nero nach dem Sieg über Hasdrubal in der Schlacht am Metaurus im Jahr 206 angesetzt. Für sicher darf gelten, daß es in die Frühzeit der Dichtung des Plautus gehört.

Auf einen außergewöhnlich kurzen Prolog folgen in der *Asinaria* nach der landläufigen Einteilung vierzehn Szenen. Die Handlung verläuft unkompliziert: Ein Kaufmannsbote wird um 20 Minen Geld betrogen. Ein Jüngling erhält es und kauft ein Mädchen dafür. Der eifersüchtige Nebenbuhler hinterbringt die Information der Mutter des Jünglings und auch, daß ihr Gatte in die Liebesaffäre verwickelt ist. Ein Ehekrach einerseits und ein Dreiecksverhältnis andererseits ergeben das Happy-End.

Man muß sich fragen, was wohl der Sinn der 945 Verse ist, wenn so wenig geschieht. Die simple Fabel verbindet eine Anzahl recht hübscher, vor allem sozialgeschichtlich interessanter Einzelszenen. Vieles ist widersprüchlich.

Sozialgeschichtlich hochinteressant ist die Gegenüberstellung der Frauengestalten Cleareta/Philaenium auf der einen, Artemona auf der anderen Seite. Die ersten beiden nehmen Geld für die Liebe, die letztere hat mit ihrem Geld gewissermaßen die Liebe (= Ehe) erkauft. Artemona ist eine typische uxor dotata, die eine große Mitgift mit in ihre Ehe brachte, ihr Konto aber selbst verwaltet und den Mann kurzhält, so daß er seine Bordell-Liebschaft von dem finanziert, was er der Frau stiehlt. Die Liebesbeziehungen im Hause dieser wohlsituierten Matrona sind ebenso brüchig wie die im Bordell. Die Szenen zwei und drei des ersten Aktes, aber auch der Anfang des dritten Aktes schildern uns die rigorosen und rücksichtslosen Geschäfte der Kupplerpraxis, also des professionellen Gewerbes. Bei der Matrone Artemona ist dementsprechend alles umgekehrt. Die moralischen Beziehungen in ihrer Ehe sind heillos zerrüttet, wie der Schluß des Lustspiels (Vers 851ff.) bezeugt. Dieser Schluß in seiner polaren Bedeutung ist vom Autor zielstrebig arrangiert worden. Er wurde nur möglich durch die Denunziation des Parasiten; und diese Denunziation brachte lediglich Artemona ins Spiel; gelöst wurde dadurch nichts: Denn die beiden Liebeskontrahenten machten mit Philaenium Halbe-Halbe, und der alte Demaenetus war ohnehin kein Kontrahent. So wäre ohne die Denunziation und das Einschreiten der Artemona alles genauso gekommen. Die Denunziation ist also nicht auf die Weiterentwicklung der Fabel berechnet, sondern soll die polare Stellung der beiden Frauenparteien möglich machen. Daß sich auch hier die griechische und die römische Welt in ihrer Gegensätzlichkeit gegenüberstehen, bedarf keiner Frage. Und dennoch haftet auch am älteren Scipio, dem Sieger von Zama, jener Makel, von dem uns Gellius (7.8.5) berichtet und der nicht aus der Welt zu schaffen ist, wo es heißt:

> Auch jenen, der große Taten oft mit eigner Hand voll Ruhm vollbrachte
> und dessen Taten jetzt noch ganz lebendig sind,
> der bei den Völkern aller Welt allein an erster Stelle steht:
> den hat sein Vater nur im Hemd vom Liebchen weg nach Haus geholt.

Im einen Fall, in Rom, holte der moralische Vater den entmoralisierten Sohn, im anderen, in Griechenland, die moralische Gemahlin den entmoralisierten Gatten aus dem Hurenhaus. So fern waren diese Dinge also nicht von Rom. Schwieriger ist der Sklaven-Klamauk Libanus/Leonida einzuordnen, insbesondere die zweite Szene des zweiten Akts (ab Vers 267), ähnlich auch Vers 410ff. Im Alltag ging es nicht so lustig zu. Normalerweise war alles gerade umgekehrt, also auch hier eine auf den Kopf gestellte Welt. Wir können uns auf Plautus persönlich stützen, der *Asinaria* Vers 256f. sagt:

Hüte dich, es zu machen wie die andern Sklaven,
die einen gescheiten Einfall nur benutzen, um ihren
Herrn zu betrügen.

Was ist davon zu halten? Wir hören von den sadistischen Foltermethoden, die letztlich die Ursache von Sklavenaufständen wurden. Hier brüsten sich die Betroffenen mit dem Ertragen von Strafen und haben ihren Spaß daran: also eine Bagatellisierung der Verhältnisse.
Kurios ist der Liebeskontrakt, den der Parasit für seinen Gönner Diabolus aufgestellt hat und der fast schon an Ovids Liebesdichtung erinnert.
So besehen fehlt der *Asinaria* zwar die große, verblüffende oder faszinierende Fabel; man sieht auch dieser Fabel die Frühzeit dichterischen Skaffens an. Aber die breite und in der inneren Struktur stimmige Anlage der Einzelszenen gestattet uns, tief in das Getriebe antiken Alltags zu blicken, auch wenn ein Umkehrprisma jederzeit bei der Hand sein sollte.

Aulularia

Die *Aulularia* gehört zu der unter der antiken Komödienliteratur verhältnismäßig selten vertretenen Gattung des Charakterstücks. Das ist auf Einflüsse der hellenistischen Philosophie, besonders des Theophrast (etwa 372–287), zurückzuführen, der ein Freund Menanders (etwa 342–291) war. Theophrasts Schriften und Lehren beruhen auf empirisch gefundenen Beobachtungsergebnissen, die er auf Grund realistischen Denkens zu einer nützlichen, nach kausalen Erklärungen suchenden Lehre verband. Vor allem bezog Theophrast den Menschen in seine Beobachtungen ein. Seine Schrift *Charaktēres* faßt die mit zahlreichen Beispielen belegten Modelle von dreißig Charaktertypen zusammen, unter denen auch die Knauserei, in verschiedenen Abstufungen von der einfachen Sparsamkeit bis zum gemeinen Geiz, enthalten ist. Die *Aulularia* zeigt deutliche Spuren der Lehren Theophrasts.
Plautus kam aber nicht auf direktem Weg, sondern auf dem

Umweg über Menander zu Theophrast; wer weiß, ob ihm dies überhaupt klar war. Ein Vergleich mit Menanders *Dyskolos* macht deutlich, wie eng diese beiden Lustspiele miteinander verknüpft sind. In vielen Details gibt es große Ähnlichkeit, auch im Hauptthema. Dennoch sind die Abweichungen so groß, daß weiterhin mit dem Einfluß anderer Lustspiele, wohl Menanders, zu rechnen ist.

Das Aufführungsjahr der *Aulularia* ist ebensowenig bekannt wie bei allen anderen Stücken; aber der Reifegrad des Lustspiels setzt Erfahrungen voraus. Genauere Bestimmungen sind äußerst unsicher, so der Versuch, die Ludi Megalenses des Jahres 194 als Entstehungsjahr anzunehmen oder damit bis zum Jahr 186 des senatus consultum de Bacchanalibus herunterzugehen. Immerhin, im letzten Dezennium des Wirkens des Plautus wurde die *Aulularia* auf jeden Fall verfaßt.

Die Charaktere der handelnden Personen besitzen in der *Aulularia* besonderes Gewicht. Die Hauptperson des Stükkes ist Euclio (eu kleio), „der gut Schließende“, der tatsächlich dreimal Anweisung gibt, das Haus gut zu verschließen. Dieser Name birgt auch den Hintergedanken, daß sich Euclio selbst gut verschließt und nichts ausgibt, also „der gut Verschlossene“. Megadorus („Großgab“) verzichtet großzügig auf eine Mitgift. Eunomia („Wohlzucht“) kümmert sich um geordnete Familienverhältnisse ihres Bruders. Lyconides („der Wolfsartige“) schreckt nicht davor zurück, ein Mädchen zu vergewaltigen. Die Sklavin Staphyla („Weinstock“) hält es mit dem Alkohol. Congrio („Meeraal“) und Anthrax („Kohle“) gehören selbstverständlich in die Küche. Und wie steht es mit Strobilus („Kreisel“)? Strobilus ist in den Szenen 2.4/2.7 gut, im vierten Akt fehlerhaft überliefert. Wenn wir die Bedeutung der Eigennamen ernst nehmen, dann kann Strobilus kein anderer sein als der Wirbelwind, der im vierten Akt den Goldschatz aufstöbert, der überall dort ist, wo er nicht sein soll, der, kaum hier vertrieben, schon dort wieder zurückkehrt und sich weder aus den Worten des eigenen, noch des fremden Herrn etwas macht. Charakterlich unterscheidet sich dieses dreiste Windspiel von dem viel korrekteren Megadorus-Hausaufseher der Szenen 2.4/2.7 grundsätzlich. Da auch für diesen ein Name gebraucht wird, halte ich mich an Leos Textgestaltung als eine Notlösung, obgleich klar ist, daß die Namensform Pythodicus („der mit dem pythischen Apollo Waltende") weder sehr sinnvoll, auch vielfach bezweifelt, noch letztlich überhaupt als richtig befunden wurde. Vielleicht wird einmal etwas Authentisches gefunden, das eine sichere Entscheidung gestattet.

Die Charaktergestaltung ist in diesem Lustspiel so detailliert und meisterhaft angewandt, daß ich hier nur zum Tenor des Stückes einiges anmerken kann. Aviditas – ein gutartiger Geiz – ist also die Eigenschaft, die nicht erst durch den Prolog, sondern bereits durch den Eigennamen als ein typisches Merkmal des Euclio festgestellt ist. Und wir empfinden das ganze Stück hindurch diesen Alten als einen knauserigen, aber keineswegs unsympathischen Menschen. Übermäßige Sparsamkeit ist ein Erbübel in seiner Familie. Sein Leben wird durch den Fund eines Goldschatzes völlig auf den Kopf gestellt: Und das ist der Wille des Hausgottes Lar. Nachts findet er keine Ruhe mehr, überall wittert er Gefahren, gegenüber harmlosesten Menschen erfaßt ihn maßloses Mißtrauen, und wo Vorsicht angebracht wäre, paßt er nicht auf. Sein Denken und Handeln wird durch den Schatz zu immer größeren Sinnlosigkeiten, bis zum Verfolgungswahn getrieben. Das Urteil der Mitmenschen über Euclio stimmt mit dem Bild, das wir durch sein eigenes Denken und Handeln von seiner Charakterveranlagung erhalten haben, völlig überein.

Der Schluß der *Aulularia* ist leider verlorengegangen. Man hat sich viel mit der Frage beschäftigt, ob der Schatz wieder in Euclios Besitz gelangte oder nicht. Es ist wohl so, daß Euclio von der Last des Goldes befreit wird, daß dieses als Mitgift in die Hand der Tochter gelangt und Euclio in die altgewohnte Lebensbahn zurückkehren kann. Auch in dieser Hinsicht erfüllt sich der Wille des Hausgottes Lar. Euclio wird also von seiner krankhaften Besessenheit geheilt, von der aviditas als charakterlichem Grundübel natürlich nicht. Doch wäre es ein schlechtes Stück, wenn sein eigentlicher Sinn erst durch die letzten Verse erkennbar würde. Es ist nämlich von Anfang an die Rede vom „Fluch des Goldes" – ein Gedanke, der möglicherweise mit der Lex Oppia

(vgl. Anm. zu *Aulularia* Vers 505) zusammenhängt. Im Falle Euclios wird in einer ausgefeilten Charakterstudie gezeigt, wie sich seine von der aviditas geprägte Grundeinstellung nach dem Auffinden des Goldschatzes ändert, wie dieser Umstand zu verschiedenartigen Charakterabnormitäten führt. Urheber von allem war die beleidigte Gottheit, der Lar familiaris, der den geizigen Euclio mit dem Schatz geradezu bestrafte. Wenn sich der Schluß in der angedeuteten Weise vollzieht, finden diese Probleme den einzig logischen Abschluß und das Stück im ganzen neben dem Happy-End seine allgemeinnützige Moral, wie sie zwar nicht regelmäßig, doch oft in plautinischen Komödien zu finden ist. Diese Aussage und die meisterhafte Komposition der Charakterproblematik verleihen dem Lustspiel seine Tiefe. Die Komödie besitzt keine Längen. Freude am Witz, drastische Vergleiche, die Plautus verschiedentlich selbst erfand, machen das Spiel sehr lebendig.
Mit dem Blick des geschulten Dramatikers hatte auch Molière sofort erkannt, welches Kleinod die *Aulularia* des Plautus ist, als er sie zu seinem *l'Avare* umgestaltete. Da wurde die Fabel verbürgerlicht und doppelt verwickelt. Neben dem zu bekehrenden Hagestolz und Geizkragen Harpagon (der vom Harpax des *Pseudolus* profitiert hat) wird die Handlung um ein zweifaches Liebesgeplänkel bereichert und das Happy-End durch die menandrische Doppelhochzeit neu gestaltet. So ist manches oberflächlicher geworden. Betriebsame Extensivität ist an die Stelle des intensiv behandelten Geiz-Themas getreten. Für Molières Publikum mag das das Richtige gewesen sein. Wir heute kommen schon wieder gut mit der plautinischen Intensität zurecht.

Bacchides

Die *Bacchides* gehören in die letzte Schaffensperiode unseres Dichters. Eine genaue Bestimmung ist auch hier nicht möglich; immerhin stimmen die Vermutungen darin überein, daß das Stück im Jahr 189 oder einige Jahre davor aufgeführt worden ist, sei es gestützt auf die ironische Erwähnung der Triumphzugspraktiken (Vers 1072f.) oder auf die Anspielungen auf das Senatuskonsultum de Bacchanalibus (Vers 371) oder auch, daß die Triumphzüge der Jahre davor gemeint sind. Sicher ist auch hier, daß die *Bacchides* große Reife in der schriftstellerischen Arbeit zeigen, eine Vielfalt in der Ausgestaltung der Cantica und große Lebhaftigkeit in der Führung der Dialoge und Monologe.

Vorbild des Plautus war Menanders *Dis Exapaton*, von dem jetzt Teile veröffentlicht sind und Vorstellungen vom Abhängigkeitsverhältnis Menander–Plautus gestatten. Verwunderlich ist, daß Plautus die griechischen Eigennamen seines Vorbildes Menander änderte, aber nicht römische Namen einsetzte, sondern aussagekräftigere griechische. Besonders einleuchtend ist die Austauschung des allgemein üblichen Sklavennamen „Syrus" bei Menander, in „Chrysalus" bei Plautus, die zentrale Sklavenfigur, der geistreiche Helfer, der, wenn es nötig ist, alles „vergoldet". Lediglich Lydus, der Pädagoge, ist bei Plautus Lydus geblieben.

Während der Schluß der *Aulularia* verlorengegangen ist, fehlt in den *Bacchides* der Anfang. Eine Rekonstruktion wurde versucht. Vermutlich fehlen etwa 100 Verse des ersten Aktes; aber das ist nicht genau zu sagen. Nachdem 1968 ein neuer Papyrus-Fund der Menander-Komödie veröffentlicht wurde, lebte auch das Interesse für die plautinischen *Bacchides* wieder auf. Von K. Gaiser wurde für die fehlenden Anfangs-Szenen der *Bacchides* der Hergang erschlossen. Vergleiche Anmerkung zu Bacchides unten Seite 459.

Auch der Menander-Titel *Dis Exapaton* (Die zweifache Täuschung) hat Probleme heraufbeschworen; eigentlich werden nicht zwei, sondern drei Täuschungstricks angewandt. Aber auf das Wesentliche gebracht, sind es tatsächlich nur zwei Täuschungen, die die Handlung bestimmen: 1. Nicobulus wird um das Geld betrogen, das er aus Ephesus von seinem Sohn holen ließ. 2. Nachdem dieser Betrag wegen eines Irrtums zurückerstattet worden war, folgt die erneute Prellung dieses Alten, die nach einigen Komplikationen zur Auslösung der Bacchis 2 führt. Auch im späteren Verlauf des Stückes (Vers 1127f.) läßt Plautus erkennen, daß es nur zwei Täuschungen in dieser Komödie gab, und dem Dichter möchte man schon glauben.

In der Freude an den Verwicklungen erschöpft sich das Lustspiel aber nicht. Es wäre ein eigenartiger Zufall, wenn das Stück rein zufällig mit einem moralischen Schlußappell beendet worden wäre. Der Sitten-Verfall, am Beispiel eines Erziehungsproblems abgehandelt, ist ein Zeitproblem: In Griechenland gehörte es in die Retrospektive, in Rom sah man diese Schicksale kommen. Lydus ist die Hauptfigur, der sich um die Sitten der guten alten Zeit bemüht, der als erstes von seinem eigenen Zögling zurechtgewiesen wird, dann enttäuscht feststellt, daß auch dessen Freund „verdorben“ ist, und schließlich mit ansehen muß, daß auch die seriösen Väter dieser „Jugend“ nur aus der Not heraus tugendhaft, aber leicht zu verführen sind; ganz abgesehen von ihren Jugendsünden. Es ist zu vermuten, daß schon der Prolog die Anknüpfungspunkte in dieser Hinsicht gab.

Menaechmi

Mit den *Menaechmi* des Plautus nahm das Doppelgängermotiv in der Weltliteratur seinen Anfang, das sich über die Jahrhunderte hin größter Beliebtheit erfreut und in den verschiedensten Formen und Stoffen immer wieder aufgetischt worden ist. Bei Plautus ist es ein kurzweiliges Verwechslungsspiel, das dem antiken Autor großartig geglückt ist.
Die beiden Menaechmi stammen aus wohlhabendem Hause, sie sind ausgesprochene Lebemänner. Im Knabenalter hatte sie ein tragisches Geschick getrennt, aber das ist nicht Gegenstand des Lustspiels, sondern Vorgeschichte. Herangereift, entschließt sich der eine von beiden, den Bruder zu suchen, und unternimmt eine Weltreise. Der Zufall führt ihn nach Epidamnus. Hier setzen die Verwechslungen ein, denn er ist dem gesuchten Bruder nahe. Er nimmt die Einladung zu einer wildfremden Hetäre an, läßt sich gratis ein Mittagessen vorsetzen, ebenso einen Mantel und wertvollen Schmuck aushändigen, was ihm beides nicht gehört. Er begeht damit offensichtlichen Betrug und spielt schließlich den Wahnsinnigen, um aufziehenden Schwierigkeiten zu entgehen. Das Unternehmen der Brudersuche, das unter normalen Bedingungen imponieren könnte, ver-

liert dadurch an Wert und beeindruckt niemanden mehr. Aber der ortsansässige Bruder ist auch nicht besser. Er betrügt und bestiehlt seine Frau, hat im Bordell ein zweites Zuhause, gibt schließlich Hab und Gut zur Versteigerung frei, sagt sich von Frau und Freundin los, und letzten Endes reist er mit dem feinen Bruder ab gen Syrakus.

Die vom griechischen Original vorgegebenen Typen versteht Plautus in der Weise zu individualisieren, die uns von den anderen Komödien her schon bekannt ist. Die Gattin des Epidamniers ist die uxor dotata (ähnlich *Asinaria*), die auf ihrem Geld sitzt, auf ihre Rechte pocht, während der Ehemann von ihr abhängig ist, besonders finanziell. Ihr Vater ist ein willensschwaches Jammermännlein. Der Parasit verrät für ein Mittagessen sein Vaterland. Etwas anders als sonst ist der Sklave Messenio, zwar klug, aber nicht klüger als sein Herr, und die Hetäre ist eine charmante junge Dame mit Niveau. Eine besonders interessante Figur ist der Arzt, dessen Praktiken Plautus bloßstellt. Das richtet sich gegen das Heilwesen seiner Zeit, das weitgehend in der Hand griechischer Ärzte lag; wir würden von Quacksalbern reden. Schon der ältere Cato hatte mächtig gegen diese Leute gewettert, indem er sagte: „Diese Ärzte haben sich miteinander verschworen, alle Barbaren" [d. h. Römer] mit ihrer Kunst umzubringen, und gerade deshalb lassen sie sich dafür bezahlen, um glaubwürdig zu erscheinen und leicht zu töten." Auf dieser Ebene liegt auch die Kritik des Plautus. Sie ist ein Affront gegen das Arzttum der Griechen. Inwieweit das berechtigt ist, ist eine andere Frage. In Griechenland genoß der Arzt im allgemeinen gutes Ansehen, und die medizinischen Kenntnisse waren relativ weit entwickelt. Alles in allem wird eine Tendenz verfolgt, die wir schon immer beobachtet hatten: Auf der Grundlage des wachsenden Weltmachtbewußtseins der Römer wird die griechische Lebensauffassung geradezu verächtlich gesehen; es ist Ausdruck für den Beginn einer geistigen Auseinandersetzung mit der griechischen Welt.

Die Datierung der plautinischen *Menaechmi* ist kaum möglich. Einziger Anhaltspunkt ist die in Vers 408f. verzeichnete Aufzählung verschiedener Tyrannen von Syrakus, wo es schließlich Vers 409 heißt: „und jetzt regiert hier

Hieron", womit Hieron II. gemeint ist, der im Jahr 216 (Frühjahr 215) starb. Das „hier" = „nunc" des Textes hat aber viel zuviel wider sich, als daß es für bare Münze genommen und die *Menaechmi* als vor 216 entstanden angenommen werden dürften. Es wurde ganz sicher wesentlich später verfaßt, denn es ist an dramatischer Technik, Buntheit, „Plautinität" und metrischer Gestaltung ein reifes Werk unseres Dichters.

Von der Fülle der Nachahmungen (auch Hans Sachs 1548) sei nur auf das beliebte Bühnenstück Shakespeares (*Komödie der Irrungen* 1589/93) verwiesen, wobei es verwundert, daß noch nie der Versuch unternommen wurde, auch das Plautus-Stück einmal auf die Bühne zu bringen.

Shakespeare hielt es für untunlich, die *Menaechmi* einfach zu übersetzen, er adaptierte. Immerhin waren 1 ½ Jahrtausende reichlich vergangen; die frühbürgerliche Gesellschaft in England hatte ihre eigenen Bühnenerwartungen, und Rücksichten auf unveränderte Wiedergabe antiker Originale kannte man nicht. So gesehen haben die Änderungen Shakespeares ihre Logik. Er merzte alles das aus, was im Widerspruch zum zeitgenössischen Geschmack, nicht zuletzt der Moral stand. Zunächst einmal wurde zwischen den Städten Syrakus und Epidamnus Todfeindschaft eingeführt, so daß die Suche des Bruders mit Lebensgefahr verbunden ist. Der einheimische der beiden Brüder (bei Shakespeare Antipholus genannt) ist ein sehr ehrenwerter junger Mann, seiner Gattin treu zugetan, leidet aber unter deren Eifersucht. Diese und eine leicht verletzbare Eitelkeit sind die charakterlichen Mängel der im übrigen reizenden und liebenswerten jungen Frau. Mit einer Dirne, die bei Shakespeare lediglich eine Nebenrolle spielt, hat dieser Antipholus nur beiläufig zu tun, und er betont obendrein, daß er mit dieser Dame nie eine intimere Beziehung unterhielt. Natürlich bestiehlt und betrügt er seine Gattin nicht, sondern wird nur durch äußere Schwierigkeiten zu leichtem Fehlverhalten gezwungen. Auch der suchende Bruder ist ein Ehrenmann, der nicht von einer Dirne, sondern von der Schwester der Gattin seines Bruders verwechslungsweise zum Essen eingeladen wird, die Einladung annimmt, sich sofort in diese Dame verliebt und auf eine spätere Heirat

zusteuert. Der plautinische Wahnsinnsanfall fehlt bei Shakespeare, desgleichen der lächerliche alte Vater.
Diese Auslassungen hätten notgedrungen bei Shakespeare zu einer erheblichen Reduzierung an Substanz geführt, hätten zugleich ein stärkeres Hervortreten der Sentimentalitäten im Gefolge gehabt und einen äußerst mageren Rest im Vergleich zu der Vorlage des Plautus ergeben, wenn Shakespeare dem nicht auf andere Weise entgegengewirkt hätte: Er erfand zusätzliche Komplikationen und Verwicklungen. So sucht nicht nur der Bruder den Bruder, sondern anstelle des grämlichen plautinischen Vaters sucht ein rüstiger, verantwortungsbewußter und keine Gefahren scheuender Vater nach seiner Gattin und seinen beiden verlorenen Söhnen. Ferner führte Shakespeare zu dem Brüderpaar Antipholus – analog zum plautinischen *Amphitruo* – ein Zwillingsdienerpaar Dromio ein. Die für das frühe englische Bürgertum zwecklose, tendenziöse Zielstellung des Plautus wurde aufgegeben und durch eine Verbürgerlichung des Milieus und Veräußerlichung der Handlung, durch Turbulenz und Vervielfältigung der Verwicklungen ersetzt. Es lohnt sich, Plautus und Shakespeare nebeneinander zu lesen und vielleicht auch einmal zu spielen.

Miles Gloriosus

Dieses Stück ist das längste, das wir von Plautus besitzen, und geht auf eine Komödie *Alazon* (Der Maulheld) zurück, die um 281 entstand und von einem Schüler oder Nachfolger Menanders stammt. Es ist viel diskutiert worden, um die Schnitte zu zeigen, die sich infolge der Kontamination erkennen lassen, aber mit wenig Zuverlässigkeit und oft auch zum Nachteil des Stückes. Was dagegen einigermaßen sicher zu sagen ist, ist die Entstehungszeit des *Miles* etwa im Jahre 205, begründet durch die Verse 211–212, die auf die Inhaftierung des Naevius anspielen, die im Jahr des Meteller-Konsulats (also 206) war. Auch die Tatsache, daß der *Miles* gänzlich ohne Lieder verfaßt ist, bestätigt, daß er in dieser frühen Zeit entstand. Es gibt hier eine Menge literarisch wie historisch Interessantes anzumerken.

Die Handlung des Stückes läuft darauf hinaus, einem prahlerischen Offizier sein Mädchen zu entreißen. Das geschieht in der Weise, daß die Mauer zum Nachbarhaus durchbrochen wird und das Mädchen die Möglichkeit erhält, heimlich mit ihrem wahren Geliebten zusammen zu sein, während dem Offizier eine neue Geliebte zugeführt wird, die sich aber sehr bald als verheiratet erweist und den Prahler fast der Kastrierung aussetzt, einer Bestrafung, die damals für Ehebruch angewandt wurde.

Diese Fabel gibt eine Zweiteilung des Stückes vor. Die erste Spielhälfte wird von der Mauerdurchbruchsgeschichte beherrscht. Dieses Motiv, daß bei zwei aneinandergrenzenden Wohnhäusern die Mauer durchbrochen und dann dem genarrten Nachbarn Hörner aufgesetzt werden, findet sich verschiedentlich in der Literatur. Das Motiv begegnet uns mit entsprechenden Abwandlungen im Märchen vom *Gerber und seiner Frau* in *Tausendundeiner Nacht* (896. Nacht), in dem in die Tradition von *Tausendundeine Nacht* gehörenden Märchen von *Kamaralsaman und der Frau des Juweliers,* es begegnet uns in verschiedenen Versionen in Sagen und Märchen mehrerer Völker, es begegnet uns in einer französischen Fassung des Buches von den *Sieben weisen Meistern,* im altfranzösischen *Dolopathos* und davon ausgehend dann in vielen späteren Bearbeitungen, Schwänken und Komödien, unter anderem bei A. v. Platen und J. M. R. Lenz. Was Plautus im zweiten Akt bietet, ist zwar nicht der Ursprung dieses Weltliteraturmotivs, doch immerhin eine sehr interessante Version. Die zweite Spielhälfte wird von dem Possenspiel um den dumm-feigen und aufgeblasenen Offizier Pyrgopolinices beherrscht, der schließlich in einer derben, vitalen und turbulenten Schlußszene jämmerlich verprügelt wird. Eine Kastrierungsprozedur, der der Held erst in letzter Minute entgeht, gibt dem Stück die letzte Würze.

Die Eigennamen sind in diesem Lustspiel so beziehungsreich wie in der *Aulularia.* Pyrgopolinices (was Plautus in Vers 1055 mit „urbicape" übersetzt), dem man in seinem Haus die Mauer durchbrach, heißt ironisch der „Mauerstürmer". Philocomasium ist die, „die gern zur Nachtzeit schwärmt", Milphidippa ist das „Reitpferd Milphis" und

Acroteleutium ist „Fräulein Nonplusultra". Leitet man Sceledrus vom Griechischen ab, dann ist es obszön „der Schenkler", vom Lateinischen her bedeutet es „Schurke"; beides zutreffend. Der kluge Sklave Palaestrio ist der „Verschlagene"; doch paßt eine obszöne Bedeutung ebenso; während Palaestra „Ringplatz" als Hetärenname ihre Fertigkeiten als Ringerin meint, ist Palaestrio eben einmal ein männliches Wesen dieser Gattung. Der Parasit Artotrogus ist der „Brotnager", der zu jeder Schmeichelei und Nichtsnutzigkeit zu haben ist, wenn nur gratis ein Mittagessen dabei herausspringt. Pleusicles ist „der zur See berühmte" und entführt dann auch sein Mädchen auf dem Seewege. Der alte Periplectomenus, „der sich gern umgarnen läßt", zeigt sich auch in der Komödie als vielgewandter, polygamer Weltmann. Der Aufschneider war im Altertum wie in der Neuzeit eine gern gesehene Lustspielfigur. Typen wie Pyrgopolinices pflegen wir heute als Bramarbas zu bezeichnen. Das Wort ist nicht antik, sondern vom spanischen „bramar – schreien, heulen" abgeleitet und in einem anonymen deutschen Gedicht (Cartell des Bramarbas an Don Quixote) erstmals 1710 gedruckt verwendet. Es ist seitdem ein fester Terminus geworden, mit dem man auch die antiken Typen dieser Art zu bezeichnen pflegt. Vorbereitet durch die griechische Philosophie, die sich mit den verschiedenartigen Charaktertypen theoretisch beschäftigt hatte (Theophrast), finden wir den Bramarbas zunächst in der griechischen Komödie. Freilich scheint es so, als sei er hier nur vereinzelt verwendet worden. Die Mehrzahl der Soldaten Menanders, des berühmten Dichters der Neuen Komödie, waren ehrbare Leute, gelegentlich wohl etwas rauhbeinig, aber nicht lächerlich. Vom *Kolax* Menanders besitzen wir dagegen Fragmente, die sehr gut erkennen lassen, daß hier ein Bramarbas vorhanden war, wie wir ihn von Plautus und seinem um eine Generation jüngeren Kollegen Terenz her kennen: auch in dem hellenistischen *Alazon*, an den sich Plautus im *Miles* hielt, war es so. Bei Plautus sind im übrigen alle Soldaten als militärischer Bramarbas-Typ aufgeputzt. In der vorliegenden Komödie ist es die Titelrolle. In fünf weiteren plautinischen Komödien tritt ein Bramarbas auf: Im *Curculio* der spaßhafte Grieche Therapontigonus Platagidorus, im *Truculentus* der einfältige Stratophanes, im *Poenulus* der fröhliche Angeber Antamoenides, im *Epidicus* und in den *Bacchides* finden wir solche Typen in Nebenrollen. Ja, es sieht ganz so aus, als ob Terenz das Thraso-Gnatho-Paar durch die Anregung, die von Plautus kam, in den *Eunuchus* hineinkomponiert hat.

Die Vorliebe des Plautus für den Bramarbas hängt mit der Zeitgeschichte zusammen. Soldaten, die die militärischen Operationen im Mittelmeergebiet lebendig überstanden hatten, prahlten mit ihren Taten, so wie die Jäger ihr Latein haben und die Seemänner ihr Garn spinnen. Auch die Feldherrn wußten sich ins rechte Licht zu setzen und forderten immer häufiger ihren triumphalen Einzug in die Stadt.

Noch speziellere Aktualismen lassen sich im *Miles* erkennen, der, wie gesagt, auf den griechischen *Alazon* (der um 280 entstand) zurückgeht. In dieser Zeit bestanden zwischen Antigonos Gonatas, einem der Diadochen, das heißt der Nachfolger Alexanders, und dem Seleukidenreich in Kleinasien heftige Spannungen. Seleukos I. hatte auch einen Kriegszug gegen Makedonien geplant, der wegen der Ermordung des Herrschers dann nicht stattfand. Es ist daher leicht zu begreifen, daß das Lustspiel *Alazon*, in dem ein Söldnerwerber des Seleukos die Zielscheibe des Spottes ist, auf der athenischen Bühne politische Assoziationen hervorrief. Vice versa liegen die Dinge ein Jahrhundert später in Rom. Rom war nach dem Sieg über Karthago darum bemüht, seine Machtsphäre, außer auf Griechenland, besonders nach Kleinasien auszudehnen, wo ein Nachfolger des Seleukos I., Antiochos III., die Herrschaft ausübte. Schon bald nach 200 begannen in Rom die Kriegsvorbereitungen. So gesehen hatte der *Miles* in Rom damals auch eine politische Tendenz.

Der *Miles Gloriosus* überdauerte die Jahrhunderte. Die Comedia erudita *(Capitano glorioso)* ebenso wie die Commedia dell'arte (*Coccodrillo* u. a.), Ludovico Dolce *(Il Capitano)*, Giovanmaria Cecchi *(Lanfranco Cacciadiabolo)*, Goldoni *(L'Amante militare)*, Andreas Gryphius *(Horribilicribrifax)* wurden von dem plautinischen Stück angeregt, und auch Shakespeares *Falstaff*, der große Popularität gewann, hat unverkennbare Züge des plautinischen *Miles* an sich.

Mostellaria

Die *Mostellaria* gehört in die Hauptschaffenszeit des Plautus. Der Titel ist abgeleitet als Deminutivum von monstrum und bedeutet soviel wie *Die Geschichte vom Gespensterchen.* Plautus greift zurück auf die Komödie *Phasma* des zwischen 360 und 260 lebenden griechischen Komödiendichters Philemon. Die Fabel ist denkbar einfach: Ein reicher Kaufmann kehrt von einer Handelsreise zurück. Da sein Sohn liederlich gelebt hat, soll es der heimkehrende Vater nicht merken, und deshalb verwickelt der kluge Sklave Tranio ihn in Intrigen und vertreibt ihn von seinem Hause, in dem angeblich ein Gespenst umgeht. Ein Wucherer, der sein Geld zurückfordert, bringt die Geschichte eigentlich erst richtig in Gang: neue Verwicklungen, Kauf eines neuen Hauses, Strafregister als Theaterdonner und Happy-End.

Der erste Teil des Lustspiels, in dem nichts geschieht, als daß die Heimkehr des Vaters angekündigt wird, ist der schönste. Es sind vier große Szenen, die allesamt expositionelle Elemente übertragenbekommen haben, da ein Prolog fehlt. Die erste dieser Szenen ist der Sklavendialog Tranio–Grumio; Stadtsklave und Landsklave stehen sich gegenüber und lassen die Dimension des Unheils ahnen, das auf Tranio und die Seinen zurollt. Vor allem sind die unterschiedliche Graduierungen interessant, die den Stadt- vom Landsklaven sozialgeschichtlich trennen. Urwüchsige Schimpfkanonaden, die wegen ihrer Derbheit mehr die römische als die griechisch-hellenistische Atmosphäre widerspiegeln, sorgen von Anfang an für Tempo und Spannung. Tranio, der Dreisteste, erringt die Sympathien des Publikums.

Die zweite Szene präsentiert uns ein großes Bild, eines der beliebtesten Kunstmittel unseres Dichters. Es ist der große Monolog des Philolaches, in dem er sich und seine verkommene Lebensführung mit dem Bau und Verfall eines Hauses vergleicht, für uns etwas breit angelegt, aber nicht für den antiken Zuschauer. Philolaches tritt uns gegenüber als verwöhntes, leichtsinniges, junges Bürschchen, der jetzt, im Moment des wirtschaftlichen Zusammenbruchs, den moralischen Koller erlebt. Es bleibt allerdings bei einem Seufzen, denn das nächste Zechgelage ist schon gerüstet.

Als dritte Szene folgt eine Milieuschilderung aus dem Prostituiertengewerbe: Die durch harte Lebenserfahrung zur verbitterten Hetäre gewordene Sklavin Scapha möchte ihre jugendliche Kollegin Philematium vor einem ähnlichen Schicksal bewahren. Sie rät, die Männer ohne Sentimentalitäten und unter rigoros-merkantilen Gesichtspunkten finanziell auszunehmen. Philematium hat noch Illusionen.

Auch die vierte Szene ist eine Milieuschilderung: Wir gewinnen Einblick in das Tagewerk zweier junger Taugenichtse, des Philolaches und Callidamates, die den Tag nur mit Liebelei, Zechgelagen und Schuldenmachen hinzubringen pflegen. Es ist die ausgelassenste Trinkszene der erhaltenen antiken Lustspielliteratur. Callidamates ist betrunken (sein wirkliches Wesen lernen wir erst in der Schlußsituation kennen). Der andere ist noch Herr seiner Sinne, aber charakterschwach, ideenarm, wankelmütig und feig. Das jungenhaft-optimistische Draufgängertum der beiden mag zum Teil versöhnlich stimmen, doch charakterlich überzeugt kaum etwas.

Bis zum Ende dieser vierten Szene ist die Handlung noch nicht vorangebracht. Das geschieht erst jetzt, mit der Ankunft des Vaters. Die *Mostellaria* ist ein Stück mit verhältnismäßig hohem Schauwert, es passiert sehr viel und sehr Unterschiedliches. Lebhafte Dialoge mit wirkungsvoller Situationskomik, interessante Monologe gut ausgeprägter Charaktertypen und Szenen, die zu impulsivem, turbulentem Spiel herausfordern, lösen einander ab. Es gibt relativ wenig Längen, nur hie und da trägt Plautus seinem geistig wenig beweglichen und für szenisches Spiel ungeschulten Publikum Rechnung, indem er sich breitschweifig ausdrückt. Aber der Abwechslungsreichtum, das Aufgebot aller denkbaren Charaktertypen, der ganze Optimismus und die vielen Details, die auch unsere soziale Phantasie anregen – das alles entschädigt um ein vielfaches.

Daß Theopropides nur sein Gold im Sinn hat, ist für hellenistische Vorstellungen ganz zeitgemäß. Wie oft spricht er vom Gold! Nur nach Preisen und Kapitalien erkundigt er sich. Für seinen Sohn interessiert er sich erst, als er von dessen Geldverschwendung hört. In dem Moment, wo ihm am Schluß des Stückes versichert wird, daß er sein geliebtes,

verlustig gegangenes Gold zurückerhält, ist ihm das Anlaß genug, allen zu verzeihen. Tranio dagegen ist Sklave. Aber er hat seine Intelligenz und ist daran interessiert, sie anzuwenden. Er ist immer der Überlegene. Er erfindet das Märchen vom Hausgespenst – und der alte Theopropides glaubt es. Tranio erfindet sodann das Märchen vom Hauskauf – und gleich zwei Alte, Theopropides und Simo, glauben auch diese Geschichte. Wenn sich Tranio auch vor dem harmlosen Hund des Nachbarn fürchtet – vor Theopropides jedenfalls fürchtet er sich nicht. Zum drittenmal übertölpelt Tranio seinen Herrn, als er am Schluß des Stückes auf dem Altar des Hauses Zuflucht sucht, um der Bestrafung zu entgehen.
Die Nachwirkung der Mostellaria ist weniger bedeutend. Anlehnungen in Shakespeares *Der Widerspenstigen Zähmung* sind nicht mehr als eine Plautus-Reminiszenz für Kenner. Der populäre dänische Dichter Ludvig Holberg (1684–1754) verwandelte den *Mostellaria*-Stoff in das Lustspiel *Abracadabra oder das Hausgespenst,* das weniger bekannt geworden ist.

Zur Übersetzung

Die Übersetzung ist nicht für klassische Philologen gemacht, die den Plautus mit viel größerem Vergnügen in der Originalsprache zu lesen vermögen, vielmehr für alle anderen, und sie bemüht sich um zwei Dinge: 1. Sie will wirklich eine Übersetzung sein und möglichst dicht am Text bleiben, wenn auch nicht um jeden Preis. 2. Sie will aber auch vergnüglich sein, das heißt dem Leser des deutschen Textes möglichst so viel Freude bereiten, wie sie der lateinische Text ausstrahlt, und ihn ebenso emotional beeindrucken. Eine grundsätzliche Schwierigkeit ist immer wieder der Umgang mit dem lateinischen Vers, ob das Versmaß des Originals beizubehalten ist oder nicht. Da nun der im Lateinischen übliche quantitierende Vers im Deutschen genauso gegenstandslos ist wie die Verwendung des deutschen Endreims im Lateinischen, so scheint es mir das vernünftigste, wenn sich jede Sprache des Kunstmittels bedient, das ihr gemäß ist. Aus diesem Grund wurden die Cantica gereimt. Der Rhythmus des deutschen Metrums wurde dem Grundcharakter der jeweiligen Situation angepaßt und will die Schwerfälligkeit oder Leichtigkeit, die Heiterkeit oder Traurigkeit untermalen. Die lateinischen Rhythmen sind ja auf ihre Weise oft auch darauf eingestellt. Komödien ohne Cantica, wie die *Asinaria* oder der *Miles Gloriosus*, besitzen deshalb auch in der Übersetzung im allgemeinen keine Reime. (Gelegentlich habe ich zur Akzentuierung eines Szenenschlusses ein Reimpaar eingesetzt, wie es etwa auch bei Shakespeare zu beobachten ist.) Im weiteren ist in den plautinischen Lustspielen zu unterscheiden zwischen den Monologen, den geschlossenen, großen Solopartien, die in der Übersetzung in die Form rhythmisierter (meist iambischer) Prosa gebracht sind, und den in Langversen abgefaßten Szenen des lateinischen Textes, wo es sich meist um Gespräche zwischen zwei oder mehreren Personen handelt, also um rezitativartige Duette, Terzette usw., die in der Übersetzung in einfacher Umgangssprache wiedergegeben sind. Die Komödien des Plautus sind ursprünglich zum Anschauen und Hören, nie zum Lesen bestimmt gewesen. Die Emotionalität stand hier stets vor der Intellektualität. Das ist wichtig zu wissen. Die Übersetzung will das weder vertuschen noch ändern. Mehrere Plautus-Stücke wurden in dieser Übersetzung teils auf der Laien-, teils auf der Berufsbühne aufgeführt. Es zeigte sich, daß sie in dieser Form recht gut zu zünden vermögen.

Leipzig, November 1986 *Walter Hofmann*

Anmerkungen

Amphitruo

1 *Mercurius:* (von merx – die Ware; mercari – handeln) Sohn Jupiters. Er wurde in Rom ursprünglich als Gott des Handels verehrt und später mit dem griechischen Hermes gleichgesetzt, dessen weitere Funktionen er annahm: Schutzherr der Wanderer und Reisenden, Götterbote. Seine Attribute, mit denen er dargestellt wird, sind Heroldstab, Flügelschuhe und Reisehut.

42 *Virtus:* Personifikation der kriegerischen Tapferkeit. Ihr wie auch dem Honor (Personifikation der Ehre) waren bereits vor bzw. zu Plautus' Lebenszeit Tempel geweiht worden.
Mars: wurde in Rom als Vater des Romulus und Remus verehrt und neben Jupiter und Quirinus am höchsten geschätzt. Aus dem alten italischen Bauerngott wurde er mehr und mehr zum Kriegsgott und war bereits in plautinischer Zeit dem griechischen Ares gleichgesetzt.
Bellona: von bellum abgeleitete Personifikation des Krieges, die man sich gelegentlich als Gattin des Mars vorstellte.
Victoria: römische Göttin, die in der griechischen Nike ihre Entsprechung fand. Sie wurde als geflügelte Götterbotin, mit Lorbeerkranz, Binde und Palmenzweig dargestellt, oft im Fluge von oben herabschwebend. Neptun war kein ursprünglich italischer Gott, sondern ist, vom griechischen Poseidon abgeleitet, in Rom eingeführt worden.

98 *Amphitruo:* griech. Amphitryon, Sohn des Alkaios, des Königs von Tiryns, Enkel des Perseus. Amphitryons Schwester Anaxo heiratete Elektryon und wurde Mutter der Alkmene. Elektryon hatte im Krieg mit den Teleboern viele Söhne verloren, setzte Amphitryon als König ein und gab ihm Alkmene zur Frau. Nachdem Amphitryon den Elektryon getötet hatte, wurde er aus Tiryns vertrieben, begab sich mit Alkmene nach Theben zu Kreon. Die Heirat Alkmenes mit Amphitryon erfolgte unter der Bedingung, daß er den Tod ihrer Brüder an den Teleboern rächte.

194 *Kreon:* ein Verwandter Alkmenes, war während Amphitryons Abwesenheit Statthalter in Theben. Ein König Kreon von Theben ist auch mit der Ödipus- und der Medea-Sage ver-

knüpft. Die Verbindung mit Herakles ist anachronistisch von Plautus oder seinem griechischen Vorbild vorgenommen worden.

208 *Argiver:* von der Landschaft Argolis in der Peleponnes abgeleiteter Ausdruck zur Bezeichnung der Griechen allgemein.

251 *Teleboer:* ein griechischer Volksstamm, der an der westgriechischen Küste, etwa gegenüber Ithaka, siedelte.

294 *das Fell gerben:* pallium detexere, d. h. offensichtlich, den Mantel ausziehen, um ihn verprügeln zu können.

341 *Vulkan:* ein ursprünglich etruskischer Gott des Feuers, der später mit dem griechischen Hephaistos gleichgesetzt wurde.

404 *aus dem Persischen Hafen:* Portus Persicus, zur Bezeichnung jener Gegend, wo in der Nähe von Euboia sich in den Perserkriegen zu Beginn des 5. Jh. die persische Flotte aufgehalten hatte. Theben liegt nicht direkt am Meer, aber nicht mehr als etwa 20 km entfernt. Der Teleboer-Krieg lag ein gutes halbes Jahrtausend vor den Perserkriegen. Die Anachronistik ist auf das griechische Original des Plautus zurückzuführen oder von Plautus in Unkenntnis der genauen historischen Sachlage, vielleicht auch bewußt als Witz erfunden.

422 *Der Sonnengott:* Sol, der dem griechischen Helios entspricht, fährt am Tage in einem Wagen, der von feuerschnaubenden Flügelrossen gezogen wird, über den Himmel und weilt nachts im Lande der Hesperiden bzw. im Okeanos.

459 *beim Begräbnis:* Es war Sitte, daß dem Leichenzug die Ahnenbilder der Vorfahren und das Bild des Verstorbenen vorangetragen wurden. Sosia als Sklave hatte eine solche Ehrung natürlich nicht zu erhoffen.

462 *Freiheitshut:* pileus, eine Filzkappe, die die Römer bei Gelagen und Freudentagen, Sklaven bei ihrer Freilassung trugen.

501 *nimm auf:* aufnehmen (suscipere, tollere). Nicht alle neugeborenen Kinder wurden ohne weiteres in die Familie aufgenommen. Das geschah erst durch die ausdrückliche Anerkennung des Vaters, indem er das Kind vom Boden aufhob, das man ihm zu Füßen gelegt hatte. Erst danach konnten die Namensgebung und die religiöse Weihe erfolgen.

703 *Bacchantin:* Bacchantinnen oder Mänaden sind die Teilnehmerinnen eines griechischen Frauenkults zu Ehren des Dionysos/Bacchus, die efeubekränzt, mit Fellen und Thyrsosstäben ausgestattet, sich in orgiastischer Schwärmerei unter Nymphen und Faune mischen. Der Gott selbst erscheint bei dem Fest in Bocksgestalt und läßt der Sage nach Wein, Milch und Honig aus der Erde sprudeln.

832 *Göttermutter Juno:* Juno Lucina, Göttin der Geburt, um deren Hilfe die Wöchnerinnen flehten.

984 *Macht euch fort, ihr Leute:* Mercurius tritt hier in der Form des servus currens auf, eine für gewöhnlich an einen Sklaven gebundene, stereotyp verwendete spezifische Auftrittspartie, hier grotesk an den Gott-Sklaven Mercurius gebunden. Er verkündet lautstark, rennend, in letzter Angst und Hast die zum Verwechslungsspiel gehörige spezifische Situation der jeweiligen Komödie, so z. B. die Ankunft eines Handelsschiffes oder die Heimkehr des Komödien-senex, der um sein Geld geprellt werden soll (Vers 998f.).

1012 *Palaestra:* Turnplatz und Ringschule.

1042 *Ich gehe sofort zum König:* gemeint ist König Kreon.

1043 *an dem thessalischen Zauberer:* Thessalien wurde sprichwörtlich als Land magischer Kräfte genannt, möglicherweise weil dort wirksame Kräuter wuchsen.

1094 *mit reinen Händen und bedecktem Haupt:* So traten Betende vor die Bildnisse der Götter.

1108 *Schlangen:* Sie waren von Hera gesandt, die wegen der Eifersucht auf Alkmene jetzt den Sprößling des Zeus vernichten wollte. Eine schöne und ausführliche Schilderung des Vorganges steht im *Herakliskos* des Theokritos.

1128 *Teiresias:* in der Nähe Thebens beheimatet, ein Seher, für dessen Blindheit es verschiedene Erklärungen gab. Am bekanntesten ist die, daß er, da er Gelegenheit fand, eine Zeit seines Lebens als Mann, eine weitere als Frau zu existieren, von Zeus und Hera konsultiert wurde, ob der Mann oder die Frau beim Geschlechtsverkehr die größere Lust empfinde; da er sie der Frau zusprach, blendete ihn Hera, und Zeus verlieh ihm die Sehergabe (Ovid, Metamorphosen 3,316f.).

1034 Der Text hat hier eine große Lücke. Im folgenden ein Ergänzungsvorschlag unter Verwendung der erhaltenen Fragmente:

AMPHITRUO: Bist du elender Kerl immer noch nicht still? Aber wart nur! Ich werde dich am Kreuz abschlachten, verflixter Strolch.

MERCURIUS: Ach bitte nein. Wo wir doch grad in der schönsten Unterhaltung sind.

AMPHITRUO: Mir platzt die Galle bald, Halunke. Doch warte, wenn ich dich zu packen kriege, schlag ich dir den Schädel ein, verlaß dich drauf.

MERCURIUS: Schädel ein! Das Menschenstück hat Prachtideen. Wirklich: Es wäre das richtigste, dir einen Topf voll Asche an den Schädel zu haun.

AMPHITRUO: Sosia ...

MERCURIUS *ihm ins Wort fallend*: Ja, was ist?

AMPHITRUO: Fall mir nicht ins Wort, Halunke …

MERCURIUS: Verzeihung, Fremdling, aber ich heiße Sosia.

AMPHITRUO: Ruhe! Still! Halt endlich dein elendes Sklavenmaul und komm vom Dach herab und her zu mir, du Trunkenbold.

MERCURIUS: Langsam, langsam. Verstehst du nicht, ich bin ja grade froh, daß ich hier oben stehe. Ich werde mich hüten runterzukommen. Aber wart mal. Du bringst mich auf eine Idee. Ich werf dir in meiner Stellvertretung was runter. Paß auf. Da hast du was. *Wirft einen Dachziegel nach ihm.*

AMPHITRUO: Au au, du Lausekerl! Ich schlage dich ans Kreuz. Komm auf der Stelle runter!

MERCURIUS: Du willst noch mehr von mir? Da, nimm. Das ganze Dach kannst du auf deinen Buckel haben. Da, hier.

AMPHITRUO: Au au au au, hör auf! Das ist ja hier nicht auszuhalten.

MERCURIUS: Wer heißt dich denn auch auszuhalten. Du kannst ja gehn. Hau ab! Was stehst du auch so blöd herum und hältst Maulaffen feil? Da hast du noch ein paar dazu, und da und da! *Er wirft wieder mit Dachziegeln.* Hahahaha, da springt er hin und her wie stockbetrunken. Du hast wohl mächtig einen in der Krone und suchst dir hier ein Liebchen aufzuschnappen? Daraus wird nichts. In diesem Haus drin ist Amphitruo, der grad bei seiner Frau im Bette liegt.

AMPHITRUO: Was sagst du da? Amphitruo wäre im Hause drin?

MERCURIUS: Wer denn sonst?

AMPHITRUO: Bei einer Frau?

MERCURIUS: Bei s e i n e r Frau! Das heißt bei Alcumena.

AMPHITRUO: Bei Alcumena?

MERCURIUS: Denkst du, ich sag das alles zweimal?

AMPHITRUO: Im Bett?

MERCURIUS: Und zwar in e i n und d e m s e l b e n, Wange an Wange, Bein an Bein, Bauch an Bauch und so weiter, brauchst du noch mehr Einzelheiten?

AMPHITRUO: O weh, o weh, ich glaube gar, mich trifft heut noch der Schlag.

MERCURIUS: Rot genug bist du schon im Gesicht. Da mußt du vorsichtig sein und vorbaun. Es wäre jammerschade um dich, wenn du flöten gehst. Laß dir einen Topf voll Wasser über die Rübe gießen, dann wirst du vielleicht wieder normal.

AMPHITRUO:

O weh, was tu ich bloß, o wär ich nie geboren!
Mein Sklave hat ganz den Respekt verloren;
betrunken steht er auf dem Dach und höhnt
mit frechen Reden mich. Das bin ich nicht gewöhnt!

Behandelt mich wie einen dummen Tor.
Noch nie tat das ein Sklave je zuvor.
Mein Weib, ein Musterstück an keuscher Reine,
liegt drin im Bett – und nicht alleine!
Was war sie früher für ein braves Weib!
Jetzt hurt sie drin im Haus zu zweit,
mit einem fremden Menschen, einem Mann!
Und ich steh hier, als ging mich das nichts an.
Ich, Feldherr, Sieger, kehre ruhmbeladen
vom Krieg zurück und voller Heldentaten,
Und muß mir so was bieten lassen!
Nein, das ist wirklich nicht zu fassen.
Das kann ich nicht hinunterschlucken.
Jetzt wird es Zeit, mal aufzumucken.
Kein Wort wird jetzt mehr diskutiert,
jetzt wird zum Angriff vormarschiert.
Hört alle her, damit ihr's wißt:
Jetzt zeig ich, wer der Herr im Hause ist! –
Sosia!

MERCURIUS: Ja bitte, soll ich noch was runterwerfen?

AMPHITRUO: Halt's Maul! Ich befehle dir von hier aus, bei Androhung der Todesstrafe und zum letzten Mal: Komm auf der Stelle runter, mach die Türe auf!

MERCURIUS: Und ich erkläre dir von hier aus: nein!

AMPHITRUO: Mach auf!

MERCURIUS: Nein.

AMPHITRUO: Komm her!

MERCURIUS: Nein!

AMPHITRUO: Bei Jupiter und bei Merkur, dann zieh ich jetzt mein Schwert und schlag die Türe kurz und klein. Ich zähl bis drei. Das ist die letzte Frist: Also: eins.

MERCURIUS: Nach eins kommt zwei, falls du im Zählen Schwächen hast. Denn du siehst nicht grade helle aus.

AMPHITRUO: Auf Worte laß ich mich nicht mehr ein. Ich gehe nur noch mit Taten vor.

MERCURIUS: Gilt das schon als zwei?

AMPHITRUO: Also zwei!

MERCURIUS: Au fein, jetzt geht's gleich los. Bloß schade um die schöne Tür. Nun sag schon drei.

AMPHITRUO: Du unverschämter Lausebengel, Teufelskerl, du Schandenbalg, du hartgesottner Tagedieb, am Kreuz wirst du zugrunde gehn, ich krieg dich schon und bring dich um, so raffiniert, wie nie zuvor ein Mensch zugrunde ging.

MERCURIUS: Jetzt fängst du noch mit abgedroschnen Redensarten an: Ach bitte, mach schon mit der drei.

AMPHITRUO: O großer Jupiter, ich rufe dich zum Beistand an und bitte dich, mir hilfreich beizustehn, daß ich den Ehebrecher hier im Haus mitsamt dem Sklavenlümmel auf dem Dach dort oben zu packen krieg. Und dann gibt's kein Erbarmen mehr.

MERCURIUS: Laß dich auf keinen Fall erweichen und verprügle Sosia, sobald du ihn erwischst, sosehr du kannst.

AMPHITRUO: Verflucht! Jetzt ist aber Schluß mit meiner Geduld. Jetzt geht es los. Also – drei!

Er rennt mit gezücktem Schwert gegen die Tür. Kurz bevor er sie berührt, öffnet sich die Tür, und Jupiter tritt hervor. Er macht eine kurze Armbewegung, wodurch Amphitruo zurückgeschleudert wird.

Amphitruo, Mercurius, Jupiter, Alcumena.

JUPITER: Was willst du, kühner Fremder? Mit Zorn im Blick, das blanke Schwert auf diese Tür gezückt? Ich sehe ringsum keinen Feind. Kann ich dir irgendwie behilflich sein? Ich bin Amphitruo, mein Einfluß gilt hier viel.

AMPHITRUO: Du bist Amphitruo?

JUPITER: Ich sag es dir, verlaß dich drauf, beim Jupiter!

AMPHITRUO: Der Feldherr der Thebaner?

JUPITER: Vom großen Kriege eben heimgekehrt, mit Sieg und Ruhm vielfach geehrt.

AMPHITRUO *beiseite*: Schon wieder bleibt mir die Spucke weg. Der Kerl hat die gleiche Statur wie ich. Ich bin benommen und fange schon an, an mir selbst zu zweifeln. – Ach was, ganz klar: Ich bin ich. Der Doppelgänger wird jetzt überführt und meine schamlose Gattin mit dazu. – Sag, was machtest du im Hause drin?

JUPITER: Ich war bei meiner Frau.

AMPHITRUO: In diesem Haus?

JUPITER: Ja freilich.

AMPHITRUO: Bei deiner Frau?

JUPITER: Ja denkst du denn, ich ginge zu einer anderen? Ein Held wie ich, an Ruhm und Tugend gleicherweise von erstem Rang?

AMPHITRUO: Wie heißt denn deine Frau?

JUPITER: Ein Musterstück an tugendhafter Ehrbarkeit, die Treue in Person, wie es auf dieser Welt kein zweites gibt: Alcumena!

AMPHITRUO: Verrat, Verrat, Volk von Theben, jetzt habt ihr es aus seinem eignen Mund gehört. Mit meiner Gattin treibt der Mensch sein lasterhaftes Spiel. Der Mann ist überführt. Das sollst du büßen. Ich schlepp dich vor Gericht.

JUPITER: Schämst du dich nicht, du Frechling, mit deinen leeren Anschuldigungen vor das Volk hinzutreten? Schleichst hier heimlich um mein Haus herum. Erkundigst dich nach Alcumena! Ich merke schon, was du willst. Was hast du andres vor, als mir die brave keusche Gattin zu verführen? Auf frischer Tat hab ich dich als Ehebrecher ertappt und habe dich am Kragen. *Packt ihn fest am Gewand und schüttelt ihn kräftig durcheinander.*

AMPHITRUO *versucht dasselbe, kommt aber wesentlich weniger in glückliche Position*: Im Gegenteil, ihr Bürger Thebens, ich habe ihn, diese Schatzkammer des Lasters, der mir daheim die Gattin zum Ehebruch verführte.

JUPITER und AMPHITRUO *einstimmig*: Ich schleppe diesen Ehebrecher vor den Richter, und dann soll er unters Messer, wie es sich für Leute dieses Schlages so gehört!

ALCUMENA: Was ist das für ein Lärm vor unsrem Haus? Ich wollte noch ein wenig ruhn, ich fühlte mich erschöpft. Kein Wunder, nach dieser langen Trennung war mein Mann wie toll. Jedoch bei dem Radau ist an Ruhe nicht zu denken. *Zu Jupiter, der ihr am nächsten steht:* Geliebter Mann, mit welchem Menschen hast du Streit?

AMPHITRUO: Ihr Volk von Theben, jetzt habt ihr es aus ihrem Munde auch gehört. Die schlimmste Unzucht gibt sie ganz offen zu. Du Metze du, du liederliches Frauenzimmer. Mit Schimpf und Schande belädtst du unser Haus und unsren Ehestand. Öffentlich bekennst du dich zu diesem Schurken? Diese Klytämnestra! Es fehlt nicht viel, dann macht sie mich im Bunde mit jenem Aigisth zum toten Agamemnon. Doch bilde dir das nicht ein, ich passe auf.

Jupiter, der sich aus der Sache einen Spaß macht, ist einige Schritte beiseite getreten, so daß sich Alcumena ganz auf Amphitruo einstellt.

ALCUMENA: Jetzt fängst du wieder an mit diesen Späßen wie vorhin. Und dabei hattest du fest geschworen, daß du nur scherztest. Was soll ich denn da von dir halten? Grad noch lagst du liebevoll mit mir vereint auf einem Bett; jetzt bist du wieder so. Wie schlimm ist doch ein Frauenzimmer dran, wenn es an einen Mann gerät, der nicht weiß, was er will.

AMPHITRUO: Viel schlimmer noch ein Mann der an eine Frau gerät, die sich jedem Dahergelaufnen an den Hals wirft.

ALCUMENA: Du schlimmer, böser, schlechter Kerl, jetzt beleidigst du mich wieder so sehr. Das ertrag ich nicht. Auf dich ist kein Verlaß.

AMPHITRUO: Viel weniger auf dich. Du selber gabst dich, als ich fort war, aller Welt preis. Du gibst es sogar öffentlich zu!

JUPITER: Alcumena, komm her zu mir, in meine Arme, ich beschütze dich vor diesem Wüterich. Merkst du denn nicht: Ich bin dein Mann. Ich küß dich auf die Wange, in altgewohnter, liebevoller Zärtlichkeit. Vor diesem andren sieh dich vor.

ALCUMENA: Wie wohl tut mir der altgewohnte, liebe Ton. Wie konnte ich mich bloß so sehr versehn. Du bist mein Gatte, o du mein Amphitruo! Halte diesen Wüterich ja von mir fern.

AMPHITRUO: Verderbtes Weib! Komm endlich her!

JUPITER: Alcumena, siehst du nicht, wie ihm die Galle immer stärker überquillt? Ein Rasender, ein Aiax, der mit blutig unterlaufnem Blick dich mit Gewalt von mir entführen will?

ALCUMENA: Wie recht du hast, mein Mann. Die Zornesader quillt ihm an der Stirn. Im Wahnsinn rennt er durch das Land, ein Glück, daß du zu Hause bist, Amphitruo, um mich zu schützen. *Zu Amphitruo:* Du hast ein Gespenst im Leib. O Gott, du armer Mensch. Geh gleich zu einem Arzt! Gleich bricht der Anfall noch viel schlimmer los.

AMPHITRUO: Hör auf mit dieser frevelhaften Buhlerei!

ALCUMENA *zu Jupiter:* Ich bitte dich, laß gleich den Arzt holen, wenn der Anfall kommt. *Zu Amphitruo:* Du bist bestimmt behext oder verrückt.

AMPHITRUO: Laß ab von diesem Hexenmeister dort.

ALCUMENA: Noch immer hört er nicht auf mit seiner Zudringlichkeit. Verbanne ihn aus meinem Angesicht.

JUPITER: Mein Weib, ich muß mich deinem Wunsche fügen, deshalb, o Fremdling, sag ich dir: Bei Jupiter, der mir immer gewogen sein möge: Ich laß dich packen und an die Grenzen unsres Reiches bringen. Dort hebe Gruben aus, mehr als sechshundert Stück pro Tag, damit sich durch den großen Schweißausbruch der Säftestrom in deinem Körperkreislauf normalisiert.

AMPHITRUO: Alcumena, o weh, erkennst du mich denn nicht? Sieh mich doch richtig an: Ich bin Amphitruo!

JUPITER: Nimm dich zusammen, Fremdling. Amphitruo bin ich!

AMPHITRUO: Nein ich!

JUPITER: Nein ich!

ALCUMENA:

Wie bin ich Weib doch heutzutag des Jammers voll.
Wer ist von diesen zwein der Rechte?
Der eine Mann ist lieb, der andre toll.
Wenn ich bloß wüßte, was ich machen möchte?
Von außen sieht der eine wie der andre aus;
der Kummer frißt voll Gram mir an der Seele.
Ich weiß nicht ein, ich weiß nicht aus,
am besten ist's, wenn ich davon mich stehle. *Ab.*

JUPITER: Fremdling, ich rate dir zu größter Vorsicht. Daß du durch deine Zudringlichkeit meine Gattin verängstigst, wird dich teuer zu stehn kommen. Glaubst du, du kannst mich ungestraft zum besten haben? Ich werde dich ergreifen und vor den König von Theben schleppen lassen. Ich stehe in seiner höchsten Gunst. Aber da kommt ja mein Freund Blepharo an, den ich rufen ließ. Sei mir gegrüßt, mein Blepharo!

Blepharo und Sosia treten auf.

BLEPHARO: Sei mir gegrüßt, mein Freund Amphitruo! Du ließest mich rufen. Was gibt's? Willst du nicht der Ruhe pflegen nach den Strapazen dieses Krieges und dich deinem Weibe widmen, die grad jetzt deine Hilfe am meisten braucht? Kannst du die Amtsgeschäfte gar nicht lassen? – Doch sag einmal: Wer ist denn das? Bist du das auch?

JUPITER: Aber Blepharo. Du zweifelst an mir? Das hätte ich nicht von dir gedacht. Der dort ist ein Fremdling, der mir daheim in meiner Abwesenheit die Frau verführen wollte, ein gefährlicher Kranker. Von Zeit zu Zeit verwirrt sich sein Sinn, dann tritt ihm die Galle über, und böse Wutanfälle erschüttern seinen armen, kranken Leib. Tritt nicht zu dicht an ihn heran. Sieh, schon geht es wieder los. Der Anblick meines Sklaven Sosia paßt ihm scheinbar nicht. Schon schwillt der Kopf ihm wieder rot, der Blick wird wild. O großer Jupiter, sei zur Stelle und sorg dafür, daß diesem Menschen, wenn schon der Anfall nötig ist, doch der Verstand nicht ganz abhanden kommt.

AMPHITRUO *zu Sosia*: Verdammter Galgenstrick, Halunke, Dieb, Dreiteufelskerl, du wagst dich her zu mir, so harmlos und naiv, als ob du stets der beste Sklave warst? Für deine freche Dreistigkeit nimm erst mal dies – und dies – und dies! *Prügelt ihn.*

SOSIA: Au au au au, o Herr, was tat ich dir. Getreulich führte ich alle Befehle aus.

AMPHITRUO: Befehle aus? Damit du besser denken kannst, nimm auch noch dies und das dazu. Seit wann befahl ich dir, mit Ziegeln nach mir zu werfen?

SOSIA: Ich wüßte nicht, daß das jemals geschah.

AMPHITRUO: Dann nimm noch das dazu, damit du besser denken kannst. Die Galle läuft mir über, wenn ich dran denke, mit welchen frechen Reden du mich gescholten hast. Ich laß dich pakken und mit Ulmenruten windelweich zerbläun, daß deine Seele in den Hades fährt, bevor du noch das Kreuz berührst.

SOSIA: O Blepharo, so helft mir doch. Ihr wißt recht gut, daß ich euch holte, ganz so, wie Amphitruo befahl.

JUPITER *zu Blepharo*: Nun siehst du selbst, wie schlimm die Krankheit ist, an der der leidet. *Zu Sosia:* Sei ohne Furcht, Sosia, beim

Jupiter, ich sorge dafür, daß dir nichts geschieht und daß der Mensch da drüben wieder zu Verstande kommt. Bleib hier bei mir, damit er dich nicht schlagen kann.

AMPHITRUO: Komm her zu mir, denn du bist mein Sklave. Ich bin dein Herr.

JUPITER: Bleib hier bei mir, du bist mein Sklave, ich bin dein Herr, bei mir bekommst du keine Schläge.

AMPHITRUO: Fängst du schon wieder mit denselben Lügen und Betrügereien an? Das hört jetzt auf. Ich überführe dich, und dann geht dir's an den Kragen.

JUPITER: Siehst du, Blepharo? Jetzt geht der Anfall gegen mich.

AMPHITRUO: Ach, Blepharo, nun hilf mir doch, den Hexenmeister zu entlarven.

BLEPHARO: Das will ich tun. Ich gehe gleich den sichersten Weg und wende mich an deinen Sklaven Sosia, der dich am besten kennt und alle Zeit bei dir war. *Zu Sosia:* He, Sosia, komm mal her und hilf bei unsrem Streite.

SOSIA: Ja, gern, doch halt ich etwas Abstand, mir ist die Seite von den Schlägen noch ganz blau.

BLEPHARO: Nun sprich, welcher von diesen beiden ist denn nun Amphitruo?

SOSIA: Wenn ich die beiden vor mir seh, dann ist mir klar, daß mir das nicht klar ist. Doch halt, da fällt mir ein gewisses Zeichen ein. Der hier zur Linken ist ein rechter Schlägemeister. Da tret ich lieber etwas auf die Seite und geh zu dem hinüber. *Tritt zu Jupiter.* Ja, Blepharo, jetzt ist es ganz gewiß: Dieser ist mein Herr, denn hier bin ich vor Schlägen sicher.

AMPHITRUO: Verdammter Galgenstrick, kommst du zu mir! Wenn ich dich kriege, prügle ich ... *Bedenkt, daß er mit Drohungen hier nicht weiterkommt und wendet sich wieder zu Blepharo:* O Blepharo, mein Freund und Helfer in der schweren Schlacht, der du die Lanze des Gegners abwehrtest, die mich fast getötet hätte. Stehe du mir doch wenigstens bei.

BLEPHARO: Der Satz erscheint mir freilich ganz normal. Das stimmt genauer als genau. Ich will doch versuchen, mehr aus ihnen herauszubekommen. *Zu Jupiter:* Erzähl mir doch, an welcher Stelle in der Schlacht wir beiden standen.

JUPITER: Wir standen beide ganz im Mittelfeld, dort, wo die Schlacht am meisten tobte.

BLEPHARO: Auch das stimmt ganz genau. *Zu Amphitruo:* Nun sprich du weiter: Und an welcher Stelle stand denn ich?

AMPHITRUO: An meiner rechten Seite warst du stets zur Hand, mein Freund und Helfer, wie in andren Schlachten früher auch.

BLEPHARO: Auch dieses ist nicht gelogen. *Zu Amphitruo:* Sage weiter noch: Wo war denn Sosia?

AMPHITRUO: Als es zum Kampfe kam, verschwand der Bursche und war nicht mehr zu sehn.

JUPITER: Wie ich ihn kenne, zog er sich ins Zelt zurück und trank sich dort ein Räuschchen an.

SOSIA: Das war besonders gescheit gesagt, die reine Prophetie. Du bist mein Herr, ich sagte dir das vorhin schon.

BLEPHARO: Ich komm nicht weiter mit den zwein. Der eine weiß so gut Bescheid wie der andere. Doch halt, jetzt hab ich's, wie ich den Fall haarklein ergründen kann. – Nun erzähl du Amphitruo mir doch, wie die Sache mit der Lanze war. Wie war es denn, als dich die Lanze fast getötet hätte? Wenn du mir das erzählen kannst, dann ist der Fall ja sonnenklar.

AMPHITRUO: Natürlich kann ich das. An dieser linken Schulter war es. Du fingst den Stoß so grad noch ab. Fast hätte er mir die Brust durchbohrt.

BLEPHARO: Das stimmt genau. Mir leuchtet ein: Du bist Amphitruo.

JUPITER: Zum Glück war's freilich nicht so schlimm. Ein leichter Kratzer blieb als Narbe mir zurück. Das ist noch gut zu sehn.

BLEPHARO *zu Jupiter*: Bei dir?

AMPHITRUO: Nein bei mir!

BLEPHARO: Jetzt verliere ich noch restlos den Verstand, wenn sie mir beide diese Narbe zeigen. – Zeigt her, ihr beide, wo ist die Narbe, die der Gegner euch beiden hinterließ?

AMPHITRUO und JUPITER *zugleich ihren Arm entblößend*: Hier!

BLEPHARO: Ich bin erledigt. Ich bin am Ende meiner Kunst. An jedem Arm dieselbe Narbe. Vom Gang der Schlacht weiß einer wie der andere Bescheid. Statur und Wuchs dasselbe. Zwei Amphitruos gibt es seit heut auf dieser Welt. O großer Jupiter, ich ruf dich an: Du bist der einzige, der dieses Rätsel lösen kann. Ich kann euch beiden nur das eine sagen:

Fortsetzung mit der Blepharo-Rolle des erhaltenen Textes.

Asinaria

Die Komödie enthält keine Cantica. In den Versen 1–126 und 746–827 wurden von Plautus iambische Senare verwendet. Im übrigen ist das Stück in Langversen verschiedener Metren verfaßt. Die Übersetzung versucht das zu berücksichtigen, indem in den Langvers-Partien Prosa, in den iambischen Versen eine rhythmisierte

Prosa angewendet wurde. Für die Verse 126–152, 746–802 und die Schlußzeilen wurden Reime verwendet.

3 *Schauspieltrupp:* Anders als in Griechenland lag die Theateraufführung bei den Römern in der Hand kleiner Schauspieltruppen (grex), die von einem dominus geleitet wurden, der die Stücke beschaffte, sie als Regisseur einstudierte und mit den zuständigen Beamten (Aedilen als curatores ludorum) vereinbarte, welcher Anlaß (Feste, Feiern) für die Aufführung gelten sollte. Er trug das Risiko für die Aufführung und spielte selbst mit. Vgl. H.-D. Blume, *Einführung in das antike Theaterwesen,* Darmstadt 1978, 117.

10 *Onagos:* griech. Der Esel. Der lateinische Titel ist von dem Zugehörigkeitsadjektiv asinarius abgeleitet, das mit dem Substantiv fabula – Stück zu verbinden ist; asinaria fabula also wörtlich „das zum Esel gehörige Lustspiel", wobei nicht ein Esel, sondern das mit dessen Verkauf verbundene Geld Gegenstand der Handlung ist.

11 *Demophilus:* ein nur durch diese Stelle bekannter Dichter der Neuen griechischen Komödie, Verfasser des *Onagos.*
Maccus: T. Maccius Plautus, der sich wie nach einer Type der vorliterarischen Atellane Maccus – Hanswurst nannte, oder auch Plautus. Die mit dem Namen verbundenen Probleme sind ungewiß.

31 *wo ein Stein den andern reibt:* gemeint sind die Mühlsteine, wo das Getreide gemahlen wird, teils von Eseln, teils von Sklaven in Ketten, die als Strafe dazu verurteilt waren. Nach dieser Stelle wurde vermutet, daß die *Asinaria* nach *Saturio* und *Addictus* die dritte Komödie sei, die Plautus in der Zeit, als er noch als Sklave die Mühle drehte, schrieb.

39 *Spuck ... aus:* ein nicht weiter belegbares apotropäisches Sprichwort mit abergläubischem Sinn.

89 *zwanzig Silberminen:* Die Mine ist ursprünglich eine Gewichtsangabe, entspricht etwa einem Pfund. Die Griechen rechneten 1 Talent zu 60 Minen und zu 100 Drachmen, die Goldmine zu 10 Silberminen. Der Wert war im Lauf der historischen Entwicklung Veränderungen unterworfen.

116 *Archibulos:* ein Wechsler, Geldverleiher und Wucherer, sonst nicht weiter bekannt.

124 *Stecken:* lat. scipio. Da die *Asinaria* zu den Frühwerken des Plautus gezählt wird, kann eine Anspielung auf Scipio Africanus angenommen werden, der 212 Ädil und für die Ausrichtung von Spielen verantwortlich war (Paratore Bd. 1, 169, Anm. 23). Die Wahrscheinlichkeit ist um so größer, als politi-

sches Kabarett nicht erlaubt war, versteckte Anspielungen sich aber nicht unterdrücken ließen.

131 *zur Polizei:* Im Jahre 204 war eine Lex lenonia (über Zuhälterei) erlassen worden. Falls diese Stelle als Anspielung darauf gelten kann, wäre ein Anhalt für die Datierung der Komödie gefunden.

153 *Gold:* Es kann sich nur um Münzen aus der Zeit Philipps II. (Makedonenkönig 359–336) oder Philipps V. (Makedonenkönig 221–179) handeln.

193 *Zwei Talente Silber:* entsprechen 60 Silberminen, eine ungeheure Summe, die die Aussichtslosigkeit des Unternehmens beweist.

259 *Auguren:* lat. augere – vermehren. Beamte, die Kulthandlungen ausführten, die der Vermehrung der Fruchtbarkeit dienten. Diese Riten wurden von den Römern sehr wichtig genommen, sie lassen sich bis auf die Zeit des Romulus zurückverfolgen. Die Auguren bildeten ein Kollegium, das zur Zeit des Plautus aus neun Personen bestand. Im folgenden ist besonders von volkstümlichen, aus dem Aberglauben stammenden Dingen die Rede, über die wir nichts Näheres wissen.

333 *Pella:* Hauptstadt von Makedonien.

341f. *Ulmenruten:* wurden zum Auspeitschen verwendet. Wie Seeleute ihr Seemansgarn spinnen, Jäger ihr Jägerlatein reden oder Soldaten mit ihren Kriegstaten prahlen, rühmen sich hier die Sklaven ihrer Torturen. Auf dem Lande waren die Arbeitsbedingungen härter als in der Stadt.

405 *Aiax:* gemeint ist hier der A. Telamonios, nach Achilles einer der stärksten griechischen Helden, vor Troja immer dort eingesetzt, wo größtes Heldentum nötig war; lediglich im Streit um die Waffen Achills unterliegt er, dank des Eingreifens der Göttin Athene. Daraufhin fällt er in Wahnsinn und tötet sich selbst.

433 *Stichus:* bekannter Sklavenname; Titel einer Plautus-Komödie.

599 *Solon:* lebte etwa zwischen 640 und 560, bedeutender Politiker, Gesetzgeber und Dichter in Athen. Seine Reformen brachten die Beendigung der Schuldsklaverei, sie befreiten die attischen Bauern, beendeten die Vorrechte des Geburtsadels und teilten die Bürger in Vermögensklassen ein.

621 *in Zukunft euer Patronus:* Anspielung auf die Freilassung, die das Abhängigkeitsverhältnis in Patron und Klient ändert.

709 *Bäcker:* Sie waren ihre eigenen Müller und betrieben mehrere Schrotmühlen, die von Sklaven oder Eseln gedreht wurden, für Sklaven als Strafarbeit.

763 *Wachsmatrizen:* lat. cerata tabula, eine mit Wachs überzogene Schreib- oder Rechentafel.

776 *zum Nachbarn legen:* Hier sind die üblichen Tischsitten vorgestellt. Bei einem ausgelassenen Gelage speiste und trank man liegend am triclinium, um größeren Genuß zu haben. In alter Zeit war das weder in Griechenland noch in Rom der Fall. Vgl. Marquardt-Mau 300ff.

780 *für dich:* Trinkgelage waren verbreitet wie eh und je. Trinksprüche wurden ausgesprochen; die Anzahl der Buchstaben des Namens gaben das Maß für die Menge dessen, was getrunken werden sollte. Was an dieser Stelle gemeint ist, ist nicht genau zu ersehen, aber vorstellbar (vgl. etwa Plautus, *Persa* 773, wo ein Trinkspruch ohne Namensnennung steht, wenn auch die Bezeichnete klar ist).

793 *Nur Attisch soll sie reden:* Plautus verwendet keineswegs immer die attischen Termini; vielmehr liebt er Anspielungen auf die Topographie, Bräuche, Sprichwörter, die er, sofern es sich um eigene Erfindungen handelt, in lateinischer Sprache vorführt. Hier demonstriert er zweierlei: einmal, daß er sich an sein griechisches Vorbild hält, zum anderen ganz besonders, daß er das griechische Milieu zu erhalten wünscht, das in jener Zeit dem römischen nicht entsprach.

804 *Kränze, Salben ...:* Opfergaben an die Liebesgöttin.

827 *Also wollen wir Platz nehmen:* Bacchis ist in der folgenden Partie anwesend, ohne freilich eine Sprechrolle zu haben.

865 *Archidemus, Chaereas ...:* Die Aufzählung von fünf gebräuchlichen griechischen Eigennamen dient der Aufrechterhaltung der Illusion, die Szene spiele im griechischen Raum.

871 *Senat:* hier als römischer, also plautinischer Terminus. Welcher griechische Terminus im Original hier gestanden hat, ist nicht leicht zu sagen. Senat ist etwas hochgestochen und elitär, die griechische Volksversammlung, an der alle wahlberechtigten männlichen Bürger teilzunehmen hatten, eignet sich schlecht für den Zusammenhang. Die Alternative der Beschäftigung des Patrons mit Klientenquerelen wäre nicht möglich, eventuell unter dem Gesichtspunkt, daß sie in der Zeit des Hellenismus an Bedeutung verloren hatte.

903 *dann räche ich mich ... mit Küssen:* in Korrespondenz zu Vers 895.

905 *Venuswurf:* besaß beim Würfelspiel die höchste Punktzahl.

929 *Myrrhe:* eine in Arabien wachsende Balsamstaude, deren Rinde geritzt und aus deren Saft Duftstoffe gewonnen wurden, auch zum Aromatisieren des Weines verwendet.

Aulularia

1 *Lar familiaris:* der Schutzgott des Hauses und aller darin ansässigen Personen. Sein Bild wurde im Hause aufgestellt, auf einem Hausaltar opferte man ihm, wobei das Verbrennen von Weihrauch und das Aufhängen von Kränzen besonders bescheidene Gaben waren.
In zahlreichen anderen Komödien wird der Prolog ebenfalls von einer Gottheit gesprochen, besonders wenn wie hier in der *Aulularia* diese Gottheit eng mit der Fabel verknüpft ist; so ist es in Menanders *Dyskolos*, wo Pan den Prolog spricht, im *Amphitruo* ist Mercurius der Prologsprecher, im *Trinummus* sind es Luxuria und Inopia (Luxus und Armut), in der *Cistellaria* der Gott Auxilium.

36 *Ceres-Fest:* Ceres ist Göttin des Ackerbaus und Erdmutter. Sie entspricht der griechischen Demeter. In Rom feierte man seit 202 v. u. Z. ihr zu Ehren im Frühling ein mit großen Gastereien und mit szenischen Spielen begangenes Fest, das genauso auf griechische Sitte zurückgeht wie ein weiblicher Geheimgottesdienst, zu dem sich aus einleuchtendem Grund Jünglinge Zutritt verschafften. Parallelfälle haben wir in Menanders *Epitrepontes* und in der *Cistellaria* des Plautus, die auch auf Menander zurückgeht.

67 *Kastor:* – und Polydeukes, die Dioskuren, Zwillingssöhne des Zeus (nach anderer Version des Tyndareos) und der Leda, Brüder der Helena und Klytaimestra. Kastor galt besonders als Rossebändiger und Beschützer in Seenot. Polydeukes sah man als großen Faustkämpfer an. In Rom wurde Kastor vor allem von den Frauen, Polydeukes, lat. Pollux, nur von Männern beim Schwur angerufen.

86 *Philipp:* (vgl. Anm. zu *Asinaria* 153) Name mehrerer makedonischer Könige, von denen besonders der Vater Alexanders bekannt ist. In der Neuen Komödie gilt König Philipp allgemein als Vertreter sagenhaften Reichtums.
Dareius: Name mehrerer persischer Könige, besonders bekannt Dareius-Hydaspes, der zur Zeit der persischen Niederlage bei Marathon 490 regierte. Auch Dareius wird hier als Vertreter großen Reichtums genannt.

100 *Bona Fortuna:* Schicksals- und Glücksgöttin, entspricht der griechischen Göttin Tyche und wurde auch als römische Staatsgöttin verehrt. Ihre Nähe in dieser Bühnensituation ergibt sich klar aus dem schicksalhaltigen Charakter der Fabel.

107 *Bürgermeister:* (magister curiae) Die Kurie war ursprünglich

ein großer Geschlechterverband, zehn Kurien bildeten jeweils eine der drei Tribus. Die Einteilung der Bürgerschaft in Kurien wurde auch später beibehalten. An ihrer Spitze stand ein Flamen, ein Magister und ein Quaestor. Einzelheiten über die Funktion dieser Ämter sind nicht bekannt.

108 *Geldverteilung:* Es ist nicht bekannt, ob das Motiv von Plautus aus dem Griechischen übernommen wurde oder ob ein aktueller Anlaß in Rom als besonderer Effekt von Plautus aufgegriffen wurde (eventuell eine Beuteverteilung während des zweiten Punischen Krieges).

163 *Nachzügler:* Postumus, römischer Vorname, bezeichnet den zuletzt Geborenen, im Sinne eines Nachzüglers, d. h. auch nach dem Tode des Vaters geboren.

317 *Prätor:* eine der höchsten Beamtenstellen in Rom von ältester Zeit an; ursprünglich gab es 2 bis 3 Prätoren, in der Kaiserzeit bis zu 16 bis 18. In der Zeit der Republik lag in ihrer Hand besonders die Gerichtsbarkeit.

325 *Dieb:* Der Text hat hier: Du Mensch der drei Buchstaben, d. h. fur = Dieb. Das wäre deutsch unverständlich; auch wenn dastünde: Mensch der vier Buchstaben = Lump, wäre nicht zu ersinnen, was gemeint ist. Aus diesem Grund wurde das Buchstabenrätsel aufgegeben.

326 *Gelegenheitskoch:* Auch das lateinische trifurcifer ließ sich nicht vollinhaltlich erfassen, da es aus den Bestandteilen tri = drei – fur = Dieb – furca = Mistgabel – fer = Träger besteht.

356 *Staphyla:* Weintraube, Weinstock; Typ der trunkenen Alten in der römischen Komödie, wird hier ihrem Namen gerecht.

381 *As:* kleinste römische Münzeinheit. Der Text besagt lediglich, daß man äußerst sparsam sein muß.

394 *Apollo(n):* Sohn des Zeus und der Leto, Bruder der Artemis. Sein Kult war weit verbreitet, besonders als Heil- und Sühnegott wurde er verehrt. Die Pfeile seines Bogens brachten Krankheit und Verderben.

396 *du hast doch auch andern früher schon geholfen:* vgl. Homer, *Ilias*, 1. Gesang, wo Apollon seinem Priester Chryses beisteht, dessen Tochter als Sklavin in die Hand Agamemnons gelangt war.

408 *laßt mich fliehen:* Die Bacchanalien, Geheimriten mit orgiastischen Kultformen, ursprünglich eine reine Frauenbewegung, entzogen sich dem staatlichen Eingriff und wurden im Jahr 186 v. u. Z. wegen ihres staatsgefährlichen Charakters verboten. Das Verbot ist sichtbarer Ausdruck für die Größe und Kraft der Bewegung. Das Lamento des Kochs über die Prügel kann als Beleg dafür gelten, daß die Bacchanalien mit Flagellation verbunden waren.

413f. *Aber ich weiß, wie man sich da verhält:* Die Umstellung dieser Verse nach Vers 410 geschieht aus metrischen und inhaltlichen Gründen im Anschluß an Paratore.

416 *Ich zeige dich an:* Ein Kollegium von drei Männern (tresviri), hier ist an ihre Funktion als Hilfsbeamte des Prätors gedacht, hatte die Aufsicht über die Gefängnisse und über die Hinrichtungen. Neben diesen Aufgaben im Justizbereich kam ihnen z. B. auch die Münzprägung zu.

445 *Laverna:* Göttin des gerechten und ungerechten Gewinns, daher auch Göttin der Diebe. Sie gehört in altrömische Zeit und hatte an der Porta Laverniana (Stadtmauer) einen Altar. Auch als Unterweltsgöttin ist sie bekannt.

505 *mehr Wagen:* Die Kritik am Besitz von Wagen oder gegen den übertriebenen Luxus der Frauen dürfte den römischen Verhältnissen jener Zeit besonders entgegengekommen sein. Gesetze, die den Luxus einschränken sollten, gab es bis ans Ende der Republik. Am Anfang steht die Lex Oppia vom Jahre 215 v. u. Z., die sich gegen Frauenluxus richtet. Die Gesetzgebung des älteren Cato (Censorius) bezog auch den Besitz von Prunkkarossen ein. Ganz gleich, ob die hier von Megadorus vorgetragene Partie nun eine plautinische Erfindung ist oder aus dem griechischen Original stammt, ihre aktuelle Bedeutung in plautinischer Zeit ist auf jeden Fall gewiß.

526 *der Soldat:* miles. Was man sich darunter vorzustellen hat, ist heute nicht mehr zu klären. So viel geht allerdings ganz sicher aus der Stelle hervor, daß bei hoher Mitgift eine Vermögens- oder Mitgiftsteuer gezahlt werden mußte, die von offizieller Seite eingezogen wurde. Ob „miles“ dabei einen staatlichen Steuereintreiber bezeichnet oder einen Soldaten, dessen Besoldung in dieser Form erfolgte, oder etwas anderes, ist für den Sinn des Stückes ohne Bedeutung. Es ist möglich, daß die Idee dieses „miles“ überhaupt von Plautus selbst stammt.

554 *Geryon:* ein dreileibiger Riese, der der Sage nach im fernen Westen eine riesige Herde besaß, die ihm Herakles (als zehnte Arbeit) entführte und nach Griechenland trieb.

555 *Argus:* der mit hundert Augen versehen war; wurde von Hera, der eifersüchtigen Gattin des Zeus, der Io als Wächter gegeben. Im Auftrage des Zeus wurde er von Hermes getötet, seine Augen daraufhin dem Schwanz des Pfauen eingefügt.

565 *punische Laterne:* Laterna Punica. Glasscheiben kannte man in jener Zeit noch nicht (erst seit etwa 400 u. Z.), man verwen-

dete entweder dünne Hornplatten oder Häute. An eines von beiden ist hier gedacht. In der Laterne brannte ein kleines Lämpchen. Offenbar waren die punischen Laternen besonders lichtdurchlässig.

622 *Honigwein:* mulsum, d.i. vinum melle mulsum, mit Honig vermischter Wein.

Rabe: Aus dem Flug, Geschrei, Fressen u. a. Dingen der Vögel glaubten Auguren, den Willen der Götter erkennen zu können. Der Brauch war, vom Orient kommend, über Griechenland, Etrurien nach Italien eingedrungen und wurde nicht allzu ernst genommen, hielt sich aber recht lange.

676 *Silvanus:* römischer Waldgott, Schutzherr aller Tiere und Pflanzen in Wald und Feld. Diese Gottheit gab es im Griechischen nicht, könnte dort vielleicht Pan gewesen sein, wurde auf jeden Fall von Plautus durch eine römische Entsprechung ersetzt.

692 *Iuno Lucina:* entsprechend der griechischen Eileithyia als Göttin der Geburt von den Gebärenden angerufen.

701 *den Greifen:* ein orientalisch beeinflußtes, dreigestaltiges Fabeltier, geflügelt, Löwenkörper, Adlerkopf, gefährlich, oft im Gefolge oder Dienst von Göttern, besonders Apollon, Dionysos u. a. Die Greifen sind schon bei Hesiod und Aischylos bekannt, besonders bekannt durch die im 6. Jh. v. u. Z. ausgestaltete Sage, wo sie im hohen Norden im Kampf mit den Arimaspen die gewaltigen Goldschätze hüten. Vermutet wurde auch eine Verwechslung mit der Sphinx durch sprachliche Erklärung des Picis als Akk. plur. = phikas als Akk. plur. des dor./böot. Dial. = dem attischen sphingas.

818 *Kinkerlitzchen:* vermutlich ein Sprichwort, vielleicht ein Kinderspiel, wobei die Kinder die Bohne öffnen und entweder den Keim oder einen Wurm finden. Die Deutung ist fraglich (Otto, Sprichwörter, 128). Selbst wenn der Keim gemeint ist, handelt es sich um „etwas Kleines“.

Bacchides

Verschiedentlich wird angenommen, daß der Anfang der *Bacchides* zusammen mit dem Schluß der *Aulularia* verlorengegangen ist. Nach neueren Forschungen (K. Gaiser, Philologus 114, 1970, 51) wird vermutet, daß vier Szenen am Anfang standen, in denen 1. Bacchis, ihre Sklavin und Pistoclerus über die zu erwartende Ankunft der Schwester der Bacchis sprachen, 2. Pistoclerus den Prolog vortrug, 3. ein Sklave des Soldaten die Schwester der Bacchis 1 bringt und schließlich 4. Bacchis 1 ihre Schwester Bacchis 2 begrüßt und den Pistoclerus über das Weitere zu Rate zieht. Leo ordnet dem ordentlich erhaltenen Text 34 Fragmente vor, so daß die Zeilenzählung bei ihm mit Vers 35 beginnt, woran sich auch diese Übersetzung im Interesse der Konkordanz der Verszählung hält.

44 *kümmere dich:* Der Anfang des Stückes gibt einige Probleme auf, doch ist zu erkennen, daß sich hier Bacchis 1 mit der versteckten Forderung an ihren Liebhaber wendet, die Schwester Bacchis 2 aus dem Dienstverhältnis bei dem Offizier freizukaufen, was mit lat. caveas vorsichtig angedeutet ist.

53 *Bacchanal:* s. Anm. zu *Aulularia* 408.

71 *Griechenmantel:* Die Schilderung erfolgt ganz aus römischer Sicht, wohl von Plautus erfunden; in diesem Sinn wird der römische Lederpanzer (lorica) dem weichen Griechenmantel (malacum pallium) gegenübergestellt, so daß die Illusion ein klein wenig gebrochen und die in Rom geforderte militärische Jugendhaltung mit der des Graeculus verglichen wird. Wie sich Palliata und Togata zur Bezeichnung der Komödienherkunft aus dem Griechischen bzw. Römischen gegenüberstehen, wird die Mantelsorte hier zur Kennzeichnung des Moralischen verwendet.

81 *Platz nehmen:* Das Liegen während der Mahlzeit gab es weder bei Griechen noch Römern in ältester Zeit. Es gibt Anzeichen, daß zu Zeiten der Trauer darauf verzichtet wurde. Man speiste an einem Tisch, der an drei Seiten von Sofas umgeben war und demzufolge wie der ganze Raum triclinium bezeichnet wurde.

86 *Kastor:* s. Anm. zu *Aulularia* 67.

111 *Lykurgos:* Hier ist an den sagenhaften Begründer der spartanischen Verfassung gedacht, der in der Zeit zwischen dem 11. und 8. Jh. gelebt haben soll, in den Bereich der Sage gehört und erstmals von Herodot (1.65) als Gründer der Verfassung genannt wird.

122 *Thales:* von Milet, lebte zu Beginn des 6. Jh. v. u. Z.; er galt als der große Weise. Für ihn war das Wasser die Grundsubstanz der Welt, und die Erde schwamm im Wasser. Von der Lehre ist wenig Gesichertes erhalten.

123 *Potitier:* ein römisches Patriziergeschlecht, das mit der Ausübung des Herkuleskultes betraut war. Wegen der Verwicklung in eine mit dieser Aufgabe verbundene Bestechungsaffäre starb das Geschlecht in 30 Tagen oder mit 30 Erwachsenen in einem Jahr aus.

155 *Herkules und Linus:* An Herkules, den gesamtgriechischen

Helden, knüpfen sich außer den zwölf großen Arbeiten viele kleine Taten, die er nebenher vollbrachte; darunter kam Herkules mit Linus in Verbindung, einem Sohn des Apoll, auf jeden Fall einem großen Musiker, den der Schüler Herkules beim Leierspiel erschlug.

156 *Phoenix:* der Wundervogel, der aus Arabien oder Indien stammen soll, der alle 500 Jahre mit einem großen Ei nach Heliopolis kommt; in dem Ei befinden sich die Reste seines Vaters, die er dort bestatten will. In unserer Komödie ist die Sache umgedreht, der ältere Erzieher Lydus sieht sich als Phoenix, der dem Vater den Tod des Sohnes (im Hurenhaus) erzählt.

171 *Ephesier:* Bewohner von Ephesus an der kleinasiatischen Küste.

172 *Apoll:* Sohn der Leto, zusammen mit seiner Schwester Artemis. Er gehört zu den machtvollsten, auch äußerst gefährlichen Wesen des griechischen Götterhimmels. Der Witz liegt in der Kollegialität, mit der Chrysalus diesen einflußreichen Gott behandelt.

201 *Geschirr aus Samos:* d. i. wohlfeile keramische Ware, die dem Wert entsprechend auch wenig Festigkeit besaß. In Rom wurde dieses billige Tongeschirr bis in die Kaiserzeit als samisch bezeichnet.

214 *Epidicus:* Die Assoziation ist etwas weit hergeholt. Plautus will lediglich eine Attacke gegen Pellio loswerden, einen bekannten Schauspieler, der schon im *Stichus* des Plautus aufgetreten war; wir wissen nun auch, daß der *Epidicus* früher anzusetzen ist als die *Bacchides.* Ob die Polemik gegen Pellio ernst oder scherzhaft aufzufassen ist, steht keineswegs fest; ich vermute scherzhaft. Ob er gar die Rolle des Pistoclerus sprach?

220 *Gold:* d. h. philippische Taler, vgl. Anm. zu *Asinaria* 153.

242 *Phrixos:* Bruder der Helle; beide wurden zum Schutze gegen die Bedrohung durch ihre Stiefmutter auf einem goldenen Widder nach Kolchis gebracht. Der Widder wird Zeus geopfert, sein goldenes Vlies im Hain des Ares aufbewahrt. Daran knüpft sich der Komplex der Argonautensage.

270 *Praetor:* s. Anm. zu *Aulularia* 317.

284 *Archidemides:* ist eigentlich der, der beim Volk viel gilt bzw. dessen Nachkömmling. Der Witz liegt hier in dem gewissermaßen hybriden Wortspiel. Demides wird von dem lat. demere abgeleitet und bedeutet soviel wie ein Mann, der auf vorzügliche Weise zu stehlen versteht.

307 *Diana:* Die Diana von Ephesus war eine Naturgöttin, die mit

der griechischen Artemis identifiziert wurde, ihrem Wesen nach alles Lebende nährend. Hier ist das Fremdländische betont und eigens zu diesem Zweck „ephesisch“ beigegeben und der Priester Theotimos somit als einem kleinasiatischen Kult ergeben abgestempelt, also eine mysteriöse Figur. So liegen Höhe und Tiefe geschickt motiviert beisammen.

313 *in Staatshand:* publicitus, ein darauf abgezielter Ausdruck, die Zuverlässigkeit der Verwahrungsstätte zu beweisen, mit gegenteiliger Wirkung beim Publikum.

368 *Orcus:* Herr des Totenreichs; bekannter die Bezeichnungen Pluto oder Hades. Der letztere ist der Sohn des Kronos und der Rhea und Gemahl der Persephone. Orcus dagegen besaß weder Kult noch Tempel. Tartaros ist eine besondere Region der Unterwelt und nicht damit zu identifizieren.

431 *Hippodrom:* eine typisch griechische Rennbahn für Pferde- und Wagenrennen, wie sie schon bei Homer erwähnt wird. Die Länge betrug knapp 400 m, als Wendepunkte waren Säulen errichtet.

Palästra: die Ringschule, die zusammen mit der Laufbahn das Gymnasium bildete.

573 *Parasit:* Der Parasit gehört zu den heiteren Figuren der Komödie, möglicherweise von Plautus besonders stark ausgebaut. Seine typische Eigenart besteht darin, immer nach einem Essen auf der Suche zu sein, für ein Essen maßlos zu schmeicheln, anderenfalls sich von der gemeinsten Seite zu zeigen. Es sind Freigelassene, die sich für die Arbeit für zu gut halten, aber besitzlos sind und ohne Arbeit nicht existieren können; meist haben sie sich einem Patronus angeschlossen, der für ihren Unterhalt sorgt. Dennoch ist der Parasit keine stereotype Rolle. Parasiten sind oft recht intelligent. Bei Plautus stellen sie durchweg jene Kategorie von Menschen dar, die den Schaden haben und den Spott noch dazu.

590 *zweihundert Taler:* vgl. Anm. zu *Asinaria* 153.

591 *Elatia:* Hauptstadt von Phokis oder in Thessalien am Westausgang des Tempetals. Für das Publikum des Plautus macht der ungeklärte Sachverhalt wohl nichts aus.

649 *Syrus und Parmeno:* Sklavennamen, die aber in den Rollen der Komödien des Plautus nicht existieren.

743 *nach Griechenart:* Der Gedanke des Graeculus, des Griechleins, tritt bei Plautus wiederholt in den Vordergrund, womit er die Unterschiedlichkeit zum Römertum deutlich werden läßt. Darin liegt keine bewußte Propagandaabsicht verborgen, sondern selbstbewußtes Römertum, das Plautus ebenso besaß

wie sein römisches Publikum. Der Ausdruck stammt nicht aus dem griechischen Original, sondern ist plautinische Erfindung, paßt auch nicht in die Illusion des Stückes, was aber in Rom gewiß nicht gestört hat. Vgl. auch Vers 813.

810 *Bellerophon:* ein korinthischer Nationalheld. In Tiryns wird er von der Gattin des Königs heftig geliebt; um das Gastrecht nicht zu verletzen, weist Bellerophon die Liebe zurück und wird von der beleidigten Frau verleumdet. Um den Gast nicht morden zu müssen, sendet ihn Proitos, der König von Tiryns, zu seinem Schwiegervater Iobates, mit einem Brief, den Überbringer zu töten. Da Iobates dies ebenfalls nicht will, sendet er Bellerophon auf gefährliche Abenteuer aus (Chimaira u. a.).

815 *stehst doch selber auf dem Stein:* Schilderung von der Art des Sklavenverkaufs. Meist wurden sie auch auf einem Holzgerüst stehend feilgeboten.

817 *wen die Götter lieben ...:* das Sprichwort schon bei Menander.

847 *Bellona:* römische Kriegsgöttin, eine Personifikation. Gelegentlich auch als Gattin des Mars angeführt. Mars ist einer der bedeutendsten Götter und Kriegsgötter der Römer, entsprechend Ares, der bei den Griechen viel weniger Bedeutung besitzt. Die römischen Götterbezeichnungen sind von Plautus eingesetzt, obgleich die sprechende Person, der Soldat Cleomachus, ein Grieche ist.

892 *Jupiter und alle Götter:* Die Götteraufzählung der folgenden Verse sieht in ihrer Unkonventionalität recht plautinisch aus, beginnend mit Jupiter, der Zeus entspricht, und endend mit Saturnus, der Kronos entspricht. Er hält sich nicht an die allgemein akzeptierte Zwölfzahl der Hauptgötter des griechisch-römischen Pantheons, sondern führt siebzehn an. Darunter einige simple Personifikationen, wie: Spes – Hoffnung, Virtus – Tugend. Ops ist eine römische Göttin, Mutter der Feldfrüchte und der Fruchtbarkeit. Summanus ist eine römische Gottheit, man schrieb ihm die Blitze zu und setzte ihn mit Pluto gleich.

913 *Clinia – Demetrius:* offensichtlich Komödienfiguren, für uns nicht näher zu bestimmen. Es wurde auch der Gedanke geäußert, daß es sich um Demetrius Phalereus und einen seiner Kontrahenten handelt. Wenn wir die Art des Plautus aber richtig verstehen, dürfte er eine politische Invektive nach Art des Aristophanes vermieden haben.

925 *Von beiden Atreus-Brüdern:* Das Troja-Gleichnis des Chrysalus ist nichts als ein Spaß. Die beiden verglichenen Sachverhalte kontrastieren in solchem Maße, daß jeder Detailvergleich

ebenfalls ausschließlich scherzhaften Charakter besitzt. So ist es kein Wunder, wenn sich Chrysalus, als übermütiger Hauptheld der Intrige, einmal mit Agamemnon, dann mit Odysseus vergleicht, dann wieder Aufgaben des Achill übernimmt u. a. m. Es lohnt sich schon, all die Unrichtigkeiten herauszusuchen, um die Gelöstheit und den Übermut unseres römischen Autors richtig begreifen zu können. Obgleich wir wissen, daß es seit etwa drei Jahrzehnten eine lateinische Fassung der *Odyssee* in Rom gab, ist nicht gewiß, daß detaillierte Kenntnisse vom Geschehen um Troja in solchem Umfang in Rom bekannt waren, daß der Chrysalus-Monolog exakt begriffen werden konnte. Wahrscheinlich war das gar nicht nötig: Die Kenntnis der hauptsächlichen Eigennamen reichte aus, um den Spaß zu verstehen.
Die Atreus-Brüder sind Agamemnon, der oberste Heerführer der Griechen, und Menelaos, durch den (wegen der Entführung seiner Gattin Helena) der Anlaß zum Krieg mit Troja gegeben wurde.

926 *Pergamum:* Berg, Burg; hier zur Bezeichnung von Troja; die Mauern Trojas sollen von Apollon und Poseidon/Neptun errichtet worden sein.

934 *Philipps d'Or:* s. Anm. zu *Asinaria* 153.

936 *Holzpferd:* Eine genaue Schilderung von der Einnahme Trojas erhalten wir im 2. Buch der *Aeneis* Vergils. Das hölzerne Pferd, mit Kriegern gefüllt, war auf Eingebung Athenes/Minervas hin eine Erfindung des Odysseus. Das Pferd war so groß, daß die Stadtmauern eingerissen werden mußten, um es nach Troja hineinbefördern zu können.

937 *Epeius:* der Erbauer des hölzernen Pferdes. Der Vergleich mit Pistoclerus hinkt ganz und gar. – Auch das Bild mit Sinon ist nicht korrekt: Nachdem die Griechen ihr Lager vor Troja verlassen hatten, um die Heimkehr vorzutäuschen, war Sinon zurückgeblieben; er hatte sich selbst verstümmelt, um Glaubwürdigkeit zu erregen, und wurde von den Trojanern auf dem Grab des Palamedes gefunden. Da er als von den Griechen verstoßen galt, glaubte man seinem Rat, die Stadtmauern zu öffnen und das Pferd nach Troja einzubringen. Sinon öffnete auch das Holzpferd, um die Griechen herauszulassen, und gab den Griechen Fackelzeichen zur Rückkehr.

940 *Odysseus:* Chrysalus vergleicht sich mit Odysseus, dem Erfinder des hölzernen Pferdes, dessen Ursprung genaugenommen auf Athena/Minerva zurückgeht.

947 *Alexander:* Name des Paris; eigentlich „Beschützer der Män-

ner", der Name ist hier eingesetzt, weil er gerade als Verderber seiner Heimatstadt zur Perfektion kommt.

948 *Helena:* Gattin des Menelaos, die im Ergebnis des Paris-Urteils entführt worden war, was nach dem Mythos die Kriegsursache abgab.

954 *Minervas Bild:* Das Wohl und Wehe Trojas war an den Besitz des Palladiums geknüpft, das von Odysseus und Diomedes geraubt worden war.
Troilus: der jüngste Sohn des Priamus, von Achilles getötet.

955 *Phryger-Tor:* oder skäisches Tor, war von den Trojanern selbst abgerissen worden, um das hölzerne Pferd in die Stadt befördern zu können.

960 *gab ich Troilus den Tod:* Chrysalus geht in seiner Begeisterung bei diesem Vergleich so weit, daß er sich jetzt selbst als denjenigen bezeichnet, der Troilus tötet (im Mythos war es Achill; vgl. oben Vers 940, wo sich Chrysalus mit Odysseus gleichsetzt; vgl. Vers 947, wo sich Chrysalus mit Agamemnon identifiziert).

963 *Hecuba:* zweite Gemahlin des Primaos, dem sie 19 Kinder gebar und 50 aufzog. An ihre Person sind viele Sagen geknüpft.

969 *Philipps-Taler:* vgl. Anm. zu *Asinaria* 153.

973 *er hat fünfhundert:* hier der sicherste Beweis dafür, wie frohgemut die Ilias-Sage, wenn nötig, verändert wird: Aus 50 Söhnen des Priamos werden 500 Taler, die obendrein geköpft werden.

1075 *Quaestor:* unterstes Amt in der römischen Ämterlaufbahn. Das Amt war im Lauf der Jahrhunderte zahlreichen Veränderungen unterworfen. Hier ist an die Quaestoren gedacht, die die Konsuln auf Kriegszügen begleiteten und mit Vermögensverwaltung beauftragt waren. Plautus hält sich hier offensichtlich an römische Gegebenheiten.

1146 *mein bissiger Hund:* natürlich Chrysalus.

1148 *zu wilden Widdern:* Hier wird das Bild von der Schafherde, mit Hund usw. aufrechterhalten, zugleich mit der Doppelbedeutung von aries das Bild einer Kriegsmaschine hineingebracht.

Menaechmi

12 *sizilianisch:* Sizilien war seit alters griechisch besiedeltes Gebiet, Syrakus die Hauptstadt der Könige. Unser Lustspiel kann als sizilisch bezeichnet werden, da Syrakus der Geburts-

ort der Menaechmi ist. Andererseits war Sizilien blühendes Zentrum szenischen Spiels. Vielleicht wollte Plautus auch darauf hinweisen.

101 *zum Ceresfeste:* Der Kult der altitalischen, römischen Göttin der Feldfrüchte wurde allmählich gräzisiert und begann sich in den Jahrzehnten der plautinischen Komödien mit Geheimfeiern zu verbinden. Die Göttin war also sehr aktuell und galt als Sinnbild des Überflusses.

105 *Liebste:* caris ist hier doppeldeutig, wird zunächst verstanden wie „im Kreise der Familie"; Vers 106 klärt den Sachverhalt, daß Peniculus nur das Essen gemeint hat. Das Wortspiel mit carus (lieb, wert) ist in der Kürze und Treffsicherheit, wie es das Lateinische ermöglicht, kaum wiederzugeben.

183 *Reservisten:* Der Begriff ist nicht ganz zutreffend, da sich für uns sehr spezifische Vorstellungen damit verbinden; immerhin handelt es sich auch bei Plautus um eine Art Legionsreserve.

200 *Hippolyte:* Tochter des Ares, Königin der Amazonen. Eine der Arbeiten des Herakles bestand darin, ihren Gürtel (Wehrgehenk) zu holen. In einer der Sagenversionen geschah das in blutigem Kampf, wobei Herakles getötet wurde.

205 *Minen:* Gewichtsbezeichnung, vgl. Anm. zu *Asinaria* 89.

219 *drei Sesterzen:* ein außerordentlich geringer Betrag. 1 Sesterz entsprach 2 $^{1}/_{2}$ As, insgesamt waren das 7 $^{1}/_{2}$ As oder, um es vorstellbar zu machen, etwa 3 Silbermark.

260 *Sykophanten:* Sie nützten die attischen Rechtsverhältnisse für persönliche Bereicherung aus. Im Jahre 404 v. u. Z. wurden die berüchtigten Sykophanten in Athen zum Tode verurteilt. Sprachlich ist das Wort schwer erklärbar, auch obszöne Deutung wurde versucht.

263 f. *Verdammnus:* Um das plautinische Wortspiel Epidamnus – damnum (Unheil, Schaden) anzudeuten.

330 *die Macht Vulcans:* lateinische Entsprechung für den griechischen Gott Hephaistos, den Gott des Feuers.

409 *Agathokles:* Die Reihenfolge der Herrscher von Syrakus ist historisch nicht richtig, teilweise frei erfunden.

Agathokles (317–289), Tyrann in Syrakus;
Phintia, Tyrann von Agrigent;
Liparo nicht nachweisbar;
Hieron (269–214), Tyrann in Syrakus.

453 *Rentner:* „Otiosi homines" bezeichnet Menschen, die nicht zur Arbeit verpflichtet sind, die Muße haben und sich mit Dingen beschäftigen können, die ihrer Neigung entsprechen. Die Übersetzung mit „Rentner" ist eine Ersatzlösung, die

zwar eine Einengung der Bedeutung des Originals darstellt, jedoch mit einer Modernisierung des Witzes verbunden ist, der auf diese Weise nicht verlorengeht.

574 *Klienten:* Klientel ist eine altitalische Rechtseinrichtung und bezeichnet das Abhängigkeitsverhältnis des Klienten von seinem Patron. Der Klient ist zu bestimmten Leistungen verpflichtet und erhält dafür den Schutz des Patronus in Notfällen. Die Klientel bestimmte während der gesamten Zeit der römischen Republik die politische und soziale Struktur der Gesellschaft und bestand auch während der Kaiserzeit weiter. Plautus nimmt die Gelegenheit wahr, um hier gegen Mißstände zu polemisieren, die sich innerhalb der Klientel auszubreiten begannen.

592 *Gnade:* sponsio bezeichnet das Versprechen, für eine Sache die Haftung zu übernehmen. In unserem Fall fällt es dem Patron schwer, angesichts der Vergehen des Klienten die sponsio durchzusetzen. Die Übersetzung mit „Gnade" ist nur ein Ersatz für die komplizierten juristischen Bedingungen, die sich hinter sponsio verbergen.

714 *Hekuba:* die Gemahlin des Troerkönigs Priamus; wird nach ihrem Tode in einen Hund verwandelt. Die plautinische Variante ist eine Frechheit; vgl. Anm. zu *Bacchides* 963.

745 *Porthaon:* Sohn des Agenor und der Epikaste, Vater des Oineus und einiger Heroen, Großvater der Deianeira, der Gattin des Herakles, also eine wenig bekannte mythologische Gestalt.

748 *Kalchas:* berühmt wegen seiner zutreffenden Weissagungen bei den Griechen (vgl. Homer, *Ilias* 2.299 ff.). Unter anderem prophezeite er in Aulis den Zorn der Artemis und opferte Iphigenie.

835 *Bakchos:* oder Bacchus, entspricht dem Dionysos, Sohn des Zeus und der Semele. Seine Anhänger ziehen schwärmend durch die Wälder, efeubekränzt, mit Rehfellen bekleidet, zerfleischen junge Rehkälbchen und verzehren das Fleisch roh. Pentheus wurde z. B. von rasenden Bacchantinnen zerrissen. Mit der Anspielung auf diesen Mythos schüchtert Menaechmus den Alten ein. Bromios, der Lärmende, ist Beiname des Bakchos.

854 *Tithon:* Gemahl der Eos, die für ihn von Zeus die Unsterblichkeit erbeten hatte, nicht aber die ewige Jugend. So altert er hoffnungslos ohne Ende.

Kyknos: Sohn des Ares; nach anderer Überlieferung Sohn des Poseidon. In dritter Version ist Kyknos König der Ligurer und wird in einen Schwan verwandelt, als er den Phaëthon beweint. Beide Bilder, das vom hoffnungslos vergreisten Tithon und das vom Schwanengesang singenden Kyknos, passen sehr gut in diesen Zusammenhang. Die familiäre Beziehung der beiden ist völlig freie Erfindung des Dichters. Beide Namen sind unsicher überliefert. Die Übersetzung schließt sich der Deutung Leos an, die durchaus glaubhaft ist.

885 *Äskulap:* Sohn des Apollo, Gott der Heilkunde, der diese Kunst bei dem Kentauren Chiron erlernt hatte und von Zeus getötet wurde, als er Tote zum Leben erweckte.

902 *ein König:* Agamemnon war König und Heerführer der Griechen vor Troja, Odysseus war sein listenreicher Berater, der in allen schwierigen Lagen des Trojanischen Krieges mit seiner Klugheit einen Ausweg fand. Menaechmus bedauert, daß es ihm in seiner Situation gerade umgekehrt ergeht.

932 *Nestor:* Er nahm am Kampf der Lapithen gegen die Kentauren, später – hochbetagt – am Kampf gegen Troja teil. Obgleich ihm physische Kraft längst fehlte, wurde er wegen seiner weisen Ratschläge berühmt.

950 *Nieswurz:* Helleborus oder Helleborum galt als Heilmittel gegen Wahnsinn und Wassersucht, das teils zum Erbrechen führte, teils als Abführmittel wirkte.

1032 *Patron:* Der Freigelassene blieb als Klient bei seinem Herrn, der fortan sein Patron ist. Der Gruß entspricht der neuen sozialen Stellung; s. Anm. zu 574.

Miles Gloriosus

1 ff. *Marsch, marsch:* Man könnte denken, daß Pyrgopolinices eine Leibgarde bei sich hatte, zumal er auch die Schlußworte dieser Szene (sequimini satellites – Trabanten, folgt mir) an Gefolgsleute zu richten scheint. Doch kann man sich ebensogut vorstellen, daß er ganz allein auf der Bühne stand und in seiner Selbstüberhebung so tut, als ob er ein großes Gefolge habe. Das ist um so wahrscheinlicher, als am Anfang des Stückes nicht einmal Artotrogus – Brotnager sichtbar ist, sondern erst nach besonderer Aufforderung erscheint. Auch in den späteren Pyrgopolinices-Auftritten ist nirgends von Gefolgsleuten die Rede.

13 *Würmerfeld:* Campi Curculionii. Curculio ist der Kornwurm, auch als Parasitenname verwendet. Es handelt sich hier also um das Kornwurmfeld = Parasitenland = Schlemmerland.

15 *Der – Dingsbums:* Das sachkundige Publikum dachte an Polyphem, den Sohn des Poseidon = Neptunus, der durch Odys-

seus geblendet wurde. Mauerstürmer hat ein recht unglückliches Beispiel gewählt.

24 *Krautsalat:* Epityron, ein Salat, der als Beikost zum Käse (ἐπὶ τυρῷ) verzehrt wurde, wahrscheinlich aus Oliven angerichtet.

42f. *Kilikien:* Die hier und im folgenden genannten Orte spielten tatsächlich im Aktionsbereich des kleinasiatischen Königs Seleukos I. eine Rolle, sind also historisch durchaus real, im Gegensatz zu den ungeschickten Erfindungen des Offiziers.

43 *Skythenräuberland:* Scytholatronia. Obgleich „latro" im älteren Latein eigentlich immer „Söldner" bedeutet und erst später in der Bedeutung „Räuber" vorkommt.

61 *Achill:* Sohn des Peleus, der tapferste und schönste Held der Griechen im Trojanischen Krieg. Da ihm die aus der Kriegsbeute zugefallene Sklavin Briseis von Agamemnon vorenthalten wurde, blieb er eine Zeitlang dem Kampf fern und lähmte dadurch die Kraft des griechischen Heeres.

75 *Seleukos* (305–280 v. u. Z.): Er war einer der Feldherrn und Nachfolger (Diadochen) Alexanders, der – ähnlich den Ptolemäern in Ägypten – in Kleinasien (Syrien, Babylonien) die Herrschaft der Seleukiden begründete. Ihm folgten zahlreiche Herrscher dieses Namens, die an sechs Stellen eine Stadt Seleukeia gründeten. Zur Zeit des Plautus regierte dort einer seiner Nachkommen, Antiochos III. (224–187 v. u. Z.).

102 *Naupaktos:* Hafenstadt im Golf von Korinth (jetzt Lepanto).

159 *von oben herein:* durch das Impluvium, ein rechteckiges oder quadratisches Becken in der Mitte des Attriums, in dem sich das von der Decke des Raumes her eingeströmte Regenwasser sammeln konnte (Compluvium).

209 *im Kittchen:* Anspielung auf die Inhaftierung des Naevius. Cn. Naevius, ein älterer Zeitgenosse des Plautus, hatte neben einem Epos über den Punischen Krieg auch Komödien geschrieben. Offenbar scheute er sich auch nicht, sich mit einflußreichen römischen Persönlichkeiten auseinanderzusetzen. Auch von seinen Invektiven gegen das Geschlecht der Meteller berichtet die Überlieferung. Möglicherweise aus einem solchen Grunde verbüßte Naevius eine Gefängnisstrafe, als der *Miles Gloriosus* aufgeführt wurde. Es wird vielfach angenommen, daß die Verse 209ff. eine vorsichtige Erwähnung dieses Sachverhalts sind. Wie man sieht, trug Plautus seine Meinung mit mehr Bedacht vor als Naevius.

321 *Tollkraut:* ein unter dem Getreide wachsendes Unkraut, dessen Genuß den Augen schädlich sein soll (lat. Lolium).

436 *„Ehrlich":* eigentlich δικαία = die Gerechte; der Gegensatz dazu ἀδικαία = die Ungerechte.

691 *Matronalien:* Frauenfest am 1. März. Die Frauen opferten der Juno, erflehten deren Schutz für Haus und Ehe, bekamen Geschenke und beschenkten selbst ihre Sklavinnen.

692 *Minervafest:* vom 19. bis 23. März gefeiert, mit Opfern und Gladiatorenspielen (außerdem vom 13. bis 15. Juni).

735 *Wenn es die Götter ...:* Die neuere attische Komödie liebte es, komische Wirkungen dadurch zu erzielen, daß ihre Personen philosophische Betrachtungen anstellten, wie hier über eine bessere Weltordnung. Periplectomenus hat für derartige „Besserwisserei" – gewiß nicht ohne ironischen Nebensinn – gleich eine Antwort bei der Hand.

743 *Zorn der Ilias:* In det *Ilias* Homers ist der Zorn des Achilleus das Hauptelement der Handlung.

789 *Klientin:* Zum Verhältnis Patron–Klient vgl. die Bemerkungen zu *Menaechmi* 754 und 1032.

850 *auf dem Kopf:* In den Weinkellern der Reichen standen die Weinkrüge nebeneinander wie die Bücher im Regal und waren, je leerer, desto mehr geneigt, bis sie schließlich ganz auf dem Kopf standen.

961 *durch den Prätorstab:* Die Freilassung eines Sklaven erfolgte durch den Schlag mit einem Stab (festuca) des Liktors, des Praetors oder des Patrons in Anwesenheit des Praetors.

995 *Ist hier jemand ...:* Qui de vesperi suo vivat, wer von der selbst bezahlten Abendmahlzeit, d. h. auf eigene Rechnung lebt, mit anderen Worten: Wer Zeit hat, sich um anderer Leute Angelegenheiten zu kümmern.

1000 *Scheuersand:* Unsicherheiten in der Verteilung der Rollen zeigt schon die Überlieferung. Es bleibt die Frage, ob der Scheuersand-Witz dem Pyrgopolinices oder dem Palaestrio in den Mund zu legen ist. Dumme Witze zu reißen paßt sehr zu einem Bramarbas vom Schlage des Thraso in Terenz' *Eunuchus*. Da aber der Grundzug im Charakter des Pyrgopolinices (anders als bei Terenz' Thraso) völlige Einfallslosigkeit ist, scheint mir Palaestrio als Sprecher der rechte Mann und der Offizier zeigt sich verblüfft und zufrieden.

1247 *Phaon:* Nach der Sage war er der Liebling der Dichterin Sappho (um 600 v. u. Z.) aus Lesbos, die aus Trauer über seine fehlende Gegenliebe oder spätere Untreue sich ins Meer gestürzt haben soll.

1289 *aus Liebestorheit:* Achill begehrte Briseis vor allem aus Prinzip, da sie ihm als Kriegsbeute zugesprochen worden war; aus dieser verletzten Eitelkeit heraus beteiligte er sich nicht mehr am Kampf um Troia und war insofern Anlaß für den Tod vieler Landsleute.

Mostellaria

16 *schnellstens in die Mühle:* Zwischen Stadt- und Landsklaven bestand ein Rangunterschied. Der Landsklave Grumio hält seinem städtischen Kollegen Tranio vor Augen, welche Strafe darin besteht, auf das Land verstoßen zu werden. Die damit verbundene Schadenfreude Grumios ist für die plautinische Bühnensklaverei typisch. Daß im allgemeinen wenig Solidaritätsgefühl gezeigt wird, muß aber nicht unbedingt den realen Verhältnissen in Rom entsprechen. Griechisches und Römisches vermischen sich, und die vergröbernde Hand des Plautus gibt der Sache eine subjektive Note.

22 *treibt es weibisch wie die Griechen:* Von der „Griechenart" spricht Plautus wiederholt (pergraecari, congraecari, Graeculus). Der ausgeprägte Individualismus des hellenistischen Griechenland wird vom Standpunkt römischer Moralauffassung als etwas Verwerfliches angesehen. Tranios Worte in Vers 36, „Mir paßt es halt zu saufen, lieben, huren ...", bezeichnen, was mit pergraecari gemeint ist.

42 *nach fremden Salben duften:* Es entspricht griechischer Art, sich mit ausländischen, aus dem Orient und Indien stammenden Salben den Mädchen wohlgefällig zu machen.

122 *daß man die Kinder anerkennt:* Die Anerkennung des Neugeborenen geschah durch Aufheben vom Boden (s. Anm. zu *Amphitruo* 501). Danach erfolgten die Namensgebung und die religiöse Weihe.

129 *zu einem Blutsverwandten:* Man gibt den jungen Offizieren insofern Unterstützung, als sie von einem Verwandten, natürlich in übergeordneter militärischer Position, betreut, gefördert und protegiert werden.

151 *Sportkampf:* Gymnastik im griechischen Sinne lehnten die Römer ab; sie pflegten nur diejenigen Sportarten, die der Wehrertüchtigung dienten: Lauf, Ringen, Springen, Wurf, Faust- und Waffenkämpfe, also jene Disziplinen, die Plautus in Vers 151–153 zitiert, vom Diskus abgesehen. Wettkämpfe im griechischen Stil und mit griechischen Athleten wurden später zur Volksbelustigung veranstaltet.

204 *freigekauft:* Durch den Freikauf entsteht ein neues Abhängigkeitsverhältnis. Der, der den Freikauf tätigte, ist hinfort der Patron. Mit dem Freikauf ergibt sich ein sozialer Aufstieg,

der aber mit zunehmendem Alter an Bedeutung verliert. Meist unterhalten ausgediente Hetären später einen eigenen Bordellbetrieb. Bei Plautus verbindet sich mit der Freilassung die Übernahme des Bürgerrechts, während nach griechischem Recht der Freigelassene nur ein Staatsfremder ist (vgl. Anm. zu *Persa* 474f.). Griechisches und Römisches sind hier bei Plautus nicht auseinanderzuhalten.

258 *daß ich Parfüm nehme:* Die hier angeführten kosmetischen Mittel gehören in die hellenistische Welt der Alexanderzeit. Man färbte Wangen, Lippen, Fingernägel rot, Augenlider schwarz, Zähne weiß. Für Rom ist dies erst in der späten Republik bzw. in der frühen Kaiserzeit in solcher Perfektion nachweisbar, wie es die Griechen in der Zeit des beginnenden Hellenismus kannten.

297 *zwanzig Minen:* knapp 20 Pfund. 1 Talent = 60 Minen = 6000 Drachmen (1 Talent knapp 30 kg; 1 Mine knapp 1 Pfund). Vgl. Anm. zu *Menaechmi* 205. In der Blütezeit der athenischen Polis kostete ein unqualifizierter Sklave etwa 2 Minen. Das entsprach dem Jahresverdienst eines einfachen, allein arbeitenden Handwerkers. Qualifizierte Sklaven und Hetären, die eine gute Ausbildung genossen hatten, kosteten ein Vielfaches davon.

308 *leg dich nur zu mir:* Über das Speisen im Liegen vgl. Anm. zu *Bacchides* 81.

349 *Salus:* entspricht der griechischen Göttin Hygieia, der Personifikation der Gesundheit.

375 *tot und elendig:* Wörtlich steht da: Ich bin völlig vernichtet – Du bist zweimal vernichtet. Um eine diesem Wortspiel adäquate Nuance in die Übersetzung zu bringen, habe ich vom Text abweichend formuliert: tot und elendig – tot und lebendig.

404 *Sicherheitsschlüssel:* Gewöhnlich wurden die Häuser nur von innen verriegelt. Von außen verschloß man sie mit dem Spartanerschlüssel, der besonders kompliziert und dreifach gezahnt war. Vgl. Aristophanes, *Thesmophorienfeier* 423:

> Denn unsre Männer tragen jetzt selbst Schlüsselchen,
> geheimnisvolle Dinger, recht bösartige,
> Lakonerwerk, drei Kerben eingefeilt im Bart.
> Sonst war's, die Türen aufzutun, ein leichtes Ding.

407 *der Klient:* Szenische Spiele (ludi scaenici) fanden im wesentlichen an den vier jährlichen Hauptfesten statt, den Ludi Romani, den Ludi Apollinares, den Ludi Megalenses (zu Ehren der kleinasiatischen Göttin Magna Mater) und den Ludi Plebeii (wie die Ludi Romani zu Ehren Jupiters eingerichtet).

Daneben gab es außerordentliche Anlässe für szenische Spiele, wie Tempelweihungen, zu Ehren eines Triumphes oder bei Feierlichkeiten zu Ehren eines großen Toten (Leichenspiele), worauf Plautus hier anspielt.

469 *Berührt ... die Erde:* Bei der Anrufung chthonischer Gottheiten kniete man nieder und berührte mit der Hand die Erde. Hier wird die Erde selbst angerufen, in deren Innerem sich, wie man glaubte, die Manen und auch der Geist des vermeintlichen Toten aufhalten.

561 *weder die Zinsen noch das Kapital:* Falls ein Wucherer zu hohe Forderungen stellte, konnte er gerichtlich belangt werden und verlor nach römischem Recht Kapital und Zinsen.

621 *Läßt du diesem Menschen ...:* Die von Ritschl vorgeschlagene Versumstellung (625–628 zwischen 621 und 622) hätte zwar den Vorteil, daß die Frage des Theopropides von 628 sofort in 629 exakt beantwortet würde. Aber ist solche Konsequenz wirklich nötig? Man kommt mit der überlieferten Textfassung, an die ich mich gehalten habe, viel besser aus. Theopropides will natürlich in Vers 627f. den Grund für die Höhe der geliehenen Summe wissen. Tranio antwortet darauf nicht, weil er noch nicht entschlossen ist, wie er sich herauslügen wird. Deshalb lenkt er ab und nennt zur Abwechslung die Höhe des geliehenen Geldes plus Zinsen. Die Lüge vom Hauskauf wird erst in Vers 637 spontan erfunden.

770 *kein Deutchen:* Es wurde versucht, das Wortspiel umbra (Schatten) – Umbra (Umbrer) – Sarsina wiederzugeben durch: Kein Deutchen – Deutschen – Franzose. Umbrer und Sarsinaten sind italische Volksstämme.

775 *Agathocles* (360–289): Tyrann von Syrakus (Sizilien). Vgl. Anm. zu *Menaechmi* 409 und zu *Miles Gloriosus* 75.

Alexander (356–323): Sohn des Makedonenkönigs Philipp II. und der Olympias, war der im Altertum weithin bekannte Begründer des hellenistischen Großreiches.

828 *eines dahergelaufenen Makkaronifressers:* Im Text heißt es „pultifagus ... barbarus“, der fremdländische Breifresser: Sei es, daß dies aus griechischer Sicht über die Römer oder als eine Art römischer Selbstironie zu verstehen ist, auf jeden Fall verbirgt sich hier ein drolliger Spaß, der seine Aktualität und Wirkung hatte.

864 Der Text ist schlecht überliefert und läßt eine exakte Übersetzung nicht zu. Ich habe versucht, die Lücke unter Ausnutzung der überlieferten Fragmente zu überbrücken.

885 *Zweite Szene:* Die Szene knüpft an Vers 313 oben an, wo Callidamates seinen Sklaven befohlen hatte, man solle ihn abholen.

919 *Also achtzig Minen:* Geld spielt in der *Mostellaria* eine große Rolle, man vergleiche:
Vers 297: 20 Minen werden für ein gutes Wort versprochen.
Vers 300: 30 Minen wurden für den Freikauf des Mädchens gezahlt.
Vers 625: 40 Minen schuldet man dem Wucherer.
Vers 630: 44 Minen schuldet man Kapital + Zinsen.
Vers 919: 80 Minen beträgt jetzt dieselbe Schuld.
Ich glaube nicht an Überlieferungsfehler, sondern an bewußten Witz. Vgl. Anm. zu *Mostellaria* 297.

941 *Präfekt:* Verwalter eines Amtes, von Magistraten eingesetzt, vorwiegend auf dem Gebiet des Militärwesens und in der Landwirtschaft, aber auch im zivilen Bereich. Vgl. auch Anm. zu *Bacchides* 1075.

1094 *hier auf dem Altare:* Der Altar war der Gottheit geweiht; wer sich in diesem Bereich befand, durfte nicht angetastet werden. Deshalb suchten Sklaven, wenn sie Strafe fürchteten, hier mit Vorliebe Schutz. Gelegentlich legte man rings um den Altar Feuer, um die Sklaven zu vertreiben. Die einfältige Argumentation des Theopropides paßt gut zu dem Mann, der dem Sklaven Tranio auch sonst geistig unterlegen ist. Theopropides will wohl andeuten, daß er ein Sklavenverhör zu vermeiden sucht. Die Entgegnung Tranios darauf ist vor allem eine witzige Kritik am römischen Rechtswesen. – Tranio spielt sich hier als weissagender Priester auf.

1149 *Diphilos und Philemon:* neben Menander bedeutende Dichter der Neuen Komödie, sie wirkten um 300 v. u. Z.

Literaturauswahl

Ausgaben:

F. Ritschl, Plauti Comoediae, Bonn 1849–1853 (unvollständig)
G. Götz, G. Loewe, G. Schoell, T. M. Plauti Comoediae, Leipzig 1871–1894
G. Goetz, F. Schoell, T. M. Plauti Comoediae, Leipzig BT 1893–1896
W. M. Lindsay, T. M. Plauti Comoediae, Oxford 1903
A. Ernout, Plaute. Comédies. Texte et Traduction, 7 Bde., Paris 1932–1940
P. Nixon, Plautus, The Loeb Classical Library, 5 Bde. London/Cambridge 1916–1939

Übersetzungen:

J. J. C. Donner, Plautus, Komödien, Berlin 1964
W. Binder, T. M. Plautus, Lustspiele, Stuttgart/Berlin 1855–1897 (jetzt in Überarbeitung von W. Ludwig, Stuttgart 1974)
L. Gurlitt, Die Komödien des Plautus, 4 Bde. Berlin 1920–1922

Lexika:

G. Lodge, Lexicon Plautinum, Leipzig 1904–1933 (Nachdruck 1962)
A. Maniet, Lexicon Plautinum, Hildesheim 1969

Sekundärliteratur:

H.-D. Blume, Einführung in das antike Theaterwesen, Darmstadt 1978
L. Braun, Die Cantica des Plautus, Göttingen 1970
W. G. Arnott, Menander, Plautus, Terence, Greece and Rome, New Surveys in the Classics No. 9, Oxford 1975
M. Barchiesi, Plauto e il metateatro antico, in: Il Verri 1970, 113ff.
W. Beare, The Roman Stage, London [3]1964
M. Bieber, The History of the Greek and Roman Theater, Princeton [2]1961
J. Blänsdorf, Archaische Gedankengänge in den Komödien des Plautus, in: Hermes 20, 1967

G. E. Duckworth, The Nature of Roman Comedy, A Study in Popular Entertainment, Princeton 1952

P. Sh. Dunkin, Post-Aristophanic Comedy, Studies in the Social Outlook of Middle and New Comedy at both Athens and Rome, Urbana 1946

E. Fraenkel, Plautinisches im Plautus, Berlin 1922

E. Fraenkel, Elementi Plautini in Plauto, Florenz 1960 (ital. Ausgabe d. Buches von 1922 mit 44 S. Addenda)

K. Gaiser, Zur Eigenart der römischen Komödie: Plautus und Terenz gegenüber den griechischen Vorbildern, in: H. Temporini, Aufstieg und Niedergang der römischen Welt, Berlin/New York, 1972, 1027–1113

W. Görler, Undramatische Elemente in der griechisch-römischen Komödie, Poetica 6, 1974, 259–284

E. W. Handley, Menander and Plautus, A Study in Comparison, London 1968

J. A. Hanson, Scholarship on Plautus since 1950, Teil 1, The Classical World 59, 1965, 103–129; Teil 2, The Classical World 59, 1966, 141–148

O. Jurewicz, Niewolnicy w komediach Plauta, Warszawa 1958

O. Jurewicz, Bemerkungen über die servi mali bei Plautus, in: Act. Ant. Hung. 9, 1961, 27–36

J. N. Korzinskij, Das Problem der Romanisierung der Sklavengestalten in den Komödien des Plautus, in: Menander 12, 1957, 142–156

E. Lefèvre, Die römische Komödie, Plautus und Terenz, Wiss. Buchgesellschaft Darmstadt 1973

H. Marti, Untersuchungen zur dramatischen Technik des Plautus und Terenz, Diss. Zürich 1959

E. Paratore, Plaute et la musique, in: Maske und Kothurn 1969, 131.

G. Przychocki, Plautus, Kraków 1925 (poln.)

C. Questa, Introduzione alla Metrica di Plauto, Bologna 1967

C. Questa, I cantica Plautini, in: Maia 1966, 410

U. Reinhardt, Mythologische Beispiele in der Neuen Komödie, Teil 1, Menander und Terenz, Teil 2, Plautus, Diss. Mainz 1972

K. v. Reinhardstoettner, Plautus, Spätere Bearbeitungen plautinischer Lustspiele, Leipzig 1886

E. Segal, Roman Laughter, The Comedy of Plautus, Cambridge, Mass. 1968

E. Segal, Scholarship on Plautus 1965–76, in: Cl. World 74, 1981, 353–433

E. Segal, Roman Laughter, The Comedy of Plautus, Cambridge 1968

N. W. Slater, Plautus in Performance, Princeton 1985
P. P. Spranger, Historische Untersuchungen zu den Sklavenfiguren des Plautus und Terenz, Stuttgart ²1984
E. M. Staerman, Die Blütezeit der Sklavenwirtschaft in der römischen Republik (russ. Moskau 1964), dt. v. M. Bräuer-Pospelova, Wiesbaden 1969
A. Thierfelder, De rationibus interpolationum Plautinarum, Leipzig 1929
A. Thierfelder, Römische Komödie, Gymnasium 63, 1956, 326–345

Amphitruo

J. Genzmer, Der Amphitruo des Plautus und sein griechisches Original, Diss. Kiel 1956
H. Jacobi, Amphitryon in Frankreich und Deutschland, Diss. Zürich 1952
E. Lefèvre, Maccus vortit barbare. Vom tragischen Amphitryon zum tragikomischen Amphitruo, Wiesbaden 1982
Örjan Lindberger, The Transformations of Amphitryon, Stockholm 1956
L. Perelli, L'Alcmena plautina: personaggio serio o parodico, Civiltà classica e cristiana 4, 1983, 383–394
V. Riedel, Amphitryon bei Kleist und Hacks, in: Impulse 3, 1981.
W. B. Sedgwick, Plautus Amphitruo, Manchester 1960
V. Stößl, Wachstum und Wandlung eines poetischen Stoffes, Trivium 2, 1944, 93 ff.
H. Tränkle, Amphitruo und kein Ende, Mus. Helv. 40, 1983, 217

Asinaria

F. Della Corte, Contaminatio e retractatio nell' Asinaria, in: Dioniso 1961, 30 ff.

Aulularia

W. G. Arnott, A Note on the Parallels between Menander's Dyskolos and Plautus' Aulularia, Phoenix 18, 1964, 232–237
G. Augello, La questione dei due Strobili dell' Aulularia, ALGP 7/8, 1970/71, 132–138
W. Kraus, Menanders Dyskolos und das Original der Aulularia, in:

Serta philologica Aenipontana = Innsbrucker Beiträge zur Kulturwissenschaft 7–8, 1962, 185–190
D. Lange, The Number of Slave Roles in Plautus' Aulularia, in: CP 68, 1973, 62–63
W. Ludwig, Aulularia-Probleme, in: Philologus 105, 1961, 44 und 247ff.
W. Stockert, T. M. Plautus Aulularia, hrsg. und erkl., Stuttgart 1983

Bacchides

B. Bader, Der verlorene Anfang der plautinischen Bacchides, Rh. Mus. 113, 1970, 304–323
K. Gaiser, Die Plautinischen Bacchides und Menanders Dis Exapaton, Philologus 114, 1970, 51–87
H. D. Jocelyn, Chrysalus and the Fall of Troy, in: Harv. St. class. philol. 1969, 135ff.
E. Lefèvre, Plautus-Studien II, Die Brief-Intrige in Menanders Dis Exapaton und ihre Verdoppelung in den Bacchides, Hermes 106, 1978, 518ff.
G. Maurach, Bacchides Probleme, Wü. Jbb. NF 9, 1983, 109–113
C. Questa, Due cantica delle Bacchides, Roma 1967
C. Questa, L. Canali, T. M. Plautus Bacchides, Florenz ²1975
H.-P. Schönbeck, Beiträge zur Interpretation der plautinischen Bacchides, Düsseldorf 1981

Menaechmi

H.-D. Blume, Plautus und Shakespeare, Antike und Abendland 15, 1969, 135–158
H. D. Jocelyn, Anti-Greek Elements in Plautus Menaechmi, Papers of the Liverpool Latin Seminar, Abt. 4, 1983, 1–25
P. Th. Jones, T. Macci Plauti Menaechmi, Oxford 1918 (Nachdrucke)
E. Segal, The Menaechmi: Roman Comedy of Errors, Yale Class. St. 21, 1969, 77–93
W. Steidle, Zur Komposition von Plautus Menaechmi, in: Rhein. Mus. 1971, 246ff.
E. Woytek, Zur Herkunft der Arztszene in den Menaechmi des Plautus, WSt NF 16, 1982, 165–182

Miles Gloriosus

K. Gaiser, Zum Miles Gloriosus des Plautus: Eine neuerschlossene Menander-Komödie und ihre literaturgeschichtliche Stellung, in: E. Lefèvre, Die römische Komödie: Plautus und Terenz, Darmstadt 1973, 205–248

P. Grimal, Le Miles Gloriosus et la viellesse de Philémon, REL 46, 1968, 129–144

M. Hammond, A. M. Mack, W. Moskalew, T. M. Plauti Miles Gloriosus, Cambridge Mass. ²1970

W. Hofmann, Der Bramarbas in der griechisch-römischen Komödie, Eos 59, 1971, 271–280

W. Hofmann, Zur Entstehungsgeschichte des Alazon, Act. Ant. 9, 1961, 37–40

J. F. Killeen, Plautus Miles Gloriosus 211, CP 68, 1973, 53–54

E. Lefèvre, Plautus-Studien 4. Die Umformung des Alazon zur Doppelkomödie des Miles Gloriosus, Hermes 112, 1984, 30–53

L. Schaaf, Der Miles gloriosus des Plautus und sein griechisches Original, München 1977

G. Wartenberg, W. Hofmann, Der Bramarbas in der antiken Komödie, Berlin 1973

Mostellaria

M. Knorr, Das griechische Vorbild der Mostellaria des Plautus, Diss. München 1934

A. O. F. Lorenz, Ausgewählte Komödien des T. M. Plautus, Text und Kommentar, Berlin 1883

K. H. .E. Schutter, De Mostellariae Plautinae actae tempore, in: Ut pictura poesis, Studia latina (Festschrift Enk), Leiden 1955, 174ff.

Irmgard Weide, Der Aufbau der Mostellaria des Plautus, Hermes 89, 1961, 191–207

Inhalt